Learning
Go

러닝 Go

| 표지 설명 |

표지 동물은 평원흙파는쥐 또는 평원주머니고퍼(학명: *Geomys bursarius*)라는 설치류의 일종이다. 북아메리카 대평원에서 볼 수 있으며, 포유류인 이 동물은 땅을 파는 데 매우 적합한 신체를 가지고 있으며 주로 지하에서 생활한다.

갈색 털로 온몸이 덮여 있으나 꼬리에는 털이 거의 없다. 작은 눈, 짧은 귀, 큰 발톱이 있는 앞발이 있으며 땅을 파기 위한 적합한 신체조건이다. 또한 낮은 산소와 높은 이산화탄소에 내성이 있다. '고퍼'라는 이름은 음식을 운반하는 데 사용할 수 있는 뺨주머니에서 유래되었다. 영역이 넓고 공격적이며 다른 쥐의 굴에는 들어가지 않는다. 살면서 대부분의 시간을 둥지나 뿌리, 풀 등 먹이 장소가 있는 굴에서 생활한다. 음식과 짝을 찾기 위해 지상으로 올라온다.

평원흙파는쥐는 아직은 우려 종으로 분류하지 않으며 개체 수는 안정적이다. 오라일리 표지에 싣는 많은 동물은 멸종 위기에 처해 있다. 이들 모두는 세계에 중요하다.

표지 삽화는 출처를 알 수 없는 흑백 판화를 기반으로 하였으며 수잔 톰슨Susan Thompson이 그렸다.

러닝 Go

Go 개발자처럼 생각하는 방법

초판 1쇄 발행 2022년 2월 25일

지은이 존 보드너 / **옮긴이** 윤대석 / **펴낸이** 김태헌
펴낸곳 한빛미디어(주) / **주소** 서울시 서대문구 연희로2길 62 한빛미디어(주) IT출판부
전화 02-325-5544 / **팩스** 02-336-7124
등록 1999년 6월 24일 제25100-2017-000058호 / **ISBN** 979-11-6224-530-9 93000

총괄 전정아 / **책임편집** 서현 / **기획 · 편집** 안정민
디자인 표지 이아란 내지 박정화 / **전산편집** 도담북스
영업 김형진, 김진불, 조유미, 김선아 / **마케팅** 박상용, 송경석, 한종진, 이행은, 고광일, 성화정 / **제작** 박성우, 김정우

이 책에 대한 의견이나 오탈자 및 잘못된 내용에 대한 수정 정보는 한빛미디어(주)의 홈페이지나 아래 이메일로
알려주십시오. 잘못된 책은 구입하신 서점에서 교환해드립니다. 책값은 뒤표지에 표시되어 있습니다.

한빛미디어 홈페이지 www.hanbit.co.kr / 이메일 ask@hanbit.co.kr

지금 하지 않으면 할 수 없는 일이 있습니다.
책으로 펴내고 싶은 아이디어나 원고를 메일(writer@hanbit.co.kr)로 보내주세요.
한빛미디어(주)는 여러분의 소중한 경험과 지식을 기다리고 있습니다.

Learning
Go

러닝 Go

O'REILLY® ⅠⅠ한빛미디어 Hanbit Media, Inc.

지은이 · 옮긴이 소개

지은이 **존 보드너**Jon Bodner

20년 이상의 경력을 가진 소프트웨어 엔지니어이자 리드 개발자이며 아키텍트를 담당하고 있다. 교육, 금융, 무역, 의료, 법, 정부, 인터넷 인프라 등 다양한 분야에서 소프트웨어 개발을 해왔다.

캐피탈 원Capital One에서 유명 엔지니어로서 개발 및 테스트 워크플로에 기여했으며 웹 결제 페이지 감지 및 작성을 위한 특허 기술을 개발했다. 소프트웨어 개발 이슈를 찾고 관리하기 위한 도구의 공동 저자이기도 하다.

Go 컨퍼런스에서 자주 발표하며, Go 및 소프트웨어 엔지니어링에 대한 블로그 게시물은 30만 뷰를 돌파했다. Go 전용 데이터 접근 라이브러리 프로테우스의 제작자이고, LGTM 프로젝트의 포크인 checks-out 도구의 공동 개발자이다.

옮긴이 **윤대석**daeseok.youn@gmail.com

12년간 임베디드 리눅스 커널, 윈도우 애플리케이션, 리얼타임 운영체제에서의 BSP, 백엔드 등 다양한 영역에서의 개발 경험이 있고 항상 기본에 충실하고자 노력하는 엔지니어다. 꾸준히 알고리즘과 운영체제에 대해 공부하고 있으며, 오픈 소스 리눅스 커널 분석 및 수정 활동에 참여하고 있다. 저서로는 『쓰면서 익히는 알고리즘과 자료구조』(한빛미디어, 2019)가 있다.

어쩌다 새로운 Go 언어의 소식을 접하고 이를 학습을 해보기로 한 계기가 구글이라는 대형 플랫폼을 가진 회사가 누적된 노하우를 통해 조금 더 효율적이면서 안정적으로 운영할 수 있는 개발 언어라고 생각했다. 조금 오래된 경험이지만 구글이 내놓은 초기 안드로이드 플랫폼(아마 그 시점에 접한 버전은 1.5 컵케이크)은 기존 제조사에서 개발된 플랫폼에 비해 성능이나 기능이 많지 않았다. 하지만 현재는 기존 모바일 제조사들이 오랫동안 유지해온 플랫폼을 버리고 선택한 모바일 플랫폼이 되었다. 구글에서 진행한 프로젝트 모두가 성공한 것은 아니지만 이미 Go 언어는 도커docker나 쿠버네티스kubernetes와 같은 대형 프로젝트에서 사용되는 만큼 성공했다고 할 수 있다.

Go 언어는 비교적 최근에 개발되었고 오랫동안 유지 개발되어온 다른 인기 있는 프로그래밍 언어들과는 다르게 최신 멀티코어 아키텍처를 제대로 활용할 수 있도록 고안되었다. 특히 고루틴과 채널을 통해 작업을 동시성과 병렬성을 쉽게 구현해 낼 수 있도록 한 부분에서 다른 언어들과 차이를 보인다. 이런 장점으로 시스템 프로그램이나 서버용 프로그램 개발에 많이 활용되고 있다. 다만 국내에서는 서버 개발로 아직도 자바를 많이 쓰고 있다.

프로그래밍 언어를 처음 접하기란 자막 없는 해외 영화를 보는 것처럼 답답하고, 어느 정도 경험이 있는 개발자라도 자신이 사용하던 언어와 다른 프로그래밍 언어 배우기란 지루한 영화를 보는 것과 같다고 생각한다. Go 언어가 다른 언어와 완전히 새로운 개념을 도입하지는 않았기 때문에 경험이 있는 개발자라면 지루한 부분이 없지는 않다. 하지만 어떤 상황에서 언어를 배우던 탄탄한 기초에서 확장해야 한다. 원하는 프로그램을 구성하면서 언어에서 제공하는 다양한 기능을 사용하는 방법뿐만 아니라 효율적이고 확장할 수 있게 진행하려면 언어가 가지는 특징과 철학을 잘 이해할 필요가 있다고 생각한다. 이 책을 번역하면서 Go 언어의 기초를 다시 탄탄히 했고 새롭게 알게 된 세세한 부분도 있다. 저자는 많은 경험을 바탕으로 Go 언어를 설명하고, 다른 언어들과의 차이점을 명확히 구분해주어 Go 언어만의 매력을 느낄 수 있도록 내용을 구성하였다. 또한 실행 가능한 예제를 통해 Go 언어가 가지는 다양한 특성을 이해시키고 확장 가능한 코드를 작성하는 좋은 방법을 제시한다.

이 책을 통해 Go 언어에 대한 기초를 탄탄하게 하면서 확장 가능한 관용적인 코드를 만들 수 있다. 예제로 사용된 코드가 장황하거나 한 번에 많은 내용을 포함하진 않지만 처음 코드를 구성하고 그다음 기능들을 구성하는 데 있어 기반을 다질 수 있도록 도와준다. 또한 Go의 각 기능을 활용하면서 기존 다른 언어들과 차이점을 명확하게 하여 습관적으로 Go에 맞지 않는 패턴으로 진행할 수 있는 점도 짚어준다.

Go 언어는 다른 언어에 비해 배우기 쉽고 프로젝트가 커지더라도 간결함을 유지하여 확장도 쉬운 언어라고 생각한다. 저자도 '지루한 Go 언어'로 책 이름을 생각할 정도로 간결하다. 하지만 다양하고 강력한 기능을 제공하고 유지 보수에도 많은 이점을 가지고 있다. 웹 서비스와 관련된 프로젝트에서 많이 활용되고 있으니, 견고한 웹 서비스를 제공하고 확장이 쉬운 코드로 개발하고 싶다면 Go 언어로 시작해보자.

윤대석

이 책에 대하여

이 책은 처음 '지루한 Go 언어(Boring Go)'라는 이름이었다. 내가 접한 Go 언어는 지루했기에 그 이름은 분명 괜찮게 느껴졌다.

지루한 주제로 책을 쓴다는 게 조금 이상하게 느껴질 수 있다. Go 언어는 최신의 다른 프로그래밍 언어들과는 다른 작은 기능 세트가 있다. 잘 개발된 Go 프로그램은 직관적이거나 어느 정도 반복된다는 느낌을 받을 수 있다. Go 언어에는 상속, 제네릭generic(도입 예정), 관점 지향 프로그래밍, 함수 오버로딩 그리고 연산자 오버로딩이 없다. 또한 패턴 매칭, 명명된 파라미터, 예외 처리도 없다. 많은 개발자들의 공포인 포인터는 있다. Go 언어의 동시성concurrency 모델은 다른 개발 언어와는 다르지만 1970년대에 가비지 컬렉터Garbage collector를 위해 사용된 알고리즘의 아이디어에 기반한다. 자칫 Go가 퇴보한 것처럼 보이는데 그것이 Go의 중요한 지점이다.

지루함이 사소하다는 것은 아니다. Go를 정확하게 사용하려면 각 기능이 어떻게 결합되는지 알아야 한다. Go로 파이썬Python이나 자바Java처럼 코드를 작성할 수 있지만, 당신은 그 코드의 결과물이 만족스럽지 못할 것이고 이게 뭔가 하는 생각이 들 수 있다. 그래서 이 책이 필요하다. Go에 있는 기능을 하나씩 살펴보고, 확장이 용이한 관용적인 코드를 작성하기 위해 해당 기능을 가장 잘 사용할 수 있는 방법을 설명한다.

오래 지속되는 것을 구축할 때, 지루함이 얼마나 멋진지 알 수 있게 된다. 엔지니어의 생각은 멋있지만 검증되지 않은 기술로 지어진 다리를 최초로 건널 도전자가 되고 싶은 사람은 아무도 없을 것이다. 요즘 시대에 우리는 다리만큼 소프트웨어에도 의존한다. 아직 많은 프로그래밍 언어가 코드 기반의 유지 보수성에 대한 영향을 고려하지 않고 새로운 기능을 추가한다. Go는 수십 년 동안 수십 명의 개발자가 수정하는 프로그램이나 오랫동안 유지되는 프로그램을 구축하기 위한 것이다.

Go 언어는 지루하지만 환상적이다. 이 책을 통해 Go의 지루한 코드로 멋진 프로젝트를 만들어내는 방법을 알려주고자 한다.

대상 독자

이 책은 두 번째 개발 언어를 찾는 개발자에게 추천하고 싶다. 일단 Go를 새롭게 시작하는 사람들에게 초점이 맞춰져 있다. 마스코트가 귀엽다는 것 말고는 Go 언어에 관해 아무것도 모르는 사람부터 Go 튜토리얼을 수행하거나 Go로 코드를 어느 정도 개발해본 사람까지도 볼 수 있다. 단순하게 프로그램 작성법을 알려주는 것이 아니라 관용적인 방식으로 Go 코드를 작성하는 방법을 알려준다. 경험이 좀 더 많은 Go 언어 개발자라면 새롭게 추가된 기능들을 가장 잘 사용하는 방법에 대한 조언을 얻을 수 있다. 독자들이 Go스러운 코드를 작성할 수 있는 방법을 배우는 것이 가장 중요하다.

개발자들이 흔히 사용하는 버전 관리(깃^{Git}을 선호)나 IDE를 사용해본 경험이 있다고 가정한다. 동시성^{concurrency}이나 추상화 같은 컴퓨터 과학 개념에 익숙해야 이 책에서 설명하는 Go의 동작 방식을 쉽게 이해할 수 있다. 어떤 코드 예제는 깃허브^{Github}에서 다운로드가 가능하고 온라인 Go 플레이그라운드에서 원하는 만큼 실행해볼 수 있다. 예제에서 사용된 코드는 인터넷 연결이 필요하지 않지만, 실행 가능한 예제들을 검토할 때 유용할 것이다. Go 언어는 HTTP 서버를 구축하고 호출하는 데 사용되므로 몇몇 예제에서는 독자가 기본적인 HTTP 개념에 익숙하다고 가정한다.

Go의 대부분 기능들은 다른 언어에서도 찾을 수 있지만, Go 언어 내에서 다른 트레이드오프^{trade-off}을 가지도록 했기에 프로그램들은 다른 구조로 만들어져야 했다. 이 책은 Go 언어 개발 환경을 구축하는 것을 시작으로 변수, 타입, 구조체와 함수 제어 등을 다룬다. 관용적인 Go 코드 작성을 위한 세세한 내용들도 그냥 넘기지 말고 꼭 챙겨보도록 하자. 일반적으로 다른 언어와 규칙이나 세부 사항이 다를 수 있어 놀랄수 있다.

예제 코드

추가 자료(예제 코드, 연습문제 등)는 *https://github.com/learning-go-book*에서 다운로드할 수 있다.

CONTENTS

CHAPTER 1 Go 개발 환경 설정

CHAPTER 2 기본 데이터 타입과 선언

CONTENTS

CHAPTER 3 복합 타입

CONTENTS

CHAPTER 7 타입, 메서드, 인터페이스

CONTENTS

CHAPTER 10 Go의 동시성

CONTENTS

CHAPTER 11 표준 라이브러리

CONTENTS

CHAPTER **14** Reflect, Unsafe, Cgo

Go 개발 환경 설정

모든 개발 언어는 개발 환경이 필요하며 Go 언어도 마찬가지다. 이미 Go 프로그램을 한두 개 작성해봤다면 실행 환경도 갖추었겠지만 최근 개발 환경을 위한 몇몇 기술이나 도구를 놓쳤을 수도 있다. 이번이 처음 Go 언어 개발을 위한 개발 환경 설정이라도 Go와 지원 도구를 설치하는 것은 어렵지 않다. 환경을 설정하고 검증을 한 다음, 간단한 프로그램을 작성하여 다양한 빌드 방법과 실행 방법에 대해 알아보자. Go 개발을 더 쉽게 만들어주는 몇 가지 도구와 기술도 알아보자.

1.1 Go 도구 설치

Go 코드를 작성하기 위해서는 가장 먼저 Go 개발 도구를 다운로드하고 설치해야 한다. 개발 도구의 최신 버전은 Go 웹사이트의 다운로드 페이지에서 찾을 수 있다. 설치하고자 하는 플랫폼에 맞게 다운로드하고 설치하면 된다. 맥 OS를 위한 .pkg 설치 프로그램이나 윈도우를 위한 .msi 설치 프로그램은 이전에 설치된 Go를 자동으로 제거하고 새로운 Go 바이너리를 기본 실행 경로에 넣는 설치를 진행한다.

TIP Mac에서 개발한다면 brew install go 명령어를 통해 홈브루Homebrew를 이용하여 설치 가능하다. Chocolatey를 사용하는 윈도우 개발자는 choco install golang이라는 명령어를 통해 설치할 수 있다.

다양한 리눅스와 FreeBSD 배포판을 위한 설치 프로그램은 gzip으로 압축된 tar 파일로 되어 있으며, 압축 해제 시 go라는 디렉터리 경로가 생긴다.

```
$ tar -C /usr/local -xzf go1.15.2.linux-amd64.tar.gz
$ echo 'export PATH=$PATH:/usr/local/go/bin' >> $HOME/.profile
$ source $HOME/.profile
```

> **NOTE_** Go 프로그램은 단일 바이너리로 컴파일되며 실행하기 위해 추가적인 소프트웨어를 설치할 필요가 없다. Go 개발 도구의 설치는 Go 프로그램을 구축하려는 컴퓨터에만 설치하면 된다.

설치가 정상적으로 완료되었는지 확인하려면 터미널이나 명령 프롬프트를 열고 다음과 같이 명령어를 입력한다.

```
$ go version
```

Go가 제대로 설정되었다면, 다음과 비슷하게 출력될 것이다.

```
go version go1.15.2 darwin/amd64
```

출력된 내용은 Go가 Mac OS에 설치되었고 버전은 1.15.2임을 의미한다(darwin은 Mac OS 커널의 이름이고, amd64는 AMD와 인텔에서 만든 64비트 CPU 아키텍처를 의미한다).

버전 메시지 대신에 오류가 발생하면, 아마도 실행 경로에 go 바이너리가 없거나 해당 경로에 go라는 이름의 다른 프로그램이 있을 수 있다. Mac OS와 유닉스 계열 시스템에서는 which go 명령을 이용하여 실행 가능한 go 명령어가 어느 경로에 있는지 확인이 가능하다. go 명령어가 /usr/local/go/bin/go에 없다면, go 실행 경로를 수정해야 한다.

리눅스나 FreeBSD의 경우에서 발생할 수 있는 문제는 32비트 시스템에 64비트 Go 개발 도구를 설치한 경우나 다른 아키텍처에서 실행 가능한 개발 도구일 경우다.

1.2 Go 작업 공간

2009년에 Go가 개발된 이래로 Go 개발자들은 자신의 코드와 의존성을 구성하는 방법에 대해 몇 가지 변화를 느꼈다. 이러한 변화로 인해 상충되는 조언이 많아졌으나 대부분은 쓸모없어졌다.

최신 Go 개발의 경우 규칙은 더 단순해졌다. 원하는 방식대로 Go 프로젝트를 구성할 수 있게 된 것이다.

하지만 Go 언어는 여전히 go install 명령을 통해 설치된 서드 파티 도구를 위한 단일 작업 공간workspace만 있기를 기대한다. 작업 공간의 기본 디렉터리는 $HOME/go이며, 설치된 Go 패키지의 예제 코드는 $HOME/go/src에 있고 해당 소스를 컴파일한 바이너리는 $HOME/go/bin에 위치한다. 이렇게 설정된 작업 공간의 기본 경로를 사용하거나 $GOPATH 환경 변수를 설정하여 다른 작업 공간 경로로 진행할 수도 있다.

기본 경로를 사용하든 사용하지 않든 GOPATH를 명시적으로 설정하고, $GOPATH/bin을 실행 가능한 경로로 환경변수에 추가하기를 권장한다. 명시적으로 GOPATH를 설정하는 것은 Go 작업 공간의 위치를 명확하게 한다. 조금 뒤에 다룰 실행 환경변수에 $GOPATH/bin을 추가하는 것은 go install로 설치된 서드 파티 도구들을 쉽게 실행하도록 해준다.

Bash 셸을 사용하는 유닉스 계열 시스템을 사용한다면, 다음 두 라인을 $HOME/.profile 파일에 추가해주자(Bash 셸이 아니라 zsh를 사용한다면, $HOME/.zshrc에 다음 두 라인을 추가해야 한다).

```
export GOPATH=$HOME
export PATH=$PATH:$GOPATH/bin
```

source $HOME/.profile 명령라인 명령어를 통해, 앞서 수정한 사항은 현재 터미널 윈도우에 반영해야 한다. 다음 실행에서는 자동으로 반영될 것이다.

윈도우에서는 명령 프롬프트에서 다음 명령어를 수행하자.

```
setx GOPATH %USERPROFILE%\go
setx path "%path%;%USERPROFILE%\bin"
```

명령을 실행하고 나면, 현재 명령 프롬프트를 닫고 새로 열어야 설정 사항이 반영된다. go 도구를 실행하는 과정에서 인지하는 다른 환경 변수들이 있다. 모든 환경 변수는 go env 명령어를 실행하여 얻을 수 있다. 대부분은 무시가 가능한 로우 레벨low-level 수행을 제어하고 있고 해당 내용의 일부는 크로스 컴파일과 모듈에 대한 내용을 언급하면서 함께 다루어보겠다.

> **NOTE_** 가끔 온라인에서 GOROOT 환경 변수를 설정해야 한다고 알려준다. 이 값은 Go 개발 환경을 설치할 위치를 지정하는 것이다. 그리고 이제는 go 도구에서 자동으로 찾기 때문에 따로 설정할 필요가 없다.

1.3 go 명령어

기본적으로 Go 언어는 다양한 개발 도구들과 함께 제공된다. 이는 go 명령어를 통해 접근이 가능하다. 도구는 컴파일러, 코드 포맷터code formatter, 린터linter, 의존성 관리자, 테스트 수행자 등으로 구성되어 있다. 높은 수준의 관용적인 Go 프로젝트를 구성하기 위한 방법을 배우기 위해, 이 책을 통해 다양한 Go 도구를 살펴볼 필요가 있다. 이 도구들 중에서 Go 코드를 빌드하는 데 사용하는 것과 간단한 애플리케이션을 실행하기 위한 go 명령어를 알아보자.

1.3.1 go run과 go build

go 명령어로 가능한 명령어 중에 비슷한 역할을 하는 두 가지가 있다. go run과 go build이다. 각 명령어는 단일 Go 파일, Go 파일 리스트 혹은 패키지 이름 중 한 가지를 입력 받는다. 간단한 프로그램을 생성하고 이 명령어를 사용하면 어떤 결과가 나오는지 확인해보자.

go run

go run 명령어부터 살펴보자. ch1이라는 디렉터리를 생성하고, 편집기를 열어 다음 코드를 입력한다. 그리고 ch1 디렉터리 내에 hello.go라는 이름으로 저장한다.

```
package main

import "fmt"

func main() {
    fmt.Println("Hello, world!")
}
```

파일을 저장하고 나서, 터미널이나 명령 프롬프트를 열어 다음 명령을 입력하자.

```
go run hello.go
```

Hello, world!라는 문구가 콘솔에 출력될 것이다. go run 명령어를 수행한 후에 ch1 디렉터리 내부를 살펴보면, 실행 바이너리는 없고 방금 전 생성한 hello.go 파일만 있을 것이다. Go 언어는 컴파일 언어로 알고 있는데, 바이너리가 생성되지 않았는데 어떻게 실행된 것인지 의문이 들 것이다.

사실 go run 명령어는 해당 코드를 컴파일한다. 하지만 컴파일된 바이너리는 임시 디렉터리에만 만들어진다. go run 명령어는 바이너리를 임시 디렉터리에 생성하고, 해당 바이너리를 실행해준다. 프로그램의 실행이 종료된다면 임시 디렉터리에 생성한 바이너리를 삭제한다. go run 명령어는 작은 프로그램을 테스트하거나 Go를 스크립트 언어처럼 사용할 때 유용하다.

TIP Go 프로그램을 스크립트처럼 사용할 때는 go run 명령어로 소스 코드를 즉시 실행할 수 있다.

go build

이번엔 나중에 사용할 목적으로 바이너리를 빌드해보자. 이럴 땐 go build 명령어를 사용하자. 다음 라인을 터미널에 입력해보자.

```
go build hello.go
```

해당 명령은 명령을 수행한 현재 디렉터리에 hello(윈도우에서는 hello.exe를 만든다)라는 실행 바이너리를 만든다. 만들어진 실행 바이너리를 실행하면 스크린에 Hello, world!가 출력되는 것을 볼 수 있다.

바이너리 파일의 이름은 go build 명령에 인자로 전달한 파일 이름이나 패키지의 이름과 동일할 것이다. 응용 프로그램의 이름을 다른 것으로 지정하고 싶거나 다른 위치에 저장하고 싶다면 -o 옵션을 사용하자. 예를 들어, 컴파일된 실행 바이너리를 'hello_world'라는 이름으로 지정하고 싶다면 다음처럼 실행하자.

```
go build -o hello_world hello.go
```

TIP 다른 사람이 사용 가능하도록 배포하기 위한 바이너리를 생성할 때 go build 명령어를 사용한다. 대부분이 이런 경우에 해당 명령을 사용한다. -o 옵션을 이용해서 생성될 바이너리의 이름이나 위치를 변경할 수 있다.

1.3.2 서드 파티 Go 도구 설치

어떤 사람들은 자신의 Go 프로그램을 미리 컴파일된 바이너리로 배포하기로 선택하지만 Go로 개발된 도구는 go install 명령을 통해 당신의 작업 공간에 소스를 받아 빌드하고 설치가 가능하다.

Go가 코드를 게시하는 방법은 다른 대부분의 언어가 게시하는 방식과는 다르다. Go 개발자는 자바를 위한 메이븐Maven이나 자바스크립트JavaScript를 위한 NPM 저장소와 같은 중앙에서 관리하고 호스팅하는 서비스에 의존하지 않아도 된다. 대신, 자신의 코드 저장소를 공유하기만 하면 된다. go install 명령어는 설치하고자 하는 프로젝트의 소스 코드 저장소의 위치를 인자로 받고, 위치 바로 뒤에 @와 원하는 도구의 버전을 입력하면 된다(최신 버전을 얻고자 한다면, @latest로 하면 된다). 해당 명령어는 저장소를 다운로드하고 컴파일을 거친 뒤에 지정된 $GOPATH/bin 디렉터리에 설치하게 된다.

예제로 살펴보도록 하자. HTTP 서버의 부하 테스트를 위한 hey라 불리는 훌륭한 Go 도구가 있다. 직접 개발한 응용 프로그램이나 선택한 웹사이트를 지정할 수 있다. hey를 go install로 어떻게 설치하는지 알아보자.

```
$ go install github.com/rakyll/hey@latest
go: downloading github.com/rakyll/hey v0.1.4
go: downloading golang.org/x/net v0.0.0-20181017193950-04a2e542c03f
go: downloading golang.org/x/text v0.3.0
```

이는 hey와 관련된 의존 패키지를 함께 다운받고, 프로그램을 빌드하여 바이너리를 $GOPATH/bin 디렉터리에 설치한다.

> **NOTE_** 9.7절 '모듈을 위한 프록시 서버'에서 살펴보겠지만, Go 저장소의 내용은 프록시 서버에 캐시된다. 저장소 및 GOPROXY 환경 변수 값에 따라, go install 명령은 프록시에서 다운받거나 저장소에서 직접 다운받을 것이다. go install 명령어가 저장소에서 직접 다운받는다면, 현재 컴퓨터에 설치된 명령라인 도구에 의존한다. 예를 들어, 깃허브에서 다운받으려면 Git이 반드시 설치되어 있어야 한다.

이제 설치된 hey를 실행해보자.

```
$ hey https://www.golang.org

Summary:
  Total:        0.6864 secs
  Slowest:      0.3148 secs
  Fastest:      0.0696 secs
  Average:      0.1198 secs
  Requests/sec: 291.3862
```

도구가 이미 설치되어 있고, 새 버전으로 업데이트하고 싶다면, go install을 새 버전을 특정하여 인자로 주거나 @latest를 이용하면 된다.

```
go install github.com/rakyll/hey@latest
```

물론, Go 작업 공간에 Go로 개발된 도구들을 남겨둘 필요가 없다. 도구들은 일반 실행 바이너리로 컴퓨터 내부 어디든 저장이 가능하기 때문이다. 마찬가지로 go install을 이용하여 프로그램을 받을 수 있도록 프로그램을 배포할 필요도 없다. 바이너리를 다운로드 받을 수 있게만 하면 되기 때문이다. 하지만 go install로 설치할 수 있도록 만들면 다른 Go 개발자들이 매우 편리하게 배포 받을 수 있다.

1.3.3 코드 포매팅

Go의 주요 설계 목표 중 하나는 코드 작성이 효율적인 언어를 만드는 것이다. 이는 구문이 단순하고 컴파일러가 빨라야 한다는 의미다. 대부분의 언어는 코드를 구성하는 방법에 상당한 유연성을 제공하지만 Go는 그렇지 않다. 표준 포맷을 강제하면 소스 코드 자체를 다루는 도구 개발을 쉽게 할 수 있다는 장점이 있다. 이는 컴파일러를 단순화하고 코드를 자동 생성하는 영리한 도구를 만들도록 한다.

또 다른 이점도 있다. 개발자들은 역사적으로 일관성 있는 코드 포매팅을 위해 엄청난 시간과 노력을 들였다. Go는 코드 포맷에 대한 표준 방식을 정의하여, Go 개발자들이 커니핸&리치 Kernighan and Ritchie (K&R) 스타일 및 탭과 공백의 선택에 대해 논쟁할 필요가 없다. 예를 들어, Go 프로그램은 탭으로 들여쓰기를 하고, 여는 중괄호가 선언이나 명령과 같은 라인에서 시작하지 않는다면 구문 오류가 발생한다.

> **NOTE_** 많은 Go 개발자는 Go 팀이 개발자 간의 논쟁을 피하기 위해 일관된 표준 포맷을 정의했고, 나중에 Go 언어의 포매팅 관련 도구 개발에 이점을 발견했다고 생각한다. 하지만 러스 콕스 Russ Cox는 더 나은 도구 개발이 원래 동기라고 공개적으로 말했다.[1]

Go 개발 도구에는 표준 포맷으로 코드를 자동으로 맞춰주는 **go fmt** 명령이 포함되어 있다. 해당 명령은 들여쓰기를 위해 공백을 수정하고 구조체의 항목들을 정렬하며 연산자 주변에 적절한 공백이 들어갔는지 확인하는 작업을 수행한다.

import 문을 정리해주는 goimports라는 향상된 버전의 **go fmt**가 있다. import 라인들을 알파벳순으로 정렬하고 사용되지 않는 import 패키지는 제거한다. 그리고 지정되지 않은 **import** 패키지를 추측한다. 때로는 추측이 정확하지 않아서, 직접 import 라인을 추가해줘야 한다.

go install golang.org/x/tools/cmd/goimports@latest 명령을 통해 goimports 도구를 다운받을 수 있다. **goimports** 명령을 프로젝트 내에서 실행한다.

```
goimports -l -w .
```

---

1 *https://oreil.ly/rZEUv*

goimports 명령어에서 -l 옵션은 포맷 수정이 필요한 파일들을 콘솔에 출력한다. -w 옵션은 goimports에게 파일에 직접 수정을 하도록 지시한다. 마지막 .(점)은 검토해야 하는 파일들을 지정한다. 현재 디렉터리의 파일과 하위 디렉터리의 모든 파일을 검토한다.

세미콜론 삽입 규칙

go fmt 명령은 세미콜론 삽입 규칙이 있기 때문에, 잘못된 라인에 중괄호가 들어간 것은 수정하지 않는다. C나 자바와 마찬가지로 Go는 모든 구문 끝에 세미콜론이 있어야 한다. 하지만 Go 개발자들은 모든 구문 끝에 세미콜론을 넣지 않는다. Go 컴파일러는 'Effective Go[2]'에 설명된 매우 간단한 규칙에 따라 세미콜론을 자동으로 넣어준다. 개행newline 전에 마지막으로 다음과 같은 토큰이 발견된다면, 렉서lexer는 해당 토큰 뒤에 세미콜론을 붙인다.

- 식별자identifier(int나 float64와 같은 것을 포함)
- 숫자 또는 문자열 상수와 같은 기본 리터럴literal
- 다음 토큰 중 하나: 'break', 'continue', 'fallthrough', 'return', '++', '--', ')', '}'

이 간단한 규칙을 보면 괄호를 잘못된 곳에 넣으면 왜 문제가 생기는지 알 수 있다. 다음과 같은 코드를 작성했다고 가정하자.

```
func main()
{
    fmt.Println("Hello, world!")
}
```

세미콜론 삽입 규칙에 따라 func main() 라인에 마지막에 있는 ')'을 보고 코드를 다음과 같이 변경할 것이다.

```
func main();
{
    fmt.Println("Hello, world!");
};
```

---

2 https://oreil.ly/hTOHU

이것은 유효한 Go 코드가 아니다.

세미콜론 삽입 규칙은 Go 컴파일러를 더 단순하고 더 빠르게 만드는 동시에 코딩 스타일을 강제하는 요소이다. 아주 영리한 방식이다.

TIP 코드를 컴파일하기 전에 항상 go fmt나 goimports를 수행하자.

1.4 린팅 그리고 베팅

코드가 관용적이고 좋은 품질을 갖도록 go fmt 명령을 통해 코드의 포맷이 잘 지켜졌는지 확인한다. 모든 Go 개발자들은 'Effective Go[3]'와 Go의 위키에 있는 코드 리뷰 규칙 페이지[4]를 읽고 관용적인 Go 코드가 어떻게 보이는지를 이해해야 한다.

이 스타일을 적용하는 데 유용한 도구들이 있다. 첫 번째 도구는 golint이다. 린터linter는 벨 연구소의 유닉스 팀에서 유래했으며 1978년에 처음 개발되었다. 린터는 코드가 스타일 가이드라인을 잘 지켰는지 확인한다. 제안하는 변경 사항에는 알맞은 변수 이름 지정, 오류 메시지 포매팅 그리고 공개 메서드와 타입에 대한 주석 배치가 포함된다. 이것들이 오류는 아니다. 즉 해당 내용들이 컴파일 과정에서 문제가 되어 중단되거나 실행이 잘못되게 하지는 않는다. 또한, golint가 100% 정확하게 자동으로 정리해준다고 가정해서는 안 된다. golint가 찾은 이슈 중에는 더 혼란스럽게 만드는 경우도 있는데, 때로는 잘못된 것을 문제가 없다고 하거나 문제가 없는 것을 잘못되었다고 판단하는 경우도 있다. 따라서 golint가 제안하는 것을 진지하게 생각은 하되, 무조건 수용할 필요는 없다. Go 개발자는 개발한 코드가 특정 방식대로 보이고 특정 규칙으로 잘 구성되길 기대하며, 그렇지 못한 경우에는 다른 개발자가 리뷰할 수 있도록 정보를 제공해야 한다.

golint는 다음 명령어로 설치한다.

---

3 *https://oreil.ly/GBRut*
4 *https://oreil.ly/FHi_h*

```
go install golang.org/x/lint/golint@latest
```

그리고 다음과 같이 실행한다.

```
golint ./...
```

이는 golint를 프로젝트 전체를 대상으로 진행한다는 것이다.

개발자가 직면하는 또 다른 종류의 오류가 있다. 문법적으로는 유효하지만 의도한 대로 수행되지 못하는 실수들이 있다. 여기에는 포매팅 메서드에 잘못된 수의 파라미터를 전달하거나 절대 사용되지 않는 변수에 값을 할당하는 것이 포함된다. Go에 포함된 go vet이라는 도구는 이러한 오류를 감지한다. go vet은 다음과 같이 실행할 수 있다.

```
go vet ./...
```

추가적인 코드 스타일과 잠재적인 버그를 찾아주는 서드 파티 도구들이 있다. 하지만 이런 다양한 도구들을 실행하면 도구들이 필요한 정보를 모으기 위해 소스 코드를 탐색하는 작업을 진행하면서 시간을 소비하므로 프로젝트 빌드가 느려질 수 있다. 이렇게 도구들을 별도로 하나씩 실행하기보다, golangci-lint 도구를 이용해 통합해서 실행할 수 있다.[5] 해당 도구는 golint, go vet 그리고 계속 증가하는 있는 다른 코드 품질 도구 세트를 통합했다.

일단 golangci-lint를 설치[6]하면, golangci-lint는 다음과 같이 실행할 수 있다.

```
golangci-lint run
```

golangci-lint는 수많은 도구들(이 책이 쓰여지는 시점에 해당 도구는 10개의 다른 린터들을 기본적으로 수행했고, 추가적으로 다른 50개의 도구를 활성화가 가능했다)을 수행하기 때문에, 팀 내에서 제안한 도구들의 수행에 동의하지 않을 수도 있다. 프로젝트의 루트 디렉터리에 .golangci.yml 파일을 만들어 활성화하고자 하는 린터와 분석할 파일을 설정할 수 있다.

....

5 *https://oreil.ly/015u-*

6 *https://oreil.ly/IKa_S*

해당 파일 설정에 대한 자세한 사항은 문서[7]를 확인하자.

go vet은 프로젝트 자동화 빌드 프로세스에서 사용하고, golint는 코드 리뷰 프로세스에서 사용하는 것을 권장한다(golint는 앞서 언급한 대로 잘못 판단하는 경우가 있기 때문에 보고된 이슈를 모두 수정할 필요는 없다). golint와 go vet 사용에 익숙해지면, golangci-lint를 시도하고 팀에 적합해질 때까지 설정을 조정해보자.

> **TIP** 일반적인 버그와 비관용적인 코드가 되지 않도록 golint와 go vet(혹은 golangci-lint)가 개발 프로세스 내에 있도록 하자. 다만 golangci-lint를 사용한다면, 팀 내에서 해당 도구의 설정에 대한 동의가 반드시 있어야 한다.

1.5 개발 도구 소개

여기까지 텍스트 편집기와 go 명령어만으로 Go 프로그램을 작성하고 수행해보았다. 이제는 조금 더 큰 프로젝트를 진행하기 위해 더 나은 도구를 알아볼 시점이다. 운이 좋게도, 대부분의 텍스트 편집기와 통합개발환경 등에 훌륭한 Go 개발 도구[8]들이 탑재되어 있다. 이미 즐겨 사용하는 도구가 있는 것이 아니라면, Go 개발 환경으로 최근 가장 인기가 좋은 비주얼 스튜디오 코드Visual Studio code와 GoLand로 개발하자.

1.5.1 비주얼 스튜디오 코드

무료 개발 환경을 찾고 있다면, 마이크로소프트에서 개발한 비주얼 스튜디오 코드[9]가 최고의 선택일 것이다. 2015년에 처음 배포된 비주얼 스튜디오 코드는 최근 개발자들 사이에서 가장 유행하는 소스 코드 편집기로 각광받고 있다. 비주얼 스튜디오 코드는 Go를 지원하지 않지만, 비주얼 스튜디오 코드 확장 갤러리에서 Go 확장을 다운로드하여 Go 개발 환경을 만들 수 있다.

---

7 *https://oreil.ly/vufj1*
8 *https://oreil.ly/MwCWT*
9 *https://oreil.ly/zktT8*

비주얼 스튜디오 코드의 Go 지원은 서드 파티 도구에 의존한다. 여기에는 Go 개발 도구, Delve 디버거, Go 팀에서 개발한 Go 언어 서버인 gopls를 포함한다. Go 개발 키트를 설치하는 과정에서, 비주얼 스튜디오 코드의 Go 확장은 Delve와 gopls를 설치해준다.

> **NOTE_** 언어 서버는 도대체 무엇인가? 개발자가 코드 완성code completion, 린팅, 사용법 찾기 등 지능형 편집 동작을 구현할 수 있도록 하는 API 표준 스펙이다. 언어 서버 프로토콜language server protocol[10]에서 확인 가능하다.

도구 설정이 완료되면, 프로젝트를 생성할 수 있고 개발을 진행할 수 있다. [그림 1-1]에서 프로젝트 윈도우의 모습을 볼 수 있다. 비주얼 스튜디오 코드에서 Go 프로젝트 시작하기[11] 영상에서 비주얼 스튜디오 코드의 Go 확장을 설치하고 사용법을 확인해보자.

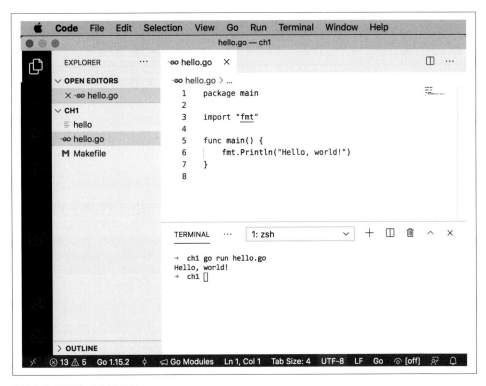

그림 1-1 비주얼 스튜디오 코드

----

10 *https://oreil.ly/2T2fw*
11 *https://oreil.ly/XhoeB*

1.5.2 GoLand

GoLand[12]는 젯브레인스JetBrains에서 만든 Go 전용 IDE이다. 젯브레인스는 자바 개발을 위한 최고의 도구로 알려져 있지만, GoLand를 통해 훌륭한 Go 개발 환경을 제공한다. [그림 1-2] 에서 보는 바와 같이, GoLand의 사용자 인터페이스는 인텔리제이Intellij, 파이참PyCharm, 루비 마인RubyMine, 웹스톰WebStorm, 안드로이드 스튜디오Android Studio, 그리고 다른 젯브레인스의 IDE 와 비슷하게 생겼다. GoLand는 리팩터링, 구문 강조syntax highlighting, 코드 자동완성, 코드 내비 게이션, 문서 팝업, 디버거, 코드 커버리지와 같은 도구들을 포함하여 Go 언어를 지원한다. 게다가, GoLand는 자바스크립트/HTML/CSS 그리고 SQL 데이터베이스 도구도 포함한다. 비주얼 스튜디오 코드와는 다르게, GoLand는 Go를 개발하기 위해 추가 도구를 다운받을 필요가 없다.

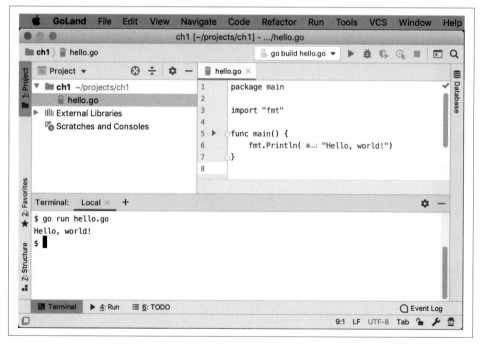

그림 1-2 GoLand

---

12 *https://oreil.ly/6cXjL*

이미 인텔리제이 얼티미트IntelliJ Ultimate(혹은 무료 라이선스를 받은 경우)를 구독하고 있다면, 플러그인을 통해 Go 지원을 추가할 수 있다. 그렇지 않다면, GoLand는 유료 결제를 해야한다. 사용할 수 있는 무료 버전은 없다.

1.5.3 Go 플레이그라운드

Go 개발에 중요한 도구가 또 하나 있다. 이 도구는 따로 설치할 필요가 없다. Go 플레이그라운드[13] 사이트를 방문하면 [그림 1-3]과 같은 화면을 볼 수 있다. irb, node 혹은 python과 같은 명령라인 환경을 사용하고 싶다면, Go 플레이그라운드는 아주 비슷한 느낌[14]이 날 것이다. 작은 프로그램을 공유하고 실행해볼 수 있는 공간을 제공한다. 코드를 편집 윈도우에 넣고 Run 버튼을 클릭하면 코드가 실행된다. Format 버튼은 편집 윈도우에 있는 코드에 대해 go fmt 명령을 수행한다. Imports 체크 박스는 goimports처럼 import 라인을 정리해주는 역할을 한다. Share 버튼은 다른 사람에게 해당 프로그램을 공유하거나 나중에 코드를 다시 참조할 수 있도록 URL(만들어진 URL은 오랫동안 유지되겠지만, 소스 코드 저장소 용도로는 사용하지 않는 게 좋다)을 생성한다.

그림 1-3 Go 플레이그라운드

----

13 *https://play.golang.org/*

14 옮긴이_ irb, node, python의 명령라인 실행 환경과 Go 플레이그라운드가 비슷한 느낌이 든다는 언급에서, 예를 들어 python 인터프리터의 실행은 현재 Go 플레이그라운드의 실행과 차이가 있다고 생각이 들어 해당 내용에는 동의하기가 어려운 부분이 있다.

[그림 1-4]를 보면, `-- 파일이름.go --`와 같은 구분라인으로 여러 파일을 시뮬레이션할 수 있다.

Go 플레이그라운드는 다른 사람(정확히는 구글이 운영하는 컴퓨터)의 컴퓨터이므로, 완전히 자유롭게 사용하기는 어렵다. Go 플레이그라운드는 항상 최신 안정 버전의 Go를 실행한다. 네트워크 연결에 실패하고, 너무 오래 사용하거나 너무 많은 메모리를 사용하면 프로그램이 중지된다. 개발한 프로그램이 시간에 의존적이라면, 현재 시간이 2009년 11월 10일, 23:00:00 UTC(Go를 처음 발표한 날)로 설정되어 있는 것이다. Go 플레이그라운드는 로컬에 새로운 프로젝트를 만들지 않고 새로운 아이디어를 빠르게 실행해보는 점에서 아주 유용하다. 이 책에서는 로컬에 예제 코드를 복사할 필요 없이 실행 가능한 Go 플레이그라운드의 링크를 볼 수 있다.

> **WARNING_** 민감한 정보(개인이 확인되는 정보, 비밀번호, 개인키 등)는 플레이그라운드에 넣지 않도록 하자. 만약 Share 버튼을 클릭하면 해당 정보는 구글 서버에 저장되고 공유된 URL과 연관된 사람이라면 누구든지 접근 가능해진다. 이런 사고가 발생했다면, security@golang.org로 구글에 연락하여 해당 URL과 내용 제거가 필요한 이유를 보내야 한다.

그림 1-4 Go 플레이그라운드는 여러 파일을 지원한다.

1.6 Makefiles

IDE는 사용하기에는 좋지만 자동화하기는 어려운 부분이 있다. 최신 소프트웨어 개발은 언제, 어디서, 누구나 실행이 가능하고 반복이 가능하며 자동화가 가능한 빌드에 의존한다. 이것은 "내 컴퓨터에서는 잘 동작해!"라는 변명을 하는 개발자가 나오지 않게 해준다. 이를 수행하는 방법은 빌드 단계마다 스크립트를 사용하는 것이다. Go 개발자들은 해결책으로 **make**를 채용해서 사용한다. **make**에 친숙하지 않을 수도 있겠지만, **make**는 1976년 이래로 유닉스 시스템에서 프로그램을 빌드하는 데 사용되었다.

여기 간단한 프로젝트에 추가할 Makefile 예제가 있다.

```
.DEFAULT_GOAL := build

fmt:
        go fmt ./...
.PHONY:fmt

lint: fmt
        golint ./...
.PHONY:lint

vet: fmt
        go vet ./...
.PHONY:vet

build: vet
        go build hello.go
.PHONY:build
```

이전에 Makefile을 본 적 없다 해도, 해당 내용이 무슨 일을 하는지 파악하기는 그리 어렵지 않다. 각 가능한 작업을 타깃^{target}이라 부른다. .DEFAULT_GOAL은 어떤 타깃도 지정해 주지 않았을 때, 기본적으로 수행하는 타깃을 정의한다. 이 경우에는, build 타깃을 수행할 것이다. 다음으로는 타깃 정의들이다. 콜론(:) 앞에 있는 단어는 타깃의 이름이 된다. 타깃 이름 뒤에 나오는 모든 단어는 (**build: vet** 라인에서 vet과 같은) 해당 타깃을 실행하기 전에 반드시 실행해야 하는 타깃이다. 타깃이 수행하는 작업은 타깃 다음 라인에 들여쓰기로 되어 있다 (.**PHONY** 라인은 타깃과 동일한 이름으로 디렉터리를 생성한 경우, **make**가 혼동되지 않도록 한다).

일단 Makefile을 ch1디렉터리에 놓고, 다음과 같이 입력한다.

```
make
```

다음과 같은 출력을 볼 수 있다.[15]

```
go fmt ./...
go vet ./...
go build hello.go
```

단일 명령어로 코딩 포맷이 제대로 되었는지 확인하고, 불분명한 오류가 코드에 있는지 조사한 뒤 컴파일을 하도록 한다. 또한 `make lint` 명령을 통해 린터도 수행할 수 있고 `make vet`으로 코드를 조사하거나 `make fmt`로 코드 포매팅을 확인할 수도 있다. 이것은 크게 개선된 것처럼 보이진 않지만, 개발자가 빌드를 트리거하기 전에 항상 코드 포매팅과 베팅이 이루어지도록 보장하여 어떤 단계도 빠뜨리지 않고 진행되도록 한다.

Makefile은 매우 까다롭다는 단점이 있다. 타깃이 수행해야 하는 단계는 무조건 탭tab으로 들여쓰기를 해야 한다. 또한 기본적으로 윈도우에서는 지원되지 않는다. 윈도우 컴퓨터에서 Go 개발을 진행한다면, `make`를 먼저 설치해야 한다. 가장 쉬운 방법은 Chocolatey[16]와 같은 윈도우 패키지 관리자를 먼저 설치하고, 그걸로 `make`를 설치하는 방법이다(Chocolatey의 경우 `choco install make` 명령어로 설치한다).

---

15 옮긴이_ 이 책이 사용한 Go 버전은 1.15.2를 사용했다. 해당 버전에서는 make 명령 진행 후, 문제는 없지만 1.16 이후에 릴리즈된 Go는 기본적으로 모듈의 형태로 빌드를 시도하여 go.mod를 만들지 않으면 go fmt ./... 하는 시점에 오류가 발생한다. 이를 해결하기 위해서는 go env -w GO111MODULE=auto를 명령라인에 입력하여 적용한 뒤, make를 다시 해보도록 하자. 해당 내용은 *https://go.dev/blog/go116-module-changes*에서 확인 가능하다.

16 *https://chocolatey.org/*

1.7 항상 최신으로 유지

모든 프로그래밍 언어와 마찬가지로, Go 개발 도구들은 주기적으로 업데이트가 이루어진다. Go 프로그램은 별도의 런타임에 의존하지 않는 네이티브 바이너리이므로 현재 배포된 프로그램이 실패할 수 있다는 걱정 없이 개발 환경을 업데이트할 수 있다. 여러 버전의 Go로 컴파일된 프로그램을 동일한 컴퓨터 혹은 가상 머신에서 동시에 실행할 수 있다.

Go 1.2버전 이후로, 대략 6개월 마다 새로운 메이저major 배포해왔다. 또한 버그나 보안 수정 사항이 반영되어야 한다면 마이너minor도 배포하고 있다. 빠른 개발주기와 이전 버전과의 호환성에 대한 Go 팀의 노력을 감안할 때, Go 배포는 확장성을 띠기보다는 점진적인 경향이 있다. Go 호환성 약속Compatibility Promise[17]은 Go 팀이 Go의 호환성이 깨지는 것을 막기 위한 계획의 세부 사항이 있다. 버그나 보안 수정을 위한 변경이 필요하지 않은 한, 1로 시작하는 Go 버전들을 위한 언어 자체 혹은 표준 라이브러리에 호환성에 문제가 될 변경은 없을 것이다. 하지만 go 명령의 기능이나 옵션에 이전 버전과 호환되지 않는 변경 사항이 있을 수도 있다.

이전 버전과의 호완성을 보장함에도 불구하고, 버그는 발견된다. 그렇기 때문에 새로운 배포로 인해 프로그램이 중단되지 않도록 하는 것은 당연하다. 한 가지 옵션은 Go 개발 환경을 따로 설치하여 구성하는 것이다. 예를 들어, 현재 수행되고 있는 Go 버전은 1.15.2고 시도해보려는 버전은 1.15.6이면, 다음의 명령어로 두 버전을 동시에 사용할 수 있다.

```
$ go get golang.org/dl/go.1.15.6
$ go1.15.6 download
```

버전 1.15.6에서 개발한 프로그램이 정상 동작하는지 시도해보기 위해 go 명령어 대신에 go1.15.6 명령어를 사용하면 된다.

```
$ go1.15.6 build
```

코드가 잘 수행된다는 것을 확인했다면, GOROOT에서 따로 갖고 있는 환경 설정을 찾아 지우고, $GOPATH/bin 디렉터리에 있는 해당 바이너리를 지우면 된다. 맥 OS, 리눅스 그리고 BSD에서는 다음과 같이 진행하면 된다.

---

17 *https://oreil.ly/p_NMY*

```
$ go1.15.6 env GOROOT
/Users/gobook/sdk/go1.15.6
$ rm -rf $(go1.15.6 env GOROOT)
$ rm $(go env GOPATH)/bin/go1.15.6
```

컴퓨터에 설치된 Go 개발 도구들을 업데이트할 준비가 되었을 때, 맥 OS와 윈도우 사용자는
아주 쉽게 처리할 수 있다. 해당 플랫폼에서는 **brew**나 **chocolatey**를 실행해서 업데이트할 수
있다. 홈페이지[18]에서 설치 프로그램을 사용한 사용자는 최신 설치 프로그램을 다운받을 수 있
으며 설치 프로그램은 예전 버전을 제거하고 새로운 버전을 설치한다.

리눅스와 BSD 사용자는 최신 버전을 다운로드할 필요가 있다. 이전 버전은 백업을 위한 디렉
터리로 옮기고, 새로운 버전 압축을 푼 뒤에, 이전 버전을 지우면 된다.

```
$ mv /usr/local/go /usr/local/old-go
$ tar -C /usr/local -xzf go1.15.2.linux-amd64.tar.gz
$ rm -rf /usr/local/old-go
```

1.8 마무리

이 장에서는 Go 개발 환경을 어떻게 설치하고 구성하는지 알아보았다. 또한 Go 프로그램을
빌드하고 코드 품질을 확인하는 도구를 알아보았다. 이제 환경이 준비가 되었으니 다음 장에서
Go의 내장 타입built-in type과 변수 선언을 알아보자.

---

18 *https://golang.org/dl/*

CHAPTER 2

기본 데이터 타입과 선언

이제 개발 환경 설정을 완료했으니, Go 언어의 기능들과 그 기능을 최고로 잘 사용하는 방법을 알아볼 차례이다. 여기서 '최고'가 무엇을 의미하는지 파악할 때, 중요한 원칙이 하나 있다. 의도가 명확하도록 프로그램을 작성해야 한다. 기능을 살펴보면서 다양한 옵션을 볼 것이고, 특정 접근 방식이 더 명확한 코드를 만들어 내는 이유를 설명한다. 또한 기본 데이터 타입과 변수를 살펴볼 것이다. 모든 프로그래머가 이런 개념에 대한 경험이 있겠지만, Go는 몇 가지 다르게 처리하는 것이 있으며 이를 통해 Go와 다른 언어들 간에 미묘한 차이를 확인해보자.

2.1 내장 타입

Go는 다른 언어와 마찬가지로 동일한 내장 타입built-in type을 갖고 있다. 불리언boolean, 정수integer, 실수float, 문자열string이 있다. 이런 타입을 관용적으로 사용하기란 다른 언어에서 전환하려는 개발자에게 어려운 일이다. 이러한 타입을 살펴보고 Go에서 어떻게 사용해야 잘 사용하는 것인지 알아보자. 타입을 살펴보기 전에, 모든 타입에 적용되는 몇 가지 개념을 살펴보자.

2.1.1 제로 값

Go는 대부분의 최신 언어들과 마찬가지로, 선언되었지만 값이 할당되지 않은 모든 변수에 기본값인 제로 값zero value을 할당한다. 명시적으로 제로 값을 넣는 것은 코드를 더 명확하게 하고 C와 C++ 프로그램에서 발견된 소스의 버그들을 제거한다. 각 타입에 대해 설명하면서, 타입별로 제로 값을 다루어보자.

2.1.2 리터럴

Go에서 리터럴은 숫자, 문자 혹은 문자열을 쓰는 것을 나타낸다. Go 프로그램에서 찾아볼 수 있는 리터럴은 일반적으로 네 가지가 있다(드물게 사용되는 5번 째 리터럴은 복소수complex number를 다룰 때 확인해 볼 것이다).

정수integer 리터럴은 일련의 숫자이다. 일반적으로 10진수를 의미하지만 다른 접두사를 사용하여 진법을 변경하여 사용할 수 있다. 0b는 이진수이고, 0o는 8진수를, 0x는 16진수로 만들 수 있다. 접두사로 대문자 혹은 소문자를 사용할 수도 있다. 문자 없이 0으로 시작하는 숫자는 8진 리터럴을 표현하는 또 다른 방법이지만 혼동이 있을 수 있어 사용하지 않길 바란다.

긴 정수 리터럴을 더 읽기 쉽게 만들기 위해 Go는 정수 리터럴 사이에 밑줄을 넣는 것을 허용한다. 예를 들어, 10진수를 천의 단위로 그룹을 구분하기 위해서 (1_234)와 같이 사용할 수 있다는 것이다. 해당 밑줄은 숫자 값 자체에는 어떠한 영향도 주지 않는다. 제한 사항이 있다면 숫자의 맨 앞이나 맨 뒤에 넣을 수 없고 다른 숫자와 연결되게 사용해서는 안 된다는 점이다. (1_2_3_4)처럼 매 숫자마다 밑줄을 넣을 수는 있지만 그러지는 말도록 하자. 밑줄의 사용은 10진수 숫자를 천 단위로 나누거나, 이진수, 8진수, 16진수를 1, 2, 4바이트 경계로 나누어 표시하여 가독성을 높이는 용도로 사용하자.

부동소수점floating point **리터럴**은 값에서 소수부를 구분하는 소수점이 있다. 또한 문자 e와 양수 혹은 음수(6.03e23과 같은)로 지정된 지수를 가질 수 있다. 또 다른 옵션으로 16진수로 부동 소수점을 표현하기 위해 0x 접두사와 지수를 나타내는 p 문자를 사용할 수 있다. 정수 리터럴과 같이 부동소수점 리터럴을 포매팅하기 위해 밑줄을 사용할 수 있다.

룬rune **리터럴**은 문자를 나타내며, 작은따옴표로 묶어 사용한다. 다른 여러 언어들과는 달리, Go에서 작은따옴표와 큰따옴표는 혼용할 수 없다. 룬 리터럴은 단일 유니코드 문자('a'), 8

비트 8진 숫자('\141'), 8비트 16진수 숫자('\x61'), 16비트 16진수 숫자('\u0061') 혹은 32비트 유니코드('\U00000061')로 쓸 수 있다. 역슬래시 특수 룬 리터럴 중, 가장 유용하게 사용되는 줄 바꿈('\n'), 탭('\t'), 작은따옴표('\''), 큰따옴표 ('\"'), 그리고 역슬래시('\\')가 있다.

실제로는 숫자 리터럴은 10진수를 이용하고, 코드 컨텍스트가 더 명확하게 되지 않는 한, 룬 리터럴에 16진수 이스케이프를 사용하지 않도록 하자. 8진수 표현은 드물지만, POSIX 파일 권한 플래그 값으로 주로 이용된다(0o777값은 rwxrwxrwx 파일 권한을 표현한다). 16진수와 이진수는 비트 필터나 네트워킹 그리고 인프라 응용 프로그램을 위해 가끔 사용된다.

문자 리터럴을 표시하는 방법에는 두 가지가 있다. 대부분의 경우, **해석된 문자열 리터럴**interpreted string literal로 큰따옴표를 사용해서 만들 수 있다(예를 들어 "Greetings and Salutations"). 이는 허용되는 모든 형식의 룬 리터럴이 0개 이상 포함 가능하다. 표시할 수 없는 문자는 이스케이프 처리되지 않은 역슬래시, 이스케이프 처리되지 않은 줄 바꿈 그리고 이스케이프 처리되지 않은 큰따옴표이다. 문자열 리터럴로 앞서 예제로 사용한 "Greetings and Salutations"에서 Greetings와 Salutations를 서로 다른 라인에 표시하고, Salutation은 큰따옴표와 함께 표시하고 싶다면, "Greetings and\n\"Salutations\""로 만들어야 한다.

문자열에서 역슬래시, 큰따옴표 혹은 줄 바꿈을 그대로 포함하여 출력하고자 한다면 **로우 문자열**raw string **리터럴**을 사용하자. 이는 역따옴표(`)를 사용하여 역따옴표 자체를 제외하고 모든 리터럴을 포함할 수 있다. 로우 문자열 리터럴을 사용하여, 앞서 만들어본 인사말을 수정해 보자.

```
`Greetings and
 "Salutations"`
```

2.1.6절 '명시적 타입 변환'에서 관련 내용을 볼 수 있을 텐데, 서로 다른 크기로 선언된 경우 두 개의 정수는 더할 수 없다. 하지만 Go는 부동소수점 표현에서 정수 리터럴을 사용하거나 부동소수점 변수에 정수 리터럴을 할당하여 사용할 수 있게 해준다. 이는 Go의 리터럴에서 타입이 지정되지 않았기 때문이다. 리터럴 사이에 호환되는 모든 변수들은 상호작용이 가능하다. 7장 사용자 정의 타입을 살펴볼 때, 기본 데이터 타입 기반으로 사용자 정의 타입으로 리터럴을 사용할 수 있다는 것을 볼 수 있다. 타입지정 없이 사용되는 것은 여기까지만 허용된다. 숫

자 타입의 변수에 리터럴 문자열을 할당하거나 리터럴 숫자를 문자열 변수에 할당할 수 없으며, 부동소수점 값을 정수에 할당할 수도 없다. 이것은 모두 컴파일 과정에서 오류로 표시된다.

Go는 실용적인 언어이기에 리터럴은 타입이 지정되어 있지 않다. 개발자가 특정 타입으로 지정하기 전까지 타입을 강제하지 않는 것이다. 타입에는 크기 제한도 있다. 정수가 담을 수 있는 것보다 큰 숫자 리터럴을 쓸 수는 있지만, byte 타입의 변수에 1000의 값을 할당하려고 하는 것과 같이 타입이 지정된 변수에 오버플로overflow가 되는 값을 할당하려고 하면 컴파일 과정에서 오류가 생긴다.

변수 할당 섹션에서 변수의 타입을 명시적으로 선언해주지 않는 것을 볼 수 있다. 이런 경우에는 Go는 리터럴을 위한 기본 타입을 부여한다. 코드 표현에 리터럴의 타입이 무엇인지 명확하지 않다면 리터럴이 가진 속성이 타입이 된다. 내장 타입들을 살펴보면서 기본 타입에 대한 언급을 하겠다.

2.1.3 불리언

bool 타입은 불리언 변수를 의미한다. bool 타입의 변수는 두 값 중에 하나를 가지는데, 그것은 true 혹은 false이다. bool의 제로 값은 false이다.

```
var flag bool // 값을 지정하지 않아, false로 설정된다.
var isAwesome = true
```

변수 선언을 보여주는 것 없이 변수 타입을 설명하기란 힘들고, 반대도 마찬가지다. 2.2절 'var Versus :='에서 변수 선언사용을 설명하겠다.

2.1.4 숫자 타입

Go에는 숫자 타입이 많다. 세 가지 범주로 분류된 12개의 다른 타입(그중 몇 개는 특수한 이름)이 있다. 단일 숫자 타입만 가지고 개발을 잘 할 수 있는 자바스크립트와 같은 언어 사용자였다면 12개는 많다고 느낄 수 있다. 사실 어떤 타입은 자주 사용되는 반면에 다른 것은 어려워서 활용하지 않는 것도 있다. 부동소수점과 매우 드문 복소수 타입을 살펴보기 전에 정수 타입부터 보도록 하자.

정수 타입

Go는 1~4바이트까지 다양한 크기를 가지는 부호 있는 정수와 부호 없는 정수를 모두 제공한다. [표 2-1]에서 볼 수 있다.

표 2-1 Go에서 사용되는 정수 타입

타입 이름	값의 범위
int8	−128 ~ 127
Int16	−32768 ~ 32767
Int32	−2147483648 ~ 2147483647
Int64	−9223372036854775808 ~ 9223372036854775807
uint8	0 to 255
uint16	0 to 65536
uint32	0 to 4294967295
uint64	0 to 18446744073709551615

변수 이름에서 정수의 크기를 짐작할 수 있을 것이고, 모든 정수 타입의 제로 값은 0이다.

특수 정수 타입들

Go는 정수 타입을 위한 몇 개의 특수 이름을 가지는 변수가 있다. byte 타입은 uint8의 별칭 alias이다. byte와 uint8간에 할당, 비교 혹은 수학적 연산을 수행할 수 있다. 하지만 Go 코드에서 uint8은 거의 볼 수 없을 것이다. 웬만하면 byte로 사용하자.

두 번째 특수 이름은 int이다. 32비트 CPU에서 int는 int32와 같이 부호 있는 32비트 정수가 된다. 대부분의 64비트 CPU에서, int는 int64와 같이 부호 있는 64비트 정수가 된다. int는 플랫폼마다 일관되지 않기 때문에, 타입의 명시적 변환 없이 int와 int32 혹은 int64 간에 할당, 비교, 수학적 연산의 수행은 컴파일 과정에서 오류가 발생한다(자세한 사항은 2.1.6절 '명시적 타입 변환'에서 확인하자). 정수 리터럴은 기본적으로 int 타입이다.

> **NOTE_** int 타입을 32비트 부호 있는 정수로 사용하는 일반적이지 않은 64비트 아키텍처가 있다. Go는 이중 3개를 지원한다. amd64p32, mips64p32 그리고 mips64p32le가 있다.

세 번째 특수 이름은 uint이다. int와 동일한 규칙을 따르는데, 이것은 단지 부호 없는 정수를 나타낸다(해당 변수의 값은 0 혹은 양수이다).

정수 타입에 또 다른 2개의 특수 이름이 있는데, rune과 uintptr이다. 앞서 룬 리터럴을 살펴보았고, 룬 타입에 관련해서는 2.1.5절 '문자열과 룬 맛보기'에서 다루고, uintptr는 14장에서 살펴보자.

사용할 정수 타입 선택

Go는 다른 언어에 비해 지원되는 정수 타입이 더 많다. 주어진 모든 정수 타입의 선택을 고려한다면 어떤 것을 어떤 시점에 적절히 사용할 수 있을지 궁금할 것이다. 여기에는 간단한 규칙 세 가지가 있다.

- 특정 크기를 갖거나 부호가 지정된 정수를 가진 네트워크 프로토콜이나 이진 파일 포맷을 가지고 작업하는 경우, 해당되는 정수 타입을 사용하자.
- 모든 정수 타입을 처리하는 라이브러리 함수를 작성한다면, 한 쌍의 함수를 만들어 하나는 파라미터로 int64 타입을 사용하고, 다른 하나는 uint64 타입을 사용한다(함수와 파라미터는 5장에서 살펴볼 것이다).

> **NOTE_** int64와 uint64를 사용하는 이유는 Go가 제네릭generic과 함수 오버로딩overloading을 지원하지 않는 상태에서 관용적인 방향으로 선택하였기 때문이다. 이런 기능 없이 어떤 알고리즘을 구현하기 위해서는 조금씩 다른 이름으로 많은 함수를 작성해야 한다. int64와 uint64를 사용하면 코드를 한 번만 작성하고 호출하는 곳에서 타입 변환을 하여 함수에 전달하고 반환된 데이터를 다시 변환할 수 있다. 이런 패턴의 코드 작성은 Go의 표준 라이브러리의 strconv 패키지에 있는 FormatInt/FormatUint 그리고 ParseInt/ParseUint 함수를 살펴보면 알 수 있다. 이와는 다른 경우인, 정수의 크기가 중요한 math/bits 패키지가 있다. 이 경우에는 모든 정수 타입에 대해 분리된 함수를 작성할 필요가 있다.

- 위에 언급된 경우를 제외하고는, int를 사용하자.

> **TIP** 성능 혹은 통합 목적을 위한 정수의 크기 또는 부호에 대해 명시적으로 지정 사용할 필요가 없다면, int 타입을 사용하면 된다. 다른 타입들은 입증이 될 때까지는 최적화가 덜 되었다고 생각하자.

정수 연산자

Go 정수는 일반적인 산술 연산자를 지원한다. +, -, *, / 그리고 나머지 연산을 위한 % 정수의 나눗셈의 결과는 정수이다. 부동소수점의 결과를 얻고 싶다면, 정수를 부동소수점으로 타입 변환하여 사용할 필요가 있다. 또한 0으로 정수를 나누지 않도록 하자. 패닉이 생길 수 있다(8.8절 '패닉과 복구'에서 패닉과 관련된 더 많은 내용이 있다).

> **NOTE_** Go에서 정수의 나눗셈은 0의 자리 기준으로 아래는 잘린다. 자세한 내용은 Go 스펙 문서의 산술 연산자 섹션[1]을 살펴보도록 하자.

모든 산술 연산자는 =과 함께 사용하여 연산과 동시에 변수를 수정할 수 있다. 이와 관련한 연산자는 +=, -=, *=, /=, %=가 있다. 예를 들어 아래 코드의 x 결과값은 20이 된다.

```
var x int = 10
x *= 2
```

정수를 비교하기 위해서는 ==, !=, >, >=, <, <=를 사용할 수 있다.

Go는 또한 정수를 위한 비트 조작 연산자를 가지고 있다. <<와 >> 연산자를 사용하여 비트를 왼쪽이나 오른쪽으로 시프트하거나 & (논리적 AND), | (논리적 OR), ^ (논리적 XOR), &^ (논리적 AND NOT)으로 비트 마스크bit mask를 사용할 수 있다. 산술 연산자와 동일하게, 논리 연산자도 =와 함께 사용하여 연산과 동시에 변수를 수정할 수 있다. &=, |=, ^=, &^=, <<=, >>=로 사용할 수 있다.

부동소수 타입

Go에서 두 가지 종류의 부동소수점을 지원한다. 다음 [표 2-2]를 보자.

---

1 https://oreil.ly/zp30J

표 2-2 Go에서 부동소수점

타입 이름	최대 절대값	가장 작은 절대값
float32	3.40282346638528859811704183484516925440e+38	1.401298464324817070923729583289916131280e-45
Float64	1.797693134862315708145274237317043567981e+308	4.940656458412465441765687928682213723651e-324

정수와 같이 부동소수점의 제로 값도 0이다.

Go에서 부동소수는 다른 언어의 부동소수 계산과 비슷하다. Go는 IEEE 754 스펙을 사용하고, 보다 넓은 범위와 제한된 정밀도를 제공한다. 사용할 부동소수점을 선택하는 것은 간단하다. 기존 포맷과 호환이 되는 경우가 아니라면, float64를 사용하자. 부동소수점 리터럴은 기본적으로 float64 타입이기에 float64를 사용하는 것이 가장 쉬운 방법이다. 또한 float32는 소수점 아래 6~7자리까지의 정밀도만 가지기 때문에, 부동소수점의 정확도 문제를 완화할 수 있다. 프로파일러의 사용으로 심각한 소스의 문제를 발견하지 못했다면, 메모리 크기의 차이에 대해 걱정할 필요가 없다(13장에서 테스팅과 프로파일링에 관해 배울 것이다).

더 큰 문제는 부동소수점수를 사용해야 하는지에 대한 결정이다. 대부분의 경우, 대답은 '아니요'이다. 다른 언어와 마찬가지로, Go의 부동소수점수는 엄청난 범위를 가지고 있지만, 해당 범위의 모든 값을 저장할 수 있는 것은 아니다. 가장 가까운 근사치를 저장한다. float은 부정확하기 때문에, 부정확한 값을 허용할 수 있는 상황이나, 부동소수점의 규칙을 잘 이해되는 상황에서만 사용하도록 하자. 그래서 그래픽이나 과학적 연산과 같은 것으로 제한이 된다.

> **WARNING_** 부동소수점수는 소수 값을 정확하게 표현할 수 없다. 돈처럼 정확한 소수 값이 표현되어야 하는 곳에서는 사용하면 안 된다!

부동소수점에 나머지 연산(%)을 제외하고 모든 수학 연산과 비교 연자를 사용할 수 있다. 부동소수의 나눗셈은 몇 가지 재미있는 속성이 있다. 0이 아닌 부동소수 변수를 0으로 나누면 원래 숫자의 부호에 따라 +Inf 혹은 -Inf(양수 혹은 음수 무한대)를 반환한다. 0으로 설정된 부동소수점 변수를 0으로 나누면 NaN[Not a Number]를 반환한다.

Go는 부동소수점 변수를 ==와 !=의 사용으로 변수를 비교하게 하지만 사용하지 않도록 하자. 부동소수점은 태생적으로 부정확한 값을 가지므로, 두 부동소수 값을 같다고 생각하고 비교해도 같지 않을 수 있다. 대신에, 최소 허용 분산을 정의하고 두 부동소수점 변수 간에 차이가 그보다 작은 값인지 확인하자. 이 최솟값(엡실론[epsilon])은 필요한 정확도에 따라 다르게 정해진다. 단순한 규칙으로 제시하기는 어렵기 때문에, 관련해서 확신할 수 없다면 주변 수학자에게 자문을 구해보길 바란다.

---

2 *https://oreil.ly/Gc05u*

복소수 타입

Go에 숫자 타입이 하나 더 있는데, 꽤나 특이한 타입이다. Go는 복소수를 위해 최고의 지원을 한다. 복수가 무엇인지 모른다면, 해당 기능에 대해 알 필요는 없으니 이 부분은 넘어가도 좋다.

Go의 복소수 지원은 많은 것은 아니다. Go는 두 개의 복소수 숫자 타입을 정의한다. complex64 타입은 float32 값을 사용하여 실수부와 허수부를 표현하고 complex128은 float64를 사용하여 실수부와 허수부를 표현한다. 두 가지 모두다 complex 내장 함수를 통해 선언된다. Go는 함수 출력에 대한 타입이 무엇인지 판단하기 위해 몇 가지 규칙을 사용한다.

- 두 함수의 인자로 타입이 지정되지 않은 상수나 리터럴을 사용하면, 타입이 지정되지 않은 complex 리터럴을 만들고 기본 타입은 complex128이 된다.
- complex로 전달하는 두 값을 float32 타입으로 했다면 complex64로 만들면 된다.
- 전달되는 한 값은 float32고 다른 하나는 float32에 넣을 수 있는 타입이 지정되지 않은 상수나 리터럴이라면 동일하게 complex64로 만들면 된다.
- 다른 경우는 complex128로 만들자.

모든 표준 산술 연산자는 복소수 숫자에도 적용 가능하다. 부동소수점과 같이, 두 복소수를 비교하기 위해 ==와 !=을 사용할 수 있지만, 복소수도 정밀도 제한 문제가 있어 엡실론을 사용해서 비교하는 것이 최선이다. 복소수 숫자에서 실수부와 허수부를 뽑아내기 위해 각각 real과 imag라는 내장 함수를 사용할 수 있다. math/cmplx 패키지에서 complex128 값을 조작하기 위한 추가적인 함수를 제공한다.

복소수 숫자의 두 타입을 위한 제로 값은 실수부와 허수부에 0으로 할당된다.

[예제 2-1]은 복소수 숫자들이 어떻게 동작하는지 보여주는 단순한 프로그램이다. Go 플레이그라운드[3]에서 직접 실행해볼 수 있다.

예제 2-1 복소수 숫자

```
func main() {
    x := complex(2.5, 3.1)
    y := complex(10.2, 2)
```

----

3 *https://oreil.ly/fuyIu*

```
    fmt.Println(x + y)
    fmt.Println(x - y)
    fmt.Println(x * y)
    fmt.Println(x / y)
    fmt.Println(real(x))
    fmt.Println(imag(x))
    fmt.Println(cmplx.Abs(x))
}
```

예제를 실행하면 다음과 같은 결과를 보여준다.

```
(12.7+5.1i)
(-7.699999999999999+1.1i)
(19.3+36.62i)
(0.2934098482043688+0.246390225842280065i)
2.5
3.1
3.982461550347975
```

부동소수의 부정확함을 여기서도 동일하게 볼 수 있다.

다섯 번째 기본 리터럴의 종류가 무엇인지 알아보면, Go는 복소수 숫자의 허수부를 표현하는 허수 리터럴을 지원한다. 부동소수 리터럴과 유사하지만 허수는 접미사로 i가 붙는다.

복소수가 내장 타입임에도 불구하고, Go는 수치 컴퓨팅을 위한 언어로 유명하지는 않다. 다른 기능은(행렬^{matrix} 지원과 같은) 언어의 일부가 아니고, 라이브러리는 부분 슬라이스^{slice} 변환과 같은 것으로 비효율적인 교체를 해야 하기 때문에 도입이 제한되었다. 하지만 대형 프로그램의 일부로 망델브로 집합[4]을 계산할 필요가 있거나 2차 방정식 계산기의 구현에 필요한 복소수 지원이 있다는 것만 기억하자.

왜 Go가 복소수를 지원하는지 궁금할 것이다. 대답은 간단하다. Go(그리고 유닉스^{Unix}) 창시자 중 한명인 켄 톰슨$^{Ken Thompson}$은 이것이 흥미롭다고 생각했다.[5] Go 차기 버전에서는 복소수를 제거하자는 논의[6]가 있었지만, 이 기능을 무시하기는 어려울 것이다.

----

4 https://ko.wikipedia.org/wiki/망델브로_집합
5 https://oreil.ly/eBmkq
6 https://oreil.ly/Q76EV

2.1.5 문자열과 룬 맛보기

여기서는 문자열을 소개한다. 다른 최신의 언어와 같이 Go는 내장 타입으로 문자열을 지원한다. 문자열의 제로 값은 비어 있는 문자열이다. Go는 유니코드를 지원하기 때문에 문자열 리터럴 섹션에서 보여준 것처럼 문자열에 모든 유니코드 문자를 넣을 수 있다. 정수나 부동소수점과 같이 문자열도 ==을 사용하여 같음을 비교할 수 있고, !=으로 같지 않음을 확인할 수 있다. 또한 >, >=, < 혹은 <=을 사용하여 문자열의 순서도 확인할 수 있다. + 연산자를 사용하여 문자열을 연결할 수도 있다.

Go에서 문자열의 속성은 불변immutable이다. 문자열 변수에 값을 재할당할 수 있지만 이미 할당되어 있는 값을 변경할 수는 없다.

또한 Go는 단일 코드 포인트를 표현하기 위한 타입도 가지고 있다. **룬** 타입은 `byte`가 `uint8`의 별칭인 것처럼 `int32` 타입의 별칭이다. 룬 리터럴의 기본 타입은 룬이고 문자열의 기본 타입은 문자열이다.

TIP 문자를 다루는 경우는 `int32`가 아니라 룬 타입을 사용하자. 컴파일러 입장에서는 동일한 타입이겠지만, 코드의 의도를 명확하게 하는 타입을 사용하도록 하자.

다음 장에서 일부 구현에 대한 세부 사항, 바이트 타입과 룬 타입 간의 관계, 뿐만 아니라 고급 기능 및 함정과 같은 문자열에 관한 더 많은 사항을 다룰 것이다.

2.1.6 명시적 타입 변환

다양한 숫자 타입을 갖고 있는 대부분의 언어가 필요하다면 자동으로 하나의 타입에서 다른 타입으로 변환이 된다. 이것을 자동 타입 변환automatic type promotion이라 한다. 자동 타입 변환은 아

---

7 *https://www.gonum.org/*

주 편하게 보이는 반면 한 타입을 다른 타입으로 적절하게 변환하는 규칙이 복잡해지고, 예기치 못한 결과를 발생할 수 있다. 의도의 명확성과 가독성의 중시하는 언어로서 변수들 간 자동 타입 변환을 허용하지 않는다. 변수 타입이 서로 맞지 않을 때, 명시적으로 타입 변환을 해주어야 한다. 다른 크기를 가지는 정수나 부동소수점 조차도 상호 작용을 위해서는 동일한 타입으로 변환해야 한다. 이렇게 하면 모든 타입 변환 규칙(예제 2-2)을 기억할 필요없이 원하는 타입을 명확하게 만들 수 있다.

예제 2-2 타입 변환

```
var x int = 10
var y float64 = 30.2
var z float64 = float64(x) + y
var d int = x + int(y)
```

이 예제 코드에서 변수 4개를 선언했다. x는 int 타입이고 값은 10이다. 그리고 y는 float64 타입이고 값은 30.2이다. 두 변수는 타입이 다르므로 두 값을 더하려면 타입을 변환해야 한다. z에는 x를 float64 타입 변환을 이용해서 float64로 변환하고, d는 y를 int 타입 변환을 이용하여 int로 변환한다. 이 코드를 수행해보면, 각각 40.2와 40을 출력한다.

타입에 대한 엄격함은 또 다른 의미가 있다. Go 내에서는 모든 타입 변환을 명시적으로 해야 하기 때문에, 다른 Go 타입을 불리언으로 취급할 수 없다. 다른 많은 언어에서는, 0의 값이 아닌 숫자나 비어 있지 않은 문자열은 불리언의 참 값으로 해석될 수 있다. 자동 타입 변환과 마찬가지로 '참' 값에 대한 규칙은 언어마다 다르기에 혼란을 야기할 수 있다. Go에서는 참의 값으로의 변환이 허용되지 않는다. 사실 어떠한 타입도 명시적이든 암묵적이든 불리언으로 변경할 수 없다. 다른 데이터 타입을 불리언으로 변환을 하고 싶다면, 비교 연산자 중 하나를 사용해야 한다(==, !=, >, <, <=, 또는 >=). 예를 들어, 변수 x가 0과 같은 지 확인해야 한다면, 코드는 x == 0여야 한다. 문자열이 비어 있는지 확인하려면, 코드는 s == ""로 해야 한다.

TIP 타입 변환은 Go가 단순성과 명확성을 대가로 약간의 자세한 정보를 추가해야 하는 선택을 한 부분이다. 여기에 관한 절충을 여러 번 보게 될 것이다. 관용적인 Go는 간결함보다 이해도에 가치를 더 둔다.

2.2 var Versus :=

Go에는 변수를 선언하는 다양한 방법이 있다. 각 선언 스타일은 변수를 어떻게 사용할 것인지를 전달할 수 있기 때문이다. Go에서 변수를 선언하는 방법을 살펴보고, 각각 어느 시점에 사용하는 것이 알맞은지도 알아보자.

Go에서 변수를 선언하는 방법으로 var 키워드 사용이 있다. 명시적인 타입과 값 할당을 정해준다. 다음 코드를 보자.

```
var x int = 10
```

=의 오른쪽에 있는 타입이 예상되는 변수 타입인 경우, =의 왼쪽에 있는 타입을 생략할 수 있다. 정수 리터럴의 기본 타입은 int이기 때문에, 다음은 x를 int 타입으로 선언하는 것이다.

```
var x = 10
```

반대로 변수를 선언하고 해당 변수에 제로 값을 할당하고 싶다면, 타입을 유지하고 = 이후의 내용은 빼면 된다.

```
var x int
```

한번의 var 라인으로 같은 타입으로 여러 개의 변수를 선언할 수도 있다.

```
var x, y int = 10, 20
```

같은 타입의 모든 변수에 제로 값을 할당하는 방법도 있다.

```
var x, y int
```

혹은 서로 다른 타입을 선언할 수도 있다.

```
var x, y = 10, "hello"
```

var를 사용하는 또 다른 방법이 있다. 다양한 변수를 한 번에 선언하고자 한다면, 선언리스트를 괄호로 묶어서 할 수 있다.

```
var (
    x    int
    y        = 20
    z    int = 30
    d, e     = 40, "hello"
    f, g string
)
```

또한 Go는 짧은 선언도 지원한다. 함수 내에서 := 연산자를 사용하여 타입 유추를 하는 var 선언을 대체할 수 있다. 아래 두 라인의 코드는 정확히 같은 동작을 한다. x에 10의 값을 할당하며 int로 선언한다.

```
var x = 10
x := 10
```

var와 마찬가지로 := 연산자를 사용하여 다양한 변수를 한 번에 선언할 수 있다. 아래 두 라인은 10을 x에 "hello"를 y에 할당한다.

```
var x, y = 10, "hello"
x, y := 10, "hello"
```

:= 연산자는 var로 할 수 없는 한 가지 기능이 가능하다. 이미 선언된 변수에 값을 할당할 수 있다. 새로 선언하는 변수가 := 연산자 왼쪽에 하나만 있으면, 다른 변수들은 이미 존재하는 변수라도 값이 할당이 된다.

```
x := 10
x, y := 30, "hello"
```

:=에도 한 가지 제한이 있다. 패키지 레벨에서 변수를 선언하고자 한다면, := 연산자의 사용은 함수 밖에서는 불가능하기 때문에 반드시 var 키워드를 사용해야 한다.

어떤 방식으로 사용해야 하는지 어떻게 정할 수 있을까? 항상 그렇듯 코드의 의도를 가장 명확하게 할 수 있는 방향으로 사용하면 된다. 함수 내에서 가장 흔한 선언 방법은 :=을 사용하는 것이다. 함수 밖에는 패키지 레벨에서 접근하는 변수들의 경우는 드물지만 선언 리스트를 사용하자.

함수 내에서 := 연산자 사용을 피해야 하는 상황들이 있다.

- 제로 값으로 변수를 초기화할 때, `var x int`와 같이 사용하자. 의도한 제로 값이 할당될 수 있도록 하기 위함이다.

- 타입이 지정되지 않은 상수나 리터럴이 변수에 할당될 때, 타입을 지정할 수 있는 var 형식을 사용하자. 타입 변환을 사용하여 값의 타입을 지정하고 := 연산자를 사용하여 `x := byte(20)`과 같이 사용하는 것은 문제는 없지만, `var x byte = 20`으로 사용하는 것이 관용적인 코드를 만들 수 있다.

- := 연산자는 새로운 변수나 이미 존재하는 변수에 모두 값을 할당하기 때문에, 이미 있는 변수에 값을 할당하려고 의도했던 것이 새로운 변수를 만들게 되는 경우가 발생한다(4.1.1절 '섀도잉 변수'에서 자세히 알아보자). 이런 상황에서 명시적으로 var 키워드를 사용하여 변수를 새로운 선언으로 명확히 한다면, 이미 있던 변수나 새로운 변수 모두에 할당 연산자(=)를 사용할 수 있다.

var 와 :=는 같은 라인에 여러 변수를 선언할 수 있지만, 이런 스타일은 함수나 콤마 OK 관용구에서 반환된 여러 값을 할당할 때만 이런 스타일을 이용하자(5장과 3.4.2절 '콤마 OK 관용구'에서 살펴보자).

패키지 블록package block이라 불리는 범위내에서 함수 외부에 변수를 선언하는 것은 거의 없다. 값의 변경이 일어나는 패키지 레벨 변수는 좋지 않다. 함수 외부에 변수가 있을 때, 변수의 변경 사항을 추적하기가 어려울 수 있어 프로그램의 데이터 흐름을 이해하기 어려워진다. 이것은 미묘한 버그로 이어질 수 있다. 패키지 블록 내에서는 사실상 변경 불가능한 변수 선언만 해야 한다.

> TIP 데이터 흐름 분석을 하기 어려워질 수 있는 함수 외부의 변수 선언은 피하도록 하자.

Go는 값을 변경할 수 없는지 확인하는 방법이 궁금할 것이다. 물론 있지만 다른 프로그래밍 언어와는 조금 다를 수 있다. 이와 관련하여 const를 배워보도록 하자.

2.3 const 사용

개발자가 새로운 프로그래밍 언어를 학습할 때, 익숙한 개념과 비교하려고 할 것이다. 많은 언어들이 값을 변경할 수 없도록 선언하는 방법이 있다. Go에서는 const 키워드로 수행된다. 언뜻 보기에는 다른 언어와 똑같이 동작하는 것처럼 보일 것이다. [예제 2-3]을 Go 플레이그라운드[8]에서 실행해보자.

예제 2-3 const 선언

```go
const x int64 = 10

const (
    idKey   = "id"
    nameKey = "name"
)

const z = 20 * 10

func main() {
    const y = "hello"

    fmt.Println(x)
    fmt.Println(y)

    x = x + 1
    y = "bye"

    fmt.Println(x)
    fmt.Println(y)
}
```

이 코드를 실행해보면, 다음과 같은 오류 메시지와 함께 컴파일 오류를 발생시킨다.

```
./const.go:20:4: cannot assign to x
./const.go:21:4: cannot assign to y
```

---

8 *https://oreil.ly/FdG-W*

보다시피 패키지 레벨이나 함수 내에 상수constant를 선언했다. var처럼 괄호를 이용해서 연관된 상수를 그룹으로 선언이 가능하다.

하지만 Go의 const는 매우 제한적이다. Go에서 상수는 리터럴에 이름을 부여하는 방법이다. 컴파일러가 컴파일을 하는 동안에 파악할 수 있는 값을 가지고 있을 수 있다. 아래 리스트의 값을 할당할 수 있다는 의미이다.

- 숫자 리터럴
- true, false
- 문자열
- 룬 문자
- 내장 함수 complex, real, imag, len, cap
- 앞서 선언된 값과 연산자의 구성으로 된 표현

NOTE_ 다음 장에서 len과 cap함수를 알아볼 것이다. iota라는 const와 함께 사용가능한 또 다른 값도 있다. Iota에 관해서는 7장에 사용자 정의 타입을 만드는 것을 알아볼 때 살펴보자.

Go는 실행 중에 계산된 값을 변경할 수 없도록 지정하는 방법을 제공하진 않는다. 다음 장에서 살펴보겠지만, 변경 불가능한 배열, 슬라이스, 맵, 구조체와 같은 것은 없고 구조체의 항목을 변경 불가능하게 선언하는 방법도 없다. 함수 내에서 변수가 수정되고 있는지 명백하므로 불변성은 그리 중요치 않다. 5.5절 '값에 의한 호출을 사용하는 Go'에서 함수에 파라미터로 넘겨지는 변수에 대한 변경을 방지하는 방법을 알아볼 것이다.

TIP Go에서 상수는 리터럴에 이름을 부여하는 방법이다. Go에서 변수를 변경 불가능하게 선언하는 방법은 없다.

2.4 타입 지정 상수와 타입 미지정 상수

상수는 타입이 지정되거나 지정되지 않거나 할 수 있다. 타입이 지정되지 않은 상수는 리터럴과 똑같이 처리된다. 자체 타입은 없지만, 다른 타입으로 추론할 수 없을 때 사용하는 기본 타입을 갖고 있다. 타입 지정 상수는 해당 타입의 변수에 직접적으로 할당될 수 있다.

상수를 왜 선언했는지에 따라 상수에 타입을 지정하거나 지정하지 않도록 할 수 있다. 여러 숫자 타입과 함께 사용할 수 있는 수학적 상수에 이름을 지정한다면, 상수는 타입을 지정하지 않도록 한다. 일반적으로, 상수에 타입을 지정하지 않는 것은 조금 더 유연함을 가질 수 있다. 타입을 강제하는 몇몇의 경우가 있다. 7.2.7절 '열거형을 위한 iota'에서 iota를 사용하여 열거형을 만드는 것을 보면, 타입 지정 상수를 쓰는 것을 볼 수 있다.

타입 미지정 상수는 다음과 같이 선언할 수 있다.

```
const x = 10
```

아래에 할당 예제는 모두 문법에 맞다.

```
var y int = x
var z float64 = x
var d byte = x
```

타입 지정 상수는 다음과 같이 선언할 수 있다.

```
const typedX int = 10
```

이 상수는 int에만 직접 할당할 수 있다. 다른 타입에 할당하는 경우에는 다음과 같은 컴파일 오류가 발생한다.

```
cannot use typedX (type int) as type float64 in assignment
```

2.5 사용하지 않는 변수

Go 언어의 목표 중 하나는 대규모 팀이 프로그램을 개발하는 과정에서 더 쉽게 협업하도록 하는 것이다. 이것을 달성하기 위해 Go는 다른 프로그래밍 언어와는 다른 독특한 규칙들이 있다. 1장에서 코드 조작하는 도구를 개발하거나 코딩 표준 제공을 더 쉽게 하기 위해 go fmt를 통해 지정된 방식대로 Go 프로그램 포매팅이 필요하다고 배웠다. 다른 Go 요구사항은 모든 선언된 지역 변수들은 반드시 사용되어야 한다. 지역 변수를 선언하고 사용하지 않는다면 컴파일 오류가 발생할 것이다.

컴파일러의 미사용 변수 확인은 그다지 철저하진 않다. 변수를 한번이라도 접근했거나 앞으로 접근될 일 없는 변수에 값을 쓴 경우에도 컴파일러는 오류가 없을 것이다. 아래 Go 플레이그라운드에서 실행할 수 있는 Go 프로그램이 있다.

```
func main() {
    x := 10
    x = 20
    fmt.Println(x)
    x = 30
}
```

컴파일러와 **go vet**은 사용되지 않은 10과 30의 x 변수로 할당을 잡아내지 못하지만 **golangci-lint**는 잡아낼 수 있다.

```
$ golangci-lint run
unused.go:6:2: ineffectual assignment to `x` (ineffassign)
    x := 10
    ^
unused.go:9:2: ineffectual assignment to `x` (ineffassign)
    x = 30
    ^
```

NOTE_ Go 컴파일러는 접근하지 않는 패키지 레벨 변수 생성을 내버려 둘 것이다. 이는 패키지 레벨 변수 만드는 것을 피해야 하는 이유다.

사용되지 않는 상수

Go 컴파일러는 const로 사용되지 않는 상수를 만드는 것을 허용할 것이다. Go에서 상수는 컴파일 과정에서 계산될 것이고 어떤 부작용도 만들지 않기 때문이다. 이런 상수는 쉽게 제거할 수 있다. 상수가 사용되지 않는다면 컴파일된 바이너리에 포함하지 않으면 된다.

2.6 변수와 상수 이름 짓기

Go에서 권장하는 변수 이름 짓는 규칙과 개발자들이 변수와 상수의 이름을 지을 때 따르는 패턴 사이에 차이가 있다. 대부분의 다른 언어들과 같이, Go는 문자나 밑줄로 시작하는 식별자 이름이 필요하며 이름에는 숫자, 밑줄 및 문자가 포함될 수 있다. Go의 '문자letter'와 '숫자number'의 정의는 다른 언어들보다 조금 더 넓은 의미를 가진다. 문자 또는 숫자로 간주되는 모든 유니코드 문자가 허용된다. [예제 2-4]에서 보여지는 모든 변수 정의는 완벽하게 Go 언어에서 유효하다.

예제 2-4 절대 사용해서는 안 되는 변수 이름들

```
_0 := 0_0
_1 := 20
π := 3
a := «hello» // Unicode U+FF41
fmt.Println(_0)
fmt.Println(_1)
fmt.Println(π)
fmt.Println(a)
```

이 코드는 정상 동작을 하지만 이런 변수 이름은 사용하지 않도록 하자. 코드가 무슨 일을 하고 있는지 명확하게 전달하자는 기본적인 규칙을 깨뜨리는 관용적이지 못한 변수 이름이다. 이런 이름은 혼란스럽게 하거나 키보드 입력을 어렵게 한다. 유니코드 문자와 비슷하게 생긴 문자를 사용하면, 같은 문자처럼 보이지만, 실제로는 완전히 다른 변수를 표현하는 것일 수 있다. [예제 2-5]를 Go 플레이그라운드에서 실행해보자.

예제 2-5 변수 이름으로 비슷하게 생긴 문자 사용하기

```
func main() {
    a := "hello"   // Unicode U+FF41
    a := "goodbye" // standard lowercase a (Unicode U+0061)
    fmt.Println(a)
    fmt.Println(a)
}
```

이 프로그램을 실행하면, 아래처럼 결과가 나온다.

```
hello
goodbye
```

변수 이름에 밑줄을 사용하는 것은 유효하지만, 관용적인 Go는 스네이크 표기법^{snake} ^{case}(index_counter 혹은 number_tries와 같은 표기)을 사용하지 않기 때문에 밑줄 사용은 드물다. 대신에 식별자 이름이 여러 단어로 구성된 경우에 카멜 표기법^{camel} ^{case}(indexCounter 혹은 numberTries와 같은 표기)을 사용한다.

> **NOTE_** Go에서 밑줄(_) 자체는 특별한 식별자 이름이다. 5장에 있는 함수를 다루면서 더 살펴보도록 하자.

많은 언어에서는 상수는 모든 문자를 항상 대문자로 쓰고, 각 단어는 밑줄로 구분한다(INDEX_COUNTER 혹은 NUMBER_TRIES와 같이 표기). Go는 이런 패턴을 따르지 않는다. 이는 Go는 패키지 레벨 선언의 이름에서 첫 번째 문자의 대소문자 사용으로 패키지 외부에서 접근 가능한지 여부를 결정하기 때문이다. 9장에서 패키지 관련해서 다시 한번 살펴보도록 하자.

함수 내에서는 짧은 변수 이름을 선호한다. 변수의 사용되는 범위가 작을수록, 변수의 이름이 짧아진다. 예를 들어, k와 v(각각 key와 value의 줄임)는 for-range 루프에서 변수 이름으로 사용된다. 일반적인 루프에서 사용했다면, 인덱스 변수로 i와 j가 일반적인 이름일 것이다. 일반적인 타입의 변수 이름을 지정하는 다른 관용적인 방법이 있는데, 표준 라이브러리의 더 많은 부분을 다루면서 언급하겠다.

약한 타입^{weaker type} 시스템을 가지는 어떤 언어들은 변수 이름을 통해 변수의 기대되는 타입을 포함하도록 장려한다. Go는 강한 타입^{strongly typed} 언어이므로 기본 타입을 추적하기 위한 일은 할 필요가 없다. 하지만 단일 문자 이름과 변수 타입에 대한 규칙은 여전히 있다. 사람들은 변수 이름의 첫 번째 문자로 타입을 표현하려 할 것이다(예를 들어, i은 정수, f는 부동소수, b는 불리언). 사용자 정의 타입을 정의할 때도 비슷한 패턴을 적용할 수 있다.

이 짧은 이름은 두 가지 용도로 사용된다. 첫 번째는 반복적인 입력을 제거하여 코드를 간결하게 한다. 두 번째는 코드가 얼마나 복잡한 상태인지 확인하는 역할을 한다. 짧은 이름의 변수를 추적하기 힘들다고 판단된다면, 해당 코드 블록이 너무 많은 일을 한다는 의미이다.

패키지 블록 내에 상수와 변수 이름을 만들 때, 더 설명이 가능한 이름으로 사용하자. 타입은 변수 이름에서 여전히 제외되어야 하지만 범위가 더 넓어지면, 값이 무엇을 나타내는지 명확하게 하는 더 완벽한 이름이 필요하다.

2.6 마무리

이 장에서 내장 타입의 사용, 변수를 선언 그리고 할당 및 연산자의 역할을 이해하기 위해 많은 것을 살펴보았다. 다음 장에서는 배열, 슬라이스, 맵, 구조체와 같은 복합타입composite type을 알아볼 것이다. 그리고 문자열과 룬을 다시 한번 살펴보고 인코딩에 대해서도 배울 것이다.

CHAPTER 3

복합 타입

지난 장에서는 숫자, 불리언, 문자열와 같은 단순한 타입을 살펴보았다. 이 장에서는 Go에 있는 복합 타입^{composite type}과 해당 타입을 지원하는 내장 함수 그리고 이를 가장 잘 사용한 사례를 알아보자.

3.1 배열

다른 대부분의 프로그래밍 언어와 같이 Go는 배열을 가지고 있다. 하지만 Go에서 배열을 직접 사용하는 경우는 드물다. 이유는 조금 뒤에 알아보고, 먼저 배열 선언 구문과 사용을 먼저 빠르게 살펴보자.

배열의 모든 요소는 지정된 타입이어야 한다(이는 모든 요소가 항상 같은 타입이어야 한다). 몇 가지 배열 선언하는 방법이 있다. 첫 번째는 배열의 크기와 배열 내의 요소 타입을 지정하는 방법이다.

```
var x [3]int
```

이 선언은 3개의 정수 요소를 가지는 배열을 생성한다. 값은 지정하지 않았기 때문에, 배열의 모든 위치(x[0], x[1], x[2])의 요소는 정수의 제로 값인 0으로 초기화된다. 배열에 초기값을 주려면 **배열 리터럴**로 요소 값을 넣을 수 있다.

```
var x = [3]int{10, 20, 30}
```

희소 배열(대부분의 요소의 값이 0으로 설정된 배열)을 만든다면, 배열 리터럴 내에 지정된 인덱스의 값만 설정할 수 있다.

```
var x = [12]int{1, 5: 4, 6, 10: 100, 15}
```

이 선언은 [1, 0, 0, 0, 0, 4, 6, 0, 0, 0, 100, 15]와 같이 12개의 값을 가지는 정수 배열을 만든다.

배열 리터럴을 이용해서 배열을 초기화 할 때, 배열의 개수를 넣지 않고 ... 로 사용할 수 있다.

```
var x = [...]int{10, 20, 30}
```

==와 !=를 사용하여 배열 간의 비교도 가능하다.

```
var x = [...]int{1, 2, 3}
var y = [3]int{1, 2, 3}
fmt.Println(x == y) // true 출력
```

Go에서 다차원 배열은 배열의 요소로 다른 배열을 요소 포함하는 배열이다. 이에 대한 사용법은 다음과 같다.

```
var x [2][3]int
```

길이 2인 정수 배열은 길이 3인 정수 배열을 요소로 가진다. 다른 대부분의 언어와 마찬가지로, Go의 배열은 괄호를 이용해 값을 읽거나 쓸 수 있다.

```
x[0] = 10
fmt.Println(x[2])
```

배열에서 배열의 끝을 넘어서거나 음수의 인덱스를 사용하여 값을 읽거나 쓸 수 없다. 이것을 상수나 리터럴 인덱스로 한다면 컴파일 오류가 날 것이다. 범위를 넘어서는 값을 가진 변수를

통해 배열을 읽거나 쓰기를 시도한다면 컴파일은 되겠지만, 실행 중에 **패닉**(8.8절 '패닉과 복구'에서 패닉에 대해 자세히 살펴보자)과 함께 실패할 것이다.

마지막으로 내장 함수 len을 사용하여 배열의 길이를 알 수 있다.

```
fmt.Println(len(x))
```

앞서 언급했듯이 Go에서 배열은 거의 사용되지 않는다. 이유는 Go에서 배열의 크기를 배열 타입의 일부로 간주하는 제한이 있기 때문이다. 예를 들면 배열을 [3]int로 선언한 것은 [4]int와 다른 타입으로 만든다. 이것은 배열의 크기를 지정하기 위해 변수를 이용할 수 없다는 것이다. 왜냐하면 타입은 실행 중이 아니라 컴파일 과정에서 반드시 해석이 되어야 하기 때문이다.

게다가 동일한 타입을 가진 다른 크기의 배열 간에 타입 변환을 시도할 수도 없다. 크기가 다른 배열을 서로 변환을 할 수 없기 때문에, 어떤 크기의 배열로도 실행 가능한 함수를 작성할 수 없으며, 동일한 변수에 크기가 다른 배열을 할당할 수 없다.

> **NOTE_** 내부적으로 배열이 어떻게 동작하는지 6장 메모리 레이아웃에서 살펴볼 것이다.

이런 제약들 때문에 정확히 미리 필요한 크기를 아는 경우가 아니라면 배열을 사용하지 않도록 한다. 예를 들어 어떤 표준 라이브러리 내에 암호화를 위한 함수들은 알고리즘의 일환으로 체크섬checksum의 크기가 고정되어 있어 배열로 반환하는 경우가 있다. 이는 규칙이 아니라 예외일 뿐이다.

그렇다면 왜 언어 내에 이런 제약이 있는 기능을 넣은 것인지 궁금할 것이다. 이유는 이 다음에 살펴볼 Go에서 가장 유용하게 사용되는 **슬라이스**가 내부적으로 배열을 기반으로 구성이 되어 있기 때문이다.

3.2 슬라이스

일련의 값들을 가지고 있는 자료구조를 구성할 때, 대부분 슬라이스를 사용한다. 슬라이스가 이렇게 유용하게 사용되는 이유는 슬라이스의 크기는 해당 타입의 일부가 아니기 때문이다. 배열의 제약을 제거한 것이라 볼 수 있다. 그래서 단일 함수로 어떤 크기의 배열로든 처리 가능한 함수(5장에서 함수 작성을 다루어 볼 것이다)를 작성할 수 있고 필요한 만큼 크기를 키울 수 있다. Go에서 슬라이스 사용의 기본 사항을 살펴본 후에, 이를 가장 잘 사용하는 방법을 알아볼 것이다.

슬라이스를 사용하는 것은 배열의 사용 방식과 비슷하지만 약간의 차이가 있다. 첫 번째 차이는 슬라이스를 선언할 때, 슬라이스의 크기를 지정할 필요가 없다는 것이다.

```
var x = []int{10, 20, 30}
```

TIP [...]을 사용하여 배열을 만들고, []를 사용하여 슬라이스를 만든다.

위에서는 슬라이스 리터럴을 이용하여 3개의 정수를 가지는 슬라이스를 생성했다. 배열과 같이, 슬라이스 리터럴에 인덱스와 값을 함께 지정하여 생성할 수도 있다.

```
var x = []int{1, 5: 4, 6, 10: 100, 15}
```

이 선언은 [1, 0, 0, 0, 0, 4, 6, 0, 0, 0, 100, 15]와 같이 12개의 값을 가지는 정수 슬라이스를 만든다. 또한 슬라이스의 슬라이스로 다차원의 슬라이스도 만들 수 있다.

```
var x [][]int
```

대괄호 구문을 사용하여 슬라이스의 읽기와 쓰기가 가능하고, 배열과 같이 크기를 넘어서거나 음수의 인덱스로는 읽기와 쓰기가 가능하지 않다.

```
x[0] = 10
fmt.Println(x[2])
```

지금까지 보면, 슬라이스는 배열과 똑같아 보일 것이다. 이제 리터럴을 사용하지 않고 슬라이스를 선언하는 것을 시작으로 슬라이스와 배열의 차이를 알아볼 것이다.

```
var x []int
```

이것은 정수 슬라이스를 생성한다. 어떠한 값도 할당되지 않았기 때문에, x에는 슬라이스를 위한 제로 값으로 할당될 것이다. 이때의 제로 값은 여태껏 본적이 없는 nil이라는 값이다. 6장에서 nil에 관해서 자세히 알아볼 것이지만, 다른 언어에서 사용되는 null과는 약간 다르다. Go에서 nil은 몇몇 타입의 값의 부재를 표현한 식별자이다. 이전 장에서 살펴본 타입이 지정되지 않은 숫자 상수와 같이 nil은 타입이 없다. 그래서 nil은 할당되거나 다른 타입의 값과 비교할 수 있다. 슬라이스가 nil인 것은 어떤 요소도 갖고 있지 않다는 것이다.

슬라이스는 여태까지 본 타입 중에 비교가 불가능한 첫 번째 타입이다. 두 슬라이스를 두고 동일한지 확인하기 위해 == 연산자를 사용하거나, 같지 않음을 비교하기 위해 != 사용하면 컴파일 오류가 발생한다. 슬라이스는 nil으로만 비교가 가능하다.

```
fmt.Println(x == nil) // true를 출력
```

> **TIP** reflect 패키지는 슬라이스를 포함하여 거의 대부분을 비교해주는 DeepEqual 함수를 제공한다. 이 함수는 주로 테스트용이지만, 필요하다면 슬라이스를 비교하는데 사용할 수 있다. 14장에서 리플렉션을 설명할 때 살펴보도록 하자.

3.2.1 len

Go는 내장 타입과 함께 동작하는 몇몇의 내장 함수를 제공한다. 복소수를 만들거나 분리하기 위한 내장 함수인 complex, real, imag에 대해서 앞서 살펴보았다. 슬라이스를 위한 몇 가지 내장 함수도 있다. 배열을 학습할 때 이미 알아본 len 내장 함수가 슬라이스에서도 동일하게 동작하는데, nil값을 가진 슬라이스를 len으로 전달하면 0을 반환한다.

3.2.2 append

내장 함수 **append** 함수는 슬라이스에 새로운 요소를 추가한다.

```go
var x []int
x = append(x, 10)
```

append 함수는 적어도 2개의 파라미터를 받는데, 하나는 타입을 가지는 슬라이스이고 다른 하나는 추가하려는 값이다. **append**는 같은 타입의 슬라이스를 반환한다. 반환된 슬라이스는 파라미터로 넘겨줬던 슬라이스에 다시 할당된다. 이 예제에서는 nil 슬라이스에 값을 추가하는 것이지만, 이미 요소가 있는 슬라이스에 추가할 수도 있다.

```go
var x = []int{1, 2, 3}
x = append(x, 4)
```

또한 한 번에 하나 이상의 값들을 추가할 수도 있다.

```go
x = append(x, 5, 6, 7)
```

하나의 슬라이스에 다른 슬라이스의 개별 요소들을 ... 연산자를 이용해 추가하여 확장할 수 있다(5.1.2절 '가변 입력 파라미터와 슬라이스'에서 ... 연산자를 더 자세히 알아보도록 하자).

```go
y := []int{20, 30, 40}
x = append(x, y...)
```

append를 통해 반환된 값을 할당하지 않는다면, 컴파일 오류가 날 것이다. 이런 작업이 약간 반복적이라는 느낌을 지울 수 없을 것이다. 5장에서 더 자세히 다룰 것이지만, 간단히 요약하면 Go는 **값에 의한 호출**call by value 방식을 사용하는 언어이기 때문이다. 즉 append로 전달된 슬라이스는 복사된 값이 함수로 전달된다. 이 함수는 복사된 슬라이스에 값들을 추가하고 추가된 복사본을 반환한다. 그렇기 때문에 함수 호출에 사용한 변수에 반환된 슬라이스를 다시 할당해 줘야 한다.

3.2.3 수용력

앞서 살펴본 대로 슬라이스는 일련의 값을 저장한 것이다. 슬라이스의 각 요소는 연속적인 메모리 공간에 할당될 것이고, 이런 할당은 값을 빠르게 읽고 쓰기가 가능하도록 한다. 모든 슬라이스는 **수용력**capacity을 가지는데, 예약된 연속적인 메모리 공간의 크기 값을 가진다. 이 값은 길이(len으로 반환된 값)보다는 클 수 있다. 슬라이스에 하나 혹은 하나 이상의 값들을 추가할 때, 슬라이스의 뒤쪽에서 부터 채워진다. 추가된 각 값에 따라 슬라이스의 길이가 1씩 증가한다. 길이가 수용할 만큼 증가한다면, 더 이상 값을 넣을 공간이 없게 된다. 길이와 수용력이 같아진 시점에 값을 추가한다면, append는 Go 런타임을 사용하여 더 큰 수용력을 가지는 새로운 슬라이스를 할당한다. 원본 슬라이스에 있던 값들은 새롭게 할당된 슬라이스로 복사되고, 새로운 값은 끝에 추가가 될 것이다. 마지막으로 새로운 슬라이스를 반환한다.

Go 런타임

모든 고급 언어는 해당 언어로 작성된 프로그램을 실행할 수 있도록 하는 라이브러리 세트에 의존하는데, Go도 예외는 아니다. Go 런타임은 메모리 할당, 가비지 컬렉션, 동시성 지원, 네트워킹 그리고 내장 타입과 함수 같은 서비스를 제공한다.

Go 런타임은 모든 Go 바이너리에 컴파일 되어 포함된다. 이는 개발 언어로 작성된 프로그램을 수행하기 위해 반드시 따로 설치를 해야 하는 가상머신을 이용하는 언어와는 차이가 있다. 바이너리에 런타임을 포함하는 것은 Go 프로그램의 배포를 쉽게 하고, 런타임과 프로그램 간의 호환성 이슈에 대해 걱정할 필요도 없다.

슬라이스가 append 사용으로 수용력 증가가 필요할 때, Go 런타임은 새로운 메모리를 할당하고 기존 데이터를 이전 메모리로부터 새로운 메모리로 복사를 하기 위한 시간이 요구된다. 이전에 사용된 메모리는 가비지 컬렉션에서 정리가 필요하다. 이런 이유로 Go 런타임이 슬라이스의 수용력이 다 차면 대개 기존 수용력의 두 배만큼 증가시킨다. Go 1.14 버전의 규칙은 수용력이 1,024 보다 작은 경우에는 2배씩 확장하고 그보다 큰 경우에는 25%씩 확장한다.

내장 함수 len 함수는 슬라이스의 현재 사용 중인 길이를 반환하고, 내장 함수 cap 함수는 현재 슬라이스의 수용력을 반환한다. cap은 len보다 훨씬 덜 사용된다. 대부분 cap의 사용은 새로운 데이터를 들이기에 충분한 공간이 슬라이스에 있는지를 확인하는 용도로 사용되거나 새로운 슬라이스를 할당하기 위해 make 함수를 호출하는 경우에 사용된다.

cap 함수에 배열을 전달 가능하지만 이런 경우에 cap은 len 함수와 항상 동일한 값을 반환할 것이다. 이런 기능을 프로그램에는 반영하지 말고, 프로그램 퀴즈 문제로 활용해보자.

슬라이스에 요소를 추가하면 길이와 수용력이 어떻게 변하는지 확인하자. [예제 3-1]을 Go 플레이그라운드[1] 혹은 PC에서 실행해보자.

예제 3-1 수용력의 이해

```
var x []int
fmt.Println(x, len(x), cap(x))
x = append(x, 10)
fmt.Println(x, len(x), cap(x))
x = append(x, 20)
fmt.Println(x, len(x), cap(x))
x = append(x, 30)
fmt.Println(x, len(x), cap(x))
x = append(x, 40)
fmt.Println(x, len(x), cap(x))
x = append(x, 50)
fmt.Println(x, len(x), cap(x))
```

예제를 빌드하고 실행하면, 다음의 출력 결과를 볼 수 있다. 이제 수용력이 언제 어떻게 증가하는지 알 수 있다.

---

1 *https://oreil.ly/yiHu-*

```
[] 0 0
[10] 1 1
[10 20] 2 2
[10 20 30] 3 4
[10 20 30 40] 4 4
[10 20 30 40 50] 5 8
```

슬라이스가 자동으로 커지는 것이 좋긴 하지만 한번 생성할 때 크기를 조정하여 사용하는 것이
더 효과적이다. 슬라이스에 얼마나 많은 요소를 넣은 것인지 확실한 계획이 있다면 알맞은 초
기 수용력으로 슬라이스를 만들도록 하자. 이를 위해 make 함수를 사용하자.

3.2.4 make

앞서 슬라이스 리터럴과 nil 제로 값으로 슬라이스를 선언하는 두 가지 방법을 살펴봤다. 유용
하긴 하지만 이 두 가지 방법 어느 것도 미리 지정된 길이 혹은 수용력을 가지는 빈 슬라이스를
만들 수는 없다. 이런 작업을 해주는 것이 make 함수이다. make는 타입, 길이, 그리고 선택적
으로 수용력을 지정하여 슬라이스를 만들 수 있다. 다음의 코드를 보자.

```
x := make([]int, 5)
```

이 코드는 길이 5, 수용력 5를 가지는 정수 슬라이스를 만든다. 길이가 5이기 때문에, x[0]에
서 x[4]까지 접근 가능한 요소이며, 모두 0으로 초기화 된다.

보통 초보자는 초기화되는 요소를 고려하지 않고 append를 사용하는 실수를 한다.

```
x := make([]int, 5)
x = append(x, 10)
```

10의 값은 슬라이스 초기화로 0-4위치에 제로 값이 들어가고 그 다음에 추가될 것이다.
append는 항상 슬라이스의 길이를 증가시키기 때문이다. x에 값은 이제 [0 0 0 0 0 10]고, 길
이는 6, 수용력은 10이 될 것이다(수용력은 여섯 번째 요소가 추가되는 시점에 두 배가 되었던
것이다).

make에 초기 수용력을 지정하여 수행할 수도 있다.

```
x := make([]int, 5, 10)
```

이 코드는 길이가 5이고 수용력이 10인 정수 슬라이스를 생성한다.

길이가 0인 슬라이스도 만들 수 있지만, 수용력은 0보다는 큰 값이어야 한다.

```
x := make([]int, 0, 10)
```

이 경우에는, 길이가 0이지만 수용력이 10인 nil이 아닌 슬라이스를 만들게 된다. 길이가 0이기 때문에, 값을 인덱스로 직접 넣을 수는 없고, append를 사용해서 값을 추가해 줘야 한다.

```
x := make([]int, 0, 10)
x = append(x, 5,6,7,8)
```

x의 값은 이제 [5, 6, 7, 8]이 되고, 이로써 길이는 4이고 수용력은 여전히 10이다.

> **WARNING_** 길이보다 작은 수용력을 사용하지 않도록 하자. 상수 혹은 숫자 리터럴로 그렇게 하는 것은 컴파일 과정에서 오류를 발생시킬 것이다. 변수를 사용해서 길이보다 작은 값의 수용력을 설정하도록 작성했다면, 당신의 프로그램은 실행 중에 패닉을 일으킬 것이다.

3.2.5 슬라이스 선언

여기까지 슬라이스를 생성하는 모든 방법을 살펴보았는데, 이제는 그 중 어떤 슬라이스 선언 스타일을 선택해야 하는지 고민해보자. 이런 선택에 있어 주된 목표는 슬라이스 내부적으로 확장되는 횟수를 최소화하는 것임을 기억하자. 슬라이스가 전혀 커질 일이 없다면(함수가 아무것도 반환할 것이 없는 경우), [예제 3-2]처럼 nil 슬라이스를 만들기 위해 값의 할당이 없는 var 선언을 사용하자.

```
var data []int
```

> **NOTE_** 비어 있는 슬라이스 리터럴을 이용해서 슬라이스를 생성할 수 있다.
>
> var x = []int{}
>
> 이것은 길이가 0이고 **nil**이 아닌 슬라이스(**nil**과 비교하면 **false**를 반환한다.)를 생성한다. 길이가 0
> 인 슬라이스가 유용한 단 하나의 상황은 슬라이스를 JSON으로 변환할 때이다. 이와 관련해서는 11.3절
> 'encoding/json'에서 알아보도록 하자.

슬라이스에 시작 값을 가지거나 슬라이스 값이 변경되지 않는 경우라면 슬라이스 리터럴을 사용하여 선언하도록 하자(예제 3-3).

예제 3-3 기본 값으로 슬라이스 선언

```
data := []int{2, 4, 6, 8} // 시작 값 선언
```

슬라이스가 얼마나 커져야 하는지 잘 알고 있지만, 프로그램을 작성할 때 어떤 값인지 정확히 알 수 없다면 make를 사용해보자. 그러면 make 호출에 0이 아닌 길이를 지정해야 하는지 0의 길이에 0이 아닌 수용력을 지정해야 하는지 생각해볼 수 있다. 여기에는 3가지 경우가 있는데 살펴보도록 하자.

- 버퍼로 슬라이스를 사용한다면(이에 대한 내용은 11.1절 'io와 관련 기능'에서 살펴보자), 0이 아닌 길이로 지정하자.

- 원하는 크기를 정확히 알고 있다면, 슬라이스 길이와 인덱스를 지정하여 값을 설정할 수 있다. 이것은 종종 슬라이스의 값을 변환하여 빠르게 저장하기 위해 사용한다. 다만 이 접근에서 크기를 잘못 산정하여, 더 큰 공간을 할당했다면 사용되지 않는 부분은 제로 값으로 채워질 것이고 필요한 공간보다 작은 공간을 할당했다면, 존재하지 않는 요소를 접근함으로 실행 과정에서 패닉을 유발할 것이다.

- 이외의 상황에서는 0의 길이와 지정된 수용력으로 make를 사용하는 것이다. 이는 append를 사용해서 슬라이스에 값들을 추가할 수 있도록 한다. 만약 요소의 수가 적어졌다면, 마지막에 불필요한 0의 값이 생성되지 않고, 요소의 수가 많아지더라도 패닉을 일으키지 않을 것이다.

Go 커뮤니티에서는 두 번째와 세 번째 사이에 접근으로 나뉜다. 개인적으로는 0의 길이로 슬라이스를 초기화하고 append를 사용하기를 권장한다. 어떤 경우에는 느려질 수 있겠지만, 코드의 버그를 줄일 수 있다.

> **WARNING_** append는 슬라이스의 길이를 증가시킨다. make를 이용해서 특정 길이의 슬라이스를 만들었다면, append를 사용하여 요소를 추가하는 게 의도한 것인지 다시 한번 확인하자. 그렇지 않은 경우라면, 슬라이스의 맨 앞쪽부터 생성할 때 길이만큼 의도치 않은 0값으로 채워진 것을 볼 수 있을 것이다.

3.2.6 슬라이스의 슬라이싱

슬라이스 연산자는 슬라이스에서 슬라이스를 만들게 한다. 대괄호 내에 콜론(:)으로 구분하여 시작 오프셋과 마지막 오프셋으로 구성하여 사용한다. 시작 오프셋을 생략한다면, 0으로 간주한다. 비슷하게, 마지막 오프셋을 생략하면 슬라이스의 마지막 인덱스로 간주한다. [예제 3-4]를 Go 플레이그라운드에서 실행시켜 어떻게 수행되는지 확인해보도록 하자.[2]

예제 3-4 슬라이스의 슬라이싱

```
x := []int{1, 2, 3, 4}
y := x[:2]
z := x[1:]
d := x[1:3]
e := x[:]
fmt.Println("x:", x)
fmt.Println("y:", y)
fmt.Println("z:", z)
fmt.Println("d:", d)
fmt.Println("e:", e)
```

앞의 코드는 다음과 같은 결과를 출력한다.

```
x: [1 2 3 4]
y: [1 2]
z: [2 3 4]
```

---

2 *https://oreil.ly/DW_FU*

```
d: [2 3]
e: [1 2 3 4]
```

슬라이스는 때론 저장 공간을 공유

슬라이스에서 슬라이스를 가져왔을 때, 실제 데이터의 복사를 만들지는 않는다. 대신에, 메모리를 공유하는 두개의 변수를 가지게 되는 것이다. 이는 슬라이스의 요소를 변경하면 요소를 공유하고 있던 모든 슬라이스에 영향이 생긴다는 의미이다. 값을 변경했을 때, 어떤 일이 일어나는지 확인해보자. [예제 3-5]를 Go 플레이그라운드에서 실행해보도록 하자.[3]

예제 3-5 저장 공간이 겹치는 슬라이스

```
x := []int{1, 2, 3, 4}
y := x[:2]
z := x[1:]
x[1] = 20
y[0] = 10
z[1] = 30
fmt.Println("x:", x)
fmt.Println("y:", y)
fmt.Println("z:", z)
```

앞의 코드는 다음과 같은 결과를 출력한다.

```
x: [10 20 30 4]
y: [10 20]
z: [20 30 4]
```

x를 변경하는 것은 y와 z에 반영되고, y와 z를 변경하면 x에도 반영된다.

슬라이스의 슬라이싱은 append와 함께 사용하면 혼란이 가중된다. [예제 3-6]을 Go 플레이그라운드에서 실행해보자.[4]

----

3 *https://oreil.ly/mHxe4*

4 *https://oreil.ly/2mB59*

예제 3-6 append는 겹쳐진 슬라이스의 혼란을 가중

```
x := []int{1, 2, 3, 4}
y := x[:2]
fmt.Println(cap(x), cap(y))
y = append(y, 30)
fmt.Println("x:", x)
fmt.Println("y:", y)
```

앞의 코드를 실행하면 다음과 같은 결과를 출력한다.

```
4 4
x: [1 2 30 4]
y: [1 2 30]
```

결과를 분석해보도록 하자. 다른 슬라이스로부터 슬라이스를 취할 때마다, 하위 슬라이스의 수용력은 원본 슬라이스의 수용력에서 하위 슬라이스 시작 오프셋만큼 뺀 값이 설정된다. 이는 원본 슬라이스의 사용되지 않은 모든 수용력은 만들어진 모든 하위 슬라이스에 공유가 된다는 의미이다.

x에서 y 슬라이스를 만들 때, 길이는 2로 설정했지만 수용력은 x와 동일한 4로 설정된다. 수용력이 4이기 때문에, y에 끝에 값을 추가하는 것은 x의 세 번째 위치에 요소를 넣는다.

이런 결과는 매우 이상한 시나리오를 만들 수 있는데, 여러 슬라이스에 값을 추가하는 것으로 다른 슬라이스의 데이터를 덮어쓰기가 될 수 있다. [예제 3-7]의 코드가 출력하는 값은 어떤 것일지 추측해보고, Go 플레이그라운드[5]에서 실행하여 추측과 동일한지 확인해보자.

예제 3-7 혼란이 더 가중된 슬라이스 사용

```
x := make([]int, 0, 5)
x = append(x, 1, 2, 3, 4)
y := x[:2]
z := x[2:]
fmt.Println(cap(x), cap(y), cap(z))
y = append(y, 30, 40, 50)
x = append(x, 60)
```

---

5 *https://oreil.ly/1u_t0*

```
z = append(z, 70)
fmt.Println("x:", x)
fmt.Println("y:", y)
fmt.Println("z:", z)
```

복잡한 슬라이스 상황이 발생하지 않도록 하기 위해, 하위 슬라이스에 **append**를 사용하지 않거나 **append**를 사용해도 덮어쓰기가 되지 않도록 하는 완전한 슬라이스 연산full slice expression을 사용하도록 하자. 조금 이상하게 느껴지겠지만, 완전한 슬라이스 연산은 부모 슬라이스에서 파생된 하위 슬라이스에 얼마나 많은 메모리를 공유할 것인지 명확하게 해준다. 완전한 슬라이스 연산은 하위 슬라이스를 위한 가용한 부모 슬라이스의 수용력의 마지막 위치를 지정하는 세 번째 인자를 가진다. 하위 슬라이스의 수용력을 계산하기 위해서는 세 번째 인자에서 시작 오프셋을 빼면 된다. [예제 3-8]은 이전 예제에서 세네 번째 라인을 완전한 슬라이스 연산으로 수정한다.

예제 3-8 완전한 슬라이스 연산에서는 append로부터 수정을 보호한다.

```
y := x[:2:2]
z := x[2:4:4]
```

수정된 코드를 Go 플레이그라운드[6]에서 실행해보자. y와 z는 둘 다 2의 수용력을 가진다. 하위 슬라이스의 수용력을 해당 길이로 제한을 했기 때문에, 다른 슬라이스와 상호 작용 없이 새로운 슬라이스가 생성되어 y와 z에 요소들이 추가될 것이다. 해당 코드가 실행되면, x에는 [1 2 3 4 60]가 있고, y에는 [1 2 30 40 50]이, z에는 [3 4 70]로 요소들을 확인할 수 있다.

> **WARNING_** 슬라이스를 슬라이싱 할 때 주의를 기울이자. 하위 슬라이스와 부모 슬라이스는 메모리를 공유하고 한쪽의 수정이 다른 슬라이스에도 영향을 줄 것이다. 슬라이스가 슬라이싱된 후 또는 슬라이스로 생성된 경우에는 수정을 하지 않도록 하자. 슬라이스 연산의 세 번째 인자를 이용하여 슬라이스 간에 공유되는 수용력에 추가되는 것을 방지하도록 하자.

---

6 *https://oreil.ly/Cn2cX*

3.2.7 배열을 슬라이스로 변환

슬라이스로만 슬라이스를 만들 수 있는 것은 아니다. 배열을 사용하고 있다면, 슬라이스 연산을 이용해서 배열로부터 슬라이스를 가져올 수 있다. 이는 함수가 슬라이스만 인자로 받는 경우, 배열에서 변환하여 전달할 때 유용하게 사용할 수 있다. 하지만 배열로부터 슬라이스를 만드는 것은 슬라이스에서 슬라이싱을 하는 경우와 마찬가지로 동일한 메모리 공유 속성을 가지게 된다는 것을 명심하자. 다음의 코드를 Go 플레이그라운드에서 실행해보도록 하자.[7]

```
x := [4]int{5, 6, 7, 8}
y := x[:2]
z := x[2:]
x[0] = 10
fmt.Println("x:", x)
fmt.Println("y:", y)
fmt.Println("z:", z)
```

다음과 같은 출력을 볼 수 있다.

```
x: [10 6 7 8]
y: [10 6]
z: [7 8]
```

3.2.8 copy

원본 슬라이스로부터 독립적인 슬라이스를 생성할 필요가 있다면, 내장 함수 copy를 사용하자. 아래 간단한 코드를 살펴보고, Go 플레이그라운드에서 실행해보자.[8]

```
x := []int{1, 2, 3, 4}
y := make([]int, 4)
num := copy(y, x)
fmt.Println(y, num)
```

---

7 *https://oreil.ly/kliaJ*

8 *https://oreil.ly/ilMNY*

다음과 같은 출력을 볼 수 있다.

```
[1 2 3 4] 4
```

copy 함수는 2개의 파라미터를 가진다. 첫 번째는 대상 슬라이스고, 두 번째 파라미터는 원본 슬라이스이다. 더 작은 슬라이스를 기준으로 원본 슬라이스에서 최대한 값을 복사할 것이고 실제 복사된 요소의 개수를 반환할 것이다. x와 y의 수용력보다는 길이가 중요하다.

물론 전체 슬라이스를 꼭 복사할 필요는 없다. 아래 코드는 4개의 요소를 가지는 슬라이스에서 첫 두 소요만 2개의 요소를 가질 수 있는 슬라이스로 복사한다.

```
x := []int{1, 2, 3, 4}
y := make([]int, 2)
num := copy(y, x)
```

y 변수는 [1 2]의 값을 가지고 num은 2가 된다.

원본 슬라이스에서 중간에서부터 복사도 가능하다.

```
x := []int{1, 2, 3, 4}
y := make([]int, 2)
copy(y, x[2:])
```

슬라이스에서 슬라이스를 뽑아내서 x의 세네 번째 요소를 복사하는 코드이다. 또한 copy 함수의 반환값을 변수에 할당하지 않은 것을 볼 수 있다. 복사된 요소의 개수를 가지고 활용하지 않을 것이라면, 굳이 변수에 할당할 필요는 없다.

copy 함수는 원본 슬라이스의 겹치는 영역을 가지는 두 개의 슬라이스 간의 복사도 가능하게 한다.

```
x := []int{1, 2, 3, 4}
num := copy(x[:3], x[1:])
fmt.Println(x, num)
```

이 경우에는 x의 마지막 3개의 값들이 x의 맨 앞에 3개 요소들 위치에 복사가 된다. 해당 코드가 출력하는 값은 [2 3 4 4] 3이 될 것이다.

배열의 슬라이스를 취하는 방식으로 copy에 배열을 사용할 수 있다. 배열을 copy 함수의 원본혹은 대상의 인자로 사용할 수 있다. 다음의 코드를 Go 플레이그라운드에서 수행해보도록 하자.[9]

```go
x := []int{1, 2, 3, 4}
d := [4]int{5, 6, 7, 8}
y := make([]int, 2)
copy(y, d[:])
fmt.Println(y)
copy(d[:], x)
fmt.Println(d)
```

첫 번째 copy 호출은 배열 d의 처음 2개의 값을 슬라이스 y로 복사한다. 두 번째 copy 호출은슬라이스 x의 모든 값을 배열 d로 복사한다. 출력은 다음과 같다.

```
[5 6]
[1 2 3 4]
```

3.3 문자열과 룬 그리고 바이트

슬라이스까지 다뤄봤는데, 조금 돌아가서 문자열에 관해 다시 살펴볼 필요가 있다. Go의 문자열이 룬으로 만들어진다고 생각할 수 있지만, 실제로 그렇지 않다. 내부적으로 Go는 문자열을표현하기 위해 일련의 바이트를 사용한다. 이 바이트는 어느 특정한 문자 인코딩을 가지진 않지만, 몇몇의 Go 라이브러리 함수(그리고 다음 장에서 살펴볼 for-range 루프)는 문자열이UTF-8 인코딩으로 구성되어 있다고 간주한다.

---

9 *https://oreil.ly/-mhRW*

배열이나 슬라이스에서 단일 값을 추출하는 것과 같이, 문자열도 인덱스 표현으로 단일 값을 꺼내 올 수 있다.

```
var s string = "Hello there"
var b byte = s[6]
```

배열과 슬라이스처럼, 문자열 인덱스는 0부터 시작한다. 앞의 예제 코드에서 b는 문자열 s에서 일곱 번째 값인 t가 할당될 것이다.

배열과 슬라이스에서 사용된 슬라이스 표기법은 문자열에서도 통용된다.

```
var s string = "Hello there"
var s2 string = s[4:7]
var s3 string = s[:5]
var s4 string = s[6:]
```

s2에는 'o t'가 할당되고, s3는 'Hello', s4에는 'there'가 할당된다.

Go에서 문자열에 개별 요소를 꺼내기 위해 인덱스 표기법을 사용하고 하위 문자열을 만들기 위해 슬라이스 표기법을 사용하도록 하는 것은 매우 편리하지만 매우 조심스럽게 다루어야 한다. 문자열은 변경이 불가하기 때문에, 슬라이스의 슬라이스에서 발생한 수정 문제와 같은 것은 없다. 하지만 다른 문제가 있다. 문자열은 일련의 바이트로 구성되는데, UTF-8 코드는 1에서 4바이트로 어디든 위치할 수 있기 때문이다. 이전 예제에서는 1바이트 길이의 UTF-8 코드로만 구성을 했기에 원하는 결과가 잘 나왔을 것이다. 하지만 영어가 아닌 다른 나라의 언어나 이모티콘을 처리하려 할 때, 여러 바이트에 걸쳐 UTF-8의 코드를 사용해서 코드를 수행해야 한다.

```
var s string = "Hello 🌑"
var s2 string = s[4:7]
var s3 string = s[:5]
var s4 string = s[6:]
```

이 예제 코드에서는, s3에는 'Hello'를 담게 된다. s4 변수에는 해 이모티콘이 들어간다. 하지만 s2에는 'o ☀️'가 들어가지 않고, 대신에 'o �'가 들어간다. 해 이모티콘 코드의 첫 번째 바이트만 복사하여 유효하지 않는 코드가 되었기 때문이다.

Go는 내장 함수 len에 문자열을 넘겨, 해당 문자열의 길이를 파악할 수 있다. 문자열 인덱스와 슬라이스 표현식이 위치를 바이트 단위로 계산한다는 것을 생각한다면, len을 통해 반환된 길이는 코드 단위가 아니라 바이트 단위라는 것을 알 수 있다.

```
var s string = "Hello ☀️"
fmt.Println(len(s))
```

이 코드는 7이 아닌 10을 출력할 것이다. UTF-8로 웃는 얼굴을 한 해 이모티콘을 표현하기 위해 4바이트를 사용했기 때문이다.

> **WARNING_** Go가 문자열에 대해 슬라이스와 인덱싱을 사용할 수 있도록 했지만, 문자열이 1 바이트만 차지하는 문자로만 구성되었을 경우에만 사용하도록 하자.

룬, 문자열, 바이트 사이에 복잡한 관계 때문에, Go는 이런 타입들 간에 변환을 할 수 있도록 하는 재밌는 기능을 제공한다. 단일 룬 혹은 바이트는 문자열로 변환이 가능하다.

```
var a rune    = 'x'
var s string  = string(a)
var b byte    = 'y'
var s2 string = string(b)
```

> **WARNING_** 최근 Go 개발을 접한 개발자들의 일반적으로 잘못하는 것 중 하나는 타입 변환으로 정수를 문자열로 변경 시도한다는 것이다.
>
> ```
> var x int = 65
> var y = string(x)
> fmt.Println(y)
> ```
>
> y에 들어가 출력되는 값은 '65'가 아닌 'A'가 될 것이다. Go 1.15 부터, go vet이 룬이나 바이트가 아닌 어떤 정수 타입으로 문자열을 변환하려고 하는 시도를 막아 줄 것이다.

문자열은 바이트 슬라이스나 룬 슬라이스로 변환이 가능하다. [예제 3-9]를 Go 플레이그라운드[10]에서 실행해보도록 하자.

예제 3-9 문자열에서 슬라이스로 변환

```
var s string = "Hello, 🌼"
var bs []byte = []byte(s)
var rs []rune = []rune(s)
fmt.Println(bs)
fmt.Println(rs)
```

코드를 실행하면, 다음과 같은 출력을 볼 수 있다.

```
[72 101 108 108 111 44 32 240 159 140 158]
[72 101 108 108 111 44 32 127774]
```

첫 줄은 문자열을 UTF-8 바이트로 변환한 출력 라인이다. 두 번째 줄은 문자열을 룬으로 변환한 라인이다.

Go에서 대부분의 데이터는 일련의 바이트로 읽거나 쓸 수 있어서, 대부분의 일반 문자열은 바이트 슬라이스로 타입 변환이 가능하다. 룬 슬라이스로 변환은 드문 경우이다.

UTF-8

UTF-8은 유니코드를 위해 가장 널리 사용되는 인코딩이다. 유니코드는 4바이트(32비트)를 사용하여 각 코드 포인트, 각 문자와 수정자의 기술적 이름을 표현한다. 이런 것을 감안하면, UTF-32로 불리는 각 코드 포인트를 위해 4바이트를 온전히 사용하여 표현하는 것이 가장 간단한 방법이다. UTF-32의 유니코드 구현 세부 사항을 보면, 32비트에서 11비트는 항상 0으로 낭비되는 공간이 많아 잘 사용되지 않는 방법이기도 하다. 다른 일반적인 인코딩으로는 UTF-16이 있다. 이것은 코드 포인트를 16비트 단위로 1개 혹은 2개를 사용하여 표현한다. 세계적으로 단일 바이트에 맞는 코드포인트를 사용하는 내용들이 많기 때문에, 이 또한 낭비가 있다. 그래서 UTF-8이 가장 널리 쓰인다.

---

10 *https://oreil.ly/N7fOB*

UTF-8은 매우 유용하다. 유니코드 문자 값이 128보다 작다면(영어에서 일반적으로 사용되는 모든 문자, 숫자, 구두점을 포함) 단일 바이트만 사용하면 되지만, 더 큰 값을 가지는 유니코드의 코드 포인트를 표현하기 위해서는 최대 4바이트까지 확장 가능하다. 결과적으로 최악의 경우는 UTF-32를 사용하는 것과 동일하다. UTF-8은 다른 좋은 속성들이 있다. UTF-32와 UTF-16과 다르게, 리틀 엔디안과 빅 엔디안에 대해 고민할 필요가 없다는 것이다. 또한 바이트 시퀀스의 모든 바이트를 보고 UTF-8 시퀀스의 시작인지 혹은 중간인지를 파악할 수 있다. 이것은 어떤 경우에도 문자를 잘 못 읽을 수가 없다는 의미이다.

단 하나의 단점이 있다면, UTF-8로 인코딩 된 문자열은 임의의 접근으로 읽을 수는 없다. 발견한 곳이 문자의 중간 부분이라면, 정확히 어느 위치라는 것을 알 수는 없다. 그런 경우에는 문자의 처음에서 시작하여 세어보아야 한다. Go는 UTF-8로 문자열을 만들도록 강제하진 않지만, 그렇게 하기를 권장한다. 다음 장에서 UTF-8 문자열을 다루는 방법을 알아보도록 하자.

재밌는 사실은 UTF-8은 Go언어의 창시자인 켄 톰슨과 롭 파이크가 1992년에 개발했다는 점이다.

문자열을 슬라이스와 인덱스 표현법으로 사용하기 보다는 표준 라이브러리인 strings나 unicode/utf8 패키지에 있는 함수를 사용하여 하위 문자열이나 코드 포인트를 추출하여 사용하자. 다음 장에서는, 문자열의 코드 포인트를 순회하기 위한 for-range 루프에 대해 알아볼 것이다.

3.4 맵

슬라이스는 순차 데이터를 접근할 때 유용하게 사용할 수 있다. 대부분의 언어와 마찬가지로, Go는 하나의 값을 다른 것과 연결하고 관리하기 위한 내장 데이터 타입을 지원한다. 맵 타입은 map[keyType]valueType 형태로 선언된다. 맵을 선언할 수 있는 몇 가지 방법에 대해 살펴보자. 첫 번째로는 var 키워드를 사용하여 맵 변수를 생성하고 제로 값을 할당할 수 있다.

```
var nilMap map[string]int
```

이렇게 하면, nilMap이 문자열 타입의 키와 정수를 값으로 가지는 맵으로 선언된다. 이 때, 맵의 제로 값은 nil이 된다. nil 맵은 길이가 0이다. nil 맵의 값을 읽으려고 하면 맵 값이 되는 타입의 제로 값이 반환된다. 하지만 nil 맵에 값을 쓰려고 한다면 패닉이 발생할 것이다.

:= 연산자를 사용하여 맵 변수를 선언하고 맵 리터럴을 할당할 수 있다.

```
totalWins := map[string]int{}
```

이렇게 하면 비어 있는 맵 리터럴을 사용하게 된다. 이것은 nil 맵과는 다르다. 길이는 0이지만, 비어있는 맵 리터럴이 할당된 맵을 읽고 쓸 수 있다. 비어 있지 않은 맵 리터럴은 다음과 같다.

```
teams := map[string][]string {
    "Orcas": []string{"Fred", "Ralph", "Bijou"},
    "Lions": []string{"Sarah", "Peter", "Billie"},
    "Kittens": []string{"Waldo", "Raul", "Ze"},
}
```

맵 리터럴은 중괄호 안에 키가 쓰인 뒤에 콜론이 따라오고 그 다음에는 대응되는 값이 위치한다. 콤마를 사용해서 키-값 쌍을 구분하고 마지막 라인에도 콤마를 붙여준다. 이 예제에서는 키에 대응되는 값으로 문자열의 슬라이스를 사용했다. 맵에서 값의 타입으로 어떤 것이든 가능하다. 조금 뒤에 다루겠지만, 키의 타입으로는 몇 가지 제약이 있다.

만약 키-값 쌍이 얼마나 들어갈지는 알고 있지만, 정확히 어떤 값이 들어갈지 모른다면 make를 이용해서 기본 크기를 지정하여 맵을 생성할 수 있다.

```
ages := make(map[int][]string, 10)
```

make로 생성된 맵은 길이가 0이고, 초기에 지정한 크기 이상으로 커질 수 있다.

맵은 여러 가지 방법적인 면에서 같은 부분이 있다.

- 맵은 키-값 쌍이 추가가 되면 자동으로 커진다.
- 맵에 넣을 키-값 쌍의 데이터가 어느정도 되는지 파악이 된다면, make를 통해 특정한 크기로 초기화하여 생성할 수 있다.

- len 함수에 맵을 넘긴다면 키-값 쌍이 맵에 몇 개가 있는지를 알려준다.

- 맵의 제로 값은 nil이다.

- 맵은 비교 가능하지 않다. nil과 같은지는 비교가 가능하지만, 두 개의 맵에 키와 대응되는 값이 동일하게 들어있는지 비교하기 위해 ==를 사용하거나, 혹은 같지 않은지를 비교하기 위해 !=를 사용할 수는 없다.

맵의 키는 모든 비교 가능한 타입이 될 수 있다. 이것은 맵의 키로써 슬라이스나 맵이 될 수 없다는 것을 의미한다.

맵이나 슬라이스를 어느 시점에 써야 하는지 알아보자. 슬라이스는 데이터 리스트를 만들 때 사용하는데, 특히 순차적인 데이터를 다룰 때 사용하도록 하자. 맵은 엄격하게 증가하는 순서가 아닌 값들을 구성하는 데이터가 있을 때 사용하면 유용하다.

TIP 맵을 사용할 때 요소의 순서는 상관이 없다. 슬라이스를 사용하는 경우에는 요소의 순서는 중요하게 고려된다.

해시맵은 무엇인가?

컴퓨터 과학에서 맵은 하나의 값을 다른 것과 연관 지어줄 수 있는 자료 구조이다. 맵은 여러 가지 방법으로 구현될 수 있는데, 각각의 구현 간에는 기회비용이 존재한다. Go에서 내장된 맵은 해시맵이다. 해시맵 개념이 익숙하지 않다면, 여기서 간단히 확인해보도록 하자.

해시맵은 키 기반으로 대응되는 값을 빠르게 찾을 수 있다. 내부적으로, 해시맵은 배열로 구현되었다. 키와 값을 추가할 때, 키는 해시 알고리즘을 통해 숫자로 변환된다. 이런 숫자들은 각 키를 대변하는 유일한 값이다. 해시 알고리즘은 서로 다른 키를 동일한 숫자로 바꿀 수도 있다. 이 숫자는 배열의 인덱스로 사용된다. 배열의 요소는 버킷bucket이라 불리는데, 키-값 쌍의 데이터가 버킷에 저장된다. 버킷에 이미 동일한 키가 존재한다면, 대응되는 이전 값은 새로운 값으로 교체된다.

각 버킷 또한 배열인데, 한 개 이상의 값을 담을 수 있다. 두 개의 키가 동일한 버킷에 할당되었을 때, 이를 충돌collision이라 부르고 두 개의 키-값 쌍을 해당 버킷에 저장한다.

해시맵에서 값을 읽을 때도 동일하게 동작한다. 키를 가지고 해시 알고리즘을 수행하여 숫자로 변환한 뒤, 관련된 버킷을 찾고 버킷 내의 모든 키-값 쌍을 순회하며 해당 키를 가지는 요소를 찾아낸다.

찾아냈다면, 키에 대응되는 값을 반환한다.

너무 많은 충돌을 가지는 것을 좋지 않을 것이다. 이유는 이런 충돌이 많아진다면 해시맵을 통해 값을 얻는 작업이 동일한 버킷 내에 원하는 요소를 찾아내기 위해 순회를 해서 느려지기 때문이다. 명석한 해시 알고리즘은 충돌을 최소화하기 위한 설계가 들어있다. 요소들이 충분히 추가되었다면, 해시맵은 크기가 조정되어 버킷의 로드를 재조정하고 더 많은 엔트리를 받아들일 수 있도록 한다.

해시맵은 정말 유용하지만, 직접 만들어 사용하기에는 어렵다. Go에서 해시 맵이 어떻게 동작하는지 더 많이 알아보고 싶다면, 2016년 GopherCon에서 발표한 영상[11]을 시청 해보길 바란다.

Go는 직접 해시 알고리즘이나 그에 상응하는 정의를 하는 것을 필요지도 허가지도 않는다. 대신에 모든 Go 프로그램에 컴파일되어 들어가는 Go 런타임에 키로 허용되는 모든 타입을 지원하는 해시 알고리즘 구현을 포함하고 있다.

3.4.1 맵 읽고 쓰기

맵을 선언하고 쓰고 읽는 간단한 프로그램을 살펴보자. [예제 3-10]은 Go 플레이그라운드[12]에서 실행할 수 있다.

예제 3-10 맵 사용

```
totalWins := map[string]int{}
totalWins["Orcas"] = 1
totalWins["Lions"] = 2
fmt.Println(totalWins["Orcas"])
fmt.Println(totalWins["Kittens"])
totalWins["Kittens"]++
fmt.Println(totalWins["Kittens"])
totalWins["Lions"] = 3
fmt.Println(totalWins["Lions"])
```

---

11 *https://oreil.ly/kIeJM*

12 *https://oreil.ly/gBMvf*

앞의 프로그램을 실행하면, 다음과 같은 결과를 볼 수 있다.

```
1
0
1
3
```

특정 맵 키에 대해 값을 할당하기 위해 대괄호에 키를 넣고, =를 사용하여 값을 할당하다. 그리고 대괄호에 키를 넣어서 맵의 해당 키에 할당된 값을 읽을 수 있다. 맵 키에 값을 할당하기 위해 := 연산자는 사용할 수 없다는 것을 기억하자.

아직 설정하지 않은 맵 키에 할당된 값을 읽으려고 시도할 때, 맵의 값이 되는 타입의 제로 값을 반환한다. 앞선 예제에서는 값이 되는 타입은 정수이며, 이런 경우에는 0을 반환할 것이다. 맵 키에 대응되는 값을 증가시키기 위해 ++ 연산자를 사용할 수도 있다. 맵은 기본적으로 제로 값을 반환하기 때문에, 키에 연관된 값이 존재하지 않아도 증가시키는 연산자는 정상적으로 동작한다.

3.4.2 콤마 OK 관용구

맵은 키에 대응되는 값이 없이 없어도 기본 제로 값을 반환한다는 것을 살펴보았다. 이것은 앞에서 살펴본 카운터와 같은 것을 구현할 때 편리하다. 하지만 때론 맵에 키가 있는지 확인해야 하는 경우도 있다. Go는 콤마 OK 관용구^{comma ok idiom}로 맵에 키가 없어 제로 값을 반환하는 경우와 키에 해당하는 값으로 0을 반환한 것인지를 구분하여 알려줄 수 있다.

```go
m := map[string]int{
    "hello": 5,
    "world": 0,
}
v, ok := m["hello"]
fmt.Println(v, ok)

v, ok = m["world"]
fmt.Println(v, ok)

v, ok = m["goodbye"]
fmt.Println(v, ok)
```

맵을 읽어 해당 결과를 단일 변수에 할당하는 것보다 콤마 OK 관용구를 사용하여 읽기 결과를
두 개의 변수에 할당한다. 첫 번째 변수는 키에 해당하는 값을 저장할 것이다. 두 번째 반환된
값은 불리언이다. 일반적으로 ok라고 변수 이름을 사용한다. ok가 true라면, 해당 키는 맵에
있다는 의미이다. ok가 false라면, 키가 해당 맵에 존재하지 않는다는 의미이다. 앞선 예제의
코드는 5 true, 0 true, 0 false를 출력할 것이다.

> **NOTE_** 콤마 OK 관용구는 값을 제대로 읽은 경우와 기본 제로 값을 구분하고자 할 때 Go에서 사용된다.
> 이 내용은 7장의 타입 단언type assertion 사용과 10장의 채널에 관련된 내용을 다룰 때 다시 한번 보자.

3.4.3 맵 삭제

키-값 쌍은 내장 함수 delete를 이용하여 맵에서 삭제될 수 있다.

```
m := map[string]int{
    "hello": 5,
    "world": 10,
}
delete(m, "hello")
```

delete 함수는 맵과 키를 받아 해당 키에 해당하는 키-값 쌍을 제거한다. 키가 맵에 존재하지
않거나 맵이 nil인 경우는 어떤 일도 일어나지 않는다. delete함수는 반환값이 없다.

3.4.4 맵을 셋으로 이용

많은 개발 언어들은 표준 라이브러리에서 셋set을 지원한다. 셋은 중복되는 값이 없음을 보장하
지만, 어떤 특정 순서로 값들이 들어간다는 것은 보장해주지 않는다. 한 요소가 셋에 있는지 확
인하는 것은 얼마나 많은 요소들이 셋에 있는 것과 무관하게 빠르다(요소가 슬라이스에 있는
지 확인하는 것은 슬라이스에 더 많은 요소가 추가될수록 더 오래 걸린다).

Go는 셋을 지원하진 않지만, 맵을 이용해서 셋처럼 사용할 수 있다. 셋에 넣고자 하는 타입은
맵의 키로 하고 값으로는 불리언으로 설정한다. [예제 3-11]에서 해당 개념을 구현한 코드를
수 있다. 예제를 Go 플레이그라운드[13]에서 수행해보자.

----

13 *https://oreil.ly/wC6XK*

```
intSet := map[int]bool{}
vals := []int{5, 10, 2, 5, 8, 7, 3, 9, 1, 2, 10}
for _, v := range vals {
    intSet[v] = true
}
fmt.Println(len(vals), len(intSet))
fmt.Println(intSet[5])
fmt.Println(intSet[500])
if intSet[100] {
    fmt.Println("100 is in the set")
}
```

정수 셋을 만들고 싶다면, 맵에 키를 정수로 하고 값을 불리언으로 한다. for-range 루프
(4.3.5 'for-range 문'절에서 확인하자.)를 사용해서 vals의 값들을 순회하여 각각의 값들을
intSet의 키로 넣으면서 대응되는 값으로 true값을 설정한다.

이제 intSet 변수에 11개의 값이 쓰여졌으나, 해당 변수의 길이는 8이 된다. 이유는 맵에서는
중복되는 키는 허용되지 않기 때문이다. intSet에서 5의 값을 찾을 때, 해당 변수에 5라는 키
값을 가지고 있기 때문에 true를 반환한다. 하지만 intSet에서 500이나 100의 값을 찾는다
고 하면, false를 반환할 것이다. 이유는 해당 값들을 intSet에 넣은 적이 없고, 맵은 없는 값
을 접근할 때 맵의 값으로 사용하고 있는 타입의 제로 값을 반환하려 할 것인데, 불리언의 제로
값은 false이기 때문이다.

셋으로 합집합, 교집합, 차집합과 같은 집합 연산을 사용하고 싶다면, 직접 만들어서 사용하거
나 해당 기능을 제공하는 많은 서드 파티 라이브러리를 사용하도록 하자(9장에서 서드 파티
라이브러리 사용을 배워보자).

> **NOTE_** 어떤 사람들은 맵으로 셋을 구현하려 할 때, 값으로 불리언이 아니라 struct{}(다음 장에서 구조
> 체를 살펴보자)를 선호한다. 비어 있는 구조체는 0바이트를 차지하고, 불리언은 1바이트를 사용하기 때문이다.
> 단점은 작성한 코드의 모양새가 나빠진다는 것이다. 의도가 불명확한 할당이 되고, 값이 셋에 있는지 확인하
> 기 위해 콤마 OK 관용구를 사용해야만 한다.
>
> ```
> intSet := map[int]struct{}{}
>   vals := []int{5, 10, 2, 5, 8, 7, 3, 9, 1, 2, 10}
>   for _, v := range vals {
> ```

```
        intSet[v] = struct{}
    }
    if _, ok := intSet[5]; ok {
        fmt.Println("5 is in the set")
    }
```

정말 큰 셋을 운영하지 않는다면, 메모리 사용량의 차이가 단점을 능가할 만큼 크지 않다.

3.5 구조체

맵은 특정 종류의 데이터를 저장할 때 편리하지만, 한계가 있다. 특정 키만 허용하도록 맵을 제한하는 방법이 없기 때문에 API에서는 정의하지 않는다. 또한 맵의 값으로 동일한 타입으로만 사용해야 하는 한계가 있다. 이유로 맵은 함수에서 다른 함수로 데이터를 넘겨주는 방식으로는 적합하지 않을 수 있다. 여러 데이터 타입을 함께 구성하고자 할 때, struct를 정의하여 사용하자.

> **NOTE_** 이미 객체지향 언어를 알고 있다면, 클래스와 구조체의 차이가 궁금할 것이다. 차이는 의외로 간단하다. Go는 상속이라는 개념이 없으므로 클래스를 운영하지 않는다. 그렇다고 Go가 객체지향 언어의 기능이 없는 건 아니고, 단지 조금 다르게 동작한다. 7장에서 Go의 객체지향과 관련된 기능을 살펴보자.

다양한 언어들은 구조체와 비슷한 개념을 가지고 있고, Go에서 구조체를 읽고 쓰는 방법과도 비슷하다.

```
type person struct {
    name string
    age  int
    pet  string
}
```

type 키워드로 구조체 타입의 이름을 지정하고, 키워드 **struct** 다음에 중괄호(`{}`)로 구조체를 정의할 수 있다. 중괄호 내에는 구조체가 포함할 항목들을 나열하면 된다. 앞의 예제와 같이 변수 이름을 먼저 넣고 var 선언에서 사용하는 것과 같이 변수 타입을 붙인다. 또한 구조체 선언에서는 맵 리터럴과는 다르게 항목들 간에 구분을 위한 콤마를 사용하지 않는다는 것을 기억하자. 구조체는 함수 내외에서 선언될 수 있다. 함수 내에서 선언된 구조체 타입은 함수 안에서만 사용 가능하다. 5장에서 함수에 관해 살펴보도록 하자.

> **NOTE_** 기술적으로, 구조체는 어느 블록 레벨에서도 정의가 가능하다. 4장에서 블록 관련 내용을 다루어보자.

일단 구조체 타입이 선언되면, 해당 타입으로 변수를 선언할 수 있다.

```
var fred person
```

여기서는 var 선언을 사용하게 된다. fred에 어떠한 값도 할당하지 않았기 때문에, person 구조체 타입을 위한 제로 값으로 설정된다. 구조체의 제로 값은 구조체가 가지는 모든 항목이 각각 제로 값으로 설정되는 것이다.

구조체 리터럴을 사용해서 변수에 할당할 수도 있다.

```
bob := person{}
```

맵과는 다르게 어떠한 값도 할당하지 않는 경우와 비어 있는 구조체 리터럴을 할당하는 것 사이에는 차이점이 없다. 두 가지 경우 모두 구조체 내에 존재하는 모든 항목들이 각 타입에 맞는 제로 값으로 설정된다. 비어 있지 않은 구조체 리터럴을 위한 두 가지 선언 스타일 있다. 구조체 리터럴은 콤마로 구분하여 중괄호 내에 각 항목에 대한 값들을 나열함으로써 지정될 수 있다.

```
julia := person{
    "Julia",
    40,
    "cat",
}
```

이런 구조체 리터럴 포맷을 사용할 때는, 구조체의 모든 항목에 대응대는 값을 지정해주어야 하며, 각 값들은 구조체 내에 선언했던 항목 순서대로 할당이 이루어진다.

두 번째 구조체 리터럴 선언 방식은 맵 리터럴 선언과 비슷하다.

```
beth := person{
    age:  30,
    name: "Beth",
}
```

구조체 내에 항목 이름을 명시하여 값을 할당할 수 있다. 이런 방식을 사용할 때, 특정 항목을 빼도 되고 순서와 상관없이 항목의 값을 넣을 수 있다. 값이 지정되지 않은 변수는 제로 값으로 설정될 것이다. 소개한 두 가지 방법을 섞어서 사용할 수는 없다. 초기화시 모든 항목에 변수 키를 사용하거나 모두 사용하지 않거나 하도록 하자. 모든 항목이 항상 값이 지정되어야 하는 작은 구조체의 경우에는 단순한 구조체 리터럴 방식을 사용해도 좋다. 다른 경우라면, 키 이름을 명시하도록 하자. 이렇게 선언이 장황하게 보이지만, 구조체 선언을 다시 살펴볼 필요없이 어떤 항목이 어떤 값으로 선언되었는지 명확하게 만들 수 있다. 만약 구조체의 각 변수 이름을 명시하지 않고 초기화했다면, 추후에 구조체에 항목 하나를 더 추가한다면, 컴파일 오류가 발생한다.

맵을 읽고 쓰기 위해 대괄호를 사용했지만, 구조체의 항목을 접근하여 읽기와 쓰기를 하기 위해서는 점 표기법을 사용한다.

3.5.1 익명 구조체

또한 변수를 구조체 타입 이름을 지정하지 않고 구조체 타입을 구현하여 선언할 수 있다. 이것을 익명 구조체anonymous struct라 부른다.

```
var person struct {
    name string
    age  int
    pet  string
}

person.name = "bob"
person.age = 50
person.pet = "dog"
```

```
pet := struct {
    name string
    kind string
}{
    name: "Fido",
    kind: "dog",
}
```

예를 들어, 변수 person과 pet의 타입은 익명 구조체이다. 익명 구조체 내에 있는 항목에 값을 할당하기 위해 이름이 있는 구조체에서 한 방식대로 진행하면 된다. 구조체 리터럴을 사용해서 이름있는 구조체를 초기화 했 듯이 익명 구조체에도 동일하게 진행 가능하다.

그렇다면 단지 단일 인스턴스와 연결된 데이터 타입을 언제 쓰이는지 궁금해할 것이다. 익명 구조체가 사용되면 좋은 일반적인 두 가지 상황이 있다. 첫 번째는 외부 데이터를 구조체로 전환하거나 구조체를 외부 데이터(JSON이나 프로토콜 버퍼protocol buffer와 같은 것이 있다)로 전환할 때이다. 이런 전환을 마샬링marshaling 혹은 언마샬링unmarchaling이라 부른다. 11.3절에 있는 'encoding/json'에서 이와 관련된 내용을 배워보자.

테스트 작성은 익명 구조체를 사용하는 또 다른 분야이다. 13장에서 테이블 기반 테스트에서 익명 구조체의 슬라이스 사용을 확인하자.

3.5.2 구조체 비교와 변환

구조체가 비교 가능한지 여부는 구조체의 항목에 따라 다르다. 모든 구조체 내의 항목이 비교 가능한 타입으로 구성되어 있다면 비교 가능하지만, 슬라이스나 맵의 항목이 있다면 그렇지 않을 것이다(이후에 살펴보겠지만, 함수와 채널 항목들은 구조체를 비교가 불가능하게 만든다).

파이썬이나 루비와는 다르게 Go는 상등연산을 재정의하여 비교 불가한 구조체를 위해 ==와 !=를 동작하게 하는 방법은 없다. 물론 그런 구조체를 비교하기 위해 직접 함수를 작성할 수 있다.

Go에서 다른 기본 타입의 변수들 간의 비교를 허용하지 않는 것처럼, 다른 타입 구성의 구조체를 대변하는 변수들 간의 비교도 허용하지 않는다. Go는 두 개의 구조체가 같은 이름, 순서, 타입으로 구성되어 있다면, 구조체 간에 타입 변환을 수행할 수 있도록 한다. 무엇을 의미하는지 확인해보자.

```
type firstPerson struct {
    name string
    age  int
}
```

firstPerson 구조체를 secondPerson 구조체로 타입 변환을 사용하여 변환이 가능하지만, firstPerson과 secondPerson은 서로 다른 타입이기 때문에 ==를 사용하여 비교는 불가능하다.

```
type secondPerson struct {
    name string
    age  int
}
```

firstPerson에서 thirdPerson으로는 구조체 항목의 순서가 다르게 구성되어 변환이 불가능하다.

```
type thirdPerson struct {
    age  int
    name string
}
```

firstPerson에서 forthPerson으로도 구조체의 항목 이름이 다른 것이 있기 때문에 변환이 불가능하다.

```
type fourthPerson struct {
    firstName string
    age       int
}
```

firstPerson에서 fifthPerson의 변환은 fifthPerson에 추가된 항목이 있어 변환이 불가능하다.

```
type fifthPerson struct {
    name      string
    age       int
```

```
    favoriteColor string
}
```

익명 구조체는 이런 상황에서 조금 다른 경우를 제공한다. 두 구조체 변수가 비교 가능하고 이 중 하나는 익명 구조체이면서 두 구조체 다 같은 이름, 순서, 타입을 가진다면 타입 변환 없이 서로 비교가 가능하다. 또한 동일한 상황이라면 이름이 있는 구조체와 익명 구조체 간에 할당 도 가능하다.

```go
type firstPerson struct {
    name string
    age  int
}
f := firstPerson{
    name: "Bob",
    age:  50,
}
var g struct {
    name string
    age  int
}

// 컴파일 된다.
// -- 이름이 있는 구조체와 익명 구조체가 동일하다면, =와 ==를 사용할 수 있다.
g = f
fmt.Println(f == g)
```

3.6 마무리

여기까지 Go에서 사용하는 컨테이너 타입에 관해 알아보았다. 게다가 문자열에 대한 내용도 추가적으로 다루었고, 내장 컨테이너 타입들과 슬라이스, 맵을 어떻게 사용하는지도 알아 보았다. 구조체를 통해 자신만의 복합타입을 만들어도 보았다. 다음 장에서는 Go에서 제어문인 for, if/else, switch에 대한 내용을 다룰 것이다. 또한 Go가 코드를 블록으로 구성하는 방법과 다양한 블록 레벨 구성이 어떻게 놀라운 동작으로 이어질 수 있는지에 대해서도 알아 보자.

CHAPTER 4

블록, 섀도, 제어 구조

앞서 변수, 상수, 내장타입에 대해 살펴보았고, 이제는 프로그래밍의 로직과 구성에 대해 살펴보고자 한다. 해당 장에서는 블록과 식별자를 사용할 수 있는 시점을 제어하는 방법을 설명한다. 그리고나서 `if`, `for`, `switch`와 같은 Go의 제어문을 살펴볼 것이다. 마지막으로는 `goto` 문과 해당 키워드를 사용해야 하는 상황에 대해 설명할 것이다.

4.1 블록

Go는 변수를 다양한 곳에서 선언할 수 있도록 한다. 변수를 함수 외부에 선언하여 함수의 파라미터로 사용할 수도 있고, 함수 내에 지역변수로도 사용할 수 있다.

> **NOTE_** 지금까지는 `main` 함수만 사용하여 설명했지만, 다음 장부터는 파라미터를 가지는 함수를 작성해볼 것이다.

선언문이 있는 각각의 공간을 **블록**이라 부른다. 함수 외부에서 선언된 변수, 상수, 타입, 함수는 **패키지** 블록 범위내에 속한다. 프로그램에 `import` 문을 사용하여 출력과 수학 관련 함수(9장에서 자세히 다루어 볼 것이다)의 접근을 가능하게 한다. `import` 문이 포함된 파일에 유효한 다른 패키지의 이름을 정의한다. 해당 이름들은 **파일** 블록 내에 있게 된다. 함수의 맨 상위에 선언된 모든 변수들(함수로 넘겨지는 파라미터를 포함)은 블록 내에 있다. 함수 내에서, 모든 중괄호({}) 세트는 다른 블록을 정의하며 Go의 제어 구조가 자체 블록을 정의한다는 것을 볼 수 있다.

어떤 내부 블록에서 어떤 외부 블록에 선언된 식별자를 접근할 수 있다. 그렇다면 포함된 블록 사이에서 같은 이름을 가지는 식별자를 선언했다면 무슨 일이 발생하는지 의문이 생길 것이다. 그렇게 한다면 외부 블록에 생성된 식별자를 내부에서 섀도잉shadowing하게 된다.

4.1.1 섀도잉 변수

섀도잉이 무엇인지 설명하기 전에, 코드 하나(예제 4-1)를 먼저 살펴보자. 해당 코드는 Go 플레이그라운드[1]에서 실행 가능하다.

예제 4-1 섀도잉 변수

```
func main() {
    x := 10
    if x > 5 {
        fmt.Println(x)
        x := 5
        fmt.Println(x)
    }
    fmt.Println(x)
}
```

이 코드를 실행하기 전에, 어떤 값이 출력될지 생각해보자.

- 컴파일이 되지 않아 아무것도 출력하지 못한다.

- 첫 번째 라인에 10, 두 번째는 5, 세 번째 라인도 5이다.

- 첫 번째 라인에 10, 두 번째는 5, 세 번째 라인은 10이다.

이제 출력된 결과를 살펴보자.

```
10
5
10
```

---

1 *https://oreil.ly/50t6b*

섀도잉 변수는 포함된 블록 내에 이름이 같은 변수가 있는 것을 의미한다. 섀도우 변수가 존재하는 한 섀도잉 대상이 된 변수는 접근할 수 없다.

이 경우에는, 확실히 if 문 내에 새로운 변수 x를 만들고 싶지 않았을 것이다. 대신에 함수 블록 최상위에 선언한 x 변수에 5라는 값을 할당하려 했을 것이다. if 문 내에 있는 첫 번째 fmt.Println에서는 함수 최상위에 선언된 x를 접근할 수 있었다. 하지만 다음 라인에서 if 문으로 생성된 블록 내에서 같은 이름의 새로운 변수를 선언함으로써 x를 섀도잉했다. 두 번째 fmt.Println 호출에서 x 변수에 접근하면 섀도잉 변수를 가져오고 해당 값은 5가 된다. 섀도잉 변수 x가 있던 if 문 블록의 끝을 나타내기 위해 닫는 중괄호를 사용했고, 세 번째 fmt.Println에서 x 변수를 접근하면, 함수 최상단에 선언했던 변수를 접근하게 되고 해당 값은 10이다. 마지막 출력된 값으로 볼 때, x가 사라지거나 재할당되지 않았다는 것을 알 수 있다. 이는 한 번 내부 블록에서 변수가 섀도잉되면 해당 변수를 접근할 방법이 없어진다.

이전 장에서 언급했던 := 연산자를 사용하는 것이 정확히 어떤 변수를 대상으로 일어나는지 불명확하기 때문에 피해야하는 상황인 것이다. :=를 사용할 때, 우연히 섀도잉된 변수일 수 있기 때문에 그렇다. := 연산자를 이용해 여러 개의 변수를 한번에 생성하고 값을 할당할 수 있다는 것을 기억하자. 또한 := 왼쪽에 모든 변수들이 새롭게 선언된 변수가 아니어도 사용이 가능하다. 즉 왼쪽에 적어도 한 개의 변수만 새롭게 선언 되더라도 := 연산자는 사용이 가능하다. 다음 프로그램(예제 4-2)을 살펴보고 Go 플레이그라운드[2]에서 실행해보자.

예제 4-2 다중 할당에서 섀도잉

```
func main() {
    x := 10
    if x > 5 {
        x, y := 5, 20
        fmt.Println(x, y)
    }
    fmt.Println(x)
}
```

---

2 *https://oreil.ly/U_m4B*

실행하면 다음과 같은 결과가 나온다.

```
5 20
10
```

if 문 외부 블록에 이미 x의 선언이 있지만, if 문 내부에 섀도잉된 x를 가진다. 이유는 :=는 현재 블록에서 선언된 변수들만 재사용하기 때문이다. :=를 사용할 때, 섀도잉되는 것을 의도하지 않았다면 왼쪽에 놓여진 어떤 변수들이 해당 블록 외부에 선언이 없는지 확인해야 한다.

패키지를 임포트하고 섀도잉이 되지 않도록 주의가 필요하다. 9장 패키지 임포팅에서 조금 더 자세히 다루겠지만, 앞서 사용한 예제 프로그램에서 결과를 출력하기 위해 fmt 패키지를 임포팅 해왔었다. main 함수에서 fmt라는 변수를 선언하면 어떤 일이 일어나는지 [예제 4-3]에서 알아보도록 하자. 해당 코드를 Go 플레이그라운드[3]에서 실행할 수 있다.

예제 4-3 패키지 이름 섀도잉

```go
func main() {
    x := 10
    fmt.Println(x)
    fmt := "oops"
    fmt.Println(fmt)
}
```

해당 코드를 실행하면 다음과 같은 오류가 발생한다.

```
fmt.Println undefined (type string has no field or method Println)
```

사실 문제는 변수 fmt라는 이름이 아니라 지역 변수 fmt가 가지고 있지 않은 무엇인가를 접근하려 했기 때문이다. 일단 지역 변수 fmt가 선언되면, 파일 블록에서 fmt 이름을 가진 패키지를 섀도잉하게 되며 남은 main 함수 부분에서 fmt 패키지 사용이 불가능하게 만든다.

----

3 *https://oreil.ly/CKQvm*

4.1.2 섀도잉 변수 검출

섀도잉으로 미묘한 버그를 발생시킬 수 있으므로, 작성한 프로그램에 어떤 변수도 섀도잉되지 않은 것을 확인해주는 좋은 아이디어가 있다. go vet과 golangci-lint도 섀도잉을 검출하는 도구는 포함하지 않았지만, shadow 린터를 설치하여 빌드 프로세스에서 섀도잉된 변수를 검출해낼 수 있을 것이다.

```
$ go install golang.org/x/tools/go/analysis/passes/shadow/cmd/shadow@latest
```

Makefile로 프로그램을 빌드한다면, vet 작업에서 shadow를 포함할 수 있도록 하자.

```
vet:
        go vet ./...
        shadow ./...
.PHONY:vet
```

이전 예제 코드에서 make vet을 실행하면, 검출된 섀도잉 변수를 확인할 수 있다.

```
declaration of "x" shadows declaration at line 6
```

유니버스 블록

여기에 유니버스 블록universe block이라는 조금 이상한 블록 레벨이 있다. Go는 고작 25개의 키워드를 가진 작은 언어라는 것을 기억하자. 내장 타입(int와 string), 상수(true와 false), 함수(make 혹은 close)는 해당 키워드에 포함되지 않았다는 사실이 꽤 재미있다. 그건 nil도 마찬가지다. 도대체 이런 것들은 어디에 속해 있는 걸까?

Go는 앞서 언급한 것들을 키워드로 만들기 보다는 **미리 선언된 식별자**predeclared identifier 형태로 고려하고 모든 다른 블록을 포함하는 유니버스 블록 내에 정의를 했다.

그런 이름들이 유니버스 블록에 선언되어 있기 때문에, 다른 범위내에서 섀도잉될 수 있다는 것이다. 관련 내용의 코드 [예제 4-4]를 Go 플레이그라운드[4]에서 실행해보자.

---

4 *https://oreil.ly/eoU2A*

예제 4-4 섀도잉 true

```
fmt.Println(true)
true := 10
fmt.Println(true)
```

실행 결과는 다음과 같다.

```
true
10
```

유니버스 블록 내에 선언된 어떤 식별자이든 절대로 재정의되지 않도록 매우 조심해야한다. 모르고 재정의를 했다면, 프로그램이 의도하지 않는 결과를 낼 수 있을 것이다. 운이 좋다면, 컴파일 오류로 나타날 것이다. 그렇지 않았다면 프로그램의 문제를 찾기 위해 엄청난 노력을 쏟아 부어야 할지 모른다.

이런 잠재적으로 파괴적인 것들이 린팅 도구들에 의해 검출되길 바랄지도 모른다. 하지만 그렇지 못한 경우가 많다. shadow 도구 조차도 유니버스 블록의 식별자를 섀도잉 한 것은 검출하지 못한다.

4.2 if 문

Go에서 if 문은 다른 프로그래밍 언어에서 if 문과 매우 비슷하다. 익숙한 구조이기 때문에 혼란을 걱정하지 않고 앞선 예제 코드에 사용했다. [예제 4-5]에서 조금 더 복잡한 경우를 살펴보자.

예제 4-5 if와 else

```
n := rand.Intn(10)
if n == 0 {
    fmt.Println("That's too low")
} else if n > 5 {
    fmt.Println("That's too big:", n)
} else {
```

```
    fmt.Println("That's a good number:", n)
}
```

Go에서 사용되는 if 문이 다른 언어와 가장 큰 차이점을 보이는 것은 조건을 감싸는 괄호가 없다는 것이다. 하지만 Go에는 변수를 조금 더 좋게 관리할 수 있도록 if 문에 추가된 다른 기능이 있다.

섀도잉 변수에 관한 부분에서 논의된 부분으로써, if 혹은 else 문의 중괄호 내에 선언된 모든 변수는 블록 내에서만 유효하다는 것이다. 이는 대부분의 언어에서도 동일하게 해석된다. Go에서 추가된 것은 조건과 if 혹은 else 블록의 범위내에서만 사용가능한 변수를 선언하는 것이다. 이전 예제를 이런 특성을 이용하여 [예제 4-6]으로 다시 작성하였다.

예제 4-6 if 문 내로 변수 범위 지정.

```
if n := rand.Intn(10); n == 0 {
    fmt.Println("That's too low")
} else if n > 5 {
    fmt.Println("That's too big:", n)
} else {
    fmt.Println("That's a good number:", n)
}
```

이런 특별한 범위의 변수를 가지는 것은 매우 편리하다. 변수를 생성하는데, 해당 변수가 필요한 영역에서만 사용 가능하도록 하기 때문이다. 일단 if/else 문들이 마무리되면, n은 더 이상 접근이 되지 않는다. [예제 4-7]을 Go 플레이그라운드[5]에서 실행해 보면 더 이상 접근되지 않는 경우를 확인할 수 있다.

----

5 *https://oreil.ly/rz671*

```
if n := rand.Intn(10); n == 0 {
    fmt.Println("That's too low")
} else if n > 5 {
    fmt.Println("That's too big:", n)
} else {
    fmt.Println("That's a good number:", n)
}
fmt.Println(n)
```

해당 코드를 실행해보려 하면, 다음과 같은 컴파일 오류가 발생한다.

```
undefined: n
```

> **NOTE_** 기술적으로, if 문에 있는 조건식 앞에 간단한 구문statement를 추가할 수 있다. 이는 반환값이 없는 함수의 호출이나 이미 있는 변수에 새로운 값을 할당하는 등과 같은 것을 포함한다. 하지만 이렇게는 사용하지 않도록 하자. 이 기능은 if/else 문 내에서만 접근 가능한 새로운 변수를 정의하는 경우에만 사용하도록 하자. 다른 경우도 사용한다면 혼란을 야기할 수 있다. 또한 다른 블록과 마찬가지로 if 문의 일부로 선언된 변수는 해당 if 문을 포함하는 블록에서 선언된 동일한 이름의 변수를 섀도잉한다.

4.3 for 문

C 언어 계열의 다른 언어와 마찬가지로, Go는 루프를 위해 for 문을 사용한다. Go가 다른 언어와 다른 점은 for가 해당 언어에서 유일한 반복문 키워드라는 것이다. Go는 다음 네 가지 다른 방법으로 for 키워드를 사용할 수 있다.

- C 언어와 동일한 방식의 for
- 조건문만 있는 for
- 무한루프의 for
- for-range

4.3.1 완전한 구문

첫 번째로는 [예제 4-8]을 통해 C 언어, 자바, 자바스크립트에서 사용하는 것과 유사한 완전한 for 문 선언을 살펴볼 것이다.

예제 4-8 완전한 for 구문

```go
for i := 0; i < 10; i++ {
    fmt.Println(i)
}
```

예제 코드가 당연하게도 0에서 9까지의 숫자를 출력한다는 것을 알 수 있을 것이다.

if 문처럼, for 문을 감싸는 괄호는 없다. 그것 말고는 아주 익숙해 보일 것이다. for 문은 세 부분으로 나뉘며, 각각은 세미콜론으로 구분된다. 첫 번째 부분은 루프를 시작하기 전에 하나 혹은 여러 개의 변수를 초기화한다. 초기화 부분에서 기억해야 할 두 가지 중요한 세부 사항이 있다. 첫째, 변수를 초기화 하기 위해 반드시 :=를 사용해야 한다. 즉 var 키워드는 허용하지 않는다는 것이다. 둘째, if 문의 변수 선언과 마찬가지로, 변수 섀도잉이 될 수 있다.

두 번째 부분은 조건식이다. 해당 조건식은 반드시 불리언의 결과가 나올 수 있도록 해야 한다. 반복문 내부를 수행하기 전, 초기화 된 후, 반복이 끝에 도달했을 때 확인이 된다. 만약 해당 조건식이 true가 되면, 반복문 내부가 실행이 된다.

표준 for 문의 마지막 부분은 증감이다. 이 부분에 i++와 같은 것을 자주 보았겠지만, 어떤 변수 할당도 가능하다. 반복문이 실행된 후, 조건식의 검사 전에 실행된다.

4.3.2 조건식만 사용하는 for 문

Go는 for 문에서 초기값과 증감식을 생략할 수 있다. 이는 C 언어, 자바, 자바스크립트, 파이썬, 루비등 많은 언어에서 사용되는 while 문을 사용하는 것과 비슷하다. [예제 4-9]를 보자.

예제 4-9 조건식만 사용하는 for 문i := 1

```go
for i < 100 {
        fmt.Println(i)
```

```
        i = i * 2
    }
```

4.3.3 for 문을 이용한 무한루프

세 번째 for 문은 조건식도 사용하지 않는 방법이다. Go는 무한루프를 위한 for 문을 제공한다. 1980년대에 프로그래밍을 배웠다면, 당신의 첫 프로그램은 BASIC 언어로 HELLO를 화면에 무한히 출력되도록 작성했을 것이다.

```
10 PRINT "HELLO"
20 GOTO 10
```

[예제 4-10]은 앞선 BASIC 프로그램을 Go로 만든 것이다. 로컬이나 Go 플레이그라운드[6]에서 실행 볼 수 있다.

```go
package main

import "fmt"

func main() {
    for {
        fmt.Println("Hello")
    }
}
```

이 프로그램을 실행하면 수백만 개의 코만도스 64와 애플 II[7] 화면을 채운 것과 동일한 출력을 보이는 것이다. 프로그램의 출력을 중단하고자 한다면, Ctrl+C를 누르도록 하자.

> **NOTE_** 이 프로그램을 Go 플레이그라운드에서 실행하면, 몇 초 뒤에 실행이 중단될 것이다. 공유된 자원을 활용하는 플레이그라운드에서는 어떤 하나의 프로그램이 너무 오랫동안 수행되는 것을 허용하지 않는다.

----

6 *https://oreil.ly/wh0i-*

7 옮긴이_ 원서에는 Apple IIs 로 표기했는데, *https://namu.wiki/w/Apple%20II* 이 제품으로 추정된다. 번역에서는 애플 II로 표기한다.

4.3.4 break와 continue

컴퓨터를 끄거나 키보드를 사용하지 않고 무한히 수행되는 for 루프를 어떻게 빠져나올 수 있을까? 빠져나오게 하는 작업을 break 문이 한다. 즉시 루프를 빠져나오고 싶다면, 다른 언어와 마찬가지로 break 문을 사용하도록 하자. 물론 break는 무한 루프를 수행하는 for 문 뿐만 아니라, 어떤 형태의 for 문과도 사용이 가능하다.

> **NOTE_** Go는 자바, C 언어, 자바스크립트에서 사용하는 do 키워드와 동일한 역할을 하는 것을 제공하지 않는다. 적어도 한번의 루프를 보장하고자 한다면, 가장 깔끔한 방법은 무한 for 루프의 마지막 부분을 if 문과 함께 사용하면 된다. 해당 내용을 do/while 루프를 사용한 자바 코드로 확인해보자.
>
> ```
> do {
>     // things to do in the loop
> } while (CONDITION);
> ```
>
> 앞의 코드를 Go로 작성하게 되면 다음과 같다.
>
> ```
> for {
>     // things to do in the loop
>     if !CONDITION {
>         break
>     }
> }
> ```
>
> 여기서 Go의 조건문은 자바에서 사용된 조건문을 ! 논리연산을 사용하여 부정했다는 것을 알 수 있다. 자바는 해당 루프를 머무는 방법을 명시한 것이고, Go는 해당 루프를 빠져나가는 방법을 명시했기 때문이다.

Go는 또한 루프 중에 특정 부분 이하는 수행하지 않고 바로 다음 루프로 넘기는 continue 키워드도 제공한다. 기술적으로는 continue가 필요는 없을 것이다. [예제 4-11]처럼 코드를 작성하면 된다.

예제 4-11 복잡한 코드

```
for i := 1; i <= 100; i++ {
    if i%3 == 0 {
        if i%5 == 0 {
            fmt.Println("FizzBuzz")
        } else {
```

```
        fmt.Println("Fizz")
    }
} else if i%5 == 0 {
    fmt.Println("Buzz")
} else {
    fmt.Println(i)
}
}
```

하지만 이 코드는 관용적이지 못하다. Go는 if 문 내부의 코드는 짧게 구성하여 가능한 왼쪽으로 모두 정렬되는 것을 권장한다. continue 문을 사용하면 무엇이 수행되는지를 조금 더 쉽게 이해할 수 있다. [예제 4-12]는 [예제 4-11]를 continue 문을 사용하여 다시 작성하였다.

예제 4-12 코드를 더 깔끔하게 만들기 위한 continue

```
for i := 1; i <= 100; i++ {
    if i%3 == 0 && i%5 == 0 {
        fmt.Println("FizzBuzz")
        continue
    }
    if i%3 == 0 {
        fmt.Println("Fizz")
        continue
    }
    if i%5 == 0 {
        fmt.Println("Buzz")
        continue
    }
    fmt.Println(i)
}
```

if/else 문의 체인을 continue 문을 사용하여 일련의 if 문으로 대체가 되면 조건들이 왼쪽으로 잘 정렬되는 것을 볼 수 있다.

4.3.5 for-range 문

네 번째 for 문 형태는 Go의 어떤 내장 타입의 요소를 순회하며 루프를 수행하는 for 문이다. 이것을 for-range 루프라고 부르며 다른 언어에서 볼 수 있는 반복자iterator와 비슷하다. 여기서는 문자열, 배열, 슬라이스, 맵을 가지고 **for-range** 루프를 사용하는 방법을 살펴보자. 10
장 채널에 관해 살펴볼 때, **for-range** 루프로 채널을 순회하는 방법을 알아보자.

> **NOTE_ for-range** 루프는 Go의 내장 복합 타입이나 복합 타입에 기반한 사용자 정의 타입으로만 순회
> 가 가능하다.

첫 번째로 슬라이스를 가지고 **for-range** 루프를 만들어 보도록 하자. [예제 4-13]을 Go 플
레이그라운드[8]에서 실행해보도록 하자.

예제 4-13 for-range 루프

```
evenVals := []int{2, 4, 6, 8, 10, 12}
for i, v := range evenVals {
    fmt.Println(i, v)
}
```

해당 코드를 실행하면, 다음과 같은 출력을 볼 수 있다.

```
0 2
1 4
2 6
3 8
4 10
5 12
```

for-range 루프는 두 개의 변수를 얻는다는 부분이 재미있다. 첫 번째 변수는 현재 순회 중인
자료구조에 있는 값의 위치이고, 두 번째는 해당 위치의 값이다. 두 루프 변수의 관용적 이름은
루프되는 항목에 따라 다르다. 배열, 슬라이스, 문자열을 순회할 때는 인덱스로 i를 사용한다.
맵을 순회하는 경우는 i 대신에 k(key 값)을 사용한다.

두 번째 변수는 값^{value}을 나타내는 v로 사용되지만, 가끔 순회하는 값의 타입에 기반한 이름을
짓는 경우도 있다. 물론 변수 이름은 어떤 것이든 가능하다. 루프 내부의 코드가 많지 않다면,
단일 문자로 된 변수 이름도 유용하다. 다만 루프 내의 코드가 많다면, 변수 이름은 조금 더 자
세한 편이 더 좋다.

---

8 *https://oreil.ly/XwuTL*

for-range 루프에서 키를 사용할 필요가 없다면 어떻게 해야 할까? Go는 모든 선언된 변수들을 접근을 해야 할 필요가 있고, 해당 규칙은 for 루프 내부에도 적용이 된다. 루프에서 인덱스 변수의 접근이 필요하지 않다면, 밑줄underscore(_)를 변수 이름으로 사용하자. 이것은 Go에게 해당 값을 무시해달라고 하는 것과 같다. 이제 슬라이스를 for-range 루프를 수행하는데, 슬라이스의 인덱스는 출력하지 않도록 재작성 해보자. [예제 4-14]를 Go 플레이그라운드[9]에서 수행해 볼 수 있다.

예제 4-14 for-range 루프에서 인덱스 변수를 무시

```go
evenVals := []int{2, 4, 6, 8, 10, 12}
for _, v := range evenVals {
    fmt.Println(v)
}
```

해당 코드를 실행하면 다음과 같이 출력된다.

```
2
4
6
8
10
12
```

> **TIP** 반환되는 값이 있는 상황에서 언제든 해당 값을 무시하고 싶다면, 밑줄을 사용하여 값을 숨길 수 있다. 5장 함수와 9장 패키지를 다룰 때 다시 한번 밑줄 패턴에 대해 살펴볼 것이다.

키 값만 사용하고 대응되는 값은 필요 없다면 어떻게 해야 할까? 이런 상황에서 Go는 두 번째 변수를 사용하지 않아도 된다. 아래 Go 코드는 유효하다.

```go
uniqueNames := map[string]bool{"Fred": true, "Raul": true, "Wilma": true}
for k := range uniqueNames {
    fmt.Println(k)
}
```

----
9 *https://oreil.ly/2f012*

키 값만 순회하는 가장 일반적인 경우는 맵 자료구조를 셋으로 사용했을 경우이다. 이런 상황에서는 키에 대응되는 값은 중요하지 않다. 하지만 배열이나 슬라이스 경우에도 값 부분을 빼고 순회할 수 있다. 선형 자료 구조를 순회하는 일반적인 이유는 데이터에 접근하는 것인데, 값 부분을 빼고 순회하는 것은 드문 경우이다. 이런 형태에서 배열이나 슬라이스로 사용한다면, 잘못된 자료 구조를 선택하여 사용했을 것이고 리팩터링을 고려해봐야 한다.

> **NOTE_** 10장에 채널을 살펴볼 때, for-range 루프에서 각 순회마다 단일 값만 반환하여 사용하는 상황을 보게 될 것이다.

맵 순회

for-range 루프로 맵 자료구조를 순회하는 방법에서 재미난 것이 있다. [예제 4-15]를 Go 플레이그라운드[10]에서 실행해보자.

예제 4-15 매 다른 맵의 순회 순서

```
m := map[string]int{
    "a": 1,
    "c": 3,
    "b": 2,
}

for i := 0; i < 3; i++ {
    fmt.Println("Loop", i)
    for k, v := range m {
        fmt.Println(k, v)
    }
}
```

이 프로그램을 실행하면, 출력은 매번 다르게 나올 것이다. 그 중 하나를 살펴보자.

```
Loop 0
c 3
b 2
```

10 *https://oreil.ly/VplnA*

```
a 1
Loop 1
a 1
c 3
b 2
Loop 2
b 2
a 1
c 3
```

키와 대응되는 값의 순서가 가끔 같을 수도 있지만 다양하게 출력될 것이다. 이것은 실제 보안 기능이다. 이전 Go 버전에서는 맵에 같은 항목을 넣은 경우 맵의 키의 순회 순서가 일반적으로 (항상 그렇지는 않았다) 같았다. 이는 두 가지 문제를 야기한다.

- 사람들은 순서가 고정된 것으로 가정하고 코드를 작성하는데, 이는 이상한 시점에 문제를 발생시킬 것이다.
- 만약 맵이 항상 해시 값을 정확히 동일한 값을 만들고 서버에 맵으로 사용자 데이터를 저장하고 있는 경우라면, 모든 키가 동일한 버킷에 해시되어 특수 제작된 데이터를 보내는 해시 도스Hash DoS 공격으로 서버 속도를 느려지게 할 수 있다.

언급된 이 두 문제를 막기 위해, Go 팀은 맵 구현에 두 가지 변경을 했다. 첫 번째는 맵을 위해 해시 알고리즘을 수정하여 맵 변수가 생성될 때 마다 무작위의 숫자를 포함하도록 했다. 두 번째는 맵을 for-range로 순회의 순서를 루프가 반복될 때 마다 조금씩 달라지게 했다. 이 두 가지의 변경으로 해시 도스 공격을 더 어렵게 한다.

> **NOTE_** 이 규칙에 단 하나의 예외가 있다. 맵을 디버깅과 로깅을 쉽게 하기 위해 포매팅 함수(fmt. Println과 같은 함수)는 항상 오름차순으로 맵의 키를 출력한다.

문자열 순회

앞서 언급했듯이 for-range 루프에는 문자열도 사용할 수 있다. 관련한 사항을 살펴보도록 하자. [예제 4-15]을 로컬이나 Go 플레이그라운드[11]에서 실행해보도록 하자.

---

11 https://oreil.ly/C3LRy

```
samples := []string{"hello", "apple_π!"}
for _, sample := range samples {
    for i, r := range sample {
        fmt.Println(i, r, string(r))
    }
    fmt.Println()
}
```

프로그램의 출력은 'hello' 문자열을 순회하여 하나씩 출력할 것이다.

```
0 104 h
1 101 e
2 108 l
3 108 l
4 111 o
```

첫 번째 열에는 인덱스를, 두 번째는 문자의 숫자 값, 세 번째는 문자의 숫자 값을 문자열로 변환한 값이다.

'apple_π!'의 결과를 살펴보면 흥미로운 지점이 있다.

```
0 97 a
1 112 p
2 112 p
3 108 l
4 101 e
5 95 _
6 960 π
8 33 !
```

여기서 두 가지 주목해야 하는 것이 있다. 첫 번째는, 숫자 7 열을 건너뛰었다. 두 번째는 여섯 번째 위치의 문자의 값이 960이다. 한 바이트로 표현하기엔 훨씬 큰 수이다. 하지만 3장에서 보았듯이, 문자열은 한 바이트 이상으로 사용할 수 있다고 언급했다. 무슨 일이 일어난 것일까?

for-range 루프로 문자열을 순회할 때 특별한 행동을 볼 수 있다. 그것은 **룬**을 순회한 것이지 **바이트**를 순회한 것이 아니다. for-range로 문자열에 여러 바이트에 걸친 룬을 처리할 때,

UTF-8 표현을 단일 32 비트 숫자로 변환하고 값에 할당한다. 오프셋은 룬이 가지는 바이트 수에 따라 증가한다. for-range 루프에서 유효한 UTF-8 값이 아닌 것을 처리할 때, 유니코드 대체 문자(16진수로 0xfffd)가 반환된다.

> **TIP** for-range 루프로 문자열의 룬을 순서대로 접근할 수 있다. 인덱스로 반환되는 값은 문자열 시작 부분의 바이트 수이지만, 값의 타입은 룬이다.

for-range의 값은 복사본

복합 타입을 for-range 루프로 순회할 때, 매번 가져오는 값을 주의해서 사용해야 한다. 그 값은 복합 타입 변수의 값을 복사한 값이기 때문이다. 가져온 값의 변수를 수정하더라도 복합 타입에 있던 값이 변경되지는 않는다. [예제 4-17]은 이것을 간단하게 검증한다. Go 플레이그라운드[12]로 실행해보도록 하자.

[예제 4-17] 값의 수정은 원본을 수정하지 않는다.

```
evenVals := []int{2, 4, 6, 8, 10, 12}
for _, v := range evenVals {
    v *= 2
}
fmt.Println(evenVals)
```

해당 코드를 실행하면 다음과 같은 출력을 볼 수 있다.

```
[2 4 6 8 10 12]
```

이 동작이 의미하는 것은 미묘하다. 10장에서 고루틴goroutine을 다루어 볼 때, 고루틴을 for-range 루프에서 실행하게 된다면 고루틴으로 인덱스와 값을 전달하는 방법에 매우 주의해야 할 것이다. 그렇지 않으면 잘못된 결과를 얻을 수도 있다.

for 문의 다른 세가지 형태와 동일하게, break와 continue를 for-range 루프에서 사용할 수 있다.

---

12 *https://oreil.ly/ShwR0*

4.3.6 for 문 레이블링

기본적으로, break와 continue 키워드는 for 루프에 직접적으로 포함되어 사용된다. 중첩된 for 루프가 있고, 바깥쪽 루프의 순회를 종료하거나 건너뛰려면 어떻게 해야 할까? 예제로 살펴보도록 하자. 앞서 사용한 문자열을 순회하는 프로그램을 수정하여 순회하는 중에 'l' 문자를 만난다면 해당 순회를 빠져나가도록 하자. [예제 4-18]을 Go 플레이그라운드[13]에서 실행해 보자.

예제 4-18 레이블

```go
func main() {
    samples := []string{"hello", "apple_π!"}
outer:
    for _, sample := range samples {
        for i, r := range sample {
            fmt.Println(i, r, string(r))
            if r == 'l' {
                continue outer
            }
        }
        fmt.Println()
    }
}
```

outer 레이블은 둘러싸인 함수와 동일한 레벨로 go fmt에 의해 들여쓰기 된다. 레이블은 블록을 위한 중괄호와 동일한 레벨에 들여쓰기라 보면 된다. 이 들여쓰기를 통해 쉽게 인지할 수 있다. 해당 프로그램을 수행하면 다음과 같이 출력된다.

```
0 104 h
1 101 e
2 108 l
0 97 a
1 112 p
2 112 p
3 108 l
```

---

13 *https://oreil.ly/ToDkq*

레이블이 있는 중첩 for 루프는 드물다. 아래 의사코드와 비슷한 알고리즘을 구현하는데 일반적으로 사용된다.

```
outer:
    for _, outerVal := range outerValues {
        for _, innerVal := range outerVal {
            // innerVal 처리
            if invalidSituation(innerVal) {
                continue outer
            }
        }
        // 여기는 모든 innerVal 처리가 성공적으로
        // 처리되었을 때 수행하는 코드를 넣도록 하자.
    }
```

4.3.7 알맞은 for 문 선택

이제 for 문 사용에 대한 여러 형태를 살펴보았으니, 언제 어떤 형태를 채택하여 사용해야 할지 궁금할 것이다. 대부분 for-range 형태로 많이 사용할 것이다. for-range 루프는 문자열을 순회할 때 바이트가 아니라 룬으로 하나씩 순회하기 때문에 가장 좋은 방법이다. for-range 루프로 슬라이스나 맵 순회도 잘 이루어진다는 것을 파악했고 10장에서는 for-range로 채널 타입도 잘 되는지 확인해 볼 것이다.

TIP for-range 루프는 내장 복합 타입의 인스턴스 내용을 모두 순회할 때 많이 사용된다. 다른 for 루프 형태 중 하나로 배열, 슬라이스, 맵을 처리할 때 반복적으로 사용되는 boilerplate 코드 사용도 방지할 수 있다.

완전한 for 루프는 언제 사용해야 할까? 복합타입의 요소를 처음부터 끝까지 하나씩 순회하는 경우가 아닌 경우에 가장 적합하다고 할 수 있다. for-range 루프 내에서 if, continue, break를 적절히 조합하여 구성할 수 있지만, 표준 for 루프는 순회의 처음과 끝을 나타내는 조금 더 명확한 방법이다. 아래 두 코드를 비교해보자. 두 코드는 배열의 두 번째 요소부터 마지막에서 두 번째까지 순회를 하는 것이다. 첫 번째로 for-range 루프를 사용한 코드이다.

```
evenVals := []int{2, 4, 6, 8, 10}
for i, v := range evenVals {
```

```
    if i == 0 {
        continue
    }
    if i == len(evenVals)-2 {
        break
    }
    fmt.Println(i, v)
}
```

같은 일을 하는 코드인데, 표준 for 루프를 이용한 것은 다음과 같다.

```
evenVals := []int{2, 4, 6, 8, 10}
for i := 1; i < len(evenVals)-1; i++ {
    fmt.Println(i, evenVals[i])
}
```

표준 for 루프 코드가 더 짧고 이해하기도 쉽다.

> **WARNING_** 이런 패턴은 문자열의 시작 부분을 건너 뛰어서는 동작하지 않는다. 표준 for 루프는 다중 바이트 문자는 정상적으로 처리하지 못한다는 것을 기억하자. 문자열에서 어떤 룬들은 건너뛰기 하고 싶다면, for-range 루프를 사용하여 룬을 정상적으로 처리할 수 있다.

남은 두 가지 for 루프 포맷은 조금 덜 사용이 된다. 조건식만 사용하는 for 루프는 while 문을 대체하는데, 계산된 값을 기반으로 루프를 수행할 때 유용하다.

무한 for 루프는 몇몇의 상황에 유용하다. 루프가 영원히 수행되기를 원하는 경우는 드물기 때문에, for 루프 내 어딘가에는 break 문을 항상 사용해야 한다. 실제 프로그램은 순회의 경계를 만들고 작업을 완료할 수 없을 때, 실패 처리를 잘 해야 한다. 앞서 봤듯이, 무한 for 루프는 if 문과 함께 구성하여 다른 언어에 있는 do 문의 역할을 할 수 있다. 또한 무한 for 루프는 뒤에서 표준 라이브러리를 살펴보면서 함께 알아볼 **반복자 패턴**iterator pattern의 다른 버전을 구현할 때 사용될 수 있다.

4.4 switch 문

C에서 파생된 다른 많은 언어와 같이 Go는 switch 문을 제공한다. 해당 언어들을 다루는 많은 개발자는 switch에 사용되는 값에 대한 제한과 기본 아래 구문까지 실행[14]하는 구조이기 때문에 switch 문 사용을 선호하지 않는다. 하지만 Go는 다르다. Go는 switch 문을 쓸모 있게 만들었다.

> **NOTE_** Go 언어에 더 친숙한 독자들을 위해, 해당 장에서는 표현식expression switch만 다룰 것이다. 7장 인터페이스를 다루면서 타입 switch에 대해 알아보자.

언뜻 보기에 Go의 switch 문은 C/C++, 자바, 자바스크립트에서 사용하는 방법과 달라 보이지 않는데, Go는 몇 가지 놀라운 부분이 있다. switch 문에 대한 예제를 살펴보도록 하자. [예제 4-19]를 Go 플레이그라운드[15]에서 실행해보도록 하자.

예제 4-19 switch 문

```
words := []string{"a", "cow", "smile", "gopher",
    "octopus", "anthropologist"}
for _, word := range words {
    switch size := len(word); size {
    case 1, 2, 3, 4:
        fmt.Println(word, "is a short word!")
    case 5:
        wordLen := len(word)
        fmt.Println(word, "is exactly the right length:", wordLen)
    case 6, 7, 8, 9:
    default:
        fmt.Println(word, "is a long word!")
    }
}
```

---

14 옮긴이_ 원서의 'fall-through'는 한국어로 대체할 만한 단어가 없다. 다른 대부분의 언어에서는 fall-through의 의미는 switch case 에서 break 문을 명시하지 않는다면 아래 case 문도 함께 실행된다는 의미다. Go는 다른 언어와는 다르게 break 문을 명시적으로 사용하지 않아도, 다음 case 문을 실행하지 않는 것을 기본으로 하고 다음 case 문을 함께 실행하도록 강제하려면, fallthrough라는 키워드를 사용해야 한다.

15 *https://oreil.ly/VKf4N*

해당 코드를 실행하면, 다음과 같은 결과를 볼 수 있다.

```
a is a short word!
cow is a short word!
smile is exactly the right length: 5
anthropologist is a long word!
```

보여진 결과를 설명하기 위해 switch 문의 기능을 살펴보도록 하자. if 문과 마찬가지로, switch에서 비교가 되는 값을 감싸는 괄호는 넣을 필요가 없다. 또한 if 문과 마찬가지로 switch 문 내에 어디든 접근 가능한 변수를 선언할 수도 있다. 예제의 경우에는, word 변수가 switch 문 내 case 모두에 접근하여 사용했다.

모든 case 문(그리고 선택적으로 사용가능한 default 문)은 중괄호 내에 모두 들어가 있다. 하지만 case 문이 구성하는 내용에는 중괄호를 넣지 않는다는 것을 명심하자. case (혹은 default)문 내에 여러 라인을 구현할 수 있고, 그 모든 라인은 같은 블록 내에 있는 것으로 해석된다.

case 5: 내에서 workLen라는 새로운 변수를 선언했다. 해당 라인은 새로운 블록이기 때문에, 새롭게 변수를 내부에 선언할 수 있다. 모든 다른 블록과 같이, case 문 내에 선언된 모든 변수는 해당 블록내에서만 접근이 가능하다.

switch 문 내에 있는 모든 case 문의 마지막에 break 문을 넣어왔었다면, 그것들이 Go에서 사라진 것을 알게 되어 기쁠 것입니다. 기본적으로 Go에서 switch 문의 case는 아래 case 구분까지 실행(fall-through)하지 않는다. 이것은 루비 혹은 파스칼(예전 언어를 사용하는 프로그래머 인 경우)의 방식과 일치한다.

이제 이런 질문을 던져 볼 수 있다. case 문이 기본적으로 아래 구문까지 실행(fall-through) 하지 않는다면, 같은 로직으로 여러 값들이 수행되어야 한다면 어떻게 해야 할까? Go에서는 1,2,3,4 혹은 6,7,8,9 식으로 콤마로 구분하여 여러 값을 나열하여 묶을 수가 있다. 그렇기 때문에 앞선 예제의 출력에서 a와 cow가 동일한 결과가 나온 것이다.

또 다른 질문을 해보자. 기본적으로 아래 구문까지 실행(fall-through)하지 않는다면, 비어 있는(앞선 예제 프로그램에서 word의 길이가 6,7,8,9 일 때와 같이) case 문에 대해서 어떻게 동작할까? Go에서는 **비어 있는 case는 아무 일도 일어나지 않는다.** 그래서 octopus나 gopher 에 대한 출력이 없었던 이유일 것이다.

TIP 완전성을 위해, Go는 하나의 case에서 다음 case를 계속 수행할 수 있도록 하는 fallthrough 키워드를 가지고 있다. 이 키워드를 사용하여 알고리즘을 구현하기 전에 여러 번 생각해보도록 하자. 만약 fallthrough 키워드를 사용할 필요를 발견한다면, 로직을 재구성하거나 case 문 간에 의존성을 제거해보도록 하자.

예제 프로그램에서 정수의 값을 스위칭했지만, 이것만 가능한 것이 아니다. switch 문에는 ==로 비교 가능한 슬라이스, 맵, 채널, 함수와 이런 타입으로 구성된 구조체를 제외한 모든 내장 타입을 사용할 수 있다.

비록 break 문을 매 case 문 마지막에 넣을 필요가 없지만, case 문에서 먼저 빠져나와야 하는 상황에서는 break 문을 사용할 수 있다. 하지만 break 문이 필요하다는 것은 작성하는 코드가 너무 복잡해진 상황이 아닌가 하는 의심을 할 수 있다. 코드를 리팩터링하여 break를 제거할 수 있도록 해보자.

switch 문의 case에서 break 문을 사용하는 경우가 하나 더 있다. 만약 for 루프 내에 switch 문을 구성했고 for 루프를 빠져나와야 하는 경우를 원한다면 for 문에 레이블을 넣고 break 문에 레이블을 같이 넣도록 하자. 레이블을 사용하지 않는다면, Go는 case 문에서 빠져나오길 원한다고 가정한다. [예제 4-20]으로 해당 내용을 살펴보자.

예제 4-20 레이블이 없는 경우

```
func main() {
    for i := 0; i < 10; i++ {
        switch {
        case i%2 == 0:
            fmt.Println(i, "is even")
        case i%3 == 0:
            fmt.Println(i, "is divisible by 3 but not 2")
        case i%7 == 0:
            fmt.Println("exit the loop!")
            break
        default:
            fmt.Println(i, "is boring")
        }
    }
}
```

앞의 코드는 다음과 같은 결과를 출력한다.

```
0 is even
1 is boring
2 is even
3 is divisible by 3 but not 2
4 is even
5 is boring
6 is even
exit the loop!
8 is even
9 is divisible by 3 but not 2
```

이것은 우리가 의도한 것이 아니다. 원래 목표는 7의 값을 만났을 때, for 루프를 빠져나오는 것이었다. 이렇게 하기 위해서는 중첩된 **for** 루프에서 빠져나올 때와 동일하게 레이블을 사용할 수 있다. 우선 **for** 문 앞에 레이블을 넣자.

```
loop:
    for i := 0; i < 10; i++ {
```

이제 **break** 문에 레이블을 붙여 주면 된다.

```
break loop
```

이 변경을 Go 플레이그라운드[16]에서 실행하여 결과를 볼 수 있다. 수정 후 다시 실행하면, 기대했던 결과를 볼 수 있다.

```
0 is even
1 is boring
2 is even
3 is divisible by 3 but not 2
4 is even
5 is boring
6 is even
exit the loop!
```

----

16 *https://oreil.ly/gA003*

4.5 공백 switch 문

switch 문을 사용하는 또 다른 강력한 방법이 있다. for 문 선언에서 모든 부분을 빼는 것과 같이 switch 문도 비교가 되는 값을 명시하지 않아도 된다. 이것을 **공백**blank **switch**라 부른 다. 일반적인 switch는 값이 같은지에 대한 확인만 할 수 있다. 공백 switch는 각 case 문에 불리언 결과를 내는 비교는 모두 가능하다. [예제 4-21]을 Go 플레이그라운드[17]에서 실행해 보도록 하자.

예제 4-21 공백 switch

```
words := []string{"hi", "salutations", "hello"}
for _, word := range words {
    switch wordLen := len(word); {
    case wordLen < 5:
        fmt.Println(word, "is a short word!")
    case wordLen > 10:
        fmt.Println(word, "is a long word!")
    default:
        fmt.Println(word, "is exactly the right length.")
    }
}
```

해당 프로그램을 실행하면, 다음과 같은 결과를 볼 수 있다.

```
hi is a short word!
salutations is a long word!
hello is exactly the right length.
```

일반 switch 문과 같이 공백 switch 문에 일부로써 간단한 변수 선언을 선택적으로 포함 할 수 있다. 하지만 일반 switch 문과 다르게 case 문에 로직 테스트를 넣을 수 있다. 공백 switch는 꽤 쓸만하지만, 과용은 하지 말자. 모든 case가 동일한 변수에 대한 비교를 하는 공 백 switch를 작성했다는 것을 발견했다면 그것은 과용이다.

---

17 *https://oreil.ly/v7qI5*

```
switch {
case a == 2:
    fmt.Println("a is 2")
case a == 3:
    fmt.Println("a is 3")
case a == 4:
    fmt.Println("a is 4")
default:
    fmt.Println("a is ", a)
}
```

해당 코드는 표현식 switch를 사용하면 더 좋다.

```
switch a {
case 2:
    fmt.Println("a is 2")
case 3:
    fmt.Println("a is 3")
case 4:
    fmt.Println("a is 4")
default:
    fmt.Println("a is ", a)
}
```

4.6 if 문과 switch 문 중 선택

기능적인 측면에서는 if/else 문이나 공백 switch 사이에는 큰 차이가 없다. 둘 다 일련의 비교를 허용하기 때문이다. 그래서 언제 switch 문을 사용하고 또 언제 if/else 문을 사용해야 할까? 공백 switch를 포함한 switch 문은 각 case 마다 값이나 비교 사이에 어떤 관계가 있음을 지시한다. 명백하게 이 차이점을 확인하기 위해, if 섹션에서 사용한 임의 숫자 분류기를 switch로 [예제 4-22]에 재작성을 했다.

예제 4-22 if/else 문을 공백 switch로 교체 작성

```
switch n := rand.Intn(10); {
case n == 0:
    fmt.Println("That's too low")
case n > 5:
    fmt.Println("That's too big:", n)
default:
    fmt.Println("That's a good number:", n)
}
```

대부분의 사람들은 해당 코드 가독성이 더 좋다고 생각한다. 비교되는 값은 라인으로 나열되고 모든 case는 왼쪽 정렬이 되어있기 때문이다. 비교 위치의 규칙이 있어 쉽게 찾고 수정할 수 있다.

물론 Go에서 공백 switch의 각 case에 대해 모든 종류의 관련 없는 비교를 수행하지 못하도록 하는 방법은 없다. 하지만 이것은 관용적이지 못한 것이다. 만약 이런 식의 코드를 작성해야 한다면, if/else 문으로 처리하도록 하자. 혹은 코드 리팩터링을 고려해보자.

> **TIP** case가 서로 연관이 되어 있는 경우는 if/else를 조합하는 것보다 공백 switch 문을 선호한다. switch를 사용하면 비교가 더 눈에 잘 띄고 관련된 고려사항임을 느낄 수 있게 한다.

4.7 goto 문

Go의 네 번째 제어문이 있는데, 절대 사용하지 않을 가능성이 있다. 엣하르 다익스트라[Edgar Dijkstra]가 1968년 「Go To 문은 해롭다」[18]를 쓴 이래로 goto 문은 코딩에서 골칫거리였다. 이것에 대한 좋은 이유가 있다. 전통적으로, goto는 프로그램의 어디든 도달할 수 있도록 할 수 있어 위험했다. 루프 외부나 내부로 진입하거나, 변수 정의를 건너뛰고 if 문들 사이로 뛰어들어 갈 수 있게 한다. 이런 것들로 인해 goto를 사용한 프로그램은 이해하기가 어렵다.

최신 언어들은 goto 문을 포함하지 않는다. 그러나 Go에는 goto 문이 있다. goto 문 사용을 피하기위해 노력해야 하지만 몇 가지 경우에 대한 용도가 있고 Go가 적용하는 범위 제한으로

---

18 *https://oreil.ly/YK2tl*

구조화된 프로그래밍에 더욱더 적합하게 사용할 수 있다.

Go에서 goto 문은 코드의 레이블이 지정된 줄을 명시하고 실행이 해당 라인으로 이동하도록 한다. 하지만 어디든 이동할 수 있는 것은 아니다. Go는 변수 선언을 건너 뛰거나 내부 혹은 병렬 블록으로 바로 이동하는 것은 금지한다.

[예제 4-23]을 통해 두 가지 문제되는 goto 문의 사용을 볼 수 있다. Go 플레이그라운드[19]에서 실행해보도록 하자.

예제 4-23 Go의 goto 문 규칙

```go
func main() {
    a := 10
    goto skip
    b := 20
skip:
    c := 30
    fmt.Println(a, b, c)
    if c > a {
        goto inner
    }
    if a < b {
    inner:
        fmt.Println("a is less than b")
    }
}
```

해당 프로그램을 실행하면, 다음과 같은 오류를 볼 수 있다.

```
goto skip jumps over declaration of b at ./main.go:8:4
goto inner jumps into block starting at ./main.go:15:11
```

그렇다면 어떤 경우에 goto 문을 사용할 수 있을까? 대부분은 사용하지 말자. 레이블이 지정된 break와 continue 문을 사용하여 중첩된 루프에서 벗어나거나 순회를 건너뛸 수 있다. [예제 4-24]에서 제대로된 goto 문과 몇 안 되는 goto 문 사용의 경우를 볼 수 있다.

---

19 *https://oreil.ly/l016p*

```go
func main() {
    a := rand.Intn(10)
    for a < 100 {
        if a%5 == 0 {
            goto done
        }
        a = a*2 + 1
    }
    fmt.Println("do something when the loop completes normally")
done:
    fmt.Println("do complicated stuff no matter why we left the loop")
    fmt.Println(a)
}
```

예제는 인위적이나 어떻게 goto 문을 사용하면 프로그램이 조금 더 명확해지는지 보여준다. 예제에서는 함수 실행 중간에 실행하고 싶지 않은 경우가 있긴 하지만 함수의 끝까지 실행하도록 하는 로직이 있다. goto 문 없이 구현할 수 있는 방법이 있다. goto를 사용하는 대신 불리언 플래그를 설정하거나 for 루프 후에 복잡한 코드를 복제하여 수행할 수 있지만 두 가지 방법 모두 단점이 있다. 불리언 플래그로 코드의 로직을 제어하는 것은 goto 문의 기능과 거의 동일하지만 코드양은 조금 더 많아진다. 복잡한 코드를 복제하면 코드의 유지보수는 더 어려워진다. 이런 상황들은 드물긴 하지만 로직을 재구조화 하는 방법을 찾지 못했다면, goto 문을 사용하여 이런 상황을 타개할 수 있다.

실제 프로그램에서 보길 원한다면, 표준 라이브러리의 strconv 패키지 내에 atof.go 파일에서 floatBit 함수를 살펴 보도록 하자. 전체를 책에 포함시키는 것을 너무 길고, 해당 함수는 다음과 같이 끝이 난다.

```go
overflow:
    // ±Inf
    mant = 0
    exp = 1<<flt.expbits - 1 + flt.bias
    overflow = true

out:
    // Assemble bits.
    bits := mant & (uint64(1)<<flt.mantbits - 1)
```

```
bits |= uint64((exp-flt.bias)&(1<<flt.expbits-1)) << flt.mantbits
if d.neg {
    bits |= 1 << flt.mantbits << flt.expbits
}
return bits, overflow
```

해당 라인들 이전에는 몇몇의 조건 확인이 있다. 일부는 overflow 레이블에서 코드를 실행하고, 다른 조건에서는 overflow 레이블을 건너뛰고 바로 out으로 진입하게 한다. 조건에 따라, goto 문은 overflow 혹은 out으로 이동한다. goto 문을 사용하지 않고 구현할 수 있는 방법을 생각해 낼 수는 있겠지만 전체적인 코드를 이해하기 어렵게 만든다.

TIP goto 문 사용을 하지 않도록 노력해야 한다. 하지만 코드의 가독성을 높이기 위해서 드문 상황에서는 선택적으로 사용하도록 하자.

4.8 마무리

이번 장에서는 관용적인 Go 코드를 작성하기 위해 중요한 주제를 많이 다루어 보았다. 블록, 섀도잉, 제어 구조에 대해 배우고 잘 사용하는 것까지 다루었다. 이 시점에서는 main 함수 내에서 맞는 간단한 Go 프로그램을 작성할 수 있을 것이다. 이제 함수를 사용하여 코드를 구성함으로써 조금 더 큰 프로그램을 작성해보도록 하자.

CHAPTER 5

함수

지금까지는 **main** 함수에 몇 안 되는 라인으로 구성해보았다. 이제 조금 더 크기를 키워보자. 이 장에서는 Go에서 함수를 작성하는 방법을 배워보고 함수를 가지고 할 수 있는 재미있는 모든 것들을 살펴보자.

5.1 함수 선언과 호출

Go 함수의 기본적인 부분은 C, 파이썬, 루비, 자바스크립트 같은 일급 함수를 가진 다른 언어로 프로그래밍 해본 누구든 쉽게 파악할 수 있다. Go는 메서드도 가지고 있으며 이는 7장에서 다루어 보자. 제어 구조와 마찬가지로 Go는 함수 기능에 고유한 변형을 추가한다. 일부는 향상되었고 다른 것은 피해야할 실험적인 것이다. 이 두 가지를 해당 장에서 다루어 볼 것이다.

이미 함수를 선언하고 사용하는 방법을 보았다. 앞서 작성한 모든 프로그램은 **main** 함수를 가졌고 모든 Go 프로그램의 시작 시점이 된다. 그리고 화면에 결과를 출력하기 위해 **fmt. Println** 함수를 호출하는 것도 보았다. **main** 함수는 어떠한 파라미터도 받지 않고 값 반환도 없지만 이제 살펴볼 함수는 다음과 같은 형태를 가졌다.

```
func div(numerator int, denominator int) int {
    if denominator == 0 {
        return 0
```

```
    }
    return numerator / denominator
}
```

해당 코드 샘플에서 새로운 모든 것을 확인하자. 함수 선언은 네 가지 부분으로 나뉜다. 키워드 func, 함수의 이름, 입력 파라미터, 마지막으로 타입이다. 입력 파라미터는 괄호 내에 콤마로 구분하여 나열하되 파라미터 이름을 첫 번째로 쓰고 두 번째는 타입을 쓴다. Go는 정적 타입 언어Statically typed language라 파라미터에 반드시 타입을 명시해야 한다. 반환 타입은 파라미터의 닫는 괄호 다음 함수 바디의 시작 중괄호 사이에 작성한다.

다른 언어와 마찬가지로, Go는 함수로부터 반환되는 값을 위한 return 키워드를 가진다. 함수가 값을 반환해야 한다면, return으로 반드시 제공해야 한다. 함수가 반환할 것이 없다면, return 문은 함수의 마지막에 있을 필요는 없다. return 키워드는 마지막 줄이 아닌 곳에서 함수 종료하는 경우 아무것도 반환하지 않는 함수에서만 필요하다.

main 함수는 입력 파라미터와 반환 값이 없다. 함수가 입력 파라미터가 없을 때는 비어 있는 괄호(())를 사용한다. 함수가 반환하는 것이 없을 때, 입력 파라미터의 닫는 괄호와 함수 바디의 열림 중괄호 사이에 아무것도 쓰지 않는다.

```
func main() {
    result := div(5, 2)
    fmt.Println(result)
}
```

함수 호출은 경험 있는 개발자에게는 익숙할 것이다. :=의 오른쪽에 값 5, 2를 가지는 div 함수를 호출한다. 왼쪽에는 반환 값을 result 변수에 할당하도록 한다.

TIP 같은 타입의 여러 입력 파라미터를 가지는 함수를 작성할 때, 입력 파라미터를 다음과 같이 작성할 수 있다.

```
func div(numerator, denominator int) int {
```

5.1.1 이름이 지정된 파라미터와 선택적 파라미터 대응

Go만이 가진 함수의 기능을 알아보기 전에 Go가 가지고 있지 않은 이름이 지정된 파라미터와 선택적 파라미터를 언급하고자 한다. 한가지 예외적인 경우는 다음 장에서 살펴보겠지만, 함수를 위한 파라미터는 호출 시 모두 넘겨져야 한다. 이름이 지정된 파라미터나 선택적 파라미터처럼 사용하고 싶다면, 파라미터로 사용될 것과 동일하게 구조체로 만들어 함수로 넘겨줘야 한다. [예제 5-1]로 이런 경우를 실습해보도록 하자.

예제 5-1 명명된 파라미터를 위해 구조체 사용

```go
type MyFuncOpts struct {
    FirstName string
    LastName string
    Age int
}

func MyFunc(opts MyFuncOpts) error {
    // do something here
}

func main() {
    MyFunc(MyFuncOpts {
        LastName: "Patel",
        Age: 50,
    })
    My Func(MyFuncOpts {
        FirstName: "Joe",
        LastName: "Smith",
    })
}
```

실제로 이름이 지정된 파라미터와 선택적 파라미터를 갖지 않더라도 제한은 아니다. 함수는 파라미터가 몇 개 이상을 가져서는 안 되며, 이름이 지정된 파라미터와 선택적 파라미터는 함수에 입력이 많을 때 주로 유용하다. 이런 상황이라면 작성된 함수가 너무 복잡할 수 있다.

5.1.2 가변 입력 파라미터와 슬라이스

화면에 결과를 출력하기 위해 fmt.Println을 사용했었다. 그리고 해당 함수는 임의 개수의 입력 파라미터를 가진다는 것을 눈치챘을 것이다. 어떻게 그것이 가능할까? 다른 언어처럼 Go도 **가변 파라미터**^{variadic parameters}를 지원한다. 가변 파라미터는 **반드시** 입력 파라미터 리스트에 있는 마지막 파라미터(혹은 단일)가 있어야 한다. 타입 **전에** 3개의 점(...)을 붙인다. 함수 내에서 생성된 변수는 지정된 타입의 슬라이스이다. 다른 슬라이스와 마찬가지로 사용이 가능하다. 기본 숫자에 가변 파라미터의 각 숫자들을 더해 그 결과를 정수 슬라이스로 반환해주는 프로그램을 작성하여 가변 파라미터가 어떻게 동작하는지 알아보자. 다음의 프로그램을 Go 플레이그라운드[1]에서 실행해보도록 하자. 이것이 첫 번째 가변 인자 함수이다.

```go
func addTo(base int, vals ...int) []int {
    out := make([]int, 0, len(vals))
    for _, v := range vals {
        out = append(out, base+v)
    }
    return out
}
```

그리고 해당 함수는 여러 가지 방법을 호출할 수 있다.

```go
func main() {
    fmt.Println(addTo(3))
    fmt.Println(addTo(3, 2))
    fmt.Println(addTo(3, 2, 4, 6, 8))
    a := []int{4, 3}
    fmt.Println(addTo(3, a...))
    fmt.Println(addTo(3, []int{1, 2, 3, 4, 5}...))
}
```

보다시피 가변 인자로 원하는 만큼의 값을 함수로 전달하거나 어떠한 값도 전달하지 않을 수 있다. 가변 파라미터는 슬라이스로 변환되기 때문에, 입력을 슬라이스로 제공할 수 있다. 하지만 변수나 슬라이스 리터럴 뒤에 3개의 점(...)을 붙여줘야 한다. 그렇지 않으면, 컴파일 오류가 발생한다.

---

1 *https://oreil.ly/nSad4*

해당 프로그램을 빌드하고 실행하면 다음과 같은 결과를 얻을 수 있다.

```
[]
[5]
[5 7 9 11]
[7 6]
[4 5 6 7 8]
```

5.1.3 다중 반환값

Go와 다른 언어들 사이에 첫 번째 차이는 Go는 다중 반환값을 허용하는 것이다. 이전 나눗셈 프로그램에 작은 기능을 넣어보도록 하자. 해당 함수에서 나눔수와 나머지 둘 다 반환하도록 해볼 것이다. 해당 기능을 적용한 함수를 보자.

```go
func divAndRemainder(numerator int, denominator int) (int, int, error) {
    if denominator == 0 {
        return 0, 0, errors.New("cannot divide by zero")
    }
    return numerator / denominator, numerator % denominator, nil
}
```

다중 반환값을 지원하기 위해 몇 가지 변경 사항이 있다. Go 함수가 여러 값을 반환할 때, 반환값의 타입들을 괄호내에 쉼표(,)로 구분하여 나열한다. 또한 함수가 여러 값을 반환한다면, 반드시 해당 값들을 쉼표로 구분하여 반환해 주어야한다. 반환되는 값들을 괄호로 감싸면 컴파일 오류가 생긴다.

아직 다루지 못한 것이 있는데, 그것은 오류의 생성과 반환이다. 오류에 관해 더 자세히 학습하고 싶다면, 8장으로 건너뛰어야한다. 지금은 Go의 다중 반환값을 사용하여 함수에서 문제가 발생한 경우에는 오류를 반환한다는 것만 알면 된다. 함수가 성공적으로 마무리되면 오류 값으로는 nil을 반환한다. error는 함수의 반환값 마지막에 놓도록 한다.

수정된 함수의 호출은 다음과 같다.

```
func main() {
    result, remainder, err := divAndRemainder(5, 2)
    if err != nil {
        fmt.Println(err)
        os.Exit(1)
    }
    fmt.Println(result, remainder)
}
```

4.11절 'var Versus :='에서 한번에 여러 값을 할당하는 것을 다루었다. 이 기능을 사용하여 3가지 다른 변수를 함수 호출의 결과로 할당할 수 있다. := 연산자의 오른쪽에 5와 2의 값과 함께 divAndRemainder함수를 호출 할 수 있다. 왼쪽에는 결과로 반환되는 값을 result, remainder, err 변수에 할당하도록 했다. 그리고 err 변수와 nil을 비교함으로써 오류의 여부를 확인할 수 있다.

5.1.4 다중 반환값은 다중값

파이썬에 익숙한 사람이라면 Go에서 다중 반환값도 파이썬 함수에서 튜플을 반환하는 과정에서 여러 변수에 할당한다면 선택적으로 분해되는 것과 같다고 생각할 수 있다. [예제 5-2]는 파이썬 인터프리터에서 예제 코드를 수행한 것이다.

예제 5-2 파이썬에서 다중 반환값은 분해된 튜플이다.

```
>>> def div_and_remainder(n,d):
...   if d == 0:
...     raise Exception("cannot divide by zero")
...   return n / d, n % d
>>> v = div_and_remainder(5,2)
>>> v
(2.5, 1)
>>> result, remainder = div_and_remainder(5,2)
>>> result
2.5
>>> remainder
1
```

Go는 이런 식으로 동작하지 않는다. 함수로부터 반환되는 각각의 값은 변수로 할당되어야 한다. 반환되는 여러 값을 하나의 변수로 할당하려 한다면, 컴파일 오류가 생길 것이다.

5.1.5 반환되는 값 무시

하지만 어떤 함수를 호출하던 간에 모든 반환되는 값들을 사용할 필요가 없다면 어떻게 해야할까? 4.14절 '사용하지 않는 변수'에서 언급했듯이, Go는 사용되지 않는 변수를 허용하지 않는다. 함수가 여러 값을 반환하지만, 값들 중 하나 혹은 그 이상을 읽고 싶지 않은 경우에는 _ 라는 이름의 변수로 할당하게 하자. 예를 들어 remainder 값을 읽을 필요가 없다면, result, _ = divAndRemainder(5,2)로 작성할 수 있다.

Go는 암묵적으로 함수에서 반환되는 값들을 **모두** 무시할 수 있다. divAndReminder(5,2)라고만 작성하면, 모든 반환값은 무시된다. 이미 앞선 예제에서도 이렇게 사용을 했었다. fmt.Println 함수의 경우에는 2개의 반환값이 있지만, 관용적으로 해당 값들을 무시한다. 거의 모든 다른 경우에는 사용하지 않을 반환값에 대해서는 밑줄(_)을 사용하여 명시적으로 무시하도록 하자.

> **TIP** 함수에서 반환되는 값을 읽고 싶지 않은 곳은 _를 사용하자.

5.1.6 이름이 지정된 반환값

함수에서 둘 이상의 값을 반환하는 것 외에도 Go는 반환값에 대해 이름을 지정할 수 있도록 한다는 것이다. divAndRemainder 함수를 한 번 더 작성하면서 반환값에 이름을 지정해보자.

```
func divAndRemainder(numerator int, denominator int) (result int, remainder int,

err error) {
    if denominator == 0 {
        err = errors.New("cannot divide by zero")
        return result, remainder, err
    }
    result, remainder = numerator/denominator, numerator%denominator
    return result, remainder, err
}
```

반환값에 대한 이름을 제공하게 되면, 함수 내에서 반환값을 담기 위해 사용되는 변수를 미리 선언하는 것이다. 괄호 내에 쉼표로 구분하여 작성된다. 반드시 이름이 지정된 반환값들을 괄호로 감싸야 하며, 단일 반환값일 때도 적용된다. 이는 명시적인 사용이나 할당 전에 반환될 수 있음을 의미한다. 참고해야 할 중요한 사항은 이름이 지정된 반환값은 해당 함수 내에서만 접근 가능하다. 함수 외부에서 해당 이름의 변수가 적용되지 않는다. 다른 이름의 변수에 반환값을 할당하는 것은 당연히 가능하다.

```
func main() {
    x, y, z := divAndRemainder(5, 2)
    fmt.Println(x, y, z)
}
```

TIP 일부 반환값의 이름만 지정하는 경우, 이름을 지정하지 않으려는 반환값의 이름으로 _를 사용하면 된다.

이름이 지정된 반환값이 어떤 부분에 대해서 코드를 명확하게 해주는 반면 잠재적인 코너 케이스corner case를 가진다. 첫 번째는 섀도잉 문제이다. 다른 모든 변수와 마찬가지로 이름이 지정된 반환값이 섀도잉될 수 있다. 반환값을 할당하면서 해당 변수가 섀도잉 되는지 주의하자.

이름이 지정된 반환값의 다른 문제점은 해당 변수들을 반환할 필요가 없다는 것이다. 다른 버전의 **divAndRemainder** 함수를 살펴보도록 하자. Go 플레이그라운드[2]에서 실행할 수 있다.

```
func divAndRemainder(numerator, denominator int) (result int, remainder int,
                                                  err error) {
    // assign some values
    result, remainder = 20, 30
    if denominator == 0 {
        return 0, 0, errors.New("cannot divide by zero")
    }
    return numerator / denominator, numerator % denominator, nil
}
```

result와 remainder에 값을 할당했고 바로 다른 값들을 반환했다. 이 코드를 실행하기 전에, 함수에 5와 2를 넘겼을 때 어떤 결과를 낼지 먼저 고민해보도록 하자. 이 함수의 결과는 놀랍게도 다음과 같다.

---

2 *https://oreil.ly/FzUkw*

반환문의 값은 이름이 지정된 반환 파라미터에 할당된 적이 없다고 해도 반환되었다. 이는 Go 컴파일러가 반환되는 모든 항목을 반환 파라미터에 할당하는 코드를 추가했기 때문이다. 이름이 지정된 반환 파라미터는 반환 값을 담기 위한 변수를 사용하는 것처럼 선언하는 방법을 제공한 것이지, 굳이 그것을 사용할 필요는 없다.

어떤 개발자들은 추가적인 정보를 제공하기 때문에 이름 지정된 반환 파라미터를 사용하는 것을 좋아한다. 하지만 필자는 그것들의 가치는 제한적이라고 본다. 섀도잉은 단순히 그것들을 무시하는 것처럼 혼란스럽게 만든다. 이름이 지정된 반환 파라미터를 사용해야 하는 단 하나의 상황이 있다. 조금 뒤에 살펴볼 defer에서 다루어 보도록 하자.

5.1.7 빈 반환

이름 지정된 반환값을 사용했다면, Go에서 하나의 심각한 오류인 빈 반환blank return을 조심하자. 이름 지정된 반환값이 있다면, 반환될 값을 명시하지 않고 return만 사용하자. 해당 반환은 이름 지정된 변수에 마지막으로 할당된 값으로 처리된다. divAndRemainder 함수를 다시 작성하는데, 이번에는 빈 반환을 사용해보도록 하자.

```
func divAndRemainder(numerator, denominator int) (result int, remainder int,
                                                  err error) {
    if denominator == 0 {
        err = errors.New("cannot divide by zero")
        return
    }
    result, remainder = numerator/denominator, numerator%denominator
    return
}
```

빈 반환을 사용하면서 해당 함수에 몇 가지 변경을 했다. 유효하지 않는 입력이 있을 때, 즉시 함수가 종료되어 반환된다. 이 때, result와 remainder에 할당된 값이 없기 때문에, 해당 변수의 제로 값을 반환한다. 이름 지정된 반환 값에 대해 제로 값을 반환하는 경우에 어떤 의미가 있는지 확인하자. 또한 함수의 마지막에 여전히 return을 넣어야 한다는 것을 명심하자. 빈 반환을 사용하는 경우에도 해당 함수는 값을 반환한다. **return**을 사용하지 않는다면, 컴파일 오류가 날 것이다.

처음에는 어느 정도 타이핑의 수고가 없어지기에 빈 반환은 편리해 보인다. 하지만 경험 많은 Go 개발자들은 데이터 흐름을 이해하기 어려워지게 만들기 때문에 빈 반환은 좋은 생각이 아니라고 판단한다. 좋은 소프트웨어는 명확하고 가독성이 있어서 어떤 일이 일어나는지 분명히 파악되어야 한다. 빈 반환을 사용할 때, 당신의 코드를 읽는 사람은 반환 파라미터에 할당된 마지막 값을 추적하고 어떤 값이 정확히 반환되는지 확인하기 위해 이전 코드를 다시 봐야 할지도 모른다.

> **WARNING_** 함수가 값을 반환한다면 빈 반환은 절대 사용하지 말자. 실제 어떤 값이 반환되는지 알아내기 어려울 수 있다.

5.2 함수는 값이다

다른 많은 언어들과 같이 Go에서 함수는 값이다. 함수의 타입은 키워드 **func**와 파라미터 타입 및 반환값으로 구성된다. 이런 조합을 함수 시그니처라 부른다. 정확히 같은 파라미터의 수와 타입을 가지는 함수는 타입 시그니처를 만족한다.

함수를 값으로 사용하면 함수를 맵의 값으로 사용하여 기본 계산기를 만드는 영리한 작업을 수행할 수 있다. 어떻게 이것이 동작하는지 알아보자. 해당 코드는 Go 플레이그라운드[3]에서 실행 가능하다. 먼저 같은 시그니처를 가지는 함수를 만들자.

```
func add(i int, j int) int { return i + j }

func sub(i int, j int) int { return i - j }

func mul(i int, j int) int { return i * j }

func div(i int, j int) int { return i / j }
```

---

3 *https://oreil.ly/L59VY*

그 다음은 각 함수를 수학 연산과 연결하여 맵을 구성한다.

```go
var opMap = map[string]func(int, int) int{
    "+": add,
    "-": sub,
    "*": mul,
    "/": div,
}
```

마지막으로 작성한 계산기로 몇 가지 표현식을 실행해보자.

```go
func main() {
    expressions := [][]string{
        []string{"2", "+", "3"},
        []string{"2", "-", "3"},
        []string{"2", "*", "3"},
        []string{"2", "/", "3"},
        []string{"2", "%", "3"},
        []string{"two", "+", "three"},
        []string{"5"},
    }
    for _, expression := range expressions {
        if len(expression) != 3 {
            fmt.Println("invalid expression:", expression)
            continue
        }
        p1, err := strconv.Atoi(expression[0])
        if err != nil {
            fmt.Println(err)
            continue
        }
        op := expression[1]
        opFunc, ok := opMap[op]
        if !ok {
            fmt.Println("unsupported operator:", op)
            continue
        }
        p2, err := strconv.Atoi(expression[2])
        if err != nil {
            fmt.Println(err)
            continue
        }
```

```
        result := opFunc(p1, p2)
        fmt.Println(result)
    }
}
```

표준 라이브러리에 있는 **strconv.Atoi** 함수를 사용하여 문자열을 정수로 변환했다. 해당 함수에서 두 번째 반환으로 오류 값을 준다. 이전과 마찬가지로, 함수가 반환하는 오류 값을 확인하여, 오류에 대한 처리를 알맞게 하도록 했다.

op는 **opMap**이라는 맵 변수의 키로 사용하고 키에 대응되는 값은 **opFunc**에 할당된다. **opFunc**의 타입은 **func(int, int) int**이다. 맵에 제공된 키에 연관된 함수가 존재하지 않는다면, 오류 메시지 출력과 함께 루프내에 남은 사항은 진행하지 않고 다음으로 넘어갈 것이다. 이제 **opFunc** 변수에 할당된 함수가 앞서 값이 할당된 **p1**과 **p2** 변수와 함께 호출된다. 변수로 함수처럼 호출하는 것은 함수를 직접 호출하는 것과 같다.

해당 코드를 실행하면 간단 계산기의 출력은 다음과 같다.

```
5
-1
6
0
unsupported operator: %
strconv.Atoi: parsing "two": invalid syntax
invalid expression: [5]
```

> **NOTE_** 깨지기 쉬운 프로그램을 작성하지 말자. 이 예제에서 핵심 로직은 비교적 짧다. 루프 내에 22개 라인 중, 6개는 실제 알고리즘을 구현했고 다른 16개는 오류 검사 및 데이터 유효성 검사이다. 입력 데이터의 유효성을 검사하거나 오류를 확인하지 않으려는 유혹을 받을 수 있지만, 그렇게 하면 불안정하고 유지 관리하기 어려운 코드가 생성될 것이다. 오류 처리는 프로와 아마추어를 구분 짓는 중요한 요소 중 하나이다.

5.2.1 함수 타입 선언

구조체를 정의하기 위해 **type** 키워드를 사용한 것과 같이, 함수 타입을 정의하는데도 사용할 수 있다(7장 타입 선언에서 조금 더 자세히 살펴볼 예정이다).

```
type opFuncType func(int,int) int
```

opMap 변수 선언을 다시 작성하면, 다음과 같이 된다.

```
var opMap = map[string]opFuncType {
    // 앞선 코드와 동일
}
```

함수는 전혀 손댈 필요가 없다. 두 개의 정수 입력 파라미터를 가지고 정수 단일 반환값을 가지는 모든 함수는 타입을 만족시키며 맵에서 값으로 할당될 수 있다.

함수 타입을 선언하는 것에 장점은 무엇일까? 한가지 용도는 문서화이다. 여러 번 참조하려는 경우 이름을 부여할 수 있어 유용하다. 다른 용도는 7.13절 '함수 타입은 인터페이스로의 연결'에서 살펴볼 것이다.

5.2.2 익명 함수

함수를 변수에 할당할 뿐만 아니라, 함수 내에 새로운 함수를 정의하여 변수에 할당할 수 있다. 이런 이름이 없는 내부 함수를 익명 함수anonymous function라 한다. 또한 해당 함수를 변수에 할당할 필요도 없다. 함수를 인라인으로 작성하고 바로 호출할 수 있다. Go 플레이그라운드[4]에서 간단히 실행 가능한 예제를 살펴보자.

```
func main() {
    for i := 0; i < 5; i++ {
        func(j int) {
            fmt.Println("printing", j, "from inside of an anonymous function")
        }(i)
    }
}
```

익명 함수는 func 키워드 바로 뒤에 입력 파라미터, 반환값을 넣고 여는 중괄호를 사용하여 선언할 수 있다. func 키워드와 입력 파라미터 사이에 함수 이름을 넣으려 한다면 컴파일 오류가 발생한다.

---

4 *https://oreil.ly/EnkN6*

다른 함수와 마찬가지로 익명 함수는 괄호를 사용하여 호출된다. 해당 예제에서 for 루프에서 i 변수를 내부 익명 함수로 전달한다. 이는 익명 함수의 입력 파라미터인 j로 할당된다.

프로그램을 실행하면 다음과 같은 출력을 볼 수 있다.

```
printing 0 from inside of an anonymous function
printing 1 from inside of an anonymous function
printing 2 from inside of an anonymous function
printing 3 from inside of an anonymous function
printing 4 from inside of an anonymous function
```

실제 이것은 일반적으로 사용되는 모양은 아니다. 익명 함수를 선언하고 즉시 실행하는 경우라면, 익명 함수를 제거하고 코드로 호출하는 것이 좋다. 하지만 선언된 익명 함수를 변수에 할당 없이 사용하는 유용한 두 가지 상황이 있다. 그것은 defer 문과 고루틴의 사용하는 경우이다. defer 문은 조금 뒤에 살펴보고, 고루틴은 10장에서 살펴보자.

5.3 클로저

함수 내부에 선언된 함수를 클로저closure라 부르는데 아주 특별하다. 클로저는 컴퓨터 과학에서 사용하는 단어이며, 함수 내부에 선언된 함수가 외부 함수에서 선언한 변수를 접근하고 수정할 수 있는 것을 의미한다.

이 모든 내부 함수와 클로저는 처음에는 크게 흥미롭지 않아 보일 수도 있다. 큰 함수 내에 작은 함수를 만들어 얻을 수 있는 이득이 있을까? 왜 Go는 이 기능을 가지고 있을까?

클로저는 함수의 범위를 제한한다. 함수가 다른 하나의 함수에서만 호출되는데 여러 번 호출되는 경우 내부 함수를 사용하여 호출된 함수를 '숨길' 수 있다. 이는 패키지 레벨에 선언 수를 줄여, 사용되지 않는 이름을 쉽게 찾을 수 있도록 만든다.

클로저는 다른 함수로 전달되거나 함수에서 반환될 때 정말 흥미로워진다. 전달된 함수는 함수 내에 있던 변수들을 함수 외부에서 사용할 수 있게 한다.

5.3.1 파라미터로 함수를 전달

함수는 값이고 파라미터와 반환값을 사용하여 함수의 타입을 지정할 수 있기 때문에, 파라미터로 함수를 다른 함수로 넘길 수 있다. 함수를 데이터처럼 다루는 것에 익숙하지 않다면, 지역 변수를 참조하는 클로저를 생성하고 해당 클로저를 다른 함수로 전달하는 의미에 대해 생각해 볼 필요가 있다. 그것은 매우 유용한 패턴이고 표준 라이브러리에서도 종종 보인다.

하나의 예제로는 슬라이스를 정렬하는 것이다. 표준 라이브러리의 sort 패키지에 sort.Slice 함수가 있다. 해당 함수는 모든 슬라이스를 받아 슬라이스를 정렬해준다. 두 개의 다른 항목으로 구성된 구조체의 슬라이스를 정렬하는 것이 어떻게 동작하는지 살펴보자.

> **NOTE_** Go는 아직 제네릭을 가지고 있지 않아 sort.Slice는 어떤 종류의 슬라이스에서도 동작할 수 있도록 내부적으로 트릭을 사용했다. 해당 트릭에 대해서는 14장에서 살펴보자.

동일한 데이터를 다른 방식으로 정렬하기 위해 클로저를 사용하는 방법을 살펴보자. 해당 코드를 Go 플레이그라운드[5]에서 실행할 수 있다. 일단, 간단한 타입을 가지는 슬라이스를 정의하고 출력해보자.

```go
type Person struct {
    FirstName string
    LastName  string
    Age       int
}

people := []Person{
    {"Pat", "Patterson", 37},
    {"Tracy", "Bobbert", 23},
    {"Fred", "Fredson", 18},
}
fmt.Println(people)
```

다음에는 성(LastName)으로 슬라이스를 정렬하고 결과를 출력해보자.

```go
// 성으로 정렬
sort.Slice(people, func(i int, j int) bool {
```

------

5 *https://oreil.ly/3kjg3*

```
        return people[i].LastName < people[j].LastName
    })
    fmt.Println(people)
```

sort.Slice로 넘기는 클로저는 두 개의 파라미터 i, j만 가지지만, 클로저 내에서는 LastName 항목으로 정렬하기 위해 people를 참조 할 수 있다. 컴퓨터 과학 용어로는, people 는 클로저에 의해 캡처capture되었다고 한다. 다음으로는 정렬을 동일하게 할 것인데, Age 항목 으로 해보겠다.

```
// 나이로 정렬
sort.Slice(people, func(i int, j int) bool {
    return people[i].Age < people[j].Age
})
fmt.Println(people)
```

이 코드를 실행하면, 다음과 같은 결과를 얻을 수 있다.

```
[{Pat Patterson 37} {Tracy Bobbert 23} {Fred Fredson 18}]
[{Tracy Bobbert 23} {Fred Fredson 18} {Pat Patterson 37}]
[{Fred Fredson 18} {Tracy Bobbert 23} {Pat Patterson 37}]
```

people 슬라이스는 sort.Slice 호출에 의해 변경되었다. 이와 관련된 내용은 5.5절 '값에 의 한 호출을 사용하는 Go'에서 조금 더 자세히 살펴볼 것이다.

TIP   파라미터로 함수를 다른 함수로 전달하는 것은 종종 같은 데이터의 다른 연산을 수행하기 위해 유용하게 사용 된다.

5.3.2 함수에서 함수 반환

클로저를 사용해서 다른 함수로 어떤 함수의 상태를 넘겨줄 뿐만 아니라, 함수에서 클로저를 반환할 수도 있다. 곱셈을 하는 함수를 반환하는 함수를 작성해서 클로저 반환을 보여주겠다. 해당 프로그램을 Go 플레이그라운드[6]에서 실행해보도록 하자. 클로저로 반환할 함수는 다음 과 같다.

----

6 *https://oreil.ly/8tpbN*

```
func makeMult(base int) func(int) int {
    return func(factor int) int {
        return base * factor
    }
}
```

사용하는 방법은 다음을 보자.

```
func main() {
    twoBase := makeMult(2)
    threeBase := makeMult(3)
    for i := 0; i < 3; i++ {
        fmt.Println(twoBase(i), threeBase(i))
    }
}
```

해당 프로그램을 실행하면 다음과 같은 결과를 보여준다.

```
0 0
2 3
4 6
```

이제 클로저가 동작하는 방식을 살펴보았으므로 Go 개발자가 클로저를 얼마나 자주 사용하는 지 궁금 할 것이다. 놀랍게도 클로저는 아주 유용하다는 것으로 밝혀졌다. 이미 우리는 슬라이스를 정렬하는데 사용되는 방법을 보았다. 클로저는 또한 sort.Search로 정렬된 슬라이스에서 효율적으로 검색할 때도 사용된다. 클로저 반환에 관해서는, 11.4.2절 '서버' 중 '미들웨어'에서 웹서버를 위한 미들웨어를 만들 때 사용된 패턴을 볼 수 있을 것이다. Go는 또한 클로저를 defer 키워드를 통해 자원을 해제하도록 구현할 때 사용한다.

> **NOTE_** 하스켈Haskell과 같은 함수형 프로그래밍 언어를 사용하는 개발자들과 시간을 보냈다면, **고차함수** higher-order function라는 용어를 들어봤을 것이다. 이것은 함수에 입력 파라미터 혹은 반환값에 대한 함수가 있다고 말하는 매우 멋진 방법이다. Go 개발자로서 당신은 그들만큼 멋지다.

5.4 defer

프로그램은 종종 파일이나 네트워크 연결과 같은 임시 자원을 만드는데, 이런 자원은 향후 정리될 필요가 있다. 이런 정리는 함수에 얼마나 많은 종료지점이 있든 함수가 성공적으로 완료되었는지 여부에 관계없이 이루어져야 한다. Go에서 정리 코드는 함수에 defer 키워드가 붙은 함수에 들어가게 된다.

defer를 사용하여 어떻게 자원을 해제하는지 살펴보자. 파일의 내용을 출력하기 위한 유닉스 유틸리티인 cat의 단순한 버전을 작성하여 이를 확인하자. Go 플레이그라운드에서는 파일을 열수 없기 때문에, 해당 예제는 깃허브[7] 프로젝트 simple_cat 디렉터리에서 확인할 수 있다.

```
func main() {
    if len(os.Args) < 2 {
        log.Fatal("no file specified")
    }
    f, err := os.Open(os.Args[1])
    if err != nil {
        log.Fatal(err)
    }
    defer f.Close()
    data := make([]byte, 2048)
    for {
        count, err := f.Read(data)
        os.Stdout.Write(data[:count])
        if err != nil {
            if err != io.EOF {
                log.Fatal(err)
            }
            break
        }
    }
}
```

해당 예제에서 나중에 더 자세히 살펴볼 몇 가지 새로운 기능들을 소개한다. 자세한 내용을 미리 읽어도 좋다.

먼저, os 패키지에 실행된 프로그램의 이름과 넘겨진 인자들을 가진 슬라이스 os.Args의 길

---

7 *https://oreil.ly/P4RuC*

이를 검사하여 명령라인에서 지정된 파일이름이 있는지 확인한다. 만약, 해당 인자가 없다면, log 패키지에 있는 Fatal 함수를 사용하여 오류 메시지를 출력하고 프로그램을 종료한다. 다음은, os 패키지에 있는 Open 함수로 읽기 전용 파일 핸들을 얻어온다. 두 번째 값은 Open 함수가 반환하는 오류에 대한 값이다. 만약 파일을 열다가 문제가 발생했다면, 오류 메시지를 출력하고 프로그램을 종료한다. 앞서 언급했듯이 오류는 8장에서 다루어 볼 것이다.

일단 유효한 파일 핸들을 얻고나서, 해당 파일을 사용하고 함수가 어떤 식으로 종료되었던 간에 닫아줘야 한다. 정리 코드 수행을 보장하기 위해, defer 키워드와 함수나 메서드 호출을 바로 사용한다. 예제의 경우에는, 파일 변수에 Close 메서드를 사용했다(Go의 메서드는 7장에서 다루어 보자). 함수 호출은 즉시 실행되지만, defer는 호출하는 함수를 둘러싼 함수가 종료될 때까지 수행을 연기한다.

파일 변수에 Read 메서드로 넘겨진 바이트 슬라이스로 파일을 읽어 들인다. 해당 메서드를 사용하는 방법은 11.1절 'io와 관련 기능'에서 자세히 살펴볼 것이지만, Read는 슬라이스로 읽어 들인 바이트 수와 오류를 반환한다. 오류가 있었다면, 해당 오류가 파일의 끝end-of-file을 알리는 것인지 확인한다. 파일의 끝이라면, break를 사용하여 for 루프를 빠져나온다. 다른 모든 오류들은 오류를 보고하고 log.Fatal을 사용하여 즉시 종료하도록 한다. 이는 5.5절 '값에 의한 호출을 사용하는 Go'에서 함수 파라미터와 슬라이스에 관한 내용을 조금 더 알아보고 해당 패턴의 자세한 사항은 다음 장 포인터를 다룰 때 알아보도록 하자.

simple_cat 디렉터리에 있는 프로그램을 빌드하고 실행하면 다음과 같은 결과를 얻을 수 있다.

```
$ go build
$ ./simple_cat simple_cat.go
package main

import (
    "fmt"
    "os"
)
...
```

defer에 관해 몇 가지 더 알아야 할 것이 있다. 첫 번째는 defer는 Go 함수에서 여러 클로저를 지연시킬 수 있다. 후입선출Last-in-first-out의 순서로 실행된다. 마지막 defer로 등록된 것이 가장 먼저 실행된다.

defer 클로저 내의 코드는 return 문이 실행된 후에 실행된다. 이전에 언급했듯이 defer에 입력 파라미터가 있는 함수를 제공할 수 있다. defer가 즉시 실행되지 않는 것처럼, 지연된 클로저 내로 전달된 모든 변수는 클로저가 실행되기 전에는 사용되지 못한다.

> **NOTE_** defer로 값을 반환하는 함수를 제공할 수 있지만, 해당 값들은 읽을 방법이 없다.
>
> ```go
> func example() {
>     defer func() int {
>         return 2 // 해당 값을 읽을 방법이 없다.
>     }()
> }
> ```

지연된 함수가 해당 함수를 둘러싼 함수의 반환값을 검사하거나 수정할 수 있는 방법이 있는지 궁금할 것이다. 이름이 지정된 반환값을 사용하는 가장 좋은 이유이다. 오류 처리를 위한 수행을 처리하도록 허용한다. 8장 오류를 다루면서 defer를 사용하여 함수에서 반환되는 오류에 관한 상황 정보를 추가하는 패턴을 알아보자. defer와 이름 지정된 반환 값을 사용하여 데이터베이스 트랜잭션 정리를 처리하는 방법을 살펴보자.

```go
func DoSomeInserts(ctx context.Context, db *sql.DB, value1, value2 string)
                (err error) {
    tx, err := db.BeginTx(ctx, nil)
    if err != nil {
        return err
    }
    defer func() {
        if err == nil {
            err = tx.Commit()
        }
        if err != nil {
            tx.Rollback()
        }
    }()
    _, err = tx.ExecContext(ctx, "INSERT INTO FOO (val) values $1", value1)
    if err != nil {
        return err
    }
    // 여기서 데이터베이스 삽입 연산 이후의 추가 처리를 위해 tx 변수 사용
    return nil
}
```

이 책에서는 Go의 데이터베이스 지원에 관해서는 다루지 않지만, 표준 라이브러리의 database/sql 패키지에서 데이터베이스를 위한 확장 지원을 포함한다. 예제 함수에서는 데이터베이스 삽입에 대한 일련의 수행을 위한 트랜잭션을 생성했다. 어떤 것이든 실패하면, 다시 되돌려(데이터베이스를 수정하기 전) 놓고 싶을 것이다. defer와 함께 클로저를 사용하여 err에 할당된 값을 확인할 것이다. err에 어떠한 값도 없다면, tx.Commit()을 수행하는데 해당 함수도 오류를 반환할 수 있다. err에 값이 있다면, err 변수는 수정되었다는 것이다. 어떤 데이터베이스 상호작용이 오류를 반환한다면, tx.Rollback()을 호출 할 것이다.

> **NOTE_** 새로운 Go 개발자는 **defer**를 위한 클로저를 지정할 때, 괄호를 잊는 경향이 있다. 괄호를 제외하지 않도록 하는 습관을 들이게 하는 것은 컴파일 오류가 도움이 될 것이다. 지연된 함수가 실행될 때, 클로저로 넘겨질 값을 지정하도록 하는 괄호 넣는 것을 기억할 수 있도록 도와준다는 것이다.

Go에서 자원을 할당하고 자원을 정리하는 클로저를 반환하는 함수를 작성하는 일반적인 패턴이 있다. 깃허브 프로젝트의 simple_cat_cancel 디렉터리를 보면, cat 프로그램이 하는 것을 단순하게 작성해 놓은 코드가 있다. 코드는 우선 파일을 열고 클로저를 반환하는 헬퍼^{helper} 함수를 작성한다.

```go
func getFile(name string) (*os.File, func(), error) {
    file, err := os.Open(name)
    if err != nil {
        return nil, nil, err
    }
    return file, func() {
        file.Close()
    }, err
}
```

해당 헬퍼 함수는 파일, 함수 그리고 오류를 반환한다. * 사용의 의미는 Go에서 파일 참조하는 포인터이다. 포인터는 다음 장에서 자세히 다루어 보자.

이제 main 함수에서 getFile 함수를 사용한다.

```go
f, closer, err := getFile(os.Args[1])
if err != nil {
    log.Fatal(err)
```

```
}
defer closer()
```

Go는 변수를 선언하고 사용하지 않는 것을 허용하지 않기 때문에 함수로부터 반환된 클로저를 호출하지 않는다면 프로그램이 컴파일 되지 않는다는 의미일 것이다. 이는 사용자에게 **defer**를 사용하도록 상기시킨다. 앞서 다루어 봤듯이 연기하고자 하는 클로저 뒤에 괄호를 넣는 것을 잊지 말자.

> **NOTE_** 자바, 자바스크립트 그리고 파이썬에서 사용하는 **try/catch/finally**나 루비에서 사용하는 **begin/rescue/ensure** 블록과 같이 자원을 정리할 때 제어하도록 하는 함수 블록을 사용하는 언어를 주로 사용했다면 **defer**는 조금 낯설 수 있다. 이런 자원 정리 블록의 단점은 함수 내에 또 다른 들여쓰기 레벨을 만들고 가독성을 떨어뜨린다는 것이다. 이것은 단지 개인 의견이 아닐 뿐더러, 실제로 중첩된 코드는 추적하기가 어렵다. 2017년에 바드 안틴얀Vard Antinyan, 미로슬라우 스태론Miroslaw Staron, 애나 샌드버그Anna Sandberg가 발표한 「Empirical Software Engineering」[8]논문에서 조사된 바에 따르면 '11개의 제안된 코드 특성 중 복잡도 증가에 현저한 영향을 미치는 두 가지는 중첩 깊이nesting depth와 구조적 결핍'이라는 것을 발견했다. 프로그램을 더 잘 읽히고 쉽게 이해할 수 있도록 하는 연구는 새로운 게 아니다. 리처드 미아라Richard Miara, 조이스 뮤즈먼Joyce Musseman, 요한 나바로Juan Navarro, 벤 슈나이더만Ben Shneiderman의 들여쓰기를 얼마나 사용해야 적절한지를 파악(해당 논문에 따르면 2개 혹은 4개의 공백으로 들여쓰기 하는 것이 좋다고 한다) 하는1983년의 논문[9]을 포함한 관련된 많은 논문들을 쉽게 찾아볼 수 있다.

5.5 값에 의한 호출을 사용하는 Go

Go는 값에 의한 호출을 사용하는 언어라고 들어봤을 것이고 그것이 무슨 의미인지 궁금할 것이다. 함수에 파라미터로 넘겨지는 변수가 있다면, Go는 **항상** 해당 변수의 복사본을 만들어 넘긴다는 의미이다. 다음의 코드를 Go 플레이그라운드[10]에서 실행해 볼 수 있다. 우선, 간단한 구조체를 정의하자.

----

8 *https://oreil.ly/s0xcq*
9 *https://oreil.ly/s0xcq*
10 *https://oreil.ly/yo_rY*

```
type person struct {
    age  int
    name string
}
```

다음은 정수, 문자열 그리고 person 구조체를 취하는 함수를 만들어 해당 값들을 수정해보자.

```
func modifyFails(i int, s string, p person) {
    i = i * 2
    s = "Goodbye"
    p.name = "Bob"
}
```

main에서 해당 함수를 호출하고 수정이 유지되는지 확인하자.

```
func main() {
    p := person{}
    i := 2
    s := "Hello"
    modifyFails(i, s, p)
    fmt.Println(i, s, p)
}
```

함수 이름에서 알 수 있듯이 해당 코드를 실행하면 함수로 전달된 파라미터의 값이 변경되지 않음을 알 수 있다.

```
2 Hello {0 }
```

이것은 기본 타입에만 해당되는 것이 아니라는 것을 보여주기 위해 person 구조체를 포함시켰다. 자바, 자바스크립트, 파이썬, 루비와 같은 프로그래밍에 경험이 있다면, 구조체 동작이 매우 낯설게 느껴질 수 있다. 앞서 언급한 언어들은 함수로 객체를 파라미터로 넘길 때, 객체의 항목을 수정하도록 한다. 이런 차이점에 대한 이유는 포인터를 이야기하면서 다룰 내용이다.

이런 행동은 맵이나 슬라이스와는 조금 다르다. 함수 내에서 맵이나 슬라이스를 수정해보도록 하자. 아래 코드를 Go 플레이그라운드[11]에서 실행해보자. 여기서는 맵 파라미터를 수정하는 함수와 슬라이스를 수정하는 함수를 각각 작성해보자.

```go
func modMap(m map[int]string) {
    m[2] = "hello"
    m[3] = "goodbye"
    delete(m, 1)
}

func modSlice(s []int) {
    for k, v := range s {
        s[k] = v * 2
    }
    s = append(s, 10)
}
```

앞의 함수를 main에서 호출을 해보도록 하자.

```go
func main() {
    m := map[int]string{
        1: "first",
        2: "second",
    }
    modMap(m)
    fmt.Println(m)

    s := []int{1, 2, 3}
    modSlice(s)
    fmt.Println(s)
}
```

해당 코드를 실행하면, 재미있는 결과를 볼 수 있다.

```
map[2:hello 3:goodbye]
[2 4 6]
```

---

11 *https://oreil.ly/kKL4R*

맵에 대해서는 어떤 일이 일어났는지 쉽게 설명이 가능하다. 맵 파라미터에 일어난 모든 변경은 함수로 넘겨진 변수에도 반영이 된다. 슬라이스는 조금 복잡한데, 슬라이스의 모든 요소는 변경이 가능하지만 슬라이스에 길이를 늘리는 것은 안된다. 이는 구조체의 맵이나 슬라이스 항목 뿐만 아니라 함수로 직접 전달되는 맵과 슬라이스의 경우에도 마찬가지로 적용된다.

해당 프로그램은 다음 질문을 또 만든다. 다른 타입과 다르게 왜 맵과 슬라이스에는 다르게 동작하는 것일까? 이유는 맵과 슬라이스 이 둘은 포인터로 구현이 되었기 때문이다. 다음 장에서 자세히 다룬다.

TIP Go의 모든 타입은 값 타입이다. 때론 값이 포인터일 뿐이다.

값에 의한 호출은 Go의 상수를 위한 지원이 제한적인 이유 중 하나이다. 변수들은 값으로 전달되기 때문에, 호출된 함수에서 함수로 전달된 변수(변수가 슬라이스 혹은 맵이 아닌 경우)가 수정되지 않는다는 것을 확신할 수 있다. 일반적으로는 이렇게 운영하는 것은 좋다. 함수 내부로 전달된 입력 파라미터는 수정되지 않고 대신에 새롭게 계산된 값을 반환하는 것은 프로그램의 데이터 흐름을 이해하기 쉽게 만들어준다.

이런 접근 방식은 이해하기가 쉽지만, 변경 가능한 것을 함수에 전달해야 하는 경우가 있다. 이런 경우는 어떻게 해야 할까? 이제 우리는 포인터에 대해 학습할 필요가 있다.

5.6 마무리

해당 장에서는 Go의 함수에 대해 다른 언어에 있는 함수들과 어떻게 비슷하고 다른 것인지 알아보았다. 다음 장에서는 포인터에 대해 알아보자 새로운 Go 개발자들이 생각하는 것만큼 어렵지는 않다는 사실을 확인하고 이를 활용하여 효율적인 프로그램을 작성하는 방법을 배우자.

CHAPTER 6

포인터

여기까지 변수와 함수에 대해 살펴보았는데, 이제 포인터 구문을 빠르게 살펴보고자 한다. 그런 다음 Go의 포인터 동작을 다른 언어의 같은 범위의 동작과 비교하여 명확히 구분한다. 또한 포인터를 사용하는 방법과 시기, Go에서 메모리를 할당하는 방법 그리고 포인터와 값을 올바르게 사용하여 Go 프로그램을 더 빠르고 효율적으로 만드는 방법도 배우자.

6.1 빠른 포인터 입문

포인터는 간단히 설명하면 값이 저장된 메모리의 위치 값을 가지고 있는 변수이다. 컴퓨터 과학 과정을 마쳤다면, 메모리에 변수들이 어떻게 저장되어 있는지 표현한 그림을 본 적이 있을 것이다. 아래 두 변수는 [그림 6-1]과 같이 보일 것이다.

```
var x int32 = 10
var y bool = true
```

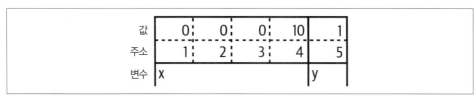

값	0	0	0	10	1
주소	1	2	3	4	5
변수	x				y

그림 6-1 메모리에 저장된 두 변수

모든 변수는 하나 혹은 그 이상의 연속적인 메모리 공간에 저장되는데, 그것을 **주소**라 부른다. 서로 다른 타입의 변수들은 서로 다른 양의 메모리를 차지한다. 앞선 예를 보면, 두 변수가 있는데 x는 32 비트 정수이고 y는 불리언이다. 32비트 정수 저장은 4 바이트가 필요해서 x를 위한 값은 주소 1에서 주소 4까지 4바이트에 걸쳐 저장된다. 불리언은 단일 바이트(true 혹은 false를 표현하기 위해서는 1비트만 필요하지만, 주소 지정을 통해 가질 수 있는 최소 공간은 1바이트이다)만 필요해서 y를 위한 값은 주소 5에 true를 나태내는 값 1을 저장한다.

포인터는 단순히 다른 변수가 저장된 주소를 내용으로 가지는 변수이다. [그림 6-2]에서 포인터가 메모리에 저장되는 방법을 보여준다.

```
var x int32 = 10
var y bool = true
pointerX := &x
pointerY := &y
var pointerZ *string
```

값	0	0	0	10	1	0	0	0	1	0	0	0	5	0	0	0	0
주소	1	2	3	4	5	6	7	8	9	10	11	12	13	14	15	16	17
변수	x				y	pointerX				pointerY				pointerZ			

그림 6-2 메모리에 저장된 포인터

서로 다른 타입은 서로 다른 수의 메모리를 차지하지만, 모든 포인터는 어떤 타입을 가리키던 간에 항상 같은 크기를 가지는데 그 수는 데이터가 저장된 메모리의 위치를 가질 만큼이다. x를 가리키는 pointerX는 메모리의 6번지에 저장되고, 값으로 x의 주소인 1의 값을 가진다. 비슷하게, y를 가리키는 포인터 pointerY는 10번지에 저장되고 y의 주소인 5의 값을 가진다. 마지막 포인터 pointerZ는 14번지에 저장되고 아무것도 가리키지 않기 때문에 0의 값을 가진다.

포인터의 제로 값은 nil이다. 슬라이스, 맵, 함수를 위한 제로 값으로 nil을 이전에도 몇 번 봤을 것이다. 추가로 두 개의 타입이 더 있는데, 채널과 인터페이스이다. 해당 타입들은 포인터로 구현되어 있다. 7.1절 '인터페이스에 대한 간단한 지도'와 10.3절 '채널'에서 더 자세히 살펴볼 것이다. 3장에서 다루어 본 nil은 특정 타입에 값의 부재를 표현하는 타입이 지정되지 않은 식별자이다. C 언어의 NULL과 다르게, nil은 0의 다른 이름이 아니다. 그래서 nil을 숫자로 바꾸거나 숫자를 nil로 바꿀 수 없다.

> **WARNING_** 4장에서 언급했듯이, nil은 유니버스 블록에 정의되어 있다. nil이 유니버스 블록에 정의된 값이기 때문에, 섀도잉 될 수 있다. 동료를 속이려고 하고 본인의 연간 평가에 관심이 없는 경우가 아니라면 함수나 변수 이름을 nil로 지정하지 말자.

Go의 포인터 구문은 일부 C와 C++에서 차용했다. Go는 가비지 컬렉터^{Gabage collector}를 가지고 있기 때문에, 메모리 관리에 대한 고통이 거의 사라졌다. 게다가 포인터 산술을 포함한 C와 C++에서 포인터를 가지고 할 수 있는 기교 중 일부는 Go에서는 허용되지 않는다.

> **NOTE_** Go 표준 라이브러리는 자료 구조에 몇 가지 저 수준 연산을 하도록 허용하는 unsafe 패키지를 제공한다. 포인터 조작은 C언어에서는 일반적인 작업을 위해 사용되지만, Go 개발자가 unsafe를 사용하는 것은 매우 드물다. 이는 14장에서 한눈에 살펴볼 수 있을 것이다.

&는 **주소** 연산자이다. 변수 앞에 &를 붙이면 해당 변수의 값이 저장된 메모리 위치의 주소를 반환한다.

```
x := "hello"
pointerToX := &x
```

*는 간접 연산자이다. 포인터 타입의 변수 앞에 붙이면 가리키는 값을 반환한다. 이를 **역 참조**^{dereferencing}라 부른다.

```
x := 10
pointerToX := &x
fmt.Println(pointerToX)  // 메모리 주소 출력
fmt.Println(*pointerToX) // 10을 출력
z := 5 + *pointerToX
fmt.Println(z)           // 15를 출력
```

포인터 역 참조 전에, 포인터가 nil이 아닌지 확인해야 한다. nil을 가진 포인터로 역 참조를 시도하면 프로그램은 패닉을 일으킬 것이다.

```
var x *int
fmt.Println(x == nil) // true를 출력
fmt.Println(*x)       // 패닉
```

포인터 타입은 포인터가 어떤 타입을 가리키는지 나타낸다. 타입 이름 앞에 *을 사용하여 작성한다. 포인터 타입은 모든 타입을 기반으로 만들 수 있다.

```
x := 10
var pointerToX *int
pointerToX = &x
```

내장 함수 new는 포인터 변수를 생성한다. 제공된 타입의 제로 값을 가리키는 포인터를 반환한다.

```
var x = new(int)
fmt.Println(x == nil) // false를 출력
fmt.Println(*x)       // 0을 출력
```

new 함수는 드물게 사용된다. 구조체를 위해 포인터 인스턴스를 만들려면 구조체 리터럴 앞에 &를 사용한다. 기본 타입 리터럴(숫자, 불리언, 문자열)나 상수 앞에는 메모리 주소를 가지지 않기 때문에 &를 사용할 수 없다. 그것들은 단지 컴파일 과정에 존재하기 때문이다. 기본 타입을 위한 포인터가 필요하다면, 변수를 선언하고 해당 변수를 가리키도록 하자.

```
x := &Foo{}
var y string
z := &y
```

상수의 주소를 가져올 수 없기 때문에 때로는 불편함을 야기한다. 하나의 구조체 내에 기본 타입을 가리키는 포인터가 있다면, 리터럴을 해당 항목에 직접 할당할 수 없다.

```
type person struct {
    FirstName   string
    MiddleName  *string
```

```
    LastName    string
}

p := person{
  FirstName:  "Pat",
  MiddleName: "Perry", // 해당 라인은 컴파일 되지 않는다.
  LastName:   "Peterson",
}
```

컴파일 하면 다음과 같은 오류를 볼 수 있다.

```
cannot use "Perry" (type string) as type *string in field value
```

"Perry" 앞에 &를 붙여 시도해본다면, 다음과 같은 또 다른 오류가 발생한다.

```
cannot take the address of "Perry"
```

이 문제를 회피하기 위한 두 가지 방법이 있다. 첫 번째는 앞서 소개한 변수에 상수의 값을 들고 있게 하는 것이다. 두 번째는 헬퍼 함수를 작성하여 불리언, 숫자, 문자열 타입을 파라미터로 받아 해당 타입의 포인터를 반환하도록 하는 방법이다.

```
func stringp(s string) *string {
    return &s
}
```

앞의 함수로 문제가 된 구조체를 다시 작성해보자.

```
p := person{
  FirstName:  "Pat",
  MiddleName: stringp("Perry"), // This works
  LastName:   "Peterson",
}
```

이 방법이 왜 동작할까? 상수를 함수로 전달했을 때, 상수는 파라미터로 복사된다. 그것은 변수이기 때문에 메모리에서 주소를 가진다. 해당 함수는 변수의 메모리 주소를 반환하게 되는 것이다.

TIP 상수 값을 포인터로 변환하려면 헬퍼 함수를 사용하자.

6.2 포인터를 두려워 말라

포인터의 첫 번째 규칙은 포인터를 두려워하지 않는 것이다. 자바, 자바스크립트, 파이썬, 루비와 같은 언어에 익숙하다면 포인터가 위협적일 수 있다. 하지만 포인터는 실제 클래스의 동작과 유사하다. Go에서 비 포인터 구조체라는 것이 특이하다. 자바나 자바스크립트에서 기본 타입과 클래스(파이썬이나 루비는 원시 값$^{Primitive\ value}$를 가지고 있지 않지만 변경 불가능한 인스턴스로 원시 값을 흉내 낼 수 있다) 간의 동작에 차이가 있다. 원시 값이 다른 변수에 할당되거나 함수, 메서드로 넘겨질 때 다른 변수에서의 수정이 발생해도 원본에는 반영이 되지 않는다. [예제 6-1]로 확인해보자.

예제 6-1 원시 값의 할당은 자바에서 메모리를 공유하지 않는다.

```
int x = 10;
int y = x;
y = 20;
System.out.println(x); // 10을 출력
```

하지만 클래스의 인스턴스가 다른 변수에 할당되거나 함수 혹은 메서드로 넘겨진다면 무슨 일이 일어나는지 확인해보도록 하자([예제 6-2]의 코드는 파이썬으로 작성되었지만 자바, 자바스크립트로 수행 가능한 비슷한 코드도 깃허브[1]에서 찾을 수 있다).

예제 6-2 함수로 클래스 인스턴스를 전달

```
class Foo:
    def __init__(self, x):
        self.x = x


def outer():
    f = Foo(10)
    inner1(f)
    print(f.x)
    inner2(f)
    print(f.x)
    g = None
```

----

[1] *https://oreil.ly/9IpUK*

```
    inner2(g)
    print(g is None)


def inner1(f):
    f.x = 20


def inner2(f):
    f = Foo(30)


outer()
```

실행한 코드는 다음과 같이 출력된다.

```
20
20
True
```

자바, 파이썬, 자바스크립트 및 루비에서 다음과 같은 것들이 적용되기 때문이다.

- 클래스의 객체를 함수로 넘기고 해당 클래스 내의 항목 값을 수정하면, 해당 변경은 전달된 변수에 반영이 된다.
- 파라미터로 재할당이 되면, 해당 변경은 전달된 변수에 반영되지 않는다.
- nill/null/None을 파라미터 값으로 전달하면, 파라미터 자체를 새 값으로 설정해도 호출 함수의 변수가 수정되지 않는다.

어떤 사람들은 이런 언어에서는 클래스 객체를 참조에 의한 전달이기 때문에 해당 결과가 나온다고 설명한다. 이것은 틀린 말이다. 진짜 참조에 의한 전달이라면, 두 번째, 세 번째 경우에도 호출 함수의 변수가 변경되어야 한다. 이런 언어들은 Go와 동일하게 항상 값에 의한 전달을 한다.

우리가 보고 있는 이런 언어의 모든 클래스 인스턴스는 포인터로 구현이 된다. 클래스 인스턴스를 함수나 메서드로 넘길 때, 복사된 값은 인스턴스의 포인터이다. outer와 inner1은 같은 메모리를 참조하기 때문에, inner1의 f에 있는 항목의 변경은 outer에 있는 변수에 반영이 된다. inner2는 f가 새로운 클래스 인스턴스로 재할당되고 이는 분리된 인스턴스를 생성하게 되어 outer에 있는 변수에는 영향이 없다.

Go에서 포인터 변수나 파라미터를 사용할 때, 똑같은 수행을 보인다. Go와 이런 언어들 간에 차이는 원시 값과 구조체 모두를 위해 값으로 사용할지 포인터로 사용할지에 대한 **선택**을 제공한다. 대부분의 경우에는 값으로 사용하자. 값으로 사용하는 것은 데이터가 언제 어떻게 수정되는지 이해하기 쉬워진다. 값으로 사용하는 또 다른 이득은 가비지 컬렉션이 해야 하는 일의 양을 줄여준다. 이것은 6.9절 '가비지 컬렉션 작업량 줄이기'에서 다루어 보자.

6.3 포인터는 변경 가능한 파라미터를 가리킨다

이미 봤듯이 Go 상수는 컴파일 과정에서 계산될 수 있는 리터럴 표현을 위한 이름을 제공한다. 언어에는 다른 종류의 값을 불변으로 선언하는 매커니즘은 없다. 최신 소프트웨어 엔지니어링은 불변성을 받아들인다. MIT 소프트웨어 구성^{Software construction}[2] 과정은 그 이유를 "불변^{Immutable}의 타입은 버그로부터 조금 더 안전하고, 더 이해하기 쉬우며 변경에 더 적합하다. 가변성^{mutable}은 프로그램이 무엇을 하는지 더 이해하기 힘들게 만들며 협업하기 힘들게 한다"라고 설명한다.

Go에서 불변한 선언의 부족은 문제가 될 수 있지만, 파라미터를 값이나 포인터로 선택할 수 있도록 하는 기능이 그런 문제를 해결할 수 있다. 소프트웨어 구성 과정 자료는 "가변의 객체를 사용하는 것은 메서드 내에서 지역적으로 사용하거나 단 하나의 참조만 있게 사용한다면 나쁘지 않다"라고 설명을 계속한다. 어떤 변수나 파라미터를 불변으로 선언하는 것보다, Go 개발자들은 가변인 파라미터를 가리키는 포인터를 사용한다.

Go는 값에 의한 호출을 사용하는 언어이기 때문에, 함수로 전달된 값은 복사된다. 기본타입, 구조체, 배열과 같은 비 포인터 타입들은 호출된 함수에서 원본을 수정할 수 없다는 의미이다. 호출된 함수는 원본의 복사본을 가지기 때문에, 원본의 불변성을 보장한다.

> **NOTE_** 맵이나 슬라이스를 함수로 전달하는 것에 관해서는 6.7절 '맵과 슬라이스의 차이'에서 살펴볼 것이다.

---

[2] *https://oreil.ly/FbUTJ*

하지만 포인터가 함수로 전달되면 함수는 포인터의 복사를 얻게 된다. 해당 포인터는 원본 데이터를 가리키고 있는데, 이는 호출된 함수에서 원본 데이터를 수정할 수 있다는 의미이다.

이것에 관련된 몇 가지 예시가 있다.

첫 번째 예시는 nil 포인터를 함수로 전달했을 때, 해당 값을 nil이 아닌 값으로 만들 수 없다. 포인터에 이미 할당된 값이 있는 경우에만 값을 재할당 할 수 있다. 처음에는 혼란스럽지만, 점차 이해가 될 것이다. 메모리 위치가 값에 의한 호출을 통해 함수로 넘어가기 때문에, 정수 파라미터의 값을 변경할 수 있는 것 이상으로 메모리 주소를 변경할 수 없다. 다음의 프로그램으로 해당 내용을 증명해보자.

```go
func failedUpdate(g *int) {
    x := 10
    g = &x
}

func main() {
    var f *int // f is nil
    failedUpdate(f)
    fmt.Println(f) // prints nil
}
```

이 코드의 흐름을 [그림 6-3]에서 확인할 수 있다.

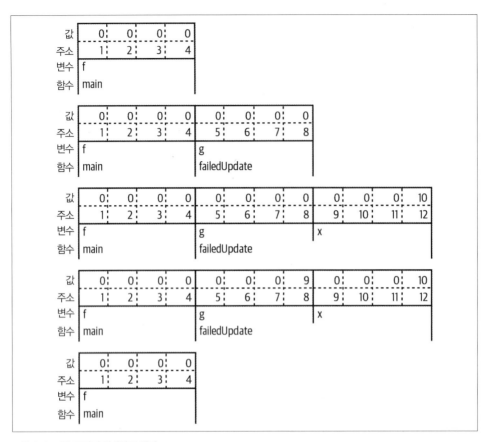

그림 6-3 nil 포인터 업데이트 실패

main에서 f 변수는 nil을 가지고 시작한다. failedUpdate 호출하면, f의 값인 nil을 복사하고, 복사된 값을 파라미터 g에 넣는다. 이것은 g 또한 nil로 설정된다는 의미이다. failedUpdate 함수 내에서 새로운 변수 x를 선언하고, 값으로 10을 할당한다. 그 다음에, failedUpdate의 g를 x를 가리키도록 변경한다. 이것은 main에 있는 f를 변경하지는 않으며, failedUpdate를 끝내고 main으로 돌아와도 f는 여전히 nil을 가진다.

복사되는 포인터의 두 번째 예시는 함수를 종료해도 포인터 파라미터에 할당된 값이 그대로 유지되도록 하려면 포인터를 역 참조하여 값을 설정해야 한다. 포인터를 변경하면, 복사본을 변경하는 것이지 원본이 아니다. 역 참조는 원본과 복사본이 가리키는 메모리 위치에 새로운 값을 넣어준다. 이것이 어떻게 동작하는지 간단한 프로그램으로 알아보자.

```
func failedUpdate(px *int) {
    x2 := 20
    px = &x2
}

func update(px *int) {
    *px = 20
}

func main() {
    x := 10
    failedUpdate(&x)
    fmt.Println(x) // prints 10
    update(&x)
    fmt.Println(x) // prints 20
}
```

해당 코드의 흐름은 [그림 6-4]에서 보여준다.

이 예제에서는 main에서 x에 10의 값을 넣는 것으로 시작한다. failedUpdate가 호출될 때, x의 주소를 복사하여 px 파라미터에 넣는다. 다음으로 failedUpdate에서 x2를 선언하고 20을 설정한다. 그리고 나서 failedUpdate에서 px는 x2의 주소를 가리키도록 한다. main으로 돌아왔을 때, x의 값은 변하지 않는다. update가 호출될 때, x의 주소를 복사하여 px에 다시 넣는다. 하지만 이번에는 update에서 px가 가리키는 main의 x값을 변경한다. main으로 돌아왔을 때, x는 변경되어 있다.

값	0	0	0	10
주소	1	2	3	4
변수	x			
함수	main			

값	0	0	0	10	0	0	0	1
주소	1	2	3	4	5	6	7	8
변수	x				px			
함수	main				failedUpdate			

값	0	0	0	10	0	0	0	1	0	0	0	20
주소	1	2	3	4	5	6	7	8	9	10	11	12
변수	x				px				x2			
함수	main				failedUpdate							

값	0	0	0	10	0	0	0	9	0	0	0	20
주소	1	2	3	4	5	6	7	8	9	10	11	12
변수	x				px				x2			
함수	main				failedUpdate							

값	0	0	0	10
주소	1	2	3	4
변수	x			
함수	main			

값	0	0	0	10	0	0	0	1
주소	1	2	3	4	5	6	7	8
변수	x				px			
함수	main				Update			

값	0	0	0	20	0	0	0	1
주소	1	2	3	4	5	6	7	8
변수	x				px			
함수	main				Update			

값	0	0	0	20
주소	1	2	3	4
변수	x			
함수	main			

그림 6-4 포인터로 업데이트하기 위한 잘못된 방법과 잘된 방법

6.4 포인터는 최후의 수단

즉, Go에서 포인터를 사용할 때 주의를 기울여야 한다. 앞서 논의했듯이, 포인터들은 데이터 흐름을 이해하기 어렵게 만들며 가비지 컬렉터에게 추가적인 작업을 준다. 함수로 구조체 전달을 포인터로 하여 항목을 채우는 것보다 함수 내에서 구조체를 초기화 하고 반환하는 것이 좋다([예제 6-3]과 [예제 6-4]를 보자).

예제 6-3 이렇게 하지 말자

```go
func MakeFoo(f *Foo) error {
  f.Field1 = "val"
  f.Field2 = 20
  return nil
}
```

예제 6-4 이렇게 하자

```go
func MakeFoo() (Foo, error) {
  f := Foo{
    Field1: "val",
    Field2: 20,
  }
  return f, nil
}
```

변수를 수정하기 위해 포인터 파라미터를 사용해야하는 유일한 경우는 함수가 해당 포인터를 인터페이스로 예상할 때이다. 이런 패턴은 JSON(11.3절에 Go의 표준 라이브러리의 encoding/json에서 JSON 관련 지원을 이야기해 볼 것이다)을 함께 사용할 때 볼 수 있다.

```go
f := struct {
  Name string `json:"name"`
  Age int `json:"age"`
}
err := json.Unmarshal([]byte(`{"name": "Bob", "age": 30}`), &f)
```

Unmarshal 함수는 JSON을 포함하는 바이트 슬라이스로부터 변수를 채운다. 바이트 슬라이스와 interface{} 파라미터를 받도록 선언되어 있다. interface{} 파라미터를 위해 전달된 값은 반드시 포인터여야 한다. 그렇지 않다면, 오류를 반환할 것이다. Go가 제네릭을 갖고 있지 않기 때문에 이런 패턴이 있는 것이다. 즉 무엇을 언마샬할 지를 지정하기 위해 함수에 타입을 전달하는 편리한 방법이 없으며, 타입마다 다른 반환 타입을 지정하는 방법도 없다.

JSON 통합은 매우 일반적이기 때문에, 이 API는 새로운 Go 개발자가 예외가 아닌 일반적인 경우로 취급하는 경우가 있다.

> **NOTE_** reflect 패키지에 있는 **Type**을 사용하여 Go의 타입을 변수로 표현하는 방법이 있다. reflect 패키지는 작업을 완료하는 다른 방법이 없는 상황을 위해 만들어졌다. 14장에서 리플렉션에 대한 살펴볼 것이다.

함수에서 값을 반환할 때는 값 타입을 사용하는 것을 선호해야 한다. 데이터 타입 내에 수정될 필요가 있는 상태 정보를 갖고 있는 경우에만 포인터를 반환 타입으로 사용한다. 11.1절 'io와 관련 기능'을 살펴볼 때, 데이터를 읽고 쓰기 위한 버퍼 사용과 함께 다루어 볼 것이다. 추가적으로, 동시성을 사용하면서 반드시 포인터로 넘겨줘야 하는 데이터 타입이 있다. 이는 10장에서 다루어보자.

6.5 포인터로 성능 개선

구조체가 충분히 커진다면, 입력 파라미터나 반환값으로 구조체에 대한 포인터를 사용하여 성능을 향상시킬 수 있다. 포인터는 모든 데이터 타입을 함수로 전달할 때 상수 시간이 걸리는데, 보통 1 나노초 정도이다. 그것도 그럴 것이, 모든 데이터 타입을 위한 포인터의 크기는 항상 동일하다. 데이터가 커지면 커질수록 함수로 전달되는 시간은 더 걸릴 것이다. 약 10 메가바이트의 데이터를 전달하는데 약 1 밀리초가 걸린다.

포인터를 반환하는 수행과 값을 반환하기 위한 수행의 차이에서 조금 더 흥미로운 것이 있다. 1 메가바이트 보다 작은 데이터 구조의 경우 실제로 값 타입으로 반환하는 것보다 포인터 타입으로 반환하는 것이 더 느리다. 예를 들어 100 바이트 데이터는 반환되는데 10 나노초가 걸린다면, 포인터로 넘기면 30 나노초가 걸린다. 일단 해당 데이터가 1 메가보다 커지면, 성능은 반대가 된다. 10 메가바이트의 데이터를 값으로 반환하면 2 밀리초가 걸리는데, 포인터로 넘기면 0.5 밀리초가 걸린다.

이 시간은 매우 짧다는 것을 알고 있어야 한다. 대부분의 경우에서 포인터의 사용과 값의 차이는 프로그램 성능에 영향을 주지 않는다. 하지만 함수 간에 메가바이트 데이터를 전달한다면, 데이터를 변경할 수 없는 경우에도 포인터 사용을 고려해보자.

i7-8700 CPU에 32GB의 RAM을 가진 컴퓨터에서 모든 성능데이터를 구했다. 각자 관련한 성능 테스트를 해보고 싶다면 깃허브[3]의 예제 코드를 이용해서 해보도록 하자.

6.6 제로 값과 값없음의 차이

Go에서 포인터의 다른 일반적인 사용은 제로 값이 할당된 변수나 항목과 아무런 값도 할당되지 않은 변수나 항목의 차이를 나타낼 수 있다. 이런 구분이 프로그램에서 중요하다면 할당되지 않은 변수나 구조체 항목을 나타내기 위해 nil 포인터를 사용하자.

포인터는 또한 변경 가능함을 나타내므로 이런 패턴을 사용할 때는 주의를 해야 한다. 함수에서 포인터를 nil로 설정하고 반환하는 것보다 맵을 다루면서 살펴봤던 값과 불리언을 반환하는 콤마 OK 관용구를 사용하자.

nil 포인터를 파라미터나 파라미터의 한 항목으로 넘긴다면, 값을 어디에도 저장할 수 없기 때문에 함수 내에서 값을 설정할 수가 없다는 것을 기억하자. nil이 아닌 값을 포인터로 전달하더라도 해당 동작을 문서화하지 않는 한 수정하지 않도록 하자.

JSON 변환은 이런 규칙에서 예외적인 경우이다. JSON에서 데이터를 변환하거나 데이터를 JSON으로 변환(11.3절 Go의 표준 라이브러리에 encoding/json의 JSON 지원에 관해 더 자세히 다룰 것이다)할 때, 제로 값과 값이 할당되지 않은 것을 구분 짓는 방법이 필요할 것이다. nil이 입력 가능한 구조체 항목을 위해 포인터 값을 사용하자.

JSON(또는 기타 외부 프로토콜)을 다루지 않을 때, 포인터 항목에 값이 없음을 나타내려고 시도하지 않도록 하자. 포인터는 값이 없음을 나타내는 쉬운 방법을 제공하지만, 값을 수정할 일이 없다면 대신에 불리언과 쌍을 이루는 값의 타입을 사용하자.

---

3 *https://oreil.ly/uVEin*

6.7 맵과 슬라이스의 차이

이전 장에서 보았듯이, 함수로 넘겨진 맵의 수정은 넘겨진 원본 변수에 반영이 되었다. 이제 우리는 포인터에 대해 알았으니, 왜 그렇게 되는지 이해해보도록 하자. Go 런타임 내에서 맵은 구조체를 가리키는 포인터로 구현되어 있다. 함수로 맵을 넘기는 것은 포인터를 복사한다는 의미이다.

이런 이유 때문에, 특히나 공용 API에서 입력 파라미터나 반환값으로 맵의 사용을 피해야하는 것이다. API 설계 단계에서 맵은 어떤 값이 포함되어 있는지 알 수가 없기 때문에 나쁜 선택이 된다. 맵에 어떤 키가 있는지 명시적으로 정의하는 것은 없으므로 그것이 무엇인지 파악하기 위해서는 코드를 추적해봐야 한다는 것이다. 불변성에 관점에서도 맵은 최종적으로 어떤 결과가 들어가 있을 것인지를 확인하는 유일한 방법이 맵이 이용된 모든 함수를 추적하는 것뿐이기 때문에 나쁜 선택이 된다. 이렇게 하면 API 자체가 문서화가 되는 것을 방해한다. 동적 언어를 사용했다면, 다른 언어의 구조체의 결핍을 위한 대체로 맵이 사용 되서는 안 된다. Go는 강한 타입 언어이다. 맵으로 넘기기 보다는 구조체를 사용하도록 한다(6.9절 '가비지 컬렉션 작업량 줄이기'에서 메모리 레이아웃에 관련된 이야기를 하며 왜 구조체를 더 선호하는지 알아보자).

반면에, 함수로 슬라이스를 넘기는 것은 조금 더 복잡한 행동을 한다. 슬라이스의 내용을 수정하는 것은 원본 변수에 반영이 되지만, append를 통해 길이를 변경하는 것은 슬라이스의 수용력이 길이보다 큰 경우 조차도 원본 변수에 반영되지 않는다. 그 이유는 슬라이스는 3개의 항목을 가지는 구조체로 구현이 되어 있기 때문이다. 길이를 위한 정수 항목, 수용력을 위한 정수 항목 그리고 메모리 블록을 가리키는 포인터이다. [그림 6-5]에서 관련성을 확인해보자.

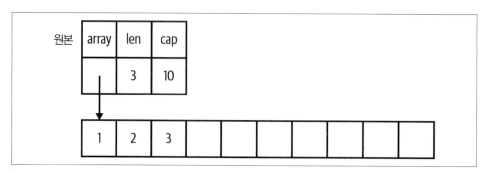

그림 6-5 슬라이스의 메모리 레이아웃

슬라이스가 다른 변수로 복사되거나 함수로 전달될 때, 길이, 수용력, 포인터를 복사하게 된다. [그림 6-6]에서 두 슬라이스 변수가 어떻게 같은 메모리를 가리키는지 확인해보자.

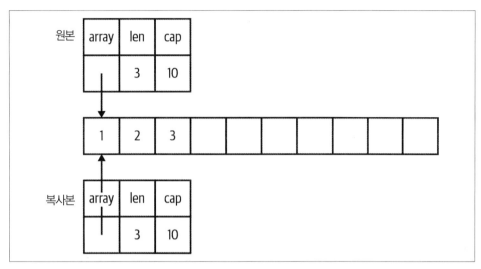

그림 6-6 슬라이스와 그 복사본의 메모리 레이아웃

슬라이스 내에 값의 변경은 포인터가 가리키는 메모리를 변경해서 원본과 복사본에 모두 변경이 발생한다. [그림 6-7]에서 메모리는 어떻게 보이는지 확인해보자.

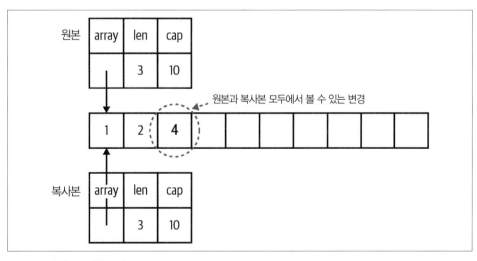

그림 6-7 슬라이스 내용 수정

길이와 수용력을 변경하는 것은 원본으로 다시 반영이 안되는데, 이는 복사본만 변경되기 때문이다. 수용력의 변경은 포인터가 이제 새롭고 더 큰 메모리 블록을 가리킨다는 의미이다. [그림 6-8]에서 어떻게 두 변수가 각각 다른 메모리를 가리키게 되는지 확인해보자.

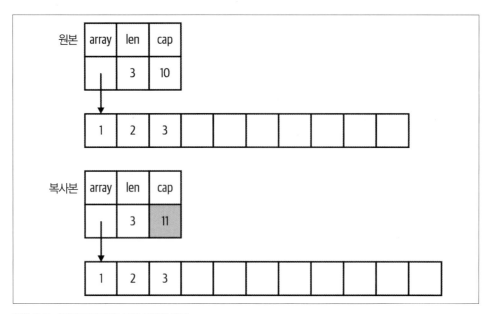

그림 6-8 수용력의 변경은 저장 공간을 변경

만약 복사된 슬라이스에 값이 추가되고 새 슬라이스를 할당하지 않을 정도로 충분한 수용력이 있는 경우에는 복사된 슬라이스의 길이가 변경되고 새로운 값은 복사본과 원본이 공유하는 메모리 블록에 저장된다. 하지만 원본 슬라이스의 길이 항목은 변하지 않았다. 이 경우에는 Go 런타임이 원본 슬라이스의 길이를 넘어서서 존재하는 값들은 원본 슬라이스에서 확인할 수 없도록 한다. [그림 6-9]에서 한쪽에서는 보이지만 다른 한쪽에서 보이지 않은 값들을 표시했다.

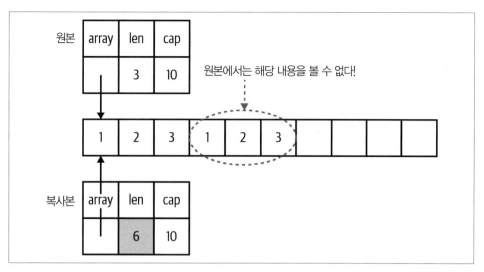

그림 6-9 길이의 변경은 원본에서는 확인할 수 없다.

이 결과는 함수로 넘겨진 슬라이스는 해당 내용을 수정할 수 있지만, 슬라이스의 크기를 재조정할 수 없다는 것을 알 수 있다. 단 하나의 선형 데이터 구조로써, 슬라이스는 Go 프로그램에서 자주 전달이 된다. 기본적으로 함수에 의해 수정을 할 수 없다고 가정하자. 만약 슬라이스의 내용을 수정한다면 함수의 문서에 꼭 넣어두도록 하자.

> **NOTE_** 어떤 크기를 가지는 슬라이스를 함수로 넘길 수 있는 이유는 함수에 전달된 데이터가 모든 크기의 슬라이스에 대해 동일하기 때문이다. 두 개의 정수와 포인터가 그 데이터이다. 어떤 크기의 배열을 취하는 함수를 작성할 수 없는 이유는 데이터를 가리키는 포인터가 아니라 전체 배열이 함수로 전달되기 때문이다.

입력 파라미터로 슬라이스를 사용하는 다른 경우는 재새용이 가능한 버퍼를 위한 것이 가장 이상적이다.

6.8 버퍼 슬라이스

외부 자원(파일이나 네트워크 연결과 같은)에서 데이터를 읽어 들일 때, 많은 언어들이 다음과 같이 코드를 사용한다.

```
r = open_resource()
while r.has_data() {
  data_chunk = r.next_chunk()
  process(data_chunk)
}
close(r)
```

이런 패턴에 문제는 while 루프를 통해 순회할 때마다 단지 한 번만 사용되더라도 data_chunk는 매번 할당되어야 한다. 이것은 많은 불필요한 메모리 할당을 하게 만든다. 가비지 컬렉션을 사용하는 언어는 자동으로 이런 할당들을 처리하지만, 이런 일들은 처리가 끝나고 난 뒤에 정리를 해줘야 할 필요가 있다.

Go도 가비지 컬렉션을 사용하는 언어이지만, 관용적 Go로 작성하면 불필요한 할당을 피할 수 있다. 데이터 소스에서 매번 읽을 때마다 새 할당을 반환하기보다, 일단 바이트 슬라이스를 생성하고 데이터 소스를 읽어 들이는 버퍼로 사용한다.

```
file, err := os.Open(fileName)
if err != nil {
    return err
}
defer file.Close()
data := make([]byte, 100)
for {
    count, err := file.Read(data)
    if err != nil {
        return err
    }
    if count == 0 {
        return nil
    }
    process(data[:count])
}
```

함수로 넘겨진 슬라이스의 길이와 수용력은 바꿀 수 없지만 현재 길이에서 해당 내용을 변경할 수 있다는 것을 기억하자. 이 코드에서는, 100 바이트 버퍼를 만들어 매 루프에서 다음 블록의 바이트(100 바이트까지)만큼 슬라이스에 복사한다. 버퍼에 채워진 곳 까지만 process 함수로 넘겨 처리할 수 있도록 했다. 11.1절 'io와 관련 기능'에서 더 자세히 다루어 보자.

6.9 가비지 컬렉션 작업량 줄이기

버퍼를 사용하는 것은 가비지 컬렉터의 작업량을 줄이는 방법 중 하나이다. 프로그래머들이 말하는 '가비지'는 '더 이상 어떤 포인터도 가리키지 않는 데이터'를 의미한다. 일단 어떤 포인터도 가리키지 않은 데이터가 차지하고 있던 메모리는 재사용 될 수 있다. 메모리가 복구되지 않는다면, 프로그램의 메모리 사용량은 컴퓨터의 모든 메모리가 고갈될 때까지 증가할 것이다. 가비지 컬렉터의 역할은 자동으로 사용되지 않은 메모리를 발견하고 재사용할 수 있도록 복구하는 것이다. 수십 년의 경험을 통해 사람들에게 수동으로 적절하게 메모리를 관리하게 하는 것은 너무도 어려운 일이라는 것을 보여주었기에, Go가 가비지 컬렉터를 가지고 있다는 것은 환상적이다. 하지만 가비지 컬렉터가 있다고 해서 그런 데이터를 많이 만들어야 하는 것은 아니다.

당신이 프로그래밍 언어가 어떻게 구현이 되었는지 학습을 했다면, 아마도 **힙**heap과 **스택**stack에 대해서 배웠을 것이다. 관련해서 익숙하지 않다면, 여기서 스택이 어떻게 동작하는지 알아보자. 스택은 연속적인 블록의 메모리이고 스레드 실행 내에 있는 모든 함수의 호출은 같은 스택을 공유한다. 스택에서 메모리 할당은 빠르고 간단하다. **스택 포인터**stack pointer는 메모리가 할당된 마지막 위치를 추적하면서 추가적인 메모리 할당은 스택 포인터를 이동함으로써 간단히 처리된다. 함수가 실행될 때, 새로운 **스택 프레임**stack frame이 함수 데이터를 위해 생성된다. 지역 변수들과 함수로 넘어온 파라미터가 스택에 저장된다. 각 새 변수는 값의 크기만큼 스택 포인터를 이동시킨다. 함수가 종료할 때, 함수의 반환값은 스택을 통해 호출 함수로 복사되고 스택 포인터는 종료된 함수를 위한 스택 프레임의 초기 위치로 이동시켜 함수가 사용한 지역 변수와 파라미터는 스택 메모리에서 해제된다.

> **NOTE_** Go는 프로그램이 실행되는 동안 스택의 크기를 늘릴 수 있다는 점에서 특이하다. 이는 각 고루틴은 자신의 스택을 갖고 있고 이런 고루틴은 운영체제가 아니라 Go 런타임에서 관리하기 때문에 가능한 것이다(고루틴은 10장 동시성에서 더 자세히 다룰 것이다). 이는 장점(Go 스택을 작게 시작하여 적은 메모리를 사용할 수 있다)과 단점(스택 공간이 더 필요하다면 기존에 갖고 있던 모든 데이터가 복사되어야 해서 느리다)을 갖고 있다. 이것은 또한 스택을 늘렸다 줄였다를 반복하게 되는 최악의 시나리오를 가질 수 있게 한다.

스택에 어떤 것을 저장하기 위해 컴파일 시점에 정확히 스택이 어느정도 크기가 될지를 알아야 한다. Go에서 값 타입(기본 값, 배열, 구조체)을 살펴볼 때, 한가지 공통점을 가졌다. 컴파일 시점에 해당 타입들이 얼마큼의 메모리를 사용할지를 정확히 알 수 있었다. 이것이 크기가 배열 타입의 일부로 간주되는 이유다. 배열 크기를 알고 있기 때문에, 힙 대신 스택에 할당할 수 있다. 포인터 타입의 크기도 알고 있기 때문에, 이것 또한 스택에 저장된다.

해당 규칙은 포인터가 가리키는 데이터가 들어왔을 때 더 복잡하다. Go에서 포인터가 가리키는 데이터를 스택에 할당하려면 몇 가지 조건을 갖추어야 한다. 컴파일 시점에 데이터 크기를 알고 있는 지역 변수여야 한다. 포인터는 함수에서 반환될 수 없다. 포인터가 함수에 전달되면, 컴파일러는 이러한 조건이 여전히 유지되는지 확인할 수 있어야 한다. 만약 크기를 알지 못한다면, 단순히 스택 포인터를 이동시켜 공간을 만들 수 없게 된다. 포인터 변수가 반환된다면, 함수가 종료되었을 때 포인터가 가리키는 메모리 공간은 더 이상 유효하지 않게 된다. 컴파일러가 데이터가 스택에 저장될 수 없다고 판단했을 때, 포인터가 가리키는 데이터는 스택을 벗어났고 해당 데이터는 컴파일러가 힙에 저장하게 된다. 힙은 가비지 컬렉터에 의해 관리(C나 C++은 개발자가 직접 관리)되는 메모리이다. 여기서는 가비지 컬렉터의 알고리즘 구현에 대해 자세히 다루지 않을 것이지만, 스택에서 단순이 스택 포인터를 옮기는 것과는 달리 더 많은 복잡성을 가지고 있다는 것을 알아 두자. 힙에 저장되는 모든 데이터는 스택의 포인터 타입 변수가 접근하는 동안에는 유효하다. 더 이상 해당 데이터로 가리키는 포인터(혹은 해당 데이터를 가리키는 데이터)가 없다면, 그 데이터는 가비지garbage가 되고 가비지 컬렉터의 작업에서 정리될 것이다.

> **NOTE_** C언어에서 일반적인 코드의 버그는 로컬 변수의 포인터를 반환하는 것이다. C언어에서는 이런 경우에 유효하지 않는 메모리를 가리키는 포인터가 된다. Go 컴파일러는 더 똑똑하다. 지역변수에 대한 포인터가 반환되면 지역 변수의 값이 힙에 저장된다.

이런 Go 컴파일러에 의해 진행되는 탈출 분석escape analysis은 완벽하지 않다. 스택에 저장된 데이터가 스택을 벗어나 힙에 저장되는 몇 가지 경우가 있다. 하지만 컴파일러는 보수적이어야 한다. 유효하지 않는 데이터에 대한 참조를 남겨두는 것은 메모리 손상을 일으킬 수 있기 때문에 힙에 있어야할 경우에 스택에 남겨둘 필요가 없다. 최신 Go 배포에서 이런 탈출 분석을 개선한다.

그렇다면 왜 힙에 데이터를 저장하는 것은 나쁜지 궁금할 것이다. 먼저 가비지 컬렉터의 작업하는데 시간이 든다. 힙에 있는 사용 가능한 모든 메모리 청크를 추적 유지하거나 메모리 블록이 여전히 유효한 포인터를 가지고 있는지 추적하는 것은 쉬운 일이 아니다. 이것은 프로그램이 수행하도록 작성된 내용을 처리하는 것과는 별개로 진행된다. 많은 가비지 컬렉션 알고리즘이 작성되어 오면서 두 가지 대략적인 범주로 분류할 수 있다. 그것은 높은 처리량(단일 스캔에서 가능한 많은 가비지 찾기) 또는 낮은 지연(가능한 빠르게 가비지 스캔을 완료)을 위해 설계가 된다. 구글의 많은 기술 발전을 이끈 천재 제프 딘Jeff Dean[4]은 2013년 「The Tail at Scale」[5]이라는 논문을 공동 집필했다. 응답시간을 빠르게 하려면 시스템이 지연에 대한 최적화 되어야 된다고 주장했다. Go 런타임에 사용되는 가비지 컬렉터는 낮은 지연 시간을 선호한다. 각 가비지 컬렉션 주기는 500 밀리초 보다 적게 소비하도록 설계되었다. 하지만 당신의 Go 프로그램이 많은 가비지를 만든다면, 가비지 컬렉터는 한 번의 실행 주기에 모든 가비지를 찾지 못할 수 있고 가비지 컬렉터를 느리게 만들면서 메모리 사용량은 증가할 것이다.

> **NOTE_** 가비지 컬렉터에 대한 구현 세부 사항에 관심이 있다면 2018년 국제 심포지엄에서 메모리 관리에 대한 릭 허드슨Rick Hudson이 Go 가비지 컬렉터의 역사와 구현[6]을 설명한 자료를 보면 좋을 것이다.

두 번째 문제는 컴퓨터 하드웨어 특성을 처리해야 한다는 것이다. 램RAM은 "임의 접근 메모리random access memory"를 의미하지만, 메모리를 빠르게 읽기 위해서는 연속적으로 접근해야 한다. Go에서 구조체 슬라이스는 모든 데이터가 메모리에 연속적으로 배치된다. 이는 빠르게 로드하고 빠르게 처리할 수 있게 한다. 구조체를 가리키는 포인터의 슬라이스(혹은 항목이 포인터인 구조체)는 램 전체에 데이터가 흩어져 있어 읽기 및 처리 속도가 훨씬 느리다. 포레스트 스미스Forrest Smith는 이것이 성능에 얼마나 영향이 있을지를 탐구하여 심도 있는 블로그 게시물[7]을 작성했다. 그가 작성한 숫자들은 램에 무작위로 저장된 포인터를 통해 데이터를 접근하는 것이 약 2배 느리다는 것을 나타낸다.

실행 중인 하드웨어를 고려하여 소프트웨어를 작성하는 접근을 **기계적 교감**mechanical sympathy이라고 한다. 이 용어는 자동차 경주에서 자동차가 하는 일을 이해하는 드라이버가 마지막 성능까지 최대한 활용할 수 있다는 생각에서 비롯된 것이다. 2011년에는 마틴 톰슨Martin Thompson은 해당 용어를 소프트웨어 개발에 적용하기 시작했다. Go에서 사용되는 모범 사례를 쫓는다면 자연스레 얻을 수 있을 것이다.

Go의 접근 방식을 자바의 접근 방식과 비교해보자. 자바에서는 지역 변수와 파라미터는 Go

---

4 *https://oreil.ly/x2Rxr*

5 *https://oreil.ly/cvLpa*

6 *https://oreil.ly/UUhGK*

7 *https://oreil.ly/v_urr*

와 동일하게 스택에 저장된다. 하지만 앞서 언급했듯이 자바의 객체는 포인터로 구현이 되었다. 이것은 모든 객체 변수 인스턴스에 대한 포인터만 스택에 할당되고 객체 내의 데이터는 힙에 할당된다. 기본 값(숫자, 불리언, 문자)는 완전히 스택에 저장된다. 이것은 자바의 가비지 컬렉터가 많은 작업을 수행해야 함을 의미한다. 또한 자바의 리스트와 같은 것들은 실제로 포인터 배열에 대한 포인터라는 것을 의미한다. 그것이 선형 데이터 구조처럼 보인다 해도, 데이터를 읽을 때 띄엄띄엄 접근하여 매우 비효율적이다. 파이썬, 루비, 자바스크립트도 이런 비슷한 행동을 한다. 이러한 모든 비효율성을 해결하기 위해 자바 가상 머신에는 많은 작업을 수행하는 매우 영리한 가비지 컬렉터가 포함되어 있다. 일부는 처리 속도에, 일부는 지연에 대해 최적화되며 모든 구성 설정은 최상의 성능을 위해 튜닝된다. 파이썬, 루비, 자바스크립트를 위한 가상 머신은 조금 덜 최적화되어 성능 저하가 있다.

이제 Go가 포인터를 드물게 사용하도록 권장하는 이유를 알 수 있을 것이다. 가능한 많이 스택에 저장하도록 하여 가비지 컬렉터의 작업량을 줄이도록 하자. 구조체의 슬라이스나 기본 타입은 빠른 접근을 위에 메모리에 연속적으로 데이터를 정렬한다. 그리고 가비지 컬렉터가 일을 시작할 때, 가장 많은 가비지를 모으는 것보다 빠르게 반환할 수 있도록 최적화되어 있다. 이런 접근 방식이 작동하도록 만드는 핵심은 처음부터 가비지를 덜 만들게 하는 것이다. 메모리 할당에 대한 최적화는 시기 상조처럼 보일 수 있지만 Go의 관용적 접근 방식도 가장 효율적이다.

힙과 스택 할당 비교와 Go의 탈출 분석 관해 더 자세히 학습하길 원한다면, 이런 주제를 다룬 아르단 연구소Ardan Labs[8]의 빌 케네디Bill Kennedy와 세그먼트Segment[9]에 아킬레 러셀Achille Roussel과 릭 브란손Rick Branson이 작성한 훌륭한 블로그 게시물이 있다.

6.10 마무리

이 장에서는 포인터가 무엇인지, 어떻게 사용하는지, 가장 중요한 언제 사용하는지 이해하는데 도움이 되도록 내용을 다루어 보았다. 다음 장에는 Go의 메서드, 인터페이스, 타입의 구현과 다른 언어와의 차이점 그리고 그것들이 가지는 힘에 대해 살펴보자.

----

8 *https://oreil.ly/juu44*
9 *https://oreil.ly/c_gvC*

CHAPTER 7

타입, 메서드, 인터페이스

앞서 살펴봤듯이 Go는 내장 타입과 사용자 정의 타입을 모두 가지는 정적 타입 언어이다. 대부분의 최신 언어처럼, Go는 메서드를 타입에 추가할 수 있다. 또한 타입 추상화도 가지고 있어서 명시적으로 지정된 구현이 없이 메서드 실행이 되도록 코드를 작성할 수 있다.

하지만, Go의 메서드, 인터페이스, 타입에 대한 접근은 오늘날 사용되는 다른 최신 언어들과는 매우 다르다. Go는 소프트웨어 엔지니어가 권장하는 모범 사례를 사용하도록 하고 구조적인 것을 권장하면서 상속을 피하도록 설계되었다. 이 장에서는 타입, 메서드, 인터페이스를 살펴보고 이를 사용하여 테스트 및 유지관리가 용이한 프로그램을 만드는 방법을 살펴보도록 하자.

7.1 Go의 타입

3.5절 '구조체'에서 구조체 타입을 정의한 방법을 보았다.

```
type Person struct {
    FirstName string
    LastName string
    Age int
}
```

이는 뒤에 따르는 구조체 리터럴의 **기본 타입**을 갖는 Person 이름의 사용자 정의 타입을 선언하는 것으로 읽어야 한다. 구조체 리터럴 외에도 기본 타입 또는 복합 타입 리터럴을 사용하여 구체적인 타입을 정의할 수 있다. 여기에 몇 가지 예제를 보자.

```
type Score int
type Converter func(string)Score
type TeamScores map[string]Score
```

Go는 패키지 블록에서부터 모든 블록 레벨에서도 타입을 선언할 수 있도록 한다. 하지만 타입은 해당 범위 내에서만 접근이 가능하다. 단하나의 예외는 외부로 노출^{export}된 패키지 블록 레벨 타입이다. 9장에서 자세히 다루어 보도록 하자.

> **NOTE_** 타입에 관해 조금 더 쉽게 이야기하기 위해 몇 가지 용어를 정의해야 한다. **추상 타입**^{abstract type}은 타입이 무엇을 하는지 지정하지만 어떻게 하는지는 지정하지 않는 것이다. 구체 타입^{concrete type}는 무엇을 하는지와 어떻게 하는지를 지정한다. 이것은 데이터를 저장하는 지정된 방법과 타입에 선언된 모든 메서드의 구현을 제공한다는 의미이다. Go에서 모든 타입은 추상 타입이거나 구체 타입이지만, 일부 언어는 추상 클래스 혹은 자바의 기본 메서드와 함께 인터페이스를 사용하는 하이브리드 타입을 허용한다.

7.2 메서드

대부분의 최신 언어와 마찬가지로, Go는 사용자 정의 타입에 대한 메서드를 지원한다.

타입을 위한 메서드는 패키지 블록 레벨에서 정의된다.

```
type Person struct {
    FirstName string
    LastName string
    Age int
}

func (p Person) String() string {
    return fmt.Sprintf("%s %s, age %d", p.FirstName, p.LastName, p.Age)
}
```

메서드 선언은 함수 선언과 비슷한데 추가적으로 리시버Reciever를 명시해야 한다. 리시버는 func 키워드와 메서드 이름 사이에 들어간다. 다른 모든 변수 선언과 같이 리시버 이름은 타입 전에 들어가야 하는 것이다. 관례적으로 리시버 이름은 타입 이름의 짧은 약어인 첫 문자를 사용한다. this나 self를 사용하는 것은 관용적이지 못하다.

함수와 같이, 메서드 이름은 오버로드 되지 않는다. 다른 타입을 위한 같은 이름의 메서드는 사용할 수 있지만 같은 타입의 다른 메서드를 동일한 이름으로 사용할 수 없다. 이 철학은 메서드 오버로딩을 가지는 언어에서 넘어온 경우라면 제한적으로 느낄 수 있지만, 이름을 재사용하지 않는 것은 코드가 수행하는 작업을 명확히 하는 Go 철학의 일부이다.

9장에서 패키지에 관해 더 자세히 다루어 보겠지만, 메서드는 연관된 타입과 동일한 패키지 내에 선언되어야 한다. Go에서는 제어하지 않는 타입에 메서드를 추가하는 것을 허용하지 않는다. 메서드를 타입 선언과 같이 같은 패키지의 다른 파일에 정의할 수 있지만, 구현을 쉽게 이해하기 위해 타입 정의와 연관된 메서드를 함께 유지하는 것이 가장 좋다.

메서드 실행은 다른 언어에서 메서드를 사용한 사람에게 익숙해야 한다.

```
p := Person {
    FirstName: "Fred",
    LastName:"Fredson",
    Age: 52,
}
output := p.String()
```

7.2.1 포인터 리시버와 값 리시버

Go는 포인터 타입의 파라미터를 이용해 파라미터가 함수에서 수정될 수 있다. 메서드 리시버에도 같은 규칙이 적용된다. 포인터 리시버(타입이 포인터)이거나 값 리시버(타입이 값 타입)가 될 수 있다. 각 리시버의 타입 사용을 결정할 때 도움이 될 만한 규칙이 있다.

- 메서드가 리시버를 수정한다면, **반드시** 포인터 리시버를 사용해야 한다.
- 메서드가 nil 인스턴스(7.2.2절 'nil 인스턴스를 위한 메서드 작성'을 보자)를 처리할 필요가 있다면, **반드시** 포인터 리시버를 사용해야 한다.
- 메서드가 리시버를 수정하지 않는다면, 값 리시버를 사용할 수 있다.

리시버를 수정하지 않는 메서드에 값 리시버를 사용하는지 여부는 타입에 선언된 다른 메서드에 따라 달라진다. 타입에 포인터 리시버 메서드가 있는 경우에 관행은 일관성을 유지하고 리시버를 수정하지 않는 메서드를 포함하여 모든 메서드에 대해 포인터 리시버를 사용한다.

포인터와 값 리시버를 사용하는 간단한 코드가 있다. 하나는 값 리시버를 사용하고 다른 하나는 포인터 리시버를 사용하는 두 가지 메서드가 있는 타입으로 시작한다.

```go
type Counter struct {
    total       int
    lastUpdated time.Time
}

func (c *Counter) Increment() {
    c.total++
    c.lastUpdated = time.Now()
}

func (c Counter) String() string {
    return fmt.Sprintf("total: %d, last updated: %v", c.total, c.lastUpdated)
}
```

해당 메서드들을 다음의 코드로 실행해 볼 수 있다. 이 코드는 Go 플레이그라운드[1]에서 실행할 수 있다.

```go
var c Counter
fmt.Println(c.String())
c.Increment()
fmt.Println(c.String())
```

실행하면 다음과 같은 출력을 볼 수 있다.

```
total: 0, last updated: 0001-01-01 00:00:00 +0000 UTC
total: 1, last updated: 2009-11-10 23:00:00 +0000 UTC m=+0.000000001
```

---

1 *https://oreil.ly/aqY0i*

한 가지 알 수 있는 사항은 c가 값 타입에도 불구하고 포인터 리시버로 메서드를 호출할 수 있다는 것이다. 값 타입인 지역 변수를 포인터 리시버와 함께 사용하면, Go는 자동으로 지역 변수를 포인터 타입으로 변환한다. 이 경우에는 c.Increment()가 (&c).Increment()로 변환된다.

하지만 함수로 값을 전달하기 위한 규칙에도 적용이 되니 주의하도록 하자. 값 타입을 함수로 넘기고 넘겨진 값의 포인터 리시버 메서드를 호출하면, 복사본에서 메서드를 호출하는 것이다. Go 플레이그라운드[2]에서 해당 사항을 확인해보자.

```go
func doUpdateWrong(c Counter) {
    c.Increment()
    fmt.Println("in doUpdateWrong:", c.String())
}

func doUpdateRight(c *Counter) {
    c.Increment()
    fmt.Println("in doUpdateRight:", c.String())
}

func main() {
    var c Counter
    doUpdateWrong(c)
    fmt.Println("in main:", c.String())
    doUpdateRight(&c)
    fmt.Println("in main:", c.String())
}
```

이 코드를 실행하면, 다음과 같은 결과를 얻을 수 있다.

```
in doUpdateWrong: total: 1, last updated: 2009-11-10 23:00:00 +0000 UTC
    m=+0.000000001
in main: total: 0, last updated: 0001-01-01 00:00:00 +0000 UTC
in doUpdateRight: total: 1, last updated: 2009-11-10 23:00:00 +0000 UTC
    m=+0.000000001
in main: total: 1, last updated: 2009-11-10 23:00:00 +0000 UTC m=+0.000000001
```

---

2 *https://oreil.ly/bGdDi*

doUpdateRight에서 파라미터는 타입 *Counter인 포인터 인스턴스이다. 보다시피, Increment와 String을 호출할 수 있다. Go는 포인터 및 값 리시버 메서드가 모두 포인터 인스턴스를 위한 메서드 세트에 있다고 간주한다. 값 인스턴스의 경우, 값 리시버 메서드만이 메서드 세트에 있게 된다. 관련해서는 잠시 뒤에 나오는 인터페이스에 대해 학습할 때 다시 살펴보도록 하자.

마지막으로 인터페이스를 충족시키는데 필요한 경우가 아니라면 Go 구조체에 대한 getter와 setter 메서드는 작성하지 않는다는 것을 기억하자(7.5절 '인터페이스에 대한 간단한 지도'에서 인터페이스를 다루어 보자). Go는 각 항목에 직접 접근하는 것을 권장한다. 비즈니스 로직를 위해 메서드를 예약하자. 한번의 수행으로 여러 항목을 업데이트 할 필요가 있거나 업데이트가 값을 바로 할당하지 않도록 하는 경우는 예외이다. 앞에서 보여준 Increment 메서드는 이러한 속성을 모두 보여준다.

7.2.2 nil 인스턴스를 위한 메서드 작성

방금 언급한 포인터 인스턴스에서 nil 인스턴스로 메서드를 호출했을 때, 무슨 일이 일어나는지 궁금할 것이다. 대부분의 언어에서는 어떤 오류를 발생시킨다(오브젝티브–C는 nil 인스턴스로 메서드 호출을 허용하지만, 항상 아무것도 수행하지 않는다).

Go는 조금 다르게 수행한다. 실제 메서드를 실행하려고 시도한다. 메서드가 값 리시버를 가진다면, 패닉이 발생하고(8.8절 '패닉과 복구'에서 패닉에 대해 논의해보자), 포인터로 가리키는 어떠한 값도 없다. 메서드가 포인터 리시버를 가진다면, 해당 메서드가 nil 인스턴스의 가능성을 처리한다면 제대로 동작할 것이다.

어떤 경우에는 nil 리시버를 고려한다면 실제로 코드를 더 단순하게 만든다. 아래에 리시버를 위한 nil 값의 이점을 가지는 이진 트리의 구현을 볼 수 있다.

```
type IntTree struct {
    val         int
    left, right *IntTree
}

func (it *IntTree) Insert(val int) *IntTree {
    if it == nil {
```

```
        return &IntTree{val: val}
    }
    if val < it.val {
        it.left = it.left.Insert(val)
    } else if val > it.val {
        it.right = it.right.Insert(val)
    }
    return it
}

func (it *IntTree) Contains(val int) bool {
    switch {
    case it == nil:
        return false
    case val < it.val:
        return it.left.Contains(val)
    case val > it.val:
        return it.right.Contains(val)
    default:
        return true
    }
}
```

다음의 코드는 트리를 사용한다. 이는 Go 플레이그라운드[3]에서 실행해 볼 수 있다.

```
func main() {
    var it *IntTree
    it = it.Insert(5)
    it = it.Insert(3)
    it = it.Insert(10)
    it = it.Insert(2)
    fmt.Println(it.Contains(2))  // true
    fmt.Println(it.Contains(12)) // false
}
```

---

3 *https://oreil.ly/-F2i-*

Go에서 nil 리시버에서 메서드를 호출할 수 있다는 것은 매우 영리한 방식이며 트리 노드 예제와 같이 유용하게 사용될 수 있다. 하지만 대부분의 경우 그다지 유용하지 않다. 포인터 리시버는 포인터 함수 파라미터와 동일하게 동작한다. 메서드로 넘어온 포인터의 복사본으로 수행한다. 함수로 전달된 nil 파라미터와 같이 포인터의 복사본이 변경되면 원본은 변경이 되지 않는다. 이것은 nil을 처리하고 원본 포인터를 nil이 아닌 것으로 만드는 포인터 리시버 메서드를 작성할 수 없다는 의미이다. 당신의 메서드가 포인터 리시버를 가지고 nil 리시버를 처리할 수 없다면, nil을 확인하고 오류를 반환하도록 하자(8장에서 오류에 대해 살펴보자).

7.2.3 메서드도 함수이다

Go에서 메서드는 함수와 매우 유사하므로 함수 타입의 변수 혹은 파라미터가 있는 어느 때나 함수를 대체하여 메서드를 사용할 수 있다.

간단한 타입에서부터 시작해보자.

```
type Adder struct {
    start int
}

func (a Adder) AddTo(val int) int {
    return a.start + val
}
```

일반적인 방법으로 타입의 인스턴스를 생성하고 해당 인스턴스의 메서드를 실행한다.

```
myAdder := Adder{start: 10}
fmt.Println(myAdder.AddTo(5)) // 15를 출력
```

메서드를 변수에 할당하거나 타입이 func(int)int의 파라미터로 전달할 수도 있다. 이것을 **메서드 값**method value이라 부른다.

```
f1 := myAdder.AddTo
fmt.Println(f1(10))          // 20을 출력
```

메서드 값은 생성된 인스턴스 항목에 있는 값에 접근할 수 있기 때문에 클로저와 유사하다. 타입 자체로 함수를 생성할 수도 있다. 이것을 **메서드 표현**method expression이라 부른다.

```
f2 := Adder.AddTo
fmt.Println(f2(myAdder, 15))  // 25를 출력
```

메서드 표현의 경우에, 함수 시그니처 `func(Adder, int) int`에서 첫 번째 파라미터는 메서드를 위한 리시버이다.

메서드 값과 메서드 표현은 단지 영리한 코너 케이스corner case가 아니다. 7.14절 '의존성 주입을 쉽게 만드는 암묵적 인터페이스'에서 의존성 주입dependency injection을 살펴보면서 그것들을 사용하는 한 가지 방법을 볼 것이다.

7.2.4 함수와 메서드 비교

함수처럼 메서드를 사용할 수 있기 때문에, 함수와 메서드를 각각 언제 사용해야 하는지 궁금할 것이다.

구분을 하는 요소는 함수가 다른 데이터에 의존적인지 여부이다. 여러 번 다루었던 대로 패키지 레벨 상태는 효과적으로 수정가능해야 한다. 당신의 로직이 시작할 때 설정되거나 프로그램이 수행하는 중에 변경되는 값에 의존할 때마다 해당 값은 구조체에 저장되어야 하며 로직은 메서드로 구현되어야 한다. 로직이 단지 입력 파라미터에 의존적이라면 함수로 구현하면 된다.

타입, 패키지, 모듈, 테스트, 의존성 주입은 상호 관련된 개념이다. 다음 장에서 의존성 주입에 대해 다루어 볼 것이다. 패키지와 모듈은 9장에서 테스트는 13장에서 더 많은 것을 다루어 보도록 하자.

7.2.5 타입 선언은 상속되지 않는다

내장 Go 타입 및 구조체 리터럴을 기반으로 타입을 선언하는 것 외에도 다른 사용자 정의 타입에 기반한 사용자 정의 타입을 선언할 수 있다.

```
type HighScore Score
type Employee Person
```

'객체지향'으로 고려될 수 있는 많은 개념이 있는데, 그 중 두드러지는 한가지는 **상속**이다. 여기에서 **부모**parent 타입의 상태와 메서드가 **자식**child 타입에서도 사용 가능하도록 선언이 되고 자식 타입의 값이 부모 타입으로 대체될 수 있다(컴퓨터 과학 지식이 있는 분들에게 필자는 하위 타입subtyping이 상속이 아니라는 것은 알고 있다. 하지만 대부분의 프로그래밍 언어가 하위 타입을 구현하기 위해 상속을 사용하기에 정의가 널리 사용되는 경우에 종종 병합되기도 한다).

다른 타입 기반으로 타입을 선언하는 것은 상속과 비슷한 부분이 있지만, 그렇지는 않다. 두 타입의 기본 타입은 동일하지만 그게 전부이다. 이런 타입들 간에 계층hierarchy은 없다. 상속이 있는 언어에서는 자식 인스턴스는 부모 인스턴스가 사용된 곳이면 어디든 사용이 가능하다. 자식 인스턴스는 또한 부모 인스턴스의 모든 메서드와 데이터 구조를 가지고 있다. Go에서는 그렇지 않다. 명시적 타입 변경 없이 타입 HighScore 인스턴스를 타입 Score 변수로 혹은 그 반대로 할당할 수 없다. 게다가 Score에 정의된 모든 메서드는 HighScore에 정의되지 않는다.

```
// 타입이 정해지지 않는 상수를 할당하는 것은 유효하다.
var i int = 300
var s Score = 100
var hs HighScore = 200
hs = s                  // 컴파일 오류!
s = i                   // 컴파일 오류!
s = Score(i)            // ok
hs = HighScore(s)       // ok
```

기본 타입이 내장 타입인 사용자 정의 타입의 경우, 사용자 선언 타입을 해당 타입의 연산자와 함께 사용할 수 있다. 앞의 코드에서 볼 수 있듯이, 기본 타입과 호환되는 리터럴 및 상수를 할당할 수도 있다.

TIP 기본 타입을 공유하는 타입간 타입 변환은 같은 기본 저장소를 유지하지만 다른 메서드와 연결한다.

7.2.6 타입은 실행가능한 문서이다

관련 데이터 세트를 모아두기 위해 구조체 타입을 선언해야 한다는 것은 잘 알려져 있지만, 다른 사용자 정의 타입을 기반으로 한 사용자 정의 타입이나 다른 내장 타입을 기반으로 하는 사용자 정의 타입을 선언하는 시점은 덜 명확하다. 이에 대한 짧은 답변은 타입은 문서라는 것이다. 개념을 위한 이름을 제공하여 코드를 더 명확하게 만들고 기대되는 데이터의 종류를 기술한다. 메서드가 파라미터로 int 타입 대신에 Percentage 타입을 사용할 때 누군가가 코드를 읽는다면 더 명확할 수 있고, 유효하지 않는 값으로 해당 메서드를 실행하는 것을 어렵게 한다.

다른 사용자 정의 타입을 기반으로 한 사용자 정의 타입을 선언할 때도 동일한 로직이 적용된다. 같은 기본 데이터를 가지지만 수행하기 위한 작업 세트가 다른 경우 두 가지 타입을 만들도록 하자. 하나를 다른 것으로 기반하여 선언하면 약간의 반복은 피할 수 있고 두 타입이 관련되어 있다는 것을 명확하게 할 수 있다.

7.2.7 열거형을 위한 iota

많은 프로그래밍 언어는 열거형에 대한 개념을 가지고 제한된 값의 세트만을 가지도록 타입을 지정할 수 있다. Go는 열거형 타입을 가지고 있지 않는다. 대신에, iota를 사용하여 증가하는 값을 상수 세트에 할당할 수 있도록 한다.

> **NOTE_** iota의 개념은 프로그래밍 언어 APL^{A Programming Language}에서 비롯된다. APL은 고유한 사용자 지정 표기법에 너무 의존하여 특수 키보드를 가지는 컴퓨터가 필요한 것으로 유명하다. 예를 들어, (∼R∈ R∘.×R)/R←1↓ιR 은 변수 R의 값까지 모든 소수를 찾는 APL 프로그램이다. Go처럼 가독성에 초점을 맞춘 언어가 오류처리를 간결하게 하는 언어에서 개념을 차용하는 것은 아이러니하게 보일 수 있지만, 이것이 바로 다른 많은 프로그래밍 언어를 배워야하는 이유이다. 어디에서나 영감을 찾을 수 있다.

iota를 사용할 때 먼저 모든 유효한 값을 나타내는 정수 기반의 타입을 정의하는 방법이 가장 좋다.

```
type MailCategory int
```

다음은 타입을 위한 값의 세트를 정의하기 위해 const 블록을 사용한다.

```
const (
    Uncategorized MailCategory = iota
    Personal
    Spam
    Social
    Advertisements
)
```

const 블록에서 첫 번째 상수는 지정된 타입을 가지고 값으로 iota로 설정했다. 모든 후속 라인에는 타입이나 값이 지정되지 않았다. Go 컴파일러가 이것을 봤을 때, 블록 내에 하위 상수 모두에 타입과 할당을 반복하고 각 라인은 iota의 값을 증가시킨다. 이는 첫 번째 상수 (Uncategorized)는 0이 할당되고 두 번째 상수(Personal)는 1의 식으로 계속 할당된다는 의미이다. 새로운 const 블록이 생성되면, iota는 다시 0으로 설정된다.

iota에 관련된 최고의 조언이 있다.

> 값이 명시적으로 (다른 곳에) 정의 되어있는 상수를 정의하는데 iota를 사용하지 말자. 예를 들어, 스펙이나 스펙의 일부를 구현할 때, 어떤 값이 어떤 상수에 할당되는지 언급하면 상수 값을 명시적으로 작성해야 한다. iota는 '내부' 목적으로만 사용하자. 즉 상수는 값이 아닌 이름으로 참조된다. 이렇게 하면 모든 것을 망칠 위험 없이 리스트에 언제든지 새로운 상수를 삽입하여 iota를 최적으로 사용할 수 있다.
>
> – 대니 판 호이먼Danny van Heumen[4]

이해해야 할 중요한 것은 Go에는 사용자(혹은 다른 사람)가 사용자 타입의 추가적인 값을 생성하는 것을 막을 수 있는 어떠한 것도 없다는 것이다. 게다가, 리터럴의 리스트 중간에 새로운 식별자를 삽입한다면 모든 후속 라인의 값은 재계산 될 것이다. 이는 상수가 다른 시스템이나 데이터베이스 내의 값을 나타내는 경우 프로그램이 이유 파악이 힘든 상태로 중단이 될 것이다. 이 두 가지 한계를 감안할 때, iota 기반의 열거는 값 세트를 구별할 수 있는지를 관리할 수 있을 때만 의미가 있고, 그 뒤에 숨겨진 값이 무엇인지는 특별히 신경 쓰지 않는다. 실제 값이 중요한 경우는 명시적으로 지정해야 한다.

---

4 *https://oreil.ly/3MKwn*

iota는 0부터 번호를 시작한다는 것을 명심하자. 다른 설정의 상태를 나타내기 위해 상수의
세트를 사용한다면 0 값은 매우 유용하다. 앞서 **MailCategory** 타입을 보았다. 메일이 처음 도
착할 때, 분류가 되지 않기 때문에 0 값이 해당 의미를 가질 수 있다. 상수에 대한 의미 있는 기
본 값이 없는 경우, 일반적인 패턴은 상수 블록의 첫 번째 **iota** 값을 _ 또는 값이 유효하지 않
는 것을 나타내는 상수에 할당한다. 이것은 변수가 알맞게 초기화되지 못한 경우를 쉽게 검출
할 수 있게 한다.

7.3 구성을 위한 임베딩 사용

소프트웨어 엔지니어링에서 조언으로 '클래스 상속보다는 객체 구성을 선호'는 적어도 1994년
감마Gamma, 헬름Helm, 존슨Johnson, 블리사이드스Vlissides (에디슨-웨슬리Addison-Wesley)의 **디자인
패턴**Design Pattern 책으로 거슬러 올라가며 Gang of Four 책으로 더 잘 알려져 있다. Go는 상속
을 가지지 않지만, 구성과 승격을 위한 내장 지원을 통해 코드 재사용을 권장한다.

```
type Employee struct {
    Name        string
    ID          string
```

```
}

func (e Employee) Description() string {
    return fmt.Sprintf("%s (%s)", e.Name, e.ID)
}

type Manager struct {
    Employee
    Reports []Employee
}

func (m Manager) FindNewEmployees() []Employee {
    // do business logic
}
```

Manager가 Employee 타입의 항목을 포함하고 있지만, 해당 항목에 이름이 지정되어 있지 않다. 이것은 Employee를 **임베딩**한 것이다. 임베딩된 항목의 선언된 모든 항목이나 메서드는 승격promotion되어 구조체를 포함하고 바로 실행도 가능하다. 다음의 코드는 문제없이 수행된다.

```
m := Manager{
    Employee: Employee{
        Name:    "Bob Bobson",
        ID:      "12345",
    },
    Reports: []Employee{},
}
fmt.Println(m.ID)            // 12345 출력
fmt.Println(m.Description()) // Bob Bobson (12345) 출력
```

> **NOTE_** 다른 구조체 뿐만 아니라 어떤 타입이든 구조체로 임베드가 가능하다. 임베딩된 타입의 메서드는 포함하는 구조체로 승격된다.

포함하는 구조체가 임베딩되는 항목과 동일한 이름의 항목이나 메서드를 가지면, 임베딩된 항목의 타입을 사용하여 가려진 항목이나 메서드를 참조해야 한다. 다음과 같이 정의된 타입을 가지게 되는 경우이다.

```
type Inner struct {
    X int
}

type Outer struct {
    Inner
    X int
}
```

명시적으로 Inner를 지정함으로써 Inner의 X만을 접근할 수 있다.

```
o := Outer{
    Inner: Inner{
        X: 10,
    },
    X: 20,
}
fmt.Println(o.X)       // 20을 출력
fmt.Println(o.Inner.X) // 10을 출력
```

7.4 임베딩은 상속이 아니다

내장 임베딩 지원은 프로그래밍 언어에서 드문 것이다(이를 지원하는 다른 인기 있는 언어는 모른다). 상속(다른 많은 언어에서 사용 가능한)에 익숙한 많은 개발자는 임베딩을 상속과 같이 취급하여 이해하려고 한다. 그런 방식으로는 이해가 어려울 수 있다. Manager 타입의 변수는 Employee 타입의 변수로 할당할 수 없다. Manager내에 Employee 항목에 접근하려면, 명시적으로 접근을 해야 한다. 다음의 코드를 Go 플레이그라운드[5]에서 실행해보도록 하자.

```
var eFail Employee = m        // 컴파일 오류!
var eOK Employee = m.Employee // ok!
```

실행하면, 오류가 발생한다.

----

[5] *https://oreil.ly/vBl7o*

```
cannot use m (type Manager) as type Employee in assignment
```

게다가, Go에서 구체 타입ᶜᵒⁿᶜʳᵉᵗᵉ ᵗʸᵖᵉ을 위한 **동적 디스패치**ᵈʸⁿᵃᵐⁱᶜ ᵈⁱˢᵖᵃᵗᶜʰ는 없다. 임베딩된 항목의 메서드는 자신이 임베드 되었다는 것을 알 길이 없다. 임베딩된 항목에서 다른 메서드를 호출하는 임베딩된 항목의 메서드가 있고, 포함하는 구조체에서는 같은 이름의 메서드를 가진다면 임베딩된 항목의 메서드는 포함하는 구조체에서 메서드를 호출하지 않을 것이다. 이런 행동은 Go 플레이그라운드[6]에서 실행가능한 코드로 확인할 수 있다.

```go
type Inner struct {
    A int
}

func (i Inner) IntPrinter(val int) string {
    return fmt.Sprintf("Inner: %d", val)
}

func (i Inner) Double() string {
    return i.IntPrinter(i.A * 2)
}

type Outer struct {
    Inner
    S string
}

func (o Outer) IntPrinter(val int) string {
    return fmt.Sprintf("Outer: %d", val)
}

func main() {
    o := Outer{
        Inner: Inner{
            A: 10,
        },
        S: "Hello",
    }
    fmt.Println(o.Double())
}
```

----

6 *https://oreil.ly/yN6bV*

이 코드를 실행하면 다음과 같은 결과를 얻을 수 있다.

```
Inner: 20
```

다른 타입으로 임베딩된 하나의 구체 타입은 내부 타입처럼 외부 타입을 처리할 수 없지만, 임베딩된 항목의 메서드는 포함하는 구조체의 메서드 집합에 포함된다. 이것은 포함하는 구조체에서 인터페이스를 구현할 수 있다는 것을 의미한다.

7.5 인터페이스에 대한 간단한 지도

Go의 동시성 모델(10장에서 다룬다)이 모든 대중성을 가지고 있지만, Go 디자인의 진정한 스타는 Go의 유일한 추상 타입인 암묵적 인터페이스이다. 무엇이 그것들을 훌륭하게 만드는지 확인해보자.

인터페이스를 선언하는 방법에 대해 간단히 살펴보는 것을 시작할 것이다. 핵심은 인터페이스는 단순하다는 것이다. 다른 사용자 정의 타입과 같이 type 키워드를 사용한다.

아래는 fmt 패키지에 Stringer 인터페이스의 정의이다.

```
type Stringer interface {
    String() string
}
```

인터페이스 선언에서 하나의 인터페이스 리터럴은 인터페이스 타입 이름 뒤에 작성된다. 인터페이스를 만족시키기 위한 구체 타입에서 반드시 구현해야 할 메서드가 나열된다. 인터페이스에 의해 정의된 메소드는 인터페이스의 메서드 세트를 호출한다.

다른 타입과 같이, 인터페이스는 모든 블록 내에 선언이 가능하다. 인터페이스는 이름의 마지막에 'er'을 붙인다. 이미 fmt.Stringer를 보았지만, io.Reader, io.ReadCloser, json.Mashler, http.Handler를 포함하여 더 많은 것들이 있다.

7.6 인터페이스는 타입에 안정적인 덕 타이핑이다

지금까지는 다른 언어에서 인터페이스와 그렇게 차이는 없었다고 할 수 있다. Go의 인터페이스를 특별하게 만드는 것은 **암묵적**으로 구현이 된다는 것이다. 구체 타입은 구현하는 인터페이스를 선언하지 않는다. 구체 타입을 위한 메서드 세트는 인터페이스를 위한 메서드 세트의 모든 메서드를 포함한다. 구체 타입은 인터페이스 타입으로 선언된 변수나 항목에 할당될 수 있음을 의미한다.

이 암묵적 행동은 인터페이스가 타입 안정성과 디커플링을 가능하게 하여 정적 및 동적언어의 기능을 연결하기 때문에 Go의 타입에 관련된 가장 흥미로운 부분이다.

이유를 이해하기 위해, 언어에 인터페이스가 있는 이유에 대해 살펴보자. 앞서 디자인 패턴은 개발자들에게 상속보다 구조적 구성을 선호하도록 조언했다고 언급했다. 책에 있는 다른 조언을 보면, "구현이 아니라 인터페이스를 프로그램 하라"라고 한다. 이렇게 하면 구현이 아닌 동작에 집중하여 필요에 따라 구현을 바꿀 수 있도록 한다. 이는 요구 사항이 불가피하게 변경되더라도 시간이 지날수록 코드가 진화할 수 있다.

파이썬, 루비, 자바스크립트와 같은 동적 타입 언어는 인터페이스가 없다. 대신에 관련 개발자들은 "만약 그것이 오리처럼 걷고 오리처럼 운다면 그것은 오리이다"라는 표현에 기반한 '덕 타이핑'을 사용한다. 이 개념은 함수가 예상하는 것을 수행하는 메서드를 찾을 수 있는 한 함수에 파라미터로 타입의 인스턴스를 전달할 수 있다는 것이다.

```python
class Logic:
    def process(self, data):
        # business logic

def program(logic):
    # get data from somewhere
    logic.process(data)

logicToUse = Logic()
program(logicToUse)
```

덕 타이핑은 처음에 이상하게 들릴지 모르지만, 크고 성공적인 시스템을 구축하는데 사용되었다. 정적 타입 언어로 프로그래밍했다면, 이것은 완전 혼돈처럼 들릴 것이다. 명시적인 타입이 지정되지 않고, 어떤 기능으로 수행되어야 하는지 정확히 알기 어렵다. 새로운 개발자가 프로젝트에 투입되거나 기존 개발자가 코드가 무엇을 하는지 잊어버리면, 코드를 추적하여 실제 어떤 의존성을 가지는지 파악해야 한다.

자바 개발자는 다른 패턴을 사용한다. 그들은 인터페이스를 정의하고 인터페이스의 구현을 생성하지만 인터페이스는 클라이언트 코드에서만 참조한다.

```java
public interface Logic {
    String process(String data);
}

public class LogicImpl implements Logic {
    public String process(String data) {
        // business logic
    }
}

public class Client {
    private final Logic logic;
    // this type is the interface, not the implementation

    public Client(Logic logic) {
        this.logic = logic;
    }

    public void program() {
        // get data from somewhere
        this.logic(data);
    }
}

public static void main(String[] args) {
    Logic logic = new LogicImpl();
    Client client = new Client(logic);
    client.program();
}
```

동적 언어 개발자는 자바에서 명시적 인터페이스를 보고 명시적 의존성을 가지고 있을 때 시간이 지남에 따라 코드를 리팩터링 할 수 있는 방법을 알기 어려워한다. 다른 제공자로부터 새로운 구현으로 전환하는 것은 새 인터페이스에 의존하여 다시 작성하는 것이다.

Go 개발자는 두 그룹 모두 옳다고 생각했다. 응용 프로그램이 시간이 지남에 따라 변경되고 커진다면, 구현 변경을 위한 융통성이 필요할 것이다. 그러나 사람들이 코드가 수행되는 작업을 이해하려면(새로운 사람들이 시간이 지남에 따라 같은 코드에 대해 작업할 때), 코드가 어떤 의존성을 가지는지 명시할 필요가 있다. 이것이 암시적 인터페이스가 있어야하는 이유이다. Go 코드는 이전 두 가지 스타일을 혼합했다.

```go
type LogicProvider struct {}

func (lp LogicProvider) Process(data string) string {
    // business logic
}

type Logic interface {
    Process(data string) string
}

type Client struct{
    L Logic
}

func(c Client) Program() {
    // get data from somewhere
    c.L.Process(data)
}

main() {
    c := Client{
        L: LogicProvider{},
    }
    c.Program()
}
```

Go 코드에서는 인터페이스가 있을 뿐만 아니라 단일 호출자(Client)가 해당 사항을 알고 있다. 인터페이스 형태를 만족하는 LogicProvider에 선언된 것은 없다. 이는 향후 새로운 로직 제공자를 허용하고 고객에게 전달된 모든 타입이 고객의 요구사항과 일치하는지 확인하는 실행 가능한 문서를 제공하기에 충분하다.

인터페이스는 호출자가 무엇을 원하는지 명시한다. 사용자 코드는 그것이 필요한 기능이 무엇인지 명시하기
위해 인터페이스를 정의한다.

인터페이스가 공유될 수 없다는 것을 의미하는 것이 아니다. 입력과 출력을 위해 사용되는 표
준 라이브러리에 있는 몇 가지 인터페이스를 앞서 살펴보았다. 표준 인터페이스를 가지는 것은
막강하다. io.Reader와 io.Writer를 가지고 작업하는 코드를 작성한다면, 로컬 디스크의 파
일에 쓰거나 메모리에 값을 쓸 때도 제대로 동작할 것이다.

게다가, 표준 인터페이스를 사용하는 것은 **데코레이터 패턴**decorator pattern을 권장하는 것이다.
Go에서는 인터페이스의 인스턴스를 가지고 동일한 인터페이스를 구현하는 다른 타입을 반환
하는 팩토리 함수를 작성하는 것이 일반적이다. 예를 들어, 다음과 같은 정의를 가진 함수가 있
다고 하자.

```
func process(r io.Reader) error
```

다음과 같이 코딩하면 파일에서 데이터를 가져와 처리할 수 있다.

```
r, err := os.Open(fileName)
if err != nil {
    return err
}
defer r.Close()
return process(r)
return nil
```

os.Open에서 반환되는 os.File 인스턴스는 io.Reader 인터페이스를 만족하고 데이터를
읽는 모든 코드에서 사용 가능하다. 파일이 gzip으로 압축되어 있다면, io.Reader를 다른
io.Reader로 래핑wrapping 할 수 있다.

```
r, err := os.Open(fileName)
if err != nil {
    return err
}
defer r.Close()
gz, err = gzip.NewReader(r)
if err != nil {
```

```
        return err
    }
    defer gz.Close()
    return process(gz)
```

이제 압축되지 않은 파일에서 읽은 것과 동일한 코드가 압축된 파일에서 읽도록 했다.

TIP 코드가 무엇을 필요하는지 설명하는 표준 라이브러리의 인터페이스가 있다면 사용하도록 하자.

인터페이스를 만족하는 타입은 인터페이스의 일부가 아닌 추가적인 메서드를 지정하는 것은 문제가 없다. 한 세트의 사용자 코드는 이러한 메서드를 신경 쓰지 않을 수 있지만, 다른 세트 는 신경을 쓸 수 있다. 예를 들어, `io.File` 타입은 `io.Writer` 인터페이스도 만족한다. 코드 가 파일을 읽는 것만 신경을 썼다면, 파일 인스턴스를 참조하기 위해 `io.Reader` 인터페이스만 사용하여 다른 메서드는 무시할 수 있다.

7.7 임베딩과 인터페이스

구조체에 타입을 임베딩 할 수 있는 것처럼, 인터페이스에 인터페이스를 임베딩 할 수 있다. 예 를 들어, `io.ReadCloser` 인터페이스는 `io.Reader`와 `io.Closer`로 구성된다.

```
type Reader interface {
        Read(p []byte) (n int, err error)
}

type Closer interface {
        Close() error
}

type ReadCloser interface {
        Reader
        Closer
}
```

NOTE_ 구조체에 구체 타입을 임베딩하는 것과 같이 구조체 내에 인터페이스를 임베딩 가능하다. 13.5절 'Go의 스텁'에서 이것을 사용한 것을 볼 수 있다.

7.8 인터페이스를 받고 구조체 반환하기

경험 있는 Go 개발자가 "인터페이스를 받고 구조체를 반환해라"라고 말하는 것을 종종 들었을 것이다. 이것이 의미하는 것은 함수로 실행되는 비즈니스 로직은 인터페이스를 통해 실행되어야 하는 것이지만, 함수의 출력은 구체 타입이어야 한다는 것이다. 이미 앞서 함수가 왜 인터페이스 타입을 받아야 하는지 알아보았다. 코드를 보다 유연하게 하고 사용중인 기능을 정확하게 선언할 수 있다.

인터페이스를 반환하는 API를 만든다면, 암묵적 인터페이스의 주요 장점인 디커플링을 잃게 된다. 이제 코드가 해당 인터페이스뿐만 아니라 해당 모듈의 의존성 등을 포함하는 모듈에 영구적으로 의존적이기 때문에 사용자 코드가 의존하는 서드 파티 인터페이스를 제한하려고 한다. (모듈과 의존성은 9장에서 살펴보자.) 이는 향후 유연성을 제한한다. 커플링을 피하기 위해 다른 인터페이스를 작성하거나 다른 인터페이스로 타입 변환을 수행해야 한다. 구체 인스턴스에 따라 의존성이 생길 수 있지만, 응용 프로그램에 의존성 주입 계층을 사용하여 효과를 제한할 수 있다. 의존성 주입에 관련해서는 7.14절 '의존성 주입을 쉽게 만드는 암묵적 인터페이스'에서 살펴보도록 하자.

인터페이스를 반환하는 것을 피하는 또 다른 이유는 버저닝versioning이다. 구체 타입이 반환되면, 기존 코드를 망가뜨리지 않고 새 메서드와 항목을 추가할 수 있다. 하지만 인터페이스의 경우에는 다르다. 인터페이스에 새로운 메서드를 추가하는 것은 인터페이스의 존재하는 모든 구현을 업데이트 해야 하거나 코드를 망가뜨릴 수 있다는 의미이다. API를 이전 버전으로 되돌리는 경우, 주 버전 번호를 증가시켜야 한다.

입력 파라미터에 기반하여 각기 다른 인터페이스의 인스턴스를 반환하는 단일 팩토리 함수를 작성하는 것보다, 각 구체 타입에 맞는 분리된 팩토리 함수를 작성하도록 하자. 어떤 경우에서는 (하나 혹은 그 이상의 분리된 토큰을 반환할 수 있는 파서parser와 같은 경우), 인터페이스를 반환하는 것 외에는 선택의 여지가 없을 수 있다.

오류는 이런 규칙에서 예외이다. 8장에서 살펴보겠지만, Go 함수와 메서드는 error 인터페이스 타입의 반환 파라미터를 선언한다. error의 경우에는 인터페이스의 다른 구현이 반환될 수 있기 때문에, Go의 유일한 추상 타입인 인터페이스를 가능한 모든 옵션을 처리하기 위해 사용된다.

이런 패턴에 하나의 잠재적 단점이 있다. 6.9절 '가비지 컬렉션 작업량 줄이기'에서 논의했던 대로, 힙 메모리 할당을 줄이는 것은 가비지 컬렉터의 작업량을 줄일 수 있어서 성능을 향상시킬 수 있다. 구조체를 반환하는 것은 힙 할당을 피할 수 있어 좋다. 하지만 인터페이스 타입의 파라미터를 가진 함수를 실행할 때, 힙 할당은 각 인터페이스 파라미터를 위해 발생한다. 더 나은 추상화와 더 나은 성능 간의 기회비용을 파악하는 것은 프로그램 실행동안 수행해야 한다. 가독성 좋고 유지 관리하기 좋은 코드를 작성하자. 프로그램이 너무 느려져 프로파일링을 해보니 성능의 문제는 인터페이스 파라미터를 위한 힙 할당이라고 판단했다면 함수를 구체 타입 파라미터를 사용하도록 재작성해 봐야 한다. 인터페이스의 여러 구현이 함수로 전달되면, 반복되는 로직에서 다중 함수를 생성하는 것과 같다는 의미이다.

7.9 인터페이스와 nil

6장에서 포인터를 다룰 때, nil도 다루었고 포인터의 제로 값으로 언급했다. nil은 인터페이스 인스턴스의 제로 값으로도 사용할 수 있지만, 구체 타입을 위해 사용하는 것보다는 단순하지가 않다.

인터페이스가 nil이라는 것은 타입과 값 모두 nil이어야 한다는 것이다. 다음의 코드는 첫 번째 두 라인은 true를 출력하고 마지막은 false를 출력한다.

```go
var s *string
fmt.Println(s == nil) // true를 출력
var i interface{}
fmt.Println(i == nil) // true를 출력
i = s
fmt.Println(i == nil) // false를 출력
```

해당 코드는 Go 플레이그라운드[7]에서 실행 가능하다.

Go 런타임에서 인터페이스는 기본 타입에 대한 포인터와 기본 값에 대한 포인터 쌍으로 구현되었다. 타입이 nil이 아닌 한, 인터페이스도 nil이 아니다(타입 없이 변수를 가질 수 없기 때문에, 값 포인터가 nil이 아니라면 타입 포인터는 항상 nil이 아니다).

nil이 인터페이스에 대해 나타내는 것은 인터페이스에서 메서드를 호출할 수 있는지 여부이다. 앞서 살펴본 대로 nil 구체 인스턴스의 메서드를 호출할 수 있으므로 nil 구체 인스턴스가 할당된 인터페이스 변수에서 메서드를 호출할 수 있다는 것은 가능하다. 인터페이스가 nil이면, 어떤 메서드 호출이든 패닉을 일으킬 것이다(8.8절 '패닉과 복구'에서 살펴보자). 인터페이스가 nil이 아니면, 해당 인터페이스가 가지는 메서드를 실행할 수 있다(하지만 값이 nil이고 할당된 타입의 메서드가 nil을 적절하게 처리하지 못한다면, 그 또한 패닉을 일으킬 것이다).

nil이 아닌 인터페이스 인스턴스는 nil과 같지 않기 때문에, 타입이 nil이 아닐 때 인터페이스와 연관된 값이 nil인지 여부를 말하는 것은 간단치 않다. 반드시 리플렉션(14.1.3절 '리플렉션을 사용하여 인터페이스의 값이 nil인지 확인하기'에서 살펴보자)을 사용하여 알아봐야 한다.

7.10 빈 인터페이스는 어떤 것도 표현하지 않는다

정적 타입 언어에서 때로는 변수가 어떤 타입의 값이라도 저장할 수 있는 방법이 있어야 한다. Go는 interface{}를 사용하여 이것을 표현한다.

```go
var i interface{}
i = 20
i = "hello"
i = struct {
    FirstName string
    LastName string
} {"Fred", "Fredson"}
```

---

7 *https://oreil.ly/NBPbC*

interface{}는 특별한 경우의 구문이 아니라는 것을 명심하자. 빈 인터페이스 타입은 단순히 0개 이상의 메서드를 가지는 타입의 모든 값을 저장할 수 있다. Go에서는 모든 타입과 일치하게 된다. 빈 인터페이스는 값이 무엇을 나타내는지 어떤 것도 알려주지 않기 때문에, 이것으로 할 수 있는 일이 많지 않다. 빈 인터페이스의 일반적인 용도 중 하나는 JSON 파일과 같이 외부에서 온 불확실한 스키마의 데이터에 대한 플레이스 홀더로 사용되는 것이다.

```
// 하나는 interface{} 타입을 위한 중괄호 세트,
// 다른 하나는 맵의 인스턴스를 초기화한다.
data := map[string]interface{}{}
contents, err := ioutil.ReadFile("testdata/sample.json")
if err != nil {
    return err
}
defer contents.Close()
json.Unmarshal(contents, &data)
// data 맵에 contents의 내용이 들어간다.
```

interface{}의 다른 용도는 사용자 생성 데이터 구조 내에 값을 저장하는 방법으로 사용한다. 이것은 Go에서 현재 사용자 정의된 제네릭이 없기 때문이다. 슬라이스, 배열, 맵 이외의 데이터 구조가 필요하고 단일 타입에서만 동작하지 않도록 하려면 해당 값을 들고 있기 위해 interface{} 타입의 항목을 사용해야 한다. 다음의 코드는 Go 플레이그라운드[8]에서 실행해 볼 수 있다.

```
type LinkedList struct {
    Value interface{}
    Next    *LinkedList
}

func (ll *LinkedList) Insert(pos int, val interface{}) *LinkedList {
    if ll == nil || pos == 0 {
        return &LinkedList{
            Value: val,
            Next:    ll,
        }
    }
    ll.Next = ll.Next.Insert(pos-1, val)
```

---

[8] https://oreil.ly/SBisO

```
    return ll
}
```

> **WARNING_** 앞의 코드는 연결리스트를 위한 삽입을 효율적으로 구현해 놓은 것이 아니고 설명을 위해 간단히 작성한 것이다. 실제에서는 사용하지 않도록 하자.

빈 인터페이스를 받는 함수를 보았다면, 값을 채우거나 읽기 위해 리플렉션(14장에서 살펴볼 것이다)을 사용하고 있을 것이다. 앞의 예제에서 `json.Unmarshal` 함수의 두 번째 파라미터는 `interface{}` 타입으로 선언되어 있다.

이런 상황은 상대적으로 드물다. `interface{}` 사용을 피하도록 하자. 보다시피 Go는 강 타입 언어로 설계되었고 이 문제를 해결하는 것은 비관용적이다.

빈 인터페이스에 값을 저장해야 하는 상황을 발견한다면 해당 값을 다시 읽는 방법이 궁금할 것이다. 이것을 하려면, 타입 단언type assertion과 타입 스위치type switch를 살펴볼 필요가 있다.

7.11 타입 단언 및 타입 스위치

Go는 인터페이스의 변수가 특정 구체 타입을 가지고 있거나 구체 타입이 다른 인터페이스를 구현한 것을 확인하는 두 가지 방법을 제공한다. 이제 타입 단언type assertion에 대해서 살펴보도록 하자. 타입 단언은 인터페이스를 구현한 구체 타입의 이름을 지정하거나 인터페이스 기반인 구체 타입에 의해 구현된 다른 인터페이스의 이름을 지정한다. Go 플레이그라운드[9]에서 다음 코드를 실행해보도록 하자.

```
type MyInt int

func main() {
    var i interface{}
    var mine MyInt = 20
    i = mine
    i2 := i.(MyInt)
```

---

9 *https://oreil.ly/_nUSw*

```
        fmt.Println(i2 + 1)
    }
```

앞의 코드에서 변수 i2는 MyInt 타입이다.

만약 타입 단언이 잘못되었다면 무슨 일이 일어나는지 궁금할 것이다. 이 경우에 코드는 패닉을 일으킨다. 다음을 Go 플레이그라운드[10]에서 실행해보자.

```
    i2 := i.(string)
    fmt.Println(i2)
```

이 코드를 실행하면 다음과 같은 패닉을 볼 수 있다.

```
  panic: interface conversion: interface {} is main.MyInt, not string
```

이미 보았듯이 Go는 구체 타입에 대해 매우 주의를 기울인다. 두 개의 타입이 기본 타입을 공유하더라도 타입 단언은 기본 값의 타입과 반드시 일치해야 한다. 다음의 코드를 Go 플레이그라운드[11]에서 실행하면 패닉을 일으킨다.

```
    i2 := i.(int)
    fmt.Println(i2 + 1)
```

당연히 충돌은 원하는 동작은 아닐 것이다. 우리는 콤마 OK 관용구를 사용하여 이런 것을 회피할 수 있고, 이는 맵에서 0의 값인지 아닌지를 확인했던 3.4.2절 '콤마 OK 관용구'에서 살펴보았다.

```
    i2, ok := i.(int)
    if !ok {
        return fmt.Errorf("unexpected type for %v",i)
    }
    fmt.Println(i2 + 1)
```

---

10 *https://oreil.ly/qoXu_*
11 *https://oreil.ly/YUaka*

타입 변환이 성공적이라면 불리언인 ok는 true로 설정된다. 그렇지 않다면, ok는 false로 설정되고 다른 변수(이 경우에는 i2)는 제로 값이 설정된다. if 문에서는 예기치 않은 조건을 처리하지만, 관용적 Go에서는 오류 처리 코드를 포함한다. 8장에서 오류 처리에 관련하여 살펴볼 것이다.

> **NOTE_** 타입 단언은 타입 변환과는 매우 다르다. 타입 변환은 구체 타입과 인터페이스 모두에 적용할 수 있고 컴파일 시점에서 확인된다. 타입 단언은 인터페이스 타입에만 적용될 수 있고, 런타임에 확인된다. 런타임에 확인이 되기 때문에, 변환이 변경되는 시점에 확인이 드러나 실패할 수 있다.

타입 단언이 유효하다고 확신이 될 지라도 콤마 OK 관용구를 사용하자. 다른 사람이(혹은 6개월 뒤에 본인) 해당 코드를 재사용하는 방법을 모를 수도 있기 때문이다. 조만간 검증되지 않은 타입 단언은 런타임에 실패할 것이다.

인터페이스를 여러 가능한 타입 중 하나로 사용할 때, 타입 스위치^{type switch}를 사용하자.

```
func doThings(i interface{}) {
    switch j := i.(type) {
    case nil:
        // i는 nil이다. j의 타입은 interface{} 이다.
    case int:
        // j는 정수다.
    case MyInt:
        // j는 MyInt 타입 이다.
    case io.Reader:
        // j는 io.Reader 타입이다.
    case string:
        // j는 문자열이다.
    case bool, rune:
        // i는 불리언이거나 룬일 수 있기에, j는 interface{} 타입이다.
    default:
        // i가 무슨 타입인지 알수 없기에 j는 interface{} 타입이다.
    }
}
```

4.17절 'switch'로 돌아가 보게 되면, 타입 스위치는 switch 문과 많이 비슷하다는 것을 알 수 있다. 불리언 연산을 지정하는 대신에, 인터페이스 타입을 지정하고 바로 뒤에 .(type)을 명시한다. 대부분 확인된 변수를 switch 문 내에서만 유효한 변수로 할당할 수 있다.

새로운 변수의 타입은 일치하는 case 문에 의존적이다. 인터페이스가 연관된 타입이 없다는 것을 보기 위해 case 중 하나에 nil을 사용할 수 있다. 하나의 case에 하나 이상의 타입을 나열하면, 새로운 변수는 interface{} 타입이 된다. 스위치 문과 마찬가지로 어떠한 타입과도 일치하지 않는 경우에 처리를 위한 default 문을 가질 수 있다. 그 외 나머지는 새로운 변수는 case 문에서 일치하는 타입이 된다.

TIP 기본 타입을 알 수 없을 때, 리플렉션을 사용할 필요가 있다. 14장에서 리플렉션을 자세히 잘 살펴보도록 하자.

7.12 타입 단언과 타입 스위치를 아껴 사용하기

인터페이스 변수로부터 구체 구현을 꺼낼 수 있는 편리한 방법이지만 이런 기술들은 드물게 사용하도록 해야 한다. 대부분의 경우, 파라미터가 제공된 타입이거나 다른 타입이 될 수 있는 반환 값을 처리한다. 그렇지 않다면, 함수의 API는 해당 작업을 수행하는데 필요한 타입을 정확히 선언하지 않은 것이다. 다른 타입이 필요한 경우는 지정을 해줘야 한다.

그 말은, 타입 단언과 타입 스위치가 유용하게 사용한 사례가 있다는 것이다. 타입 단언의 일반적인 사용 중 하나는 인터페이스를 구현한 구체타입이 다른 인터페이스도 구현되어 있는지 확인하는 것이다. 이는 선택적 인터페이스를 지정할 수 있도록 한다. 예를 들어, 표준 라이브러리는 해당 기술을 사용하여 io.Copy 함수를 호출 했을 때, 더 효과적으로 복사할 수 있도록 한다. 이 함수는 io.Writer와 io.Reader 타입의 파라미터를 받아 해당 작업을 수행하기 위해 io.copyBuffer 함수를 호출한다. io.Reader 파라미터가 io.WriterTo를 구현했거나 io.Writer 파라미터가 io.ReaderFrom을 구현했다면 해당 함수의 대부분의 작업은 하지 않고 넘어갈 수 있다.

```
// copyBuffer는 Copy 와 CopyBuffer의 실제 구현이다.
// buf가 nil이면, 할당한다.
```

```
func copyBuffer(dst Writer, src Reader, buf []byte) (written int64, err error) {
    // reader가 WriteTo 메서드를 가지고 있다면, 복사를 위해 해당 함수를 사용한다.
    // 할당과 복사 방지
    if wt, ok := src.(WriterTo); ok {
        return wt.WriteTo(dst)
    }
    // 비슷하게, writer가 ReadFrom 메서드를 가지고 있다면, 복사를 위해 해당 함수를 사
용한다.
    if rt, ok := dst.(ReaderFrom); ok {
        return rt.ReadFrom(src)
    }
    // 함수 하단 구현부…
}
```

선택적 인터페이스가 사용되는 또 다른 곳은 API를 발전시킬 때이다. 12장에서 컨텍스트^{context}에 관해 살펴보도록 하자. 컨텍스트는 특히 취소^{cancellation}를 관리하는 표준 방법을 제공하는 함수에 전달되는 파라미터다. Go 버전 1.7에서 추가되었고, 이는 예전 코드에서는 지원하지 않는다는 의미이다. 이것은 예전 데이터베이스 드라이버를 포함한다.

Go 버전 1.8에서는 기존 인터페이스의 새로운 컨텍스트를 인지한 비슷한 기능이 database/sql/driver 패키지에 정의되었다. 예를 들어, StmtExecContext 인터페이스는 Stmt내의 Exec 메서드를 위한 컨텍스트 인지 대체인 ExecContext라는 메서드를 정의한다. Stmt의 구현이 표준 라이브러리 데이터베이스 코드로 전달될 때, StmtExecContext도 구현이 되어 있는지 확인한다. 구현이 되어 있다면, ExecContext를 실행하게 된다. 그렇지 않다면, Go 표준 라이브러리는 새로운 코드에서 취소 지원되는 대비책 구현을 제공한다.

```
func ctxDriverStmtExec(ctx context.Context, si driver.Stmt,
                       nvdargs []driver.NamedValue) (driver.Result, error) {
    if siCtx, is := si.(driver.StmtExecContext); is {
        return siCtx.ExecContext(ctx, nvdargs)
    }
    // 대비책 코드는 여기
}
```

선택적 인터페이스 기술에는 한가지 단점이 있다. 앞서 인터페이스 구현이 데코레이터 패턴을 사용하여 같은 인터페이스의 다른 구현을 계층 동작에 래핑하는 것이 일반적이라는 것을 보았다. 문제는 래핑된 구현중 하나에 의해 구현된 선택적 인터페이스는 타입 단언이나 타

입 스위치로 검출이 안된다는 것이다. 예를 들어, 표준 라이브러리는 버퍼링된 reader를 제공하는 bufio 패키지를 포함한다. bufio.NewReader로 io.Reader 타입을 전달하고 반환된 *bufio.Reader를 사용하여 모든 다른 io.Reader 구현에 버퍼를 사용할 수 있게 한다. 전달된 io.Reader에 io.WriterTo가 구현이 되어 있다면, 버퍼링된 reader에 감싸진 io.WrtierTo에서 전달된 구현체를 사용한다.

오류 처리를 다루는 것도 살펴보았다. 앞서 언급한대로, error 인터페이스를 구현한다. 오류는 다른 오류를 감싸서 추가적인 정보를 포함할 수 있다. 타입 스위치나 타입 단언을 통해 래핑된 오류를 검출하거나 일치시킬 수 없다. 반환된 오류의 다른 구체 구현을 처리하도록 하려면, errors.Is와 errors.As 함수를 사용하여 래핑된 오류를 테스트하고 접근한다.

타입 switch 문은 다른 처리가 필요한 인터페이스의 여러 구현을 구별하는 기능을 제공한다. 인터페이스에 제공될 수 있는 유효한 특정 타입이 있는 경우에 가장 유용하다. 개발 시점에 알지 못한 구현을 처리하기 위해 타입 switch 내에 default 문을 포함한다는 것을 명심하자. 이것은 새로운 인터페이스 구현을 추가할 때, 타입 switch 문 업데이트를 잊지 않도록 해준다.

```go
func walkTree(t *treeNode) (int, error) {
    switch val := t.val.(type) {
    case nil:
        return 0, errors.New("invalid expression")
    case number:
        // t.val의 타입이 숫자라는 것으로 알고, 정수로 반환한다.
        return int(val), nil
    case operator:
        // t.val은 타입 연산자로 파악하여,
        // 왼쪽과 오른쪽 자식들의 값을 찾아,
        // 해당 값의 처리 결과를 반환하기 위해 process() 메서드를 호출한다.
        left, err := walkTree(t.lchild)
        if err != nil {
            return 0, err
        }
        right, err := walkTree(t.rchild)
        if err != nil {
            return 0, err
        }
        return val.process(left, right), nil
    default:
        // 새로운 treeVal 타입이 정의 되었지만, 해당 타입을 검출하고 처리하기 위한
```

```
        // walkTree는 업데이트 되지 않았다.
        return 0, errors.New("unknown node type")
    }
}
```

완전한 구현은 Go 플레이그라운드[12]에서 확인 가능하다.

> **NOTE_** 인터페이스를 노출하지 않고 하나 이상의 메서드를 노출하지 않도록 하여 예기치 못한 인터페이스
> 구현으로부터 자신을 보호할 수 있다. 인터페이스가 노출된다면, 다른 패키지에서 구조체가 인터페이스를 구
> 현하게 하여 구조체 내에 임베딩 될 수 있다. 9장에서 패키지와 식별자 노출에 관해 더 자세히 알아보자.

7.13 함수 타입은 인터페이스로의 연결

마지막으로 타입 선언에 관한 하지 않은 이야기가 있다. `int`나 `string`에 메서드를 추가하는
것을 이해하는 것은 그리 어렵지 않지만, Go는 사용자 정의 함수 타입을 포함하여 모든 사용
자 정의 타입에 메서드를 허용한다. 이것은 학술적인 코너 케이스처럼 보이지만 실제로는 매우
유용하다. 그것은 함수가 인터페이스를 구현할 수 있도록 한다. 가장 일반적인 사용은 HTTP
처리를 위한 것이다. HTTP 핸들러는 HTTP 서버 요청을 처리한다. 인터페이스로 정의된 것
을 보자.

```
type Handler interface {
    ServeHTTP(http.ResponseWriter, *http.Request)
}
```

타입 변환을 사용하여 `http.HandlerFunc`로 변환하여 `func(http.ResponseWriter,
*http.Request)` 시그너처를 가지는 모든 함수를 `http.Handler`로써 사용이 가능하자.

```
type HandlerFunc func(http.ResponseWriter, *http.Request)

func (f HandlerFunc) ServeHTTP(w http.ResponseWriter, r *http.Request) {
```

---

12 *https://oreil.ly/jDhqM*

```
    f(w, r)
}
```

이를 통해 `http.Handler` 인터페이스를 만족하는 다른 타입을 위해 사용되는 것과 정확히 동일한 코드 경로를 사용하여 함수, 메서드 혹은 클로저로 HTTP 핸들러를 구현할 수 있게 한다.

Go에서 함수는 일급 함수 개념이므로 함수에 파라미터가 종종 전달이 된다. 한편, Go는 작은 인터페이스를 권장하고 단일 메서드의 인터페이스는 함수 타입의 파라미터를 쉽게 대체할 수 있다. 그럼 함수 또는 메서드는 언제 함수 타입의 파라미터를 지정해야 하고, 언제 인터페이스를 사용해야 할까?

단일 함수에 많은 다른 함수나 해당 함수의 입력 파라미터에 지정되지 않은 다른 상태에 의존적인 것 같다면, 인터페이스 파라미터를 사용하고 함수 타입을 선언하여 함수와 인터페이스를 연결하자. 이것이 `http` 패키지가 수행하는 것이다. `Handler`는 구성해야 하는 일련의 호출에 대한 진입점entry point일 가능성이 높다. 하지만 단순한 함수라면 (`sort.Slice`에서 사용되는 것과 같이) 함수 타입의 파라미터가 좋은 선택이 된다.

7.14 의존성 주입을 쉽게 만드는 암묵적 인터페이스

어느 정도 프로그래밍을 해본 사람이라면 누구나 시간이 지남에 따라 응용 프로그램의 변경은 불가피하다는 것을 빠르게 배운다. 디커플링을 쉽게 하기 위해 개발된 기술 중 하나가 의존성 주입dependency injection이다. 의존성 주입은 해당 작업 수행이 필요한 기능을 명시적으로 코드에 지정할 수 있는 개념이다. 당신이 생각한 것보다 꽤 오래전인 1996년, 로버트 마틴Robert Martin 이 「The Dependency Inversion Principle」이라는 글을 썼다.[13] Go의 암묵적 인터페이스의 놀라운 이점 중 하나는 의존성 주입이 코드를 디커플링하는 훌륭한 방법이 된다는 것이다. 의존성을 주입하기 위해 다른 언어를 사용하는 개발자들은 크고 복잡한 프레임워크를 종종 사용하는 반면에, Go에서는 추가적인 라이브러리 없이 의존성 주입을 쉽게 구현할 수 있다는 것이다. 의존성 주입을 통해 응용 프로그램을 구성하기 위한 암묵적 인터페이스 사용 방법을 알아보기 위해 간단한 예제를 살펴보자.

---

[13] *https://oreil.ly/6HVob*

이 개념을 더 잘 이해하고 Go에서 의존성 주입을 구현하는 방법을 보기 위해 간단한 웹 응용 프로그램을 만들어 보자. (11.4.2절 '서버'에서 Go의 내장 HTTP 서버 지원에 대해 알아볼 것인데, 여기서 살짝 맛보기라 생각하자.) 먼저 로거^{logger}라는 작은 유틸리티 함수를 작성하는 것부터 시작해 보자.

```go
func LogOutput(message string) {
    fmt.Println(message)
}
```

이 앱의 다른 부분은 데이터 저장소^{data store}이다. 간단하게 생성해보자.

```go
type SimpleDataStore struct {
    userData map[string]string
}

func (sds SimpleDataStore) UserNameForID(userID string) (string, bool) {
    name, ok := sds.userData[userID]
    return name, ok
}
```

SimpleDataStore 인스턴스를 생성하기 위한 팩토리 함수를 정의해보자.

```go
func NewSimpleDataStore() SimpleDataStore {
    return SimpleDataStore{
        userData: map[string]string{
            "1": "Fred",
            "2": "Mary",
            "3": "Pat",
        },
    }
}
```

다음은 사용자를 찾고 hello 혹은 goodbye를 출력하는 약간의 비즈니스 로직을 작성할 것이다. 비즈니스 로직은 수행하기 위해 약간의 데이터가 필요하기 때문에 데이터 저장소가 필요하다. 그리고 비즈니스 로직이 실행되면 로그를 남겨야 하는데 이는 로거가 필요하다. 하지만 나중에 다른 로거나 데이터 저장소를 사용할 수 있기 때문에, LogOutput이나

`SimpleDataStore`에 의존하도록 강제하고 싶지는 않다. 비즈니스 로직이 필요로 하는 것은 해당 로직이 의존하는 것을 기술하기 위한 인터페이스이다.

```go
type DataStore interface {
    UserNameForID(userID string) (string, bool)
}

type Logger interface {
    Log(message string)
}
```

`LogOutput` 함수가 해당 인터페이스를 충족할 수 있도록 메서드와 함께 함수 타입을 정의해야 한다.

```go
type LoggerAdapter func(message string)

func (lg LoggerAdapter) Log(message string) {
    lg(message)
}
```

놀라운 우연의 일치로 `LoggerAdapter`와 `SimpleDataStore`는 비즈니스 로직에 필요한 인터페이스를 충족하지만, 두 타입은 일치하는지 알 수는 없다.

이제 의존성을 정의했으니, 비즈니스 로직의 구현을 살펴보도록 하자.

```go
type SimpleLogic struct {
    l  Logger
    ds DataStore
}

func (sl SimpleLogic) SayHello(userID string) (string, error) {
    sl.l.Log("in SayHello for " + userID)
    name, ok := sl.ds.UserNameForID(userID)
    if !ok {
        return "", errors.New("unknown user")
    }
    return "Hello, " + name, nil
}
```

```
func (sl SimpleLogic) SayGoodbye(userID string) (string, error) {
    sl.l.Log("in SayGoodbye for " + userID)
    name, ok := sl.ds.UserNameForID(userID)
    if !ok {
        return "", errors.New("unknown user")
    }
    return "Goodbye, " + name, nil
}
```

Logger와 DataStore 항목을 가지는 구조체를 정의했다. SimpleLogic에는 구체 타입을 언급하는 내용이 없으므로 의존성이 없다. 나중에 완전히 다른 공급자로부터 새로운 구현으로 바꾸더라도 공급자가 해당 인터페이스와 어떤 연관도 없기 때문에 아무런 문제가 없다. 이는 자바와 같은 명시적 인터페이스와는 완전히 다르다. 자바는 인터페이스로부터 구현을 분리하기 위해 인터페이스를 사용하더라도 명시적 인터페이스는 고객과 공급자를 함께 바인딩해야 한다. 이로 인해 자바(그리고 명시적 인터페이스가 있는 다른 언어)의 의존성 교체는 Go보다 훨씬 더 어렵게 만든다.

SimpleLogic 인스턴스를 만들려면, 팩토리 함수를 호출하면서 인터페이스를 넘기고 구조체를 반환 받는다.

```
func NewSimpleLogic(l Logger, ds DataStore) SimpleLogic {
    return SimpleLogic{
        l:    l,
        ds: ds,
    }
}
```

> **NOTE_** SimpleLogic의 항목은 노출되지 않는다. 이것은 SimpleLogic과 같은 패키지 내에 있는 코드에서만 접근 가능하다는 의미이다. Go에서는 불변성을 강제할 수는 없지만, 이러한 항목에 접근할 수 있는 코드를 제한하면 실수로 수정될 가능성이 줄어든다. 9장에서 노출^{export}과 노출되지 않는^{unexported} 식별자들에 대해 자세히 다루어 볼 것이다.

이제 API를 통해 자원을 얻을 수 있다. 이 예제에서는 사용자 ID가 제공된 사람에게 hello를 말하는 /hello라는 단일 엔드포인트^{endpoint}만을 가진다. 인증 정보를 위한 실제 애플리케이션에서는 쿼리 파라미터를 사용하지 않도록 하자. 이것은 빠르게 살펴보기 위한 예제일 뿐이다.

여기서 컨트롤러에는 hello를 말하는 비즈니스 로직이 필요하므로 이에 대한 인터페이스를 정의해야 한다.

```go
type Logic interface {
    SayHello(userID string) (string, error)
}
```

해당 메서드는 **SimpleLogic** 구조체에서 사용 가능하겠지만, 구체 타입은 인터페이스를 인지하지 못한다. 게다가, **SimpleLogic**의 다른 메서드인 **SayGoodbye**는 컨트롤러가 신경 쓰지 않기 때문에 인터페이스에 없다. 인터페이스는 사용자 코드에서 소유하기 때문에 메서드 세트는 사용자 코드의 요구에 맞춰진다.

```go
type Controller struct {
    l     Logger
    logic Logic
}

func (c Controller) HandleGreeting(w http.ResponseWriter, r *http.Request) {
    c.l.Log("In SayHello")
    userID := r.URL.Query().Get("user_id")
    message, err := c.logic.SayHello(userID)
    if err != nil {
        w.WriteHeader(http.StatusBadRequest)
        w.Write([]byte(err.Error()))
        return
    }
    w.Write([]byte(message))
}
```

다른 타입에서 팩토리 함수를 가지는 것과 같이 **Controller**도 하나 작성하도록 하자.

```go
func NewController(l Logger, logic Logic) Controller {
    return Controller{
        l:     l,
        logic: logic,
    }
}
```

이는 인터페이스를 받아 구조체를 반환한다.

마지막으로, main 함수에서 모든 컴포넌트를 구성하고 서버를 시작한다.

```go
func main() {
    l := LoggerAdapter(LogOutput)
    ds := NewSimpleDataStore()
    logic := NewSimpleLogic(l, ds)
    c := NewController(l, logic)
    http.HandleFunc("/hello", c.SayHello)
    http.ListenAndServe(":8080", nil)
}
```

main 함수는 모든 구체 타입이 실제 무엇인지 알고 있는 코드의 유일한 부분이다. 만약 다른 구현으로 교체하길 원한다면, 변경되어야 할 유일한 부분이기도 하다. 의존성 주입을 통해 의존성을 외부화 하는 것은 시간이 지남에 따라 코드를 발전시키는데 필요한 변경 사항을 제한한다는 것을 의미한다.

의존성 주입은 테스트를 더 쉽게 만들 수 있는 훌륭한 패턴이기도 하다. 유닛 테스트^{unit test}를 작성하는 것은 입력과 출력의 기능이 검증되기 위해 제한되는 다른 환경에서 코드를 효율적으로 재사용하기 때문에 놀라운 일은 아니다. 예를 들어, 로그 출력을 캡처하고 Logger 인터페이스를 충족하는 타입을 주입하는 테스트에서 로깅 출력을 검증할 수 있다. 13장에서 더 자세히 다루어 보도록 하자.

> NOTE_ http.HandleFunc("/hello", c.SayHello) 라인은 앞서 설명한 두 가지를 증명한다.첫 번째는 SayHello 메서드를 함수로 처리했다는 것이다.
> 두 번째는 http.HandleFunc 함수는 함수를 받아 해당 함수를 Go에서 요청 처리를 나타낼 때 사용하는 타입인 http.Handler 인터페이스를 충족시키는 메서드를 선언하는 http.HandlerFunc로 변환한다. 하나의 타입에서 메서드를 받아 그것이 가지는 메서드와 함께 다른 타입으로 변환된다. 꽤 깔끔하게 보인다.

7.15 Wire

의존성 주입 코드를 직접 작성하는 것은 너무 많은 작업을 하는 것 같이 느껴진다면, 구글에서 개발한 의존성 주입 헬퍼인 Wire[14]를 사용해보자. Wire는 코드 생성을 사용하여 main에 직접 작성한 구체 타입 선언을 자동적으로 생성한다.

7.16 Go는 특히 객체지향이 아니다

이제 우리는 Go에서 타입의 관용적 사용을 살펴보았으므로 Go는 언어의 특정 스타일로 분류하기엔 어렵다는 것을 알았다. 그것은 엄격한 절차적 언어가 아니다는 것은 명확하다. 동시에, Go의 메서드 재정의, 상속 및 객체의 결핍은 특히 객체지향 언어가 아니라는 것을 의미한다. Go는 함수 타입과 클로저를 가지지만 함수형 언어는 아니다. 이러한 범주 중 하나로 Go를 만들려고 하면 결과는 비관용적인 코드를 만든다는 것이다.

Go의 스타일의 라벨을 붙이자면 가장 적합한 단어는 **실용적**practical이라 할 수 있다. 수년 동안 대규모 팀에서 간단하고, 가독성이 좋으며 유지 관리하기 용이한 언어를 만드는 것을 최우선 목표로 다양한 곳에서 개념을 차용했다.

7.17 마무리

이 장에서는 타입, 메서드, 인터페이스 및 모범 사례를 다루었다. 다음 장에서는 Go에서 가장 논란이 많은 기능인 error의 알맞은 사용법을 배워 볼 것이다.

---

14 *https://oreil.ly/Akwt_*

CHAPTER 8

오류

오류 처리는 다른 언어에서 Go로 넘어온 개발자들에게 가장 큰 도전 과제이다. 예외^{exception}에 익숙한 사람들에게는 Go의 접근 방식은 시대 착오적으로 보일 수 있다. 하지만 Go의 접근에는 견고한 소프트웨어 엔지니어링 원칙이 있다. 이 장에서는 Go에서 오류를 처리하는 방법을 학습할 것이다. 또한 실행을 중지해야 하는 오류 처리를 위한 Go의 시스템의 panic과 recover도 다룰 것이다.

8.1 오류 처리 방법: 기초

5장에서 간략하게 다루어 봤듯이, Go는 함수에 마지막 반환 값으로 error 타입의 값을 반환하여 오류를 처리한다. 이것은 전적으로 관례^{convention}에 의한 것이지만, 절대 위반해서 안되는 강력한 관례이다. 함수가 예상했던 대로 수행이 되면, error 파라미터로 nil이 반환된다. 만약 문제가 있다면, 오류 값이 반환된다. 호출 함수는 오류 반환 값이 nil과 비교하여 확인한 뒤, 오류 처리를 하거나 해당 값을 그냥 반환한다. 이와 관련된 코드는 다음과 같다.

```
func calcRemainderAndMod(numerator, denominator int) (int, int, error) {
    if denominator == 0 {
        return 0, 0, errors.New("denominator is 0")
    }
    return numerator / denominator, numerator % denominator, nil
}
```

새로운 오류는 error 패키지에 있는 New 함수를 호출하면서 문자열과 함께 생성된다. 오류 메시지는 대문자를 사용하거나 구두점 혹은 줄 바꿈으로 마무리되어서는 안 된다. 대부분의 경우에는 nil이 아닌 오류를 반환할 때, 다른 반환 값은 제로 값으로 설정해야 한다. 센티넬sentinel 오류를 볼 때 이 규칙에 대한 예외를 볼 수 있다.

예외Exception가 있는 언어들과는 달리, Go는 오류가 반환되는 것을 검출하는 특별한 구문이 없다. 함수가 반환될 때마다, if 문을 사용하여 오류 변수가 nil이 아닌지 확인하도록 하자.

```go
func main() {
    numerator := 20
    denominator := 3
    remainder, mod, err := calcRemainderAndMod(numerator, denominator)
    if err != nil {
        fmt.Println(err)
        os.Exit(1)
    }
    fmt.Println(remainder, mod)
}
```

error는 단일 메서드를 정의하는 내장 인터페이스이다.

```go
type error interface {
    Error() string
}
```

해당 인터페이스를 구현하는 모든 것은 오류로 간주된다. 오류가 발생하지 않았다는 것을 나타내기 위해 함수에서 nil을 반환하는 이유는 nil은 모든 인터페이스 타입에 대한 제로 값이기 때문이다.

Go가 예외를 발생시키는 것 대신에 반환된 오류를 사용하는 두 가지 좋은 이유가 있다. 첫 번째는 코드에 하나 이상의 새 코드 경로를 추가한다. 이 경로는 특히 함수에 예외가 가능하다는 선언이 포함되지 않은 언어에서 명확하지 않는 경우가 있다. 이것은 예외가 알맞게 처리되지 않았을 때 놀라운 방법으로 크래시가 나는 코드를 만들거나 더 심각한 경우는 크래시는 나지 않지만 데이터가 제대로 초기화, 수정, 저장되지 않는 코드를 만들게 된다.

두 번째 이유는 조금 더 미묘하지만, Go의 기능이 함께 동작하는 방법을 보여준다. Go 컴파일러는 모든 변수들을 반드시 읽을 수 있어야 한다. 반환 값으로 오류를 만드는 것은 개발자에게 오류 조건을 확인하고 처리하는 것을 강제하거나 반환된 오류 값으로 밑줄(_)을 사용해서 오류를 명시적으로 무시하도록 한다.

> **NOTE_** 5장에서 언급했듯이, 함수로부터 반환되는 어떤 값은 무시할 수 없는 반면에, 함수에서 반환되는 모든 값을 무시할 수도 있다. 모든 반환 값을 무시한다면, 오류 역시 무시할 수 있다. 대부분의 경우, 함수에서 반환되는 값들을 무시하는 것은 매우 나쁜 형태이다. `fmt.Println`을 제외하고는 이것을 피하도록 하자.

예외 처리는 더 짧은 코드를 생성할 수 있도록 하지만 더 적은 라인을 사용한다고 해서 코드를 더 쉽게 이해하거나 유지 관리할 수 있는 것은 아니다. 앞서 봤듯이, 관용적 Go는 코드 라인이 더 많이 생성되더라도 명확한 코드를 선호한다.

주목해야 하는 또 다른 사항은 Go에서 코드 흐름의 방식이다. 오류 처리는 if 문 내에 들여 작성된다. 비즈니스 로직은 그렇지 않다. 이것은 어떤 코드가 '골든 패스'를 따르고 어떤 코드가 예외적인 조건인지에 대한 빠른 시각적 단서를 제공한다.

8.2 단순 오류에 문자열 사용

Go의 표준 라이브러리는 문자열로 오류를 생성하는 두 가지 방법을 제공한다. 첫 번째는 errors.New 함수이다. 해당 함수는 문자열을 받아 error를 반환한다. 이 문자열은 반환된 오류 인스턴스의 Error 메서드를 호출했을 때, 반환된다. 만약 오류를 fmt.Println로 넘긴다면, 자동으로 Error 메서드를 호출한다.

```go
func doubleEven(i int) (int, error) {
    if i % 2 != 0 {
        return 0, errors.New("only even numbers are processed")
    }
    return i * 2, nil
}
```

두 번째 방법은 fmt.Errorf 함수를 사용하는 것이다. 이 함수는 fmt.Printf에 대한 모든 포매팅 동사를 사용하여 오류를 생성할 수 있다. errors.New와 같이, 반환된 오류 인스턴스의 Error 메서드가 호출될 때, 문자열이 반환된다.

```go
func doubleEven(i int) (int, error) {
    if i % 2 != 0 {
        return 0, fmt.Errorf("%d isn't an even number", i)
    }
    return i * 2, nil
}
```

8.3 센티넬 오류

어떤 오류는 현재 상태의 문제로 처리를 지속할 수 없음을 나타내기 위한 것이다. Go 커뮤니티에서 다년간 활동해온 개발자 데이브 체니^{Dave Cheney}는 그의 블로그 포스트 중 "단지 오류만 확인할 것이 아니라, 오류를 멋지게 처리도 해야 한다"에서 아래에서 기술하는 **센티넬 오류**^{sentinel errors}라는 용어를 만들었다.

> 해당 이름은 컴퓨터 프로그래밍에서 특정 값을 사용하여 더 이상 처리할 수 없다는 것을 나타내는 관행에서 유래했다. 그래서 Go 에서는 특정 값을 사용하여 오류를 나타낸다.
>
> — 데이브 체니[1]

센티넬 오류는 패키지 레벨에 선언된 몇 가지 변수 중에 하나이다. 관례에 따라 이름은 Err로 시작한다(io.EOF는 주목할 만한 예외). 오류는 읽기 전용으로 취급되며, 컴파일러가 이를 강제할 방법은 없지만 해당 값을 변경하는 것은 프로그래밍 오류가 된다.

센티넬 오류는 대개 처리를 시작하거나 지속할 수 없음을 나타낼 때 사용된다. 예를 들어, 표준 라이브러리는 ZIP 파일을 처리하기 위한 패키지인 archive/zip을 포함한다. 이 패키지는 전달된 데이터가 ZIP 파일 포맷이 아닌 경우에 반환하는 ErrFomat을 포함하는 몇 가지 오류를 정의한다. 아래 코드를 Go 플레이그라운드[2]에서 실행해보도록 하자.

----

1 *https://oreil.ly/3fMAI*

2 *https://oreil.ly/DaW-s*

```
func main() {
    data := []byte("This is not a zip file")
    notAZipFile := bytes.NewReader(data)
    _, err := zip.NewReader(notAZipFile, int64(len(data)))
    if err == zip.ErrFormat {
        fmt.Println("Told you so")
    }
}
```

표준 라이브러리에 센티넬 오류의 다른 예제는 crypto/rsa 패키지의 rsa.ErrMessageTooLong
이다. 해당 오류는 제공된 공개키가 너무 길기 때문에 암호화하지 못한다는 것을 나타낸다. 12
장에서 컨텍스트에 대해 알아보면서, 다른 일반적인 센티넬 오류인 context.Canceled를 알
아볼 것이다.

센티넬 오류 하나를 정의하기 전에 센티넬 오류가 필요한지 확인하자. 하나를 정의하면, 그것
은 공개 API의 일부가 되며 이후에 모든 이전 버전과 호환되는 배포에서 사용할 수 있도록 해
야 한다. 표준 라이브러리에 있는 기존 것 중 하나를 재사용하거나 오류를 반환을 야기한 조건
에 대한 정보를 포함하는 오류 타입을 정의하는 것이 훨씬 더 좋다(다음 섹션에서 수행하는 방
법을 알아보자). 하지만 더 이상 처리가 가능하지 않고 오류 상태를 설명하는 문맥적 정보를
더 이상 사용할 필요가 없는 특정 상태에 도달했음을 나타내는 오류 조건이 있다면, 센티넬 오
류로 처리하는 것이 올바른 선택이다.

센티넬 오류를 테스트하는 방법은 무엇일까? 앞의 코드 예제에서 볼 수 있듯이, 문서에 센티넬
오류를 반환한다고 명시되어 있는 함수를 호출하여 오류를 반환했다면, ==를 사용하여 테스트
할 수 있다. 이제 곧 나올 섹션에서 다른 상황에 센티넬 오류를 확인하는 방법을 알아보자.

상수 오류[3]에서 데이브 체니는 상수가 유용한 센티넬 오류를 만들도록 제안했다. 패키지에 다음과 같은 타입을 가졌다고 하자(9장에서 패키지를 만드는 것을 알아볼 것이다).

```
package consterr

type Sentinel string

func(s Sentinel) Error() string {
    return string(s)
}
```

그리고 다음과 같이 사용하자.

```
package mypkg

const (
    ErrFoo = consterr.Sentinel("foo error")
    ErrBar = consterr.Sentinel("bar error")
)
```

마치 함수 호출과 같아 보이지만, 실제로는 문자열 리터럴을 error 인터페이스를 구현하는 타입으로 전환을 하는 것이다. 이것은 ErrFoo와 ErrBar의 값 변경을 불가능하게 한다. 언뜻 보기에 이것은 좋은 해결책처럼 보인다.

하지만, 이런 관행은 관용적이지 못한 것으로 간주된다. 같은 타입을 사용하여 패키지 전반에 걸쳐 상수 오류를 생성한 경우, 오류 문자열이 같다면 두 개의 오류가 동일할 것이다. 또한 동일한 값을 가진 문자열 리터럴과도 같다. 반면에 errors.New로 생성된 오류는 그것 자신 혹은 명시적으로 해당 값을 할당한 변수하고만 동일 할 것이다. 당신은 거의 확실하게 서로 다른 패키지에서 만들어진 오류들이 같기를 원치 않았을 것이다. 그렇지 않다면, 두 개의 다를 오류를 선언할 이유가 있을까? 이를 회피하기 위해 모든 패키지마다 비공개 오류 타입을 만들 수 있지만, 이는 너무 많은 상용구를 만드는 것이다.

---

3 *https://oreil.ly/1AnVg*

센티넬 오류 패턴은 Go 설계 철학의 또 다른 예제이다. 센티넬 오류는 드물게 사용되어야 하므로, 언어 규칙 대신 관례로 처리될 수 있다. 그렇다, 공개 패키지 레벨 변수일 것이다. 이것은 변수를 수정 가능하게 만들지만 누군가가 실수로 패키지 공용 변수를 재할당할 가능성은 거의 없다. 요컨대, 다른 기능과 패턴으로 처리되는 코너 케이스이다. Go는 언어를 단순하게 유지하고 기능을 추가하는 것보다 개발자와 도구의 신뢰를 높이는 게 더 좋다는 철학이 있다.

여기까지 본 모든 오류는 문자열이다. 하지만 Go 오류는 더 많은 정보를 담을 수 있다. 방법을 알아보자.

8.4 오류는 값이다

오류는 인터페이스이기 때문에, 로깅이나 오류 처리를 위한 추가적 정보를 포함하여 자신만의 오류를정의할 수 있다. 예를 들어, 사용자에게 다시 보고해야 하는 오류의 종류를 나타내기 위해 오류의 일부로 상태 코드를 포함할 수 있다. 이렇게 하면 오류 원인을 결정하기 위한 문자열 비교(텍스트가 변경될 수 있는)를 피할 수 있다. 동작 방법을 살펴보자. 첫 번째로 상태 코드를 나타내는 자신만의 열거형을 정의한다.

```go
type Status int

const (
    InvalidLogin Status = iota + 1
    NotFound
)
```

다음으로, 해당 값을 가지는 StatusErr를 정의한다.

```go
type StatusErr struct {
    Status    Status
    Message string
}

func (se StatusErr) Error() string {
    return se.Message
}
```

이제 문제가 발생하면 더 자세한 사항을 제공하기 위한 **StatusErr**을 사용할 수 있다.

```go
func LoginAndGetData(uid, pwd, file string) ([]byte, error) {
    err := login(uid, pwd)
    if err != nil {
        return nil, StatusErr{
            Status:   InvalidLogin,
            Message: fmt.Sprintf("invalid credentials for user %s", uid),
        }
    }
    data, err := getData(file)
    if err != nil {
        return nil, StatusErr{
            Status:   NotFound,
            Message: fmt.Sprintf("file %s not found", file),
        }
    }
    return data, nil
}
```

사용자 정의 오류 타입을 정의하는 경우에도 항상 오류 결과를 위한 반환 타입으로 **error**를 사용하자. 이것은 함수에서 다양한 타입의 오류를 반환할 수 있고 함수 호출자가 특정 오류 타입에 의존하지 않도록 선택할 수 있다.

자신만의 오류 타입을 사용한다면, 초기화되지 않은 인스턴스를 반환하지 않도록 하자. 이것은 사용자 오류의 타입이 되게 하기 위해 변수를 선언하지 않고 변수를 반환한다는 의미이다. 그렇게 한다면 어떤 일이 벌어지는지 보도록 하자. 다음의 코드를 Go 플레이그라운드[4]에서 실행해 보자.

```go
func GenerateError(flag bool) error {
    var genErr StatusErr
    if flag {
        genErr = StatusErr{
            Status: NotFound,
        }
    }
    return genErr
```

---

https://oreil.ly/5QJVN

```
    }

    func main() {
        err := GenerateError(true)
        fmt.Println(err != nil)
        err = GenerateError(false)
        fmt.Println(err != nil)
    }
```

해당 프로그램을 실행하면, 다음과 같은 결과를 볼 수 있다.

```
true
true
```

이것은 포인터 타입이냐 값 타입이냐의 문제가 아니다. genError를 *StatusErr 타입으로 선언하더라도 같은 출력을 볼 수 있었을 것이다. err가 nil이 아닌 이유는 error는 인터페이스이기 때문이다. 7.9절 '인터페이스와 nil'에서 봤듯이, 인터페이스가 nil로 간주되려면 기본 타입과 값이 반드시 nil이어야한다. genErr가 포인터이든 아니든, 인터페이스의 기본 타입 부분이 nil이 아니다.

해당 문제를 고치기 위한 두 가지 방법이 있다. 가장 일반적인 접근은 함수가 성공적으로 완료되었을 때, 명시적으로 error 값을 nil로 반환해주는 것이다.

```
    func GenerateError(flag bool) error {
        if flag {
            return StatusErr{
                Status: NotFound,
            }
        }
        return nil
    }
```

이는 반환문에 error 변수가 제대로 정의되었는지 확인하기 위해 코드를 읽을 필요가 없다는 이점이 있다.

다른 접근은 error를 가지는 모든 지역 변수는 error 타입임을 확실하게 해야 한다.

```go
func GenerateError(flag bool) error {
    var genErr error
    if flag {
        genErr = StatusErr{
            Status: NotFound,
        }
    }
    return genErr
}
```

> **WARNING_** 사용자 정의 오류를 사용할 때, 변수를 사용자 정의 오류 타입으로 선언하지 않도록 하자. 오류가 발생하지 않았을 때 명시적으로 **nil**을 반환하거나 변수를 **error** 타입으로 선언하도록 하자.

7.12절 '타입 단언과 타입 스위치를 아껴 사용하기'에서 다루었듯이, 사용자 정의 오류의 항목이나 메서드를 접근하기 위해 타입 단언이나 타입 스위치를 사용하지 않도록 하자. 대신에 8.6절 'Is와 As'에서 살펴볼 **errors.As**를 사용하자.

8.5 오류 래핑

오류가 코드를 통해 다시 전달될 때, 해당 오류에 추가 문맥을 추가하려는 경우가 있다. 이런 문맥은 오류를 받는 함수 혹은 수행하려는 작업의 이름일 수 있다. 추가 정보를 추가하면서 오류를 유지하는 것을 **오류 래핑**wrapping error이라고 한다. 일련의 래핑된 오류를 가질 때, 그것은 **오류 체인**error chain이라 부른다.

Go 표준 라이브러리에는 오류를 래핑하는 함수가 있고, 이미 앞서 보았던 것이다. **fmt. Errorf** 함수는 특수한 형식 동사 **%w**를 가지고 있다. 다른 오류의 형식 지정된 문자열과 원본 오류를 포함하는 형식 지정된 문자열의 오류를 생성하는데 사용할 수 있다. 작성하는 관례는 **%w**를 형식 지정 문자열의 마지막에 두고 **fmt.Errorf**의 마지막 파라미터로 전달할 래핑된 오류를 넣는다.

표준 라이브러리는 또한 오류를 언래핑unwrapping하기 위한 **errors** 패키지에 **Unwrap** 함수를 제공한다. 오류를 전달하면 래핑된 오류가 있는 경우 이를 반환한다. 만약 없다면 **nil**을 반환한다. 여기에 fmt.Errorf를 래핑하고 errors.Unwrap으로 언래핑하는 간단한 프로그램이 있다. 해당 프로그램은 Go 플레이그라운드[5]에서 실행 가능하다.

```go
func fileChecker(name string) error {
    f, err := os.Open(name)
    if err != nil {
        return fmt.Errorf("in fileChecker: %w", err)
    }
    f.Close()
    return nil
}

func main() {
    err := fileChecker("not_here.txt")
    if err != nil {
        fmt.Println(err)
        if wrappedErr := errors.Unwrap(err); wrappedErr != nil {
            fmt.Println(wrappedErr)
        }
    }
}
```

해당 프로그램을 실행하면, 다음과 같은 결과를 얻는다.

```
in fileChecker: open not_here.txt: no such file or directory
open not_here.txt: no such file or directory
```

NOTE_ 대부분 errors.Unwrap을 직접 호출하지 않는다. 대신에, errors.Is와 errors.As를 이용하여 특정 래핑된 오류를 찾는다. 다음 섹션에서 이 두 함수를 알아볼 것이다.

사용자 지정 오류 타입으로 오류를 래핑하려면 오류 타입에서 Unwrap 메서드를 구현할 필요가 있다. 이 메서드는 파라미터가 없고 error를 반환한다. 이것의 동작 방법을 확인하기 위해 앞서 정의한 오류를 새롭게 만들었다.

---

5 *https://oreil.ly/HxdHz*

```
type StatusErr struct {
    Status Status
    Message string
    err error
}

func (se StatusErr) Error() string {
    return se.Message
}

func (se StatusError) Unwrap() error {
    return se.err
}
```

이제 StatusErr로 기본 오류를 래핑하여 사용할 수 있다.

```
func LoginAndGetData(uid, pwd, file string) ([]byte, error) {
    err := login(uid,pwd)
    if err != nil {
        return nil, StatusErr {
            Status: InvalidLogin,
            Message: fmt.Sprintf("invalid credentials for user %s",uid),
            Err: err,
        }
    }
    data, err := getData(file)
    if err != nil {
        return nil, StatusErr {
            Status: NotFound,
            Message: fmt.Sprintf("file %s not found",file),
            Err: err,
        }
    }
    return data, nil
}
```

모든 오류가 래핑될 필요는 없다. 라이브러리는 처리를 진행할 수 없다는 오류를 반환할 수 있지만, 오류 메시지는 프로그램의 다른 부분에서 필요하지 않는 구현 세부 사항을 포함할 수 있다. 이 상황에서는 아주 새로운 오류 생성을 완벽히 수용하고 대신 반환될 수 있다. 상황을 이해하고 어떤 것이 반환될지를 결정하자.

다른 오류의 메시지를 포함하는 새로운 오류를 생성하길 원하지만 래핑을 하고 싶지 않다면, fmt.Errorf로 오류를 생성하되 %w 대신에 %v 형식 지정자를 사용하도록 하자.

```
err := internalFunction()
if err != nil {
    return fmt.Errorf("internal failure: %v", err)
}
```

8.6 Is와 As

오류 래핑은 오류와 관련하여 추가 정보를 얻기 위한 유용한 방법이지만 문제가 생길 수 있다. 센티넬 오류가 래핑되었다면, 확인을 위해 ==를 사용하여 확인할 수 없으며 래핑된 사용자 지정 오류와 일치시키기 위해 타입 단언이나 타입 스위치를 사용할 수도 없다. Go는 이런 문제를 해결하기 위해 errors 패키지에 Is와 As를 제공한다.

반환된 오류나 래핑된 모든 오류를 센티넬 오류 인스턴스와 일치하는지 확인하기 위해 errors.Is를 사용한다. 해당 함수는 확인될 오류와 대응되는 인스턴스를 파라미터로 받는다. errors.Is 함수는 제공된 센티넬 오류와 일치하는 오류 체인에 해당 오류가 있다면 true를 반환한다. errors.Is 함수의 실행을 살펴보기 위한 간단한 프로그램을 작성해보자. 해당 프로그램은 Go 플레이그라운드[6]에서 실행할 수 있다.

```
func fileChecker(name string) error {
    f, err := os.Open(name)
    if err != nil {
        return fmt.Errorf("in fileChecker: %w", err)
    }
    f.Close()
    return nil
}

func main() {
    err := fileChecker("not_here.txt")
    if err != nil {
```

----

6 *https://oreil.ly/5_6rI*

```
            if errors.Is(err, os.ErrNotExist) {
                fmt.Println("That file doesn't exist")
            }
        }
    }
```

해당 프로그램을 실행하면 다음과 같은 출력을 볼 수 있다.

```
That file doesn't exist
```

기본적으로 errors.Is는 지정된 오류와 래핑된 오류를 비교하기 위해 ==를 사용한다. 당신이 정의한 오류 타입이 해당 동작을 하지 않을 경우(예를 들어, 오류가 비교 불가능한 타입일 경우라면) 당신의 오류에 Is 메서드를 구현하도록 하자.

```
type MyErr struct {
    Codes []int
}

func (me MyErr) Error() string {
    return fmt.Sprintf("codes: %v", me.Codes)
}

func (me MyErr) Is(target error) bool {
    if me2, ok := target.(MyErr); ok {
        return reflect.DeepEqual(me,m2)
    }
    return false
}
```

3장에서 reflect.DeepEqual을 언급했다. 해당 메서드는 슬라이스를 포함한 모든 것을 비교할 수 있다.

자체 Is 메서드를 정의하는 것의 다른 용도는 동일한 인스턴스가 아닌 오류에 대해서 비교가 가능하게 한다. 일부 동일한 항목을 가지는 오류와 일치하는 필터 인스턴스를 지정하여 오류를 일치시키는 패턴을 만들 수 있다. 이제 ResourceErr라는 새로운 오류를 정의해보자.

```
type ResourceErr struct {
    Resource      string
    Code          int
}

func (re ResourceErr) Error() string {
    return fmt.Sprintf("%s: %d", re.Resource, re.Code)
}
```

두 ResourceErr 인스턴스가 각각 항목이 설정되어 있을 때 일치하는지 확인하기 위해서는 사용자 정의 Is 메서드를 작성할 수 있다.

```
func (re ResourceErr) Is(target error) bool {
    if other, ok := target.(ResourceErr); ok {
        ignoreResource := other.Resource == ""
        ignoreCode := other.Code == 0
        matchResource := other.Resource == re.Resource
        matchCode := other.Code == re.Code
        return matchResource && matchCode ||
            matchResource && ignoreCode ||
            ignoreResource && matchCode
    }
    return false
}
```

예를 들어, 이제 어떤 코드에서도 데이터베이스를 참조하는 모든 오류를 찾을 수 있게 된다.

```
if errors.Is(err, ResourceErr{Resource: "Database"}) {
    fmt.Println("The database is broken:", err)
    // 처리하는 코드
}
```

해당 코드를 Go 플레이그라운드[7]에서 실행해 볼 수 있다.

errors.As 함수는 반환된 오류가 특정 타입과 일치하는지 확인할 수 있다. 해당 함수는 두 개의 파라미터를 받는다. 첫 번째는 검사할 오류고 두 번째는 찾고자 하는 타입의 변수를 가리키

---

7 *https://oreil.ly/Mz_0p*

는 포인터이다. 함수가 true를 반환하면, 오류 체인에 있는 오류와 일치하는 것을 찾았다는 것이고 일치하는 오류는 두 번째 파라미터로 할당된다. 함수가 false를 반환하면, 오류 체인에 일치하는 오류를 찾지 못한다. MyErr를 이용해서 확인해보자.

```
err := AFunctionThatReturnsAnError()
var myErr MyErr
if errors.As(err, &myErr) {
    fmt.Println(myErr.Code)
}
```

특정 타입의 변수를 제로 값으로 설정하여 선언하기 위해 var를 사용했다. 해당 변수의 포인터를 errors.As로 전달한다.

errors.As의 두 번째 파라미터로 오류 타입의 포인터 변수를 전달할 필요는 없다. 인터페이스를 충족하는 오류를 찾기 위해 인터페이스의 포인터를 전달할 수 있다.

```
err := AFunctionThatReturnsAnError()
var coder interface {
    Code() int
}
if errors.As(err, &coder) {
    fmt.Println(coder.Code())
}
```

여기서는 익명의 인터페이스를 사용했지만, 모든 인터페이스 타입이 사용 가능하다.

> **WARNING_** errors.As의 두 번째 파라미터로 오류의 포인터나 인터페이스 포인터가 아닌 다른 것을 전달하면, 메서드는 패닉을 발생시킨다.

기본 errors.Is 비교를 Is 메서드로 재정의 할 수 있듯이, 기본 errors.As 비교도 해당 오류 타입 내의 As 메서드로 재정의 할 수 있다. As 메서드를 구현하는 것은 사소하지 않고 리플렉션(14장에서 리플렉션에 대해 알아보자)이 요구된다. 이는 하나의 오류 타입을 일치시키고 다른 타입을 반환하는 경우와 같은 특수한 상황에서만 사용하도록 하자.

TIP 특정 인스턴스나 특정 값을 찾을 때, errors.Is를 사용하자. 특정 타입을 찾을 때는 errors.As를 사용하자.

8.7 defer로 오류 래핑

가끔씩 같은 메시지로 여러 오류를 래핑한 것을 발견할 때가 있다.

```go
func DoSomeThings(val1 int, val2 string) (string, error) {
    val3, err := doThing1(val1)
    if err != nil {
        return "", fmt.Errorf("in DoSomeThings: %w", err)
    }
    val4, err := doThing2(val2)
    if err != nil {
        return "", fmt.Errorf("in DoSomeThings: %w", err)
    }
    result, err := doThing3(val3, val4)
    if err != nil {
        return "", fmt.Errorf("in DoSomeThings: %w", err)
    }
    return result, nil
}
```

이것을 defer로 이용하여 더 간단히 작성해볼 수 있다.

```go
func DoSomeThings(val1 int, val2 string) (_ string, err error) {
    defer func() {
        if err != nil {
            err = fmt.Errorf("in DoSomeThings: %w", err)
        }
    }()
    val3, err := doThing1(val1)
    if err != nil {
        return "", err
    }
    val4, err := doThing2(val2)
    if err != nil {
        return "", err
    }
    return doThing3(val3, val4)
}
```

지연된 함수에서 err를 참조할 수 있도록 하기 위해 반환 값에 이름을 부여했다. 만약 단일 반환 값에만 이름을 지정하는 경우, 모든 반환 값의 이름을 지정해야 하므로 명시적으로 할당하지 않을 문자열 반환 값은 밑줄로 사용한다.

defer 클로저에서 오류가 반환되었는지 확인한다. 만약 오류가 반환되었다면, 함수 내에서 검출된 오류를 나타내는 메시지와 함께 원본 오류를 래핑한 새로운 오류를 재할당해준다.

이런 방식은 같은 메시지로 래핑된 모든 오류를 처리하는 경우에 잘 동작한다. 오류를 일으킨 것이 무엇이었는지에 대한 더 많은 내용을 제공하기 위해 래핑된 오류를 사용자 정의를 하려면, 모든 fmt.Errorf에 지정된 메시지와 일반 메시지를 모두 넣도록 한다.

8.8 패닉과 복구

이전 장에서 패닉이 무엇인지 자세히 설명하지 않고 패닉에 대해 언급했다. Go는 Go 런타임이 다음에 무슨 일이 일어날지 알 수 없는 상황에서 패닉을 발생시킨다. 이는 프로그래밍 오류(슬라이스의 끝을 지나 읽기를 시도하는 것과 같은)나 환경적인 문제(메모리 부족과 같은)로부터 발생할 수 있다. 패닉이 발생하자마자 현재 함수는 즉시 종료되고 현재 함수에 연결된 모든 defer 함수가 실행을 시작한다. defer가 완료되면, 호출 함수에 연결된 defer가 main 함수에 도달할 때까지 계속 실행된다. 이제 메시지와 스택 트레이스stack trace의 출력과 함께 프로그램이 종료된다.

프로그램이 복구할 수 없는 상황이라면, 직접 패닉을 생성할 수 있다. 내장 함수 panic은 어떤 타입이든 하나의 파라미터를 받는다. 대부분 문자열을 사용한다. panic을 이용한 간단한 프로그램을 만들어 Go 플레이그라운드[8]에서 실행해보도록 하자.

```go
func doPanic(msg string) {
    panic(msg)
}

func main() {
    doPanic(os.Args[0])
}
```

---

8 *https://oreil.ly/yCBib*

해당 코드를 실행하면 다음과 같은 출력을 볼 수 있다.

```
panic: /tmpfs/play

goroutine 1 [running]:
main.doPanic(...)
    /tmp/sandbox567884271/prog.go:6
main.main()
    /tmp/sandbox567884271/prog.go:10 +0x5f
```

보다시피 panic은 메시지 출력 다음에 스택 트레이스를 출력한다.

Go는 패닉을 포착하여 보다 안정적인 종료를 제공하거나 종료를 방지할 수 있는 방법을 제공한다. 내장 함수 recover 함수는 패닉을 확인하기 위한 defer 내부에서 호출될 수 있다. 패닉이라면, 패닉에 할당된 값이 반환된다. 일단 recover가 일어나면, 실행은 정상적으로 진행된다. 다른 예제 프로그램을 살펴보고 Go 플레이그라운드[9]에서 실행해보도록 하자.

```go
func div60(i int) {
    defer func() {
        if v := recover(); v != nil {
            fmt.Println(v)
        }
    }()
    fmt.Println(60 / i)
}

func main() {
    for _, val := range []int{1, 2, 0, 6} {
        div60(val)
    }
}
```

recover를 사용하는 특정한 패턴이 있다. 잠재적인 panic을 처리하기 위한 defer 함수를 등록한다. if 문 내에서 recover를 호출하고 nil이 아닌 값인지 확인한다. 일단 패닉이 발생하면, defer로 등록된 함수만 실행할 수 있기 때문에, recover는 반드시 defer 내에서 호출해야 한다.

---

9 *https://oreil.ly/f5Ybe*

해당 코드를 실행하면 다음과 같은 출력을 볼 수 있다.

```
60
30
runtime error: integer divide by zero
10
```

panic과 recover는 다른 언어에서 예외 처리와 닮아 있지만, 해당 함수들은 예외 처리처럼 사용하도록 의도된 것은 아니다. 치명적 상황에 대한 panic을 예약하고 안정적으로 이런 상황을 처리할 수 있는 방법으로 recover를 사용하자. 프로그램이 패닉을 일으키면, 패닉 이후에 프로그램의 실행을 유지할 것인지를 신중하게 처리하자. 패닉이 발생한 후에 프로그램을 유지하는 것은 매우 드문 경우라고 볼 수 있기 때문이다. 패닉이 컴퓨터의 메모리나 디스크 공간의 부족으로 발생했다면, recover를 사용하여 소프트웨어 모니터링을 위해 상황을 로깅하고 os.Exit(1)으로 종료하여 안전하게 처리한다. 패닉의 요인이 프로그래밍 오류였다면, 계속 진행을 할 수도 있지만 같은 문제가 또 다시 발생할 수 있다. 앞선 예제 프로그램에서 0으로 나누는 것을 확인하고 하나가 넘어가면 오류를 반환하는 것이 일반적이다.

panic과 recover에 의존하지 않는 이유는 recover가 무엇이 실패할 수 있는지 명확하지 않기 때문이다. if 문에서 어떤 것이 실패한다고 확신한다면 메시지를 출력하고 계속 진행할 수 있다. 관용적인 Go는 아무것도 언급하지 않고 모든 것을 짧은 코드로 처리하는 것보다 가능한 실패 조건을 명시적으로 설명하는 코드를 선호한다.

recover 사용을 추천하는 한 가지 상황이 있다. 서드-파티를 위한 라이브러리를 생성한다면, 패닉이 당신의 공용 API의 경계를 벗어나지 않도록 해야 한다. panic이 발생할 수 있는 경우, 공용함수는 recover를 사용하여 panic을 오류로 변환하고 반환하도록 하여 반환된 값으로 무엇을 해야 할지 호출 코드에서 결정하도록 하자.

> **NOTE_** Go에 내장된 HTTP 서버는 핸들러에서 발생한 패닉으로부터 복구하는 기능을 갖췄지만 데이비드 시몬스David Symonds가 깃허브 답글에서 이제는 Go팀이 실수로 생각한다고 언급했다.

8.9 오류에서 스택 트레이스 얻기

새로운 Go 개발자가 panic과 recover에 대한 유혹을 받는 이유 중 하나는 문제가 발생했을 때, 스택 트레이스를 얻을 수 있기 때문이다. 기본적으로 Go는 그것을 제공하지 않는다. 앞서 본 것과 같이, 오류 래핑을 사용하여 수동으로 호출 스택을 만들 수 있지만 이러한 스택을 자동으로 생성해주는 오류 타입이 있는 서드-파티 라이브러리도 있다(서드-파티 라이브러리를 포함하는 방법을 9장에서 배운다). 가장 잘 알려진 서드-파티 라이브러리[10]는 스택 트레이스와 함께 오류 래핑을 위한 함수를 제공한다.

> **NOTE_** 오류에 스택 트레이스를 가질 때, 출력은 프로그램이 컴파일 된 컴퓨터내 파일의 전체 경로를 포함한다. 해당 경로를 노출시키고 싶지 않다면, -trimpath 플래그를 프로그램 빌드 시 사용하자. 그러면 전체 경로가 패키지로 변경된다.

8.10 마무리

이 장에서는 Go의 오류가 무엇이고 정의하는 방법과 확인하는 방법에 관해 학습했다. 또한 panic과 recover에 대해서도 보았다. 다음 장에서는, 패키지와 모듈에 대해 알아보고 프로그램에 서드-파티 코드를 사용하는 방법과 다른 사람들이 사용할 수 있도록 코드를 발행하는 방법을 알아보고자 한다.

---

[10] *https://github.com/pkg/errors*

CHAPTER 9

모듈, 패키지 그리고 임포트

가장 최신의 프로그래밍 언어는 네임스페이스나 라이브러리로 코드를 구성하기 위한 시스템을 가지고 있고, Go도 예외는 아니다. 다른 기능을 살펴보면서 보았듯이 Go는 이 오랜 아이디어에 대한 몇 가지 새로운 접근 방식을 소개한다. 이 장에서 패키지와 모듈로 코드 구성하여 가져오는(import) 방법, 서드-파티 라이브러리와 동작하는 방법 그리고 자신만의 라이브러리를 만드는 방법을 살펴보자.

9.1 저장소, 모듈 그리고 패키지

Go에서 라이브러리 관리는 저장소, 모듈 그리고 패키지라는 개념에 기반한다. 저장소는 모든 개발자에게 익숙하다. 그것은 프로젝트를 위한 소스 코드가 저장된 버전 관리^{version control} 시스템의 공간이다. 모듈은 저장소에 저장된 Go 라이브러리나 응용 프로그램의 최상위 루트이다. 모듈은 모듈 구성 및 구조를 제공하는 하나 이상의 패키지로 구성되어 있다.

> **NOTE_** 저장소에 하나 이상의 모듈을 저장할 수는 있지만, 권장하지는 않는다. 모듈 내에 있는 모든 것은 함께 버전 지정이 된다. 하나의 저장소에 두 개의 모듈을 관리하는 것은 단일 저장소에 다른 두 개의 프로젝트를 위한 분리된 버전을 만들어야 한다는 것을 의미한다.

표준 라이브러리의 외부 패키지에서 가져온 코드를 사용하기 전에, 우리의 프로젝트가 모듈로 선언되었는지 확인할 필요가 있다. 모든 모듈은 전역적으로 유일한 식별자를 가지고 있어야 한다. 이것은 Go에서만 적용되는 사항은 아니다. 자바는 `com.companyname.projectname.library`와 같이 전역적으로 유일한 패키지 이름을 사용한다.

보통 Go에서는 모듈이 있는 곳의 모듈 저장소 경로를 사용한다. 예를 들어, Go에서 관계형 데이터베이스 접근을 간소화하는 Proteus라는 모듈은 깃허브[1]에서 찾아볼 수 있다.

9.2 go.mod

Go 소스 코드의 컬렉션은 해당 루트 디렉터리에 유효한 go.mod 파일이 있을 때 모듈이 된다. 해당 파일을 수동으로 생성하는 것보다, 모듈을 관리하기 위한 go mod 명령의 하위 명령어를 사용할 수 있다. `go mod init MODULE_PATH` 명령어는 현재 디렉터리를 모듈의 루트로 만드는 go.mod 파일을 생성한다. `MODULE_PATH`는 해당 모듈을 식별하기 위한 전역적으로 유일한 이름이다. 모듈 경로는 대소문자를 구분한다. 혼선을 줄이기 위해 경로에는 대문자를 사용하지 않겠다.

go.mod 파일의 내용을 간단하게 살펴보도록 하자.

```
module github.com/learning-go-book/money

go 1.15

require (
    github.com/learning-go-book/formatter v0.0.0-20200921021027-5abc380940ae
    github.com/shopspring/decimal v1.2.0
)
```

모든 go.mod 파일은 module이라는 단어와 모듈의 유일한 경로로 구성되는 module 선언으로 시작한다. 다음은, go.mod 파일은 Go의 최소 호환 버전을 지정한다. 마지막으로 require 섹션은 해당 모듈이 의존하는 모듈과 각 모듈에 필요한 최소 버전이 나열된다. 9.4.1절 '서드-파

---

1 *https://github.com/jonbodner/proteus*

티 코드 가져오기'에서 해당 버전의 의미가 무엇인지 살펴보자. 당신의 모듈에서 어떠한 모듈과도 의존하지 않는다면 require 섹션을 생략할 수 있다.

또한 두 가지 선택적 섹션이 있다. replace 섹션은 의존성 있는 모듈이 있는 위치를 재정의 할 수 있고, exclude 섹션은 특정 버전의 모듈의 사용을 막을 수 있다.

9.3 패키지 빌드

앞서 코드의 디렉터리를 모듈로 만드는 방법을 배웠고, 이제는 코드를 구성하기 위해 패키지를 사용해보도록 하자. import 문이 동작하는 방법을 시작으로 패키지를 생성하고 구성한 다음 Go의 기능 중 몇 가지를 장단점과 함께 살펴보도록 하자.

9.3.1 가져오기와 노출시키기

우리는 Go에서 import 문이 정확히 무엇을 하는지 다른 언어와는 어떻게 다른 것인지 확인하지 않고 사용해왔다. Go의 import 문은 다른 패키지에서 노출된exported 상수, 변수, 함수, 타입을 접근할 수 있도록 한다. 패키지의 노출된 식별자(식별자는 변수, 상수, 타입, 함수, 메서드 혹은 구조체의 항목 이름이다)는 import 문 없이는 다른 패키지에서 접근을 할 수 없다. 그렇다면 Go에서 식별자를 노출시키는 방법은 무엇인지 궁금할 것이다. 특별한 키워드를 사용하는 것보다는 Go에서는 패키지 레벨 식별자를 선언된 패키지 외부에서 보여지는 것을 결정하기 위해 **대문자**를 사용한다. 이름이 대문자로 시작하는 식별자는 **노출된** 것이다. 반대로, 이름이 소문자나 밑줄(_)로 시작하는 식별자는 선언된 패키지 내에서만 접근이 가능하다.

노출된 모든 것은 패키지 API의 일부이다. 식별자를 노출시키기 전에, 고객에게 그것을 노출하는 것을 의도한 것인지 확인해야한다. 노출된 모든 식별자를 문서화하고 의도적으로 주요 버전을 변경하지 않는 한 이전 버전화 호환은 유지해야 한다(더 많은 정보를 위해 9.6절 '모듈 버전 관리'를 보자).

9.3.2 패키지 생성과 접근

Go에서 패키지 만드는 것은 쉽다. 이것을 시연하는 작은 프로그램을 살펴보자. 해당 프로그램은 깃허브[2]에서 찾아볼 수 있다. package_example내에 두 추가적인 디렉터리인 math와 formatter를 볼 수 있을 것이다. math 디렉터리에서는 math.go 파일이 다음의 내용으로 구현되어 있다.

```go
package math

func Double(a int) int {
    return a * 2
}
```

파일의 첫 번째 라인을 **패키지 절**package clause이라 합니다. 그것은 package 키워드와 패키지 이름으로 구성된다. 패키지 절은 Go 소스 파일에서 비어 있지 않고 주석이 아닌 첫 번째 라인이다.

formatter 디렉터리에는 다음의 내용을 가지는 formatter.go 파일이 있다.

```go
package print

import "fmt"

func Format(num int) string {
    return fmt.Sprintf("The number is %d", num)
}
```

패키지 절에서 패키지 이름이 print라고 되어있지만, formatter 디렉터리에 있다는 점을 유의하자. 이것은 조금 뒤에 더 다루어 보자.

마지막으로 다음의 코드는 루트 디렉터리에 있는 main.go 파일의 내용이다.

```go
package main

import (
    "fmt"
```

---

2 *https://oreil.ly/WE7RN*

```
    "github.com/learning-go-book/package_example/formatter"
    "github.com/learning-go-book/package_example/math"
)

func main() {
    num := math.Double(2)
    output := print.Format(num)
    fmt.Println(output)
}
```

해당 파일의 첫 번째 라인은 익숙할 것이다. 이 장 이전에 있었던 모든 프로그램은 여기 있는 코드와 같이 첫 번째 라인에 `package main`을 넣었다. 잠시 뒤에 이것이 의미하는 것을 이야기해볼 것이다.

다음은 `import` 부분을 살펴보자. 여기서 3개의 패키지를 가져왔다. 첫 번째는 표준 라이브러리에 있는 `fmt`이다. 이는 이전 장에서 살펴보았다. 다음 두 개는 해당 프로그램에 있는 패키지를 참조한다. 표준 라이브러리를 제외한 다른 모든 곳에서 가져오는 경우에는 **임포트 경로**import path를 반드시 지정해야 한다. 임포트 경로는 모듈에 있는 패키지 경로를 모듈 경로에 추가하여 만들어진다.

패키지에서 노출된 어떤 식별자도 사용하지 않는다면 패키지를 `import`로 가져오는 것은 컴파일 오류를 발생시킨다. 이것은 Go 컴파일러가 만들어내는 바이너리는 프로그램에서 실제 사용되는 코드만 포함한다는 것을 보장한다.

> **WARNING_** 동일한 모듈 내에 있는 의존 패키지는 상대 경로를 통해 가져올 수 있지만 그렇게 하지 않도록 하자. 절대 경로는 가져오려는 것을 명확하게 하고 코드 리팩터링을 쉽게 할 수 있도록 한다. 상대 경로로 가져온 파일이 다른 패키지로 옮겨졌을 때, `import` 라인은 반드시 수정되어야 하고, 해당 파일이 완전히 다른 모듈로 옮겨지면, `import` 참조는 절대 경로로 반드시 수정해야 한다.

해당 프로그램이 실행되면, 다음과 같이 출력된다.

```
$ go run main.go
The number is 4
```

main 함수에서 패키지 이름을 함수 이름 앞에 붙임으로써 math 패키지 내의 Double 함수를 호출했다. 우리는 이전 장에서 표준 라이브러리의 함수를 호출할 때 이것을 이미 살펴보았다. 또한 print 패키지의 Format 함수를 호출할 수도 있다. github.com/learning-go-book/package_example/formatter의 경로로 모듈을 가져왔기 때문에 print.Format()의 print 패키지가 어느 모듈에서 온 것인지 알기 힘들다.

디렉터리에 있는 모든 Go 파일은 동일한 패키지 절을 가져야 한다(13.1.5절 '공용 API 테스트'에서 보게 될 이런 규칙에서 아주 작은 예외가 있다). 우리는 github.com/learning-go-book/package_example/formatter 경로의 모듈에서 print 패키지를 가져왔다. 이는 임포트 경로가 아니라 패키지 절을 통한 패키지 이름으로 결정되기 때문이다.

일반적으로 패키지를 포함하는 디렉터리 이름과 일치하는 패키지 이름을 만들도록 하자. 포함하는 디렉터리와 이름이 다르다면 패키지 이름으로 찾아내기 어려울 수 있다. 하지만 디렉터리와 패키지 이름을 다르게 사용해야 하는 몇 가지 상황이 있다.

첫 번째는 우리가 인지하지도 못한 사이에 줄곧 해온 일이다. 특별한 패키지 이름인 main을 사용하여 Go 응용 프로그램의 시작점으로 패키지를 선언한다. main 패키지는 가져올 수 없기 때문에, 혼란스러운 import 문을 생성하지 않는다.

디렉터리 이름과 일치하지 않는 패키지 이름을 설정하는 다른 이유는 덜 일반적이다. 디렉터리 이름에 Go 식별자로 유효하지 않는 문자를 포함한다면, 디렉터리 이름과 다른 패키지 이름을 선택해야한다. 유효하지 않는 이름으로 디렉터리 생성하지 않도록 해서 이것을 회피하는 것이 좋다.

패키지 이름과 일치하지 않은 이름의 디렉터리를 생성하는 마지막 이유는 디렉터리를 사용하여 버전 관리를 지원하는 것이다. 이는 9.6절 '모듈 버전 관리'에서 조금 더 다루어 보자.

패키지 이름은 파일 블록 내에 있다. 같은 패키지 내에 두 개의 다른 파일에서 같은 패키지를 사용하는 경우, 두 파일 모두 해당 패키지를 가져와야 한다.

9.3.3 패키지 이름 짓기

패키지 내의 항목을 참조하는데 사용되는 이름의 일부로 패키지 이름을 가지는 것은 몇 가지 의미가 있다. 첫 번째는 패키지 이름은 설명적이어야 한다. util이라는 패키지 이름을 가지는 것보다 패키지가 제공하는 기능을 설명하는 패키지 이름을 생성하자. 예를 들어, 두 개의 도움 함수가 있다고 가정하자. 하나는 문자열에서 모든 이름을 추출하고 다른 하나는 알맞게 포매팅을 하는 것이다. 이 두 함수를 util 패키지에 ExtractName와 FormatName로 만들지 않도록 하자. 이렇게 한다면, 이 함수를 사용할 때 마다, util.ExtractNames와 util.FormatName로 참조할 것이고, 여기서 util 패키지는 해당 함수가 하는 일에 대해 아무것도 알려주지 않는다.

하나는 extract라 불리는 패키지에 Names라는 함수를 생성하고 다른 하나는 format 패키지에 Names라는 함수를 만드는 것이 좋다. 패키지 이름으로 명확하게 구분이 되기 때문에 두 함수의 이름이 같더라도 문제가 없다. 첫 번째 기능을 가져왔을 때, extract.Names로 참조되고 두 번째는 format.Names로 참조가 될 것이다.

또한 패키지 내의 함수 및 타입의 이름에서 패키지 이름을 반복하지 않도록 하자. extract 패키지 내에서 ExtractName라는 함수 이름을 짓지 않도록 하자는 것이다. 식별자의 이름이 패키지의 이름과 같은 경우에는 해당 규칙에서 예외로 한다. 예를 들어, 표준 라이브러리의 sort 패키지는 Sort라는 함수를 가지고 있고, context 패키지는 Context 인터페이스를 정의한다.

9.3.4 모듈을 구성하는 방법

모듈에서 Go 패키지를 구성하는 공식적인 방법은 없지만 몇 년에 걸쳐 몇 가지 패턴들이 나타났다. 그것들은 코드를 쉽게 이해하고 유지 관리할 수 있도록 만드는데 집중해야 한다는 원칙에 따라 진행되었다. 모듈이 작을 때, 모든 코드를 단일 패키지에 유지하도록 하자. 자신의 모듈에 의존하는 다른 모듈이 없는 한, 구성을 지연하더라도 아무런 해가 없다.

프로젝트가 성장함에 따라 코드의 가독성을 높이기 위해 몇 가지 순서를 지정하고 싶을 것이다. 모듈이 하나 이상의 응용 프로그램으로 구성되었다면, 모듈의 루트 디렉터리에 cmd라는 디렉터리를 만들자. cmd 내에서는 모듈에서 생성하는 각 바이너리에 대해 하나의 디렉터리를 만든다. 예를 들어, 모듈이 웹 응용 프로그램과 웹 응용 프로그램의 데이터베이스에 데이터를 분석하는 명령 라인 도구를 가지고 있다고 하자. 각 디렉터리 내에서 패키지 이름으로 main을 사용하자.

만약 모듈의 루트 디렉터리에 테스팅 관리 및 프로젝트 배포(셸 스크립트, 지속적 통합 설정 파일 혹은 Dockerfile과 같은 파일들)를 위한 많은 파일들을 포함한다면, 모든 Go 코드(게다가 cmd 디렉터리 하위에는 main 패키지를 둔다.)를 pkg라는 디렉터리 하위에 패키지에 넣도록 하자.

pkg 디렉터리 내에서 패키지 간 의존성을 제한하도록 코드를 구성한다. 한 가지 일반적인 패턴은 기능의 조각별로 코드를 구성하는 것이다. 예를 들어, Go로 쇼핑 사이트를 작성한다면, 하나의 패키지 내에 고객 관리를 지원하기 위한 모든 코드를 둘 것이고 다른 곳에는 재고를 관리하기 위한 모든 코드를 둘 것이다. 이런 스타일은 패키지간 의존성을 제한하므로 나중에 단일 웹 응용 프로그램을 마이크로 서비스로 쉽게 리팩터링이 가능할 것이다.

Go 프로젝트 구조의 조언에 대한 좋은 개요를 보려면 GopherCon 2018에서 캇 지엔Kat Zien 이 발표한 「How Do You Structure Your Go Apps」[3]를 시청해보도록 하자.

9.3.5 패키지 이름 재정의

때로는 중복된 이름의 두 패키지를 가져와야 하는 경우가 있다. 예를 들어, 표준 라이브러리는 난수를 생성하기 위해 두 개의 패키지를 갖고 있다. 하나는 암호학적으로 안전한(crypto/rand) 것이고 다른 하나(math/rand)는 그렇지 않은 것이다. 일반적인 생성기는 암호화를 위한 난수를 생성하지 않을 때는 괜찮지만, 예측 불가능한 값으로 시드seed 할 필요가 있다. 일반적인 패턴은 암호화 생성기의 값으로 일반 난수 생성기를 시드하는 것이다. Go에서는 두 패키지 모두 같은 이름(rand)을 가진다. 함께 사용하는 일이 발생한다면, 현재 파일 내에서 하나의 패키지에 대체 이름을 부여해야 한다. 다음의 코드를 Go 플레이그라운드[4]에서 실행해 볼 수 있다. 먼저 import 섹션을 보도록 하자.

```
import (
    crand "crypto/rand"
    "encoding/binary"
    "fmt"
    "math/rand"
)
```

3 *https://oreil.ly/0zHY4*
4 *https://oreil.ly/YVwkm*

crypto/rand를 crand라는 이름으로 가져왔다. 이것은 패키지 내에 선언된 rand라는 이름을 재정의하는 것이다. math/rand는 정상적으로 가져올 수 있다. seedRand 함수를 살펴볼 때, math/rand 내에 식별자를 접근하는 경우에는 rand 접두사를 사용하고 crypto/rand 패키지의 것을 접근할 때는 crand 접두사를 사용한다는 것을 볼 수 있다.

```go
func seedRand() *rand.Rand {
    var b [8]byte
    _, err := crand.Read(b[:])
    if err != nil {
        panic("cannot seed with cryptographic random number generator")
    }
    r := rand.New(rand.NewSource(int64(binary.LittleEndian.Uint64(b[:]))))
    return r
}
```

> **NOTE_** 패키지 이름으로 사용가능한 두 개의 다른 심볼이 있다. 패키지 이름으로 . 을 사용하면 현재 패키지의 네임스페이스로 가져온 패키지의 노출된 모든 심볼을 위치시킨다. 그것들을 사용할 때는 패키지 이름을 붙일 필요가 없다. 이는 단순하게 이름만 보고 현재 패키지에서 정의한 것인지 아니면 가져온 패키지에 선언된 것인지 알 수 없게 하여 소스 코드를 덜 명확하게 만들기 때문에 권장하지는 않는다.
> 패키지 이름으로 _ 도 사용할 수 있다. 이것은 9.3.8절 'init 함수: 가능하면 피하자'에서 init을 살펴보면서 알아보도록 하자.

4.1.1절 '섀도잉 변수'에서 살펴봤듯이, 패키지 이름은 섀도잉 될 수 있다. 패키지와 이름이 같은 변수, 타입 혹은 함수를 선언하면 해당 선언이 있는 블록 내에서 패키지에 접근할 수 없게 만든다. 만약 이것이 불가피하다면(예를 들어, 새롭게 가져온 패키지가 기존 식별자와 이름이 충돌하는 경우), 그런 충돌을 해결하기 위해 패키지 이름을 재정의하자.

9.3.6 패키지 주석과 godoc

Go는 자동적으로 문서로 변환해주는 주석을 작성하기 위한 Go만의 포맷을 가진다. 이를 godoc이라 부르고 그것은 매우 간단하다. godoc 주석에는 특별한 심볼은 없다. 단지 관례에 따라 진행된다. 규칙은 다음과 같다.

- 항목의 선언과 주석사이에 빈 줄이 없이 문서화가 될 항목 전에 바로 주석을 작성한다.

- 두 개의 슬래시와 항목의 이름으로 주석을 시작한다.

- 여러 단락으로 주석을 나누기 위해서는 빈 주석라인을 사용한다.

- 라인을 들여쓰기 하여 미리 서식이 지정된 주석을 추가할 수 있다.

패키지 선언 전에 주석은 패키지 레벨 주석을 생성한다. 패키지를 위한 긴 주석을 작성해야 한다면(fmt 패키지의 광범위한 포맷 문서와 같은), 패키지 내에 있는 doc.go라는 파일에 주석을 넣는 것이 관례이다.

주석이 잘 작성된 파일을 살펴보도록 하자. [예제 9-1]의 패키지 레벨 주석으로 시작할 것이다.

예제 9-1 패키지 레벨 주석

```
// Package money provides various utilities to make it easy to manage money.
package money
```

다음은, 노출된 구조체에 대한 주석 작성이다(예제 9-2). 해당 주석은 구조체의 이름으로 시작한다.

예제 9-2 구조체 주석

```
// Money represents the combination of an amount of money
// and the currency the money is in.
type Money struct {
    Value decimal.Decimal
    Currency string
}
```

마지막으로 함수의 주석이다(예제 9-3).

예제 9-3 잘 작성된 함수의 주석

```
// Convert converts the value of one currency to another.
//
// It has two parameters: a Money instance with the value to convert,
// and a string that represents the currency to convert to. Convert returns
// the converted currency and any errors encountered from unknown or unconvertible
```

```
// currencies.
// If an error is returned, the Money instance is set to the zero value.
//
// Supported currencies are:
//      USD - US Dollar
//      CAD - Canadian Dollar
//      EUR - Euro
//      INR - Indian Rupee
//
// More information on exchange rates can be found
// at https://www.investopedia.com/terms/e/exchangerate.asp
func Convert(from Money, to string) (Money, error) {
    // ...
}
```

Go는 godoc을 보여주는 go doc이라 불리는 명령라인 도구를 포함한다. 명령어 go doc
PACKAGE_NAME은 지정된 패키지를 위한 패키지 godoc과 패키지의 식별자 목록을 보여
준다. 패키지의 특정 식별자를 위한 문서를 출력하기 위해서는 go doc PACKAGE_NAME.
IDENTIFIER_NAME 명령어를 사용하자.

> **TIP** 코드를 올바르게 주석 처리했는지 확인하자. 최소한 모든 노출된 식별자에는 주석이 있어야 한다. golint와
> golangci-lint와 같은 Go의 린트 도구는 주석이 없는 노출된 식별자를 보고한다.

9.3.7 내부 패키지

때로는 모듈에서 패키지 간에 함수, 타입, 상수를 공유하고 싶지만, API의 일부가 되게는 하고
싶지 않은 경우가 있을 것이다. Go는 특별한 internal 패키지 이름을 통해 이것을 지원한다.

internal이라는 패키지를 생성할 때, 패키지와 해당 하위 패키지의 노출된 식별자는
internal의 바로 상위의 부모 패키지와 internal과 같은 레벨의 디렉터리에서만 접근이 가
능하다. 예제를 통해 이것의 동작 방식을 알아보도록 하자. 해당 코드는 깃허브[5]에서 찾을 수
있다. 디렉터리 구조는 [그림 9-1]과 같다.

internal 패키지의 internal.go 파일에 간단한 함수를 선언했다.

----

5 *https://oreil.ly/ksyA0*

```
func Doubler(a int) int {
    return a * 2
}
```

여기서 foo 패키지의 foo.go 파일과 siblings 패키지의 sibling.go 파일에서 해당 함수를
접근할 수 있다.

그림 9-1 internal_package_example의 파일 구조

bar 패키지의 bar.go 파일이나 루트 패키지에 있는 example.go에서 internal 패키지에 있
는 함수를 사용하려고 했을 때는 다음과 같은 컴파일 오류가 발생한다.

```
$ go build ./...
package github.com/learning-go-book/internal_example
example.go:3:8: use of internal package
github.com/learning-go-book/internal_example/foo/internal not allowed

package github.com/learning-go-book/internal_example/bar
bar/bar.go:3:8: use of internal package
github.com/learning-go-book/internal_example/foo/internal not allowed
```

9.3.8 init 함수: 가능하면 피하자

Go 코드를 읽을 때, 어떤 메서드나 함수가 실행되고 언제 호출이 되는지 대체로 명확하다. Go 에서 메서드나 함수의 재정의^{overriding}를 가지지 않는 여러 이유 중 하나는 코드가 무엇을 수행하는지 이해하기 쉽도록 만들기 위해서이다. 하지만 명시적으로 아무것도 하지 않아도 패키지에서 상태를 설정하기 위한 방법으로 init 함수를 사용한다. 어떠한 파라미터도 받지 않고 반환하는 값이 없는 init이라는 함수를 선언하면, 다른 패키지에서 패키지가 처음 참조 되는 순간 수행된다. init 함수는 어떠한 입력과 출력을 가지지 않기 때문에, 패키지 레벨 함수나 변수와 상호 작용하는 범위에서만 동작한다.

init 함수는 다른 독특한 기능이 있다. Go는 단일 패키지 내에서 여러 init 함수를 선언할 수 있도록 한다. 단일 패키지에서 여러 init 함수는 작성된 순서대로 실행이 되지만, 그것을 기억하는 것보다는 사용하지 않는 것이 더 좋다.

데이터베이스 드라이버와 같은 패키지에서는 데이터베이스 드라이버를 등록하기 위해 init 함수를 사용한다. 하지만 패키지 내에 어떤 식별자도 사용하지 않는다. 앞서 언급했듯이, Go 는 사용되지 않는 가져온 패키지를 허용하지 않는다. 이것을 해결하기 위해, Go는 import 문 의 가져오는 패키지 앞에 밑줄(_)을 이름으로 할당하여 **공백 가져오기**^{blank import}를 허용한다. 밑줄은 함수에서 사용되지 않는 반환 값을 문제없이 넘기기 위해 사용한 것처럼, 공백 가져오기는 패키지에서 init 함수를 수행하지만 패키지에서 노출된 식별자에 대한 접근은 허용하지 않는다.

```
import (
    "database/sql"

    _ "github.com/lib/pq"
)
```

이런 패턴은 등록 작업이 수행되고 있는지 명확하지 않기 때문에 더 이상 사용되지 않는 것으로 간주된다. Go의 표준 라이브러리에 대한 호환성을 보장한다는 것은 데이터베이스 드라이버나 이미지 포맷을 등록하기 위한 것이 막혔다는 의미이지만 당신의 코드에 레지스트리 패턴 ^{Registry pattern}을 가진다면, 명시적으로 플러그인을 등록하면 된다.

최근 init 함수의 주요 사용처는 단일 할당에서 설정될 수 없는 패키지 레벨 변수를 초기화하는 경우이다. 데이터가 응용 프로그램을 통해 흐르는 방식을 이해하기 어렵게 만들기 때문에, 패키지의 최상위 레벨에서 변경 가능한 상태를 만드는 것은 나쁜 아이디어이다. init을 통해 어떤 패키지 레벨 변수를 설정하는 것은 **효과적으로 변경할 수 없다**는 것이다. Go는 값을 변경할 수 없도록 강제하는 기능을 제공하지 않기 때문에, 코드가 그것을 변경하지 않도록 해야 한다. 프로그램이 수행되는 동안 수정되어야 하는 패키지 레벨 변수가 있는 경우에 코드를 리팩터링하여 패키지 내에서 함수로 초기화 하고 반환되는 구조체에 해당 상태를 넣을 수 있는지 확인하자.

init의 사용에서 추가적인 몇 가지 경고가 있다. Go에서 여러 init 함수의 선언을 허용하더라도 패키지 당 단일의 init 함수를 선언하자. init 함수가 파일을 로드하거나 네트워크에 접근하는 경우 보안에 민감한 코드 사용자가 예기치 않은 I/O에 놀라지 않도록 해당 동작을 문서화하자.

9.3.9 순환 의존성

Go의 목표 중 두 개는 빠른 컴파일러와 코드를 쉽게 이해할 수 있게 하는 것이다. 이것을 지원하기 위해, Go는 패키지들 간에 순환 의존성을 가지게 허용하지 않는다. 이것은 만약 패키지 A가 직접적이든 간접적이든 패키지 B를 가져왔다면, 패키지 B에서는 직접적이든 간접적이든 패키지 A를 가져올 수 없다는 의미이다. 해당 개념을 설명하기 위해 예제로 살펴보도록 하자. 코드는 깃허브[6]를 통해 다운로드 받을 수 있다. 우리의 프로젝트는 두 개의 하위 디렉터리인 pet과 person을 가진다. pet 패키지에 있는 pet.go에서, github.com/learning-go-book/circular_dependency_example/person를 가져왔다.

```go
var owners = map[string]person.Person{
    "Bob":   {"Bob", 30, "Fluffy"},
    "Julia": {"Julia", 40, "Rex"},
}
```

person 패키지의 person.go에서는 github.com/learning-go-book/circular_dependency_example/pet를 가져왔다.

---

6 *https://oreil.ly/CXsyd*

```
var pets = map[string]pet.Pet{
    "Fluffy": {"Fluffy", "Cat", "Bob"},
    "Rex":    {"Rex", "Dog", "Julia"},
}
```

해당 프로젝트를 빌드하면, 다음과 같은 오류를 볼 수 있다.

```
$ go build
package github.com/learning-go-book/circular_dependency_example
    imports github.com/learning-go-book/circular_dependency_example/person
    imports github.com/learning-go-book/circular_dependency_example/pet
    imports github.com/learning-go-book/circular_dependency_example/person:
        import cycle not allowed
```

만약 순환 의존성을 스스로 발견했다면, 몇 가지 옵션을 가진다. 어떤 경우에는 이는 패키지를 너무 작게 나누어 발생한 것이다. 두 패키지가 서로 의존한다면, 단일 패키지로 합쳐질 수 있는 좋은 기회를 가져보도록 하자. person과 pet 패키지를 단일 패키지로 합쳐서 문제를 해결할 수 있다.

분리된 패키지로 유지해야하는 합당한 이유가 있다면, 순환 의존성을 유발하는 항목만 두 패키지 중 하나로 통합하거나 새로운 패키지로 이동할 수 있다.

9.3.10 API의 이름을 우아하게 바꾸고 재구성하기

한동안 모듈을 사용하다 보면 해당 API가 이상적이지 않다는 것을 깨닫게 된다. 노출된 식별자의 일부의 이름을 바꾸길 원하거나 그것들을 당신의 모듈 내에 다른 패키지로 이동시키고 싶을 것이다. 기존 호환성을 깨는 변경을 피하기 위해, 원본 식별자를 제거하는 대신에 대체 이름을 제공하자.

함수나 메서드는 이것이 쉽다. 원본을 호출하는 함수나 메서드를 선언한다. 상수를 위해서는 단순히 같은 타입과 같은 값이지만 이름이 다른 새로운 상수를 선언하자. 7장에서 type 키워드로 기존에 있는 타입 기반으로 새로운 타입을 선언하는 방법을 보았다. type 키워드를 사용해서 별칭도 선언할 수 있다. Foo라는 타입이 있다고 가정해보자.

```
type Foo struct {
    x int
    S string
}

func (f Foo) Hello() string {
    return "hello"
}

func (f Foo) goodbye() string {
    return "goodbye"
}
```

사용자가 Bar라는 이름으로 Foo를 접근하는 것을 원한다면, 다음과 같이 할 수 있다.

```
type Bar = Foo
```

별칭을 생성하기 위해, type 키워드를 사용하여 별칭의 이름에 등호 기호로 원본 타입의 이름을 할당해주면 된다. 해당 별칭은 원본 타입의 같은 항목과 메서드를 가지게 된다.

별칭은 타입 변환없이 원본 타입의 변수에 할당될 수도 있다.

```
func MakeBar() Bar {
    bar := Bar{
        a: 20,
        B: "Hello",
    }
    var f Foo = bar
    fmt.Println(f.Hello())
    return bar
}
```

기억해야할 중요한 한가지 지점은 별칭은 단지 타입을 위한 다른 이름이다. 별칭의 구조체의 항목의 변경이나 새로운 메서드를 추가하려면, 원본 타입에다 해야 한다.

원본 타입으로 같은 패키지나 다른 패키지 내에서 정의된 타입의 별칭을 지정할 수 있다. 다른 모듈에 있는 타입도 별칭을 지정할 수 있다. 다른 패키지의 별칭 지정은 단점이 있는데, 원본 타입의 노출되지 않은 메서드와 항목을 참조하기 위해 별칭을 사용할 수 없다는 것이다. 패키지의 API를 점진적으로 변경할 수 있도록 별칭이 존재하고 API는 패키지의 노출된 일부로 구성되므로 해당 제한은 의미가 있다. 이 제한을 해결하기 위해 노출되지 않은 항목과 메서드를 제어하기 위해 타입의 원본 패키지 내에서 코드를 호출하자.

대체 이름을 가질 수 없는 노출된 식별자의 두 가지 종류가 있다. 첫 번째는 패키지 레벨 변수이다. 두 번째는 구조체의 항목이다. 일단 노출된 구조체 항목을 위한 이름을 선택하면, 더 이상 대체 이름을 생성할 수 있는 방법이 없다.

9.4 모듈 관련 작업

우리는 단일 모듈 내에 패키지로 구성하는 방법을 보았고, 이제는 다른 모듈들과 모듈 내에 패키지를 통합하는 방법을 알아볼 시점이다. 그 후에는, 직접 만든 모듈의 버전관리 및 배포와 pkg.go.dev, 프록시 모듈, 집계 데이터베이스와 같은 Go의 중앙집중적 서비스를 배워보자.

9.4.1 서드-파티 코드 가져오기

지금까지 `fmt`, `errors`, `os`, `math`와 같은 표준 라이브러리에서 패키지를 가져오는 것을 살펴보았다. Go는 서드-파티의 패키지를 통합하기 위해서도 같은 임포트^{import} 시스템을 사용한다. 다른 많은 컴파일 언어와는 다르게 Go는 응용 프로그램을 위한 서드-파티에서 가져온 코드와 본인이 작성한 코드 모두를 컴파일하여 단일 바이너리로 만든다. 자신의 프로젝트내에 있는 패키지를 가져올 때 보았듯이 서드-파티 패키지를 가져올 때, 패키지가 있는 소스 코드 저장소의 위치를 지정하면 된다.

예로 살펴보도록 하자. 2장에서 10진수의 정확한 표현을 위해 부동소수점 수를 사용해서는 안된다고 언급했다. 정확한 표현이 필요한 경우에 좋은 라이브러리는 ShopSpring[7]의 `decimal` 모듈이다. 이 책을 위해 직접 작성한 간단한 포매팅 라이브러리[8]를 살펴볼 것이다. 우리는 이 두 모듈을 세금을 포함한 아이템의 가격을 정확히 계산하고 정돈된 포맷으로 출력하는 작은 프로그램에 사용할 것이다.

....

7 _https://github.com/shopspring/decimal_
8 _https://github.com/learning-go-book/money_

```go
package main

import (
    "fmt"
    "log"
    "os"

    "github.com/learning-go-book/formatter"
    "github.com/shopspring/decimal"
)

func main() {
    if len(os.Args) < 3 {
        fmt.Println("Need two parameters: amount and percent")
        os.Exit(1)
    }
    amount, err := decimal.NewFromString(os.Args[1])
    if err != nil {
        log.Fatal(err)
    }
    percent, err := decimal.NewFromString(os.Args[2])
    if err != nil {
        log.Fatal(err)
    }
    percent = percent.Div(decimal.NewFromInt(100))
    total := amount.Add(amount.Mul(percent)).Round(2)
    fmt.Println(formatter.Space(80, os.Args[1], os.Args[2],
                            total.StringFixed(2)))
}
```

가져온 두 개의 모듈 github.com/learning-go-book/formatter와 github.com/shopspring/decimal은 서드-파티 모듈을 지정한 것이다. 해당 모듈은 저장소의 위치로 포함시킨다는 것을 기억하자. 일단 가져오면, 다른 가져온 패키지들과 같이 해당 패키지의 노출된 항목을 접근할 수 있다.

응용 프로그램을 빌드하기 전에, go.mod 파일을 살펴보자. 해당 내용은 다음과 같다.

```
module github.com/learning-go-book/money

go 1.15
```

빌드를 하면 어떤 일이 일어나는지 확인할 수 있다.

```
$ go build
go: finding module for package github.com/shopspring/decimal
go: finding module for package github.com/learning-go-book/formatter
go: found github.com/learning-go-book/formatter in
    github.com/learning-go-book/formatter v0.0.0-20200921021027-5abc380940ae
go: found github.com/shopspring/decimal in github.com/shopspring/decimal v1.2.0
```

소스 코드 내에 패키지의 위치가 있기 때문에, go build는 패키지의 모듈을 확인하고 다운로드 받을 수 있다. 이제 go.mod 파일을 살펴보면 다음과 같다.

```
module github.com/learning-go-book/money

go 1.15

require (
    github.com/learning-go-book/formatter v0.0.0-20200921021027-5abc380940ae
    github.com/shopspring/decimal v1.2.0
)
```

go.mod 파일의 require 섹션에는 자신의 모듈에 가져온 모듈을 나열한다. 모듈 이름 바로 뒤에는 버전 숫자이다. Formatter 모듈의 경우, 버전 태그를 가지고 있지 않아 Go가 유사 버전Pseudo version을 만들어 기록한다.

그러는 중에 go.sum 파일은 다음의 내용으로 생성이 된다.

```
github.com/google/go-cmp v0.5.2/go.mod h1:v8dTdLbMG2kIc/vJvl+f65V22db...
github.com/learning-go-book/formatter v0.0.0-20200921021027-5abc38094...
github.com/learning-go-book/formatter v0.0.0-20200921021027-5abc38094...
github.com/shopspring/decimal v1.2.0 h1:abSATXmQEYyShuxI4/vyW3tV1MrKA...
github.com/shopspring/decimal v1.2.0/go.mod h1:DKyhrW/HYNuLGql+MJL6WC...
golang.org/x/xerrors v0.0.0-20191204190536-9bdfabe68543/go.mod h1:I/5...
```

의존성이 필요한 go 명령(go run, go build, go test, go list와 같은)을 실행할 때마다 go.mod에 아직 기록되지 않는 임포트 모듈이 캐시에 다운로드 된다. go.mod 파일은 모듈의 버전과 패키지를 포함하는 모듈 경로를 포함하면 자동으로 업데이트 된다. go.sum 파일은 2개의 항목이 업데이트 되는데, 하나는 모듈과 모듈의 버전 그리고 모듈의 해시이고, 다른 하나는 모듈을 위한 go.mod 파일의 해시다. 이런 해시 값들이 무엇을 위해 사용되는지 9.7절 '모듈을 위한 프록시 서버'에서 알아보자.

이제 앞서 만든 작은 프로그램을 몇 개의 인자와 함께 실행하여 검증해보자.

```
$ ./money 99.99 7.25
99.99          7.25                              107.24
```

> **NOTE_** 예제 프로그램은 불완전한 go.mod 파일과 go.sum 파일 없이 진행되었다. 이것은 해당 파일들이 언제 생성되고 어떤 일이 일어나는지 확인하기 위함이다. 소스 저장소에 자신의 프로젝트를 커밋할 때, 항상 go.mod와 go.sum 파일을 업데이트해야 한다. 이렇게 함으로써 어떤 버전이 어떤 의존성을 가지는지 정확히 지정할 수 있다.

9.4.2 버전 작업

Go의 모듈 시스템이 버전을 사용하는 방법을 살펴보자. 다른 세금 징수 프로그램[9]에서 사용될 간단한 모듈[10]을 작성했다. main.go에서는 다음과 같이 서드-파티 모듈을 가져왔다.

```
"github.com/learning-go-book/simpletax"
"github.com/shopspring/decimal"
```

이전과 같이, 예제 프로그램에서는 go.mod와 업데이트 된 go.sum 파일을 확인하지 않고 무슨 일이 일어나는지 확인할 수 있었다. 프로그램을 빌드할 때, 다음과 같은 메시지를 볼 수 있다.

---

9 *https://oreil.ly/gjxYL*
10 *https://github.com/learning-go-book/simpletax*

```
$ go build
go: finding module for package github.com/learning-go-book/simpletax
go: finding module for package github.com/shopspring/decimal
go: downloading github.com/learning-go-book/simpletax v1.1.0
go: found github.com/learning-go-book/simpletax in
    github.com/learning-go-book/simpletax v1.1.0
go: found github.com/shopspring/decimal in github.com/shopspring/decimal v1.2.0
```

이에 따라, go.mod 파일은 업데이트 된다.

```
module region_tax

go 1.15

require (
    github.com/learning-go-book/simpletax v1.1.0
    github.com/shopspring/decimal v1.2.0
)
```

의존성에 대한 해시가 포함된 go.sum 파일이 있다. 이제 코드를 실행하여 동작 결과를 확인해 보자.

```
$ ./region_tax 99.99 12345
unknown zip: 12345
```

잘못된 결과가 나온 것 같아 보인다. 라이브러리의 마지막 버전에 버그가 있을 수 있다. 기본적으로 Go는 모듈을 프로젝트에 추가하면 의존성의 최신버전을 선택한다. 하지만 모듈의 이전 버전도 선택이 가능하다는 것이 버전 관리를 유용하게 만든다. 먼저 go list 명령어를 통해 모듈의 어떤 버전이 가능한 것인지 확인해 볼 수 있다.

```
$ go list -m -versions github.com/learning-go-book/simpletax
github.com/learning-go-book/simpletax v1.0.0 v1.1.0
```

go list 명령어는 프로젝트에 사용된 패키지들을 나열한다. -m 플래그는 패키지 대신에 모듈을 나열하도록 변경하고 -version 플래그는 go list가 지정된 모듈의 가능한 버전을 보고하도록 변경한다. 이 경우에는 v1.0.0과 v1.1.0의 두 버전을 볼 수 있다. v1.0.0으로 버전을 낮쳐 앞선 문제를 해결해보도록 하자. 해당 작업은 go get 명령어로 진행할 수 있다.

```
$ go get github.com/learning-go-book/simpletax@v1.0.0
```

go get 명령어는 모듈과 관련된 작업과 의존성 업데이트를 할 수 있도록 한다.

이제 go.mod 파일을 본다면, 해당 버전이 변경되어 있음을 확인할 수 있다.

```
module region_tax

go 1.15

require (
    github.com/learning-go-book/simpletax v1.0.0
    github.com/shopspring/decimal v1.2.0
)
```

go.sum는 simpletax의 두 버전 모두 기록되어 있다는 것을 확인할 수 있다.

```
github.com/learning-go-book/simpletax v1.0.0 h1:iH+7ADkdyrSqrMR2GzuWS...
github.com/learning-go-book/simpletax v1.0.0/go.mod h1:YqHwHy95m0M4Q...
github.com/learning-go-book/simpletax v1.1.0 h1:Z/6s1ydS/vjblI6PFuDEn...
github.com/learning-go-book/simpletax v1.1.0/go.mod h1:YqHwHy95m0M4Q...
```

두 버전이 기록된 것은 괜찮다. 모듈의 버전을 변경하거나 프로젝트에서 해당 모듈을 지운다고 해도 go.sum에는 해당 모듈에 대한 내용이 들어있을 것이다. 이것은 어떠한 문제도 일으키지 않는다.

다시 해당 코드를 빌드하고 실행해보면, 문제가 수정되었다는 것을 확인할 수 있다.

```
$ go build
$ ./region_tax 99.99 12345
107.99
```

NOTE_ go.mod 파일에서 // indirect라는 레이블이 붙은 의존성을 볼 수 있다. 이것은 프로젝트에 직접적으로 선언되지 않은 의존성이다. go.mod 파일에 추가되지 않은 몇 가지 이유가 있다. 한가지 이유는 프로젝트가 go.mod 파일이 없는 이전 모듈에 의존하거나 go.mod 파일에 오류가 있고 일부 의존성이 누락되어 있기 때문이다. 모듈을 빌드할 때, 모든 의존성은 반드시 go.mod 파일에 나열되어야 한다. 의존성 선언이 어딘 가에 있어야 하기 때문에 go.mod가 수정된다.

직접 의존성이 간접 의존성을 알맞게 지정하지만 프로젝트에 설치된 것보다 이전 버전을 지정하는 경우 간접 선언이 있을 수도 있다. 이것은 go get으로 간접 의존성을 명시적으로 업데이트 하거나 의존성 버전을 낮출 때 발생한다.

시맨틱 버전 관리

소프트웨어는 오래전부터 버전 번호를 가지고 있었지만, 해당 번호가 의미하는 것에는 일관성이 거의 없었다. Go 모듈에 붙은 버전 번호는 SemVer로 알려진 시맨틱semantic 버전 관리에 따른다. 모듈을 위한 시맨틱 버전관리를 요구함으로써 Go는 모듈의 사용자가 새로운 배포에서 어떤 의도가 있는지를 이해하도록 하는 동시에 모듈 관리 코드를 더 간단하게 만든다.

만약 당신이 SemVer에 익숙하지 않다면, 전체 스펙 문서[11]를 확인해보자. 간단히 설명하면 시맨틱 버전관리는 버전을 주major, 부minor, 패치patch로 나눈다. 이는 v 문자를 필두로 major.minor.patch로 표기한다. 패치 버전 번호는 버그 수정이 있을 때 증가시키고, 부 버전 번호는 기존 버전과 호환을 유지하면서 새로운 기능이 추가되면 증가(이 때, 패치 버전은 다시 0에서 시작)시키고, 주 버전 번호는 기존 버전과 호환되지 않은 변경이 있을 때 증가(이 때, 부 버전 번호와 패치 버전 번호는 다시 0으로 설정)시킨다.

9.4.3 최소 버전 선택

어떤 지점에서는 프로젝트가 같은 모듈에 의존하는 2개 이상의 모듈에 의존성을 가질 수 있다. 종종 이런 일이 발생하면, 해당 모듈의 다른 부 버전이나 패치 버전에 의존한다고 선언한다. Go는 이 문제를 어떻게 풀어낼까?

---

[11] *https://semver.org/*

모듈 시스템은 최소 버전 선택의 원칙을 사용한다. go.mod 파일에서 기록되어 가져오게 될 선언된 의존성들을 만족할 수 있는 가장 낮은 버전을 가져오도록 한다는 의미이다. 예를 들어, 당신의 모듈이 직접적으로 A, B, C에 의존적이라고 가정해 보자. 해당 3개의 모듈은 D에 의존하고 있다. 모듈 A의 go.mod 파일은 v.1.1.0에 의존한다고 선언되어 있고, 모듈 B는 v1.2.0에 의존한다고 선언되었다. 마지막으로 모듈 C는 v1.2.3에 의존한다고 선언되었다. Go는 모듈 D를 단 한 번만 가져올 것이고 가장 최근에 지정된 버전인 v1.2.3을 선택할 것이다.

하지만 가끔은 모듈 D의 v1.1.0과는 동작하지만 v1.2.3과는 동작하지 않을 수도 있다. 이런 경우에는 어떻게 해야 할까? Go의 대답은 '해당 모듈의 작성자에 연락을 하여 호환성 수정을 요청할 필요가 있음'이다. 이런 임포트 호환성 규칙은 모든 부 버전 번호와 패치 버전 번호는 하위 호환성을 유지해야 하기 때문이다. 그렇지 않다면, 그것은 버그라고 판단할 수 있다. 이는 모듈 D가 하위 호환성을 깨뜨렸기 때문에 수정될 필요가 있거나, 모듈 A가 모듈 D의 동작에 관해 잘못된 가정을 했기 때문에 수정이 필요하다.

이것은 만족스러운 해답은 아니지만 가장 현명한 방법이다. npm과 같은 빌드 시스템에서는 같은 패키지에 여러 버전을 포함시킨다. 이것은 특히 패키지 레벨 상태가 있는 경우 버그가 발생할 수 있다. 또한 응용 프로그램의 크기를 증가시키기도 한다. 결국, 어떤 것들은 코드에서 보다 커뮤니티를 통해 잘 해결될 수도 있다.

9.4.4 호환되는 버전으로 업데이트

명시적 의존성 업데이트를 원하는 경우는 어떻게 해야 할까? 초기 프로그램을 작성한 이후이고 simpletax의 버전은 3개 이상이 있다고 가정하자. 첫 번째는 초기 v1.1.0 배포에서 문제들이 수정되었다. 새로운 기능 개발 없이 버그 수정이기 때문에, v1.1.1로 배포될 것이다. 두 번째는 현재 기능을 유지하면서 새로운 함수가 추가되었다. 그것은 v1.2.0의 버전 번호를 가지게 될 것이다. 마지막으로 v1.2.0 버전에서 발견한 버그를 수정하였다. 이제 버전은 v1.2.1이 되었다.

현재 부 버전을 기준으로 버그 수정에 대한 업그레이드를 위해 go get -u=patch github. com/learning-go-book/simpletax 명령어를 사용한다. v1.0.0으로 다운그레이드 했기 때문에, 해당 부 버전에 대한 패치가 없기 때문에 현재 버전을 유지할 것이다.

go get github.com/learning-go-book/simpletax@v1.1.0을 사용하여 v1.1.0으로 업그레이드를 했고, go get -u=patch github.com/learning-go-book/simpletax를 수행했다면, v1.1.1로 업그레이드가 되었을 것이다.

마지막으로, simpletax의 가장 최신 버전을 얻기 위해서는 go get -u github.com/learning-go-book/simpletax 명령을 사용하자. 그러면 v1.2.1로 업그레이드할 것이다.

9.4.5 호환되지 않는 버전으로 업데이트

우리의 프로그램으로 돌아가보자. 운 좋게도 미국과 캐나다의 세금을 계산할 수 있는 simpletax의 버전이 있다. 하지만 이 버전은 이전 버전과는 꽤 다른 API를 가지고 있기 때문에 버전은 v2.0.0이다.

비 호환성을 처리하기 위해, Go 모듈은 **시맨틱 임포트 버전 관리** 규칙을 따른다. 해당 규칙에는 두 가지 부분이 있다.

- 모듈의 주 버전은 반드시 증가해야 한다.
- 0과 1을 제외한 모든 주 버전의 경우 모듈의 경로의 마지막은 vN으로 끝나야 하며, 여기서 N은 주 버전이다.

임포트 경로가 패키지를 고유하게 식별되어야 하고, 정의에 따라 패키지의 호환되지 않는 버전은 같은 패키지가 아니기 때문에 경로는 변경되어야 한다. 다른 경로를 사용하는 것은 호환되지 않는 두 가지 버전의 패키지를 프로그램의 다른 부분으로 가져와 정상적으로 업그레이드를 할 수 있다는 것을 의미한다.

이것이 우리의 프로그램은 어떻게 변경하는지 확인해보자. 먼저 simpletax의 임포트 문을 다음과 같이 변경해볼 것이다.

```
"github.com/learning-go-book/simpletax/v2"
```

해당 변경으로 v2 모듈을 참조하도록 한다.

다음으로, main의 코드를 다음과 같이 변경할 것이다.

```go
func main() {
    amount, err := decimal.NewFromString(os.Args[1])
    if err != nil {
        log.Fatal(err)
    }
    zip := os.Args[2]
    country := os.Args[3]
    percent, err := simpletax.ForCountryPostalCode(country, zip)
    if err != nil {
        log.Fatal(err)
    }
    total := amount.Add(amount.Mul(percent)).Round(2)
    fmt.Println(total)
}
```

이제 명령라인에서 세 번째 파라미터인 국가 코드를 읽을 수 있고 simpletax 패키지의 다른 함수를 호출한다. go build를 실행하면, 해당 의존성은 자동으로 업데이트된다.

```
$ go build
go: finding module for package github.com/learning-go-book/simpletax/v2
go: downloading github.com/learning-go-book/simpletax/v2 v2.0.0
go: found github.com/learning-go-book/simpletax/v2 in
    github.com/learning-go-book/simpletax/v2 v2.0.0
```

프로그램을 실행하면 새로운 출력을 확인할 수 있다.

```
$ ./region_tax 99.99 M4B1B4 CA
112.99
$ ./region_tax 99.99 12345 US
107.99
```

go.mod 파일을 살펴보게 되면 새로운 simpletax의 버전이 포함된 것을 볼 수 있다.

```
module region_tax

go 1.15

require (
    github.com/learning-go-book/simpletax v1.0.0 // indirect
```

```
        github.com/learning-go-book/simpletax/v2 v2.0.0
        github.com/shopspring/decimal v1.2.0
    )
```

그리고 go.sum 파일도 업데이트 되어 있을 것이다.

```
github.com/learning-go-book/simpletax v1.0.0 h1:iH+7ADkdyrSqrMR2GzuWS...
github.com/learning-go-book/simpletax v1.0.0/go.mod h1:YqHwHy95m0M4Q...
github.com/learning-go-book/simpletax v1.1.0 h1:Z/6s1ydS/vjblI6PFuDEn...
github.com/learning-go-book/simpletax v1.1.0/go.mod h1:YqHwHy95m0M4Q...
github.com/learning-go-book/simpletax/v2 v2.0.0 h1:cZURCo1tEqdw/cJygg...
github.com/learning-go-book/simpletax/v2 v2.0.0/go.mod h1:DVMa7zPtIFG...
github.com/shopspring/decimal v1.2.0 h1:abSATXmQEYyShuxI4/vyW3tV1MrKA...
github.com/shopspring/decimal v1.2.0/go.mod h1:DKyhrW/HYNuLGql+MJL6WC...
```

simpletax의 이전 버전은 더 이상 사용하지 않더라도 여전히 참조가 된다. 이것은 어떠한 문제도 일으키지 않지만, Go는 사용되지 않는 버전을 제거하는 명령어를 갖고 있다.

```
go mod tidy
```

이 명령이 실행되면 go.mod와 go.sum에서 참조되는 유일한 v2.0.0만 보일 것이다.

9.4.6 벤더링

모듈이 항상 동일한 의존성과 빌드되는 것을 보장하기 위해, 어떤 조직에서는 해당 모듈 내에 의존성의 복사본을 유지하기를 선호한다. 이를 벤더링^{vendoring}이라고 한다. go mod vendor 명령을 수행하여 활성화시킨다. 이것은 모듈의 최상위 디렉터리에 모듈이 가지는 의존성 모두를 포함하는 vendor라는 디렉터리를 생성한다.

go.mod에 새로운 의존성이 추가되거나 go get으로 기존 의존성을 업그레이드한다면, vendor 디렉터리를 업데이트 해주기 위해 다시 go mod vendor 명령을 수행해줘야 한다. 이 명령 수행을 잊고 하지 않았다면, go build, go run 그리고 go test는 실행을 허용하지 않고 오류 메시지를 출력할 것이다.

의존성을 벤더링을 할지 말지는 당신의 조직에 달려있다. 이전의 Go 의존성 관리 시스템에서는 이를 필요로 했지만, Go 모듈과 프록시 서버의 등장(자세한 내용은 9.7절 '모듈을 위한 프록시 서버'에서 을 참조)으로 이러한 방식은 선호하지 않게 되었다. 벤더링의 이점은 해당 프로젝트에서 사용되는 서드-파티 코드에 관해 정확히 알고 있다는 것이다. 단점은 버전 관리되는 프로젝트의 크기가 엄청나게 커진다는 것이다.

9.4.7 pkg.go.dev

Go 모듈에 대한 단일 중앙 집중의 저장소는 없지만, Go 모듈에 대한 문서를 함께 수집하는 단일 서비스가 있다. Go 팀은 오픈 소스 Go 프로젝트를 자동으로 인덱싱하는 *pkg.go.dev*라는 사이트[12]를 만들었다. 각 모듈을 위해 패키지 인덱스는 godocs, 사용되는 라이선스, README, 모듈의 의존성 및 어떤 오픈 소스 프로젝트가 사용하는지에 대해 게시한다. [그림 9-2]에서 simpletax 모듈을 사이트에서 찾아볼 수 있다.

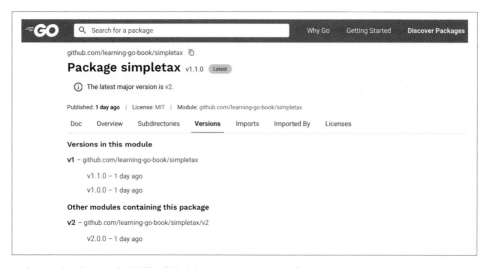

그림 9-2 서드 파티 모듈에 관해 찾고 학습하기 위해 *pkg.go.dev*를 사용하자.

----

12 *https://pkg.go.dev*

9.4.8 추가 정보

여기서 Go 모듈로 작업하는 가장 중요한 부분을 다루었지만, 모듈에 관해 Go 위키 페이지[13]에서 더 자세한 사항을 배울 수 있다.

9.5 모듈 게시

모듈을 깃허브와 같은 버전 관리 시스템에 올려 놓으면 다른 사람이 당신의 모듈을 사용할 수 있다. 깃허브와 같은 공개 버전 관리 시스템에 오픈 소스로 배포하거나 당신의 조직에서 호스팅하는 비공개 버전관리 시스템에 배포하든 상관없이 적용된다. Go 프로그램은 소스 코드로부터 빌드되고 소스 코드를 식별하기 위해 저장소 경로를 사용하기 때문에, 메이븐 센트럴Maven Central이나 npm을 위해 하는 것처럼 중앙 라이브러리 저장소에 당신의 모듈을 명시적으로 업로드 할 필요가 없다. go.mod나 go.sum 파일에 있는지 확인해야 한다.

오픈 소스 모듈을 배포할 때, 저장소의 루트에 코드를 배포할 오픈 소스 라이선스를 지정하는 LICENSE라는 파일을 포함해야 한다. 'It's FOSS[14]'은 다양한 종류의 오픈 소스 라이선스를 학습할 수 있는 좋은 자원이다.

크게는 오프 소스 라이선스는 관대한permissive 라이선스(코드 사용자가 자신의 코드를 비공개로 유지할 수 있도록 허용)와 관대하지 않는nonpermissive 라이선스(코드 사용자가 자신의 코드를 오픈 소스로 만들도록 요구)의 두 분류로 나눌 수 있다. 라이선스의 선택은 당신의 몫이지만, Go 커뮤니티는 BSD, MIT, 아파치와 같은 관대한 라이선스를 선호한다. Go가 모든 응용 프로그램에서 서드-파티 코드를 직접적으로 컴파일하기 때문에, GPL과 같은 비관대한 라이선스의 사용은 당신의 코드를 사용한 사람들에게 그들의 소스도 오픈 소스로써 공개하길 요구된다. 많은 조직에서는 이를를 허용하지 않을 것이다.

마지막 참고 사항으로 자신의 라이선스를 작성하지 않도록 하자. 변호사가 제대로 검토했다고 믿는 사람은 거의 없으며, 프로젝트에서 어떤 주장을 하는지 전달하지 못할 것이다.

---

13 *https://oreil.ly/LfIUi*
14 *https://oreil.ly/KVlrd*

9.6 모듈 버전 관리

당신의 모듈이 공개이든 아니든 Go의 모듈 시스템과 제대로 동작하게 하기 위해 모듈에 알맞은 버전을 부여해야 한다. 기능을 추가하거나 버그를 수정하는 한, 해당 과정은 단순하다. 소스코드 저장소에 변경 사항을 저장하고 이전 '시맨틱 버전 관리'에서 논의한 시맨틱 버전 관리 규칙에 따라 태그를 적용하면 된다.

하위 호환을 깰 필요가 있는 변경 지점에 도달한다면, 해당 과정은 더 복잡 해진다. simpletax 모듈의 버전 2를 가져왔을 때 보았듯이 하위 호환을 깨는 변경은 다른 임포트 경로를 요구한다.

먼저 새로운 버전을 저장하기 위한 방법을 선택할 필요가 있다. Go는 다른 임포트 경로를 생성하는 두 가지 방법을 지원한다.

- 모듈 내에 vN이라는 하위 디렉터리를 생성한다. 여기서 N은 모듈의 주 버전이다. 예를 들어, 모듈의 버전 2를 생성한다면, v2 디렉터리를 생성한다. 해당 하위 디렉터리로 README와 LICENSE 파일을 포함한 코드를 복사한다.

- 버전 관리 시스템에서 새로운 브랜치branch를 생성한다. 이전 코드나 새 코드를 브랜치에 넣을 수 있다. 새로운 코드를 해당 브랜치에 넣는다면 브랜치를 vN으로 이름을 지정하고, 예전 코드를 넣는다면 vN-1로 이름을 지정한다. 예를 들어, 모듈의 버전 2를 생성하고 브랜치에 버전 1의 코드를 넣고 싶다면, 브랜치를 v1으로 이름을 지정한다.

새로운 코드를 저장하는 방법을 결정한 뒤에, 하위 디렉터리나 브랜치의 코드에서 임포트 경로를 변경할 필요가 있다. go.mod에 모듈 경로는 반드시 /vN으로 끝나야 하고, 모듈 내에 모든 임포트 경로도 /vN을 사용하도록 해야 한다. 모든 코드를 검토하는 것은 지루할 수 있지만, 마원 술라이만Marwan Sulaiman은 해당 작업을 자동화할 수 있는 도구를 개발했다. 일단 경로가 수정되면 계속 진행하여 변경 사항을 구현하면 된다.

> **NOTE_** 기술적으로, go.mod와 임포트 문을 수정하고 최신 버전으로 주 브랜치의 태그를 만들면 하위 디렉터리나 버전 이름의 브랜치를 신경 쓸 필요는 없다. 하지만 이것은 서드-파티 의존성 관리자나 언어의 예전 버전으로 만들어진 Go 코드를 손상시킬 수 있어서 좋은 방법은 아니다.

새 코드를 게시할 준비가 되었다면, vN.0.0과 같은 태그를 저장소에 적용하자. 하위 디렉터리 시스템을 사용하거나 주 브랜치를 최신 코드로 유지한다면 주 브랜치를 태깅하자. 새로운 코드를 다른 브랜치에 위치시켰다면, 태그를 주 브랜치 대신에 해당 브랜치로 만들어야 한다.

당신의 코드를 불완전한 버전으로 업데이트하는 것에 관한 자세한 사항은 Go 블로그의 「Go Modules: v2 and Beyond」[15] 글을 참조하자.

9.7 모듈을 위한 프록시 서버

라이브러리를 위한 단일의 중앙 집중의 저장소에 의존하는 대신에, Go는 하이브리드 모델을 사용한다. 모든 Go 모듈은 깃허브와 깃랩과 같은 소스 코드 저장소에 저장된다. 하지만 기본적으로 go get은 소스 코드 저장소에서 직접 가져오지는 못한다. 대신에 해당 명령은 구글에서 수행하는 프록시 서버[16]로 요청한다. 해당 서버는 거의 모든 공개 Go 모듈의 모든 버전을 복사하여 보관한다. 모듈이나 모듈의 버전이 프록시 서버에 없다면, 모듈 저장소에서 다운로드 받아 복사본을 저장하고 모듈에게 반환한다.

프록시 서버 외에도 구글은 **집계 데이터베이스**sum database도 유지 관리한다. 그것은 모든 모듈의 모든 버전의 정보를 저장한다. 여기에는 go.sum 파일에 보여지는 해당 모듈의 버전과 모듈에 대한 체크섬을 포함한다.

프록시 서버가 인터넷에서 제거되는 모듈이나 모듈의 버전으로부터 사용자를 보호하는 것과 같이 집계 데이터베이스는 모듈의 버전 수정으로부터 사용자를 보호한다. 이것은 악의적일(누군가가 모듈을 가로채 악의적인 코드를 넣는 경우) 수도 있고, 부주의(모듈 관리자가 버그를 수정하거나 새로운 기능을 추가에서 기존 버전 태그를 재사용 하는 경우) 해서도 그럴 수 있다. 이런 두 경우에 같은 바이너리로 빌드하지 못하거나 당신의 응용 프로그램에 어떤 영향이 있는지 알 수 없기 때문에 변경된 모듈 버전 사용을 원치 않을 것이다.

매번 go build, go test, go get을 이용해 모듈을 다운로드 받을 때마다, Go 도구는 모듈을 위한 해시를 계산하고 집계 데이터베이스에 접근하여 모듈 버전을 위한 저장된 해시와 계산된 해시를 비교한다. 만약 두 해시 값이 일치하지 않으면, 모듈은 설치되지 않는다.

---

15 *https://oreil.ly/E-3Qo*
16 *https://proxy.golang.org*

9.7.1 프록시 서버 지정하기

어떤 사람들은 서드-파티 라이브러리의 요청을 구글에 보내는 것을 반대한다. 이를 위한 몇 가지 옵션이 있다.

- 공개된 프록시 서버를 신경 쓰지 않지만, 구글의 프록시 서버 사용을 원치 않는다면 GOPROXY 환경 변수를 *https://gocenter.io,direct*로 변경하여 GoCenter로 전환할 수 있다.
- GOPROXY 환경 변수의 값을 direct로 설정하여 프록시 서버를 완전히 비활성화 할 수 있다. 해당 저장소에서 직접 모듈을 다운받을 수 있지만, 저장소에서 지워진 버전에 의존성이 있었다면 더 이상 접근할 수 없을 것이다.
- 직접 프록시 서버를 수행할 수 있다. Artifactory와 Sonatype은 해당 제품의 엔터프라이즈 저장소 제품에 Go 프록시 서버를 포함한다. Athens 프로젝트[17]는 오픈 소스 프록시 서버를 제공한다. 이런 제품 중 하나를 네트워크 내에 설치하여 GOPROXY에 해당 URL로 가리키게 하면 된다.

9.7.2 비공개 저장소

대부분의 조직은 조직의 코드를 비공개 저장소에 보관한다. 다른 Go 프로젝트 내에 비공개 모듈 사용을 원한다면, 구글 프록시 서버로 해당 모듈을 요청할 수는 없다. Go는 비공개 저장소를 직접 확인하는 것으로 대체되지만, 비공개 서버 및 저장소의 이름을 외부 서비스로 유출하고 싶지 않을 수 있다.

자체 프록시 서버를 사용하거나 프록시를 비활성화했다면, 문제가 되지 않는다. 비공개 프록시 서버를 운영하는 것은 몇 가지 추가적인 이점이 있다. 먼저 당신의 회사 네트워크에 캐시되어 있기 때문에 서드-파티 모듈의 다운로드 속도를 높일 수 있다. 비공개 저장소에 접근하는 것이 인증을 요구한다면, 프록시 서버의 사용은 CI/CD 파이프라인에서 인증 정보를 노출시키는 것에 관하여 걱정할 필요가 없다는 의미이다. 비공개 프록시 서버는 비공개 저장소에 인증하기 위해 설정이 되지만 (Athen에 인증 설정 문서[18]를 보자) 비공개 프록시 서버에 대한 호출은 인증되지 않는다.

---

17 *https://docs.gomods.io/*
18 *https://oreil.ly/Nl4hv*

공개 프록시 서버를 사용한다면 GOPRIVATE 환경 변수에 쉼표로 구분된 비공개 저장소의 목록을 설정할 수 있다. 예를 들어, 다음과 같이 GOPRIVATE를 설정할 수 있다.

```
GOPRIVATE=*.example.com,company.com/repo
```

모든 모듈은 example.com을 하위 도메인으로 하는 위치의 저장소에 저장되어 있거나 company.com/repo로 시작하는 URL로부터 직접 다운로드 받을 수 있다.

9.8 마무리

해당 장에서는 코드를 구성하는 방법과 Go 소스 코드의 에코 시스템과 상호작용하는 방법을 배웠다. 모듈 동작 방법, 패키지 내에 코드 구성 방법, 서드-파티 모듈 사용법 그리고 자신의 모듈을 배포하는 방법을 알아보았다. 다음 장에서는 Go의 시그니처 기능 중 하나인 동시성 concurrency에 대해 알아보자.

CHAPTER 10

Go의 동시성

동시성은 단일 프로세스를 독립적인 컴포넌트로 분리하고 해당 컴포넌트가 안전하게 데이터를 공유하는 방법을 지정하는 컴퓨터 과학 용어이다. 대부분의 언어는 잠금lock을 획득하여 공유 데이터를 접근하는 운영체제 레벨 스레드를 사용하는 라이브러리를 통해 동시성을 제공한다. Go는 다르게 처리한다. Go는 주요 동시성 모델로 틀림없는 Go의 가장 유명한 기능인 순차적 프로세스들의 통신Communicating Sequential Processes(CSP)에 기반한다. 퀵 정렬 알고리즘을 발명한 토니 호어Tony Hoare의 1978년 논문[1]에서 기술한 동시성을 위한 방식이다. CSP로 구현된 패턴은 표준 패턴만큼 강력하지만 훨씬 이해하기 쉽다.

이 장에서는 Go 내에 동시성을 위한 중추인 고루틴, 채널, select 키워드의 기능을 빠르게 살펴보는 것부터 시작할 것이다. 그런 다음 몇 몇의 일반적인 Go 동시성 패턴을 살펴보고 로우-레벨 접근 방식이 더 나은 상황에 관해 학습하도록 하자.

10.1 동시성 사용 시점

먼저 경고를 하나 해보자. 우선 프로그램이 동시성을 통해 이점이 있는지 확신해야 한다. 새로운 Go 개발자가 동시성을 실험으로 시작하면 다음의 과정을 거치는 경향이 있다.

---

[1] *https://oreil.ly/x1IVG*

1 이것은 굉장하다. 고루틴 내에 모든 것을 넣겠다.

2 나의 프로그램은 더 빨라지지 않는다. 나의 채널에 버퍼를 추가하겠다.

3 나의 채널은 블로킹되고 교착 상태deadlock에 빠졌다. 정말 큰 버퍼를 사용하는 버퍼가 있는 채널buffered channel을 사용하겠다.

4 나의 채널은 여전히 블로킹이 된다. 뮤텍스mutex를 사용하겠다.

5 잊어버리자. 이제 동시성 사용을 포기하겠다.

사람들은 동시성을 가진 프로그램은 더 빠르게 수행된다고 믿기 때문에 동시성을 사용한다. 불행하게도, 모든 경우에 그렇게 되지는 않는다. 더 많은 동시성은 어떤 것을 자동으로 더 빠르게 만들지는 않으며 코드를 이해하기 더 어렵게 만들 수 있다. **동시성**concurrency**은 병렬성**parallelism**이지 않다는 것**을 이해하는 것이 중요하다. 동시성은 당신이 해결하고자 하는 문제를 더 나은 구조로 만들기 위한 도구이다. 동시성 코드가 병렬적(동시에)으로 실행되는지 여부는 하드웨어와 알고리즘이 허용하는지 여부에 따라 다르다. 1967년 컴퓨터 과학의 개척자 중 한명인 진 암달Gene Amdahl은 암달의 법칙을 도출했다. 그것은 순차적으로 반드시 수행해야하는 주어진 작업의 양을 병렬 처리로 얼마나 성능을 향상시킬 수 있는지를 파악하는 공식이다.

넓은 의미로 모든 프로그램은 같은 세 단계 처리를 따른다. 세 단계는 데이터를 받고 데이터를 변환하여 결과를 출력하는 것이다. 프로그램에서 동시성 사용의 여부는 프로그램에서 단계에 따른 데이터 흐름에 따라 결정된다. 한 단계의 데이터가 다른 단계를 진행하는데 필요하지 않기 때문에 두 단계가 동시성을 가질 수 있는 경우도 있고, 다른 하나의 결과에 의존하여 두 단계가 순차적으로 진행해야 하는 경우도 있다. 독립적으로 수행할 수 있는 여러 처리로부터 데이터를 결합시키길 원한다면 동시성을 사용하자.

알아 둬야 하는 다른 중요한 것은 동시성은 동시에 실행되는 것이 시간이 얼마 걸리지 않을 때 사용하는 것은 좋지 않다. 동시성은 공짜가 아니다. 많은 일반적인 인메모리in-memory 알고리즘은 너무 빨라서 동시성을 통해 값을 전달하는 오버헤드가 병렬적으로 동시성 코드를 수행하여 얻는 잠재적 시간절약을 압도할 수 있다. 이래서 동시성 수행은 보통 I/O 작업을 위해 사용된다. 디스크나 네트워크로부터 읽거나 쓰기는 대부분의 복잡한 인메모리 처리보다 천배정도 느리다. 동시성이 도움이 되는지 확실치 않다면 먼저 코드를 순차적으로 구현하고 동시성 구현과 성능을 비교하기 위한 벤치마크를 작성하자. (코드를 벤치마크 하기 위한 방법에 대한 정보는 13.4절 '벤치마크'를 보자.)

예제로 살펴보자. 3 개의 다른 웹 서비스를 호출하는 웹 서비스를 작성한다고 생각하자. 해당 서비스 중 2 곳에 데이터를 보내어 결과를 받은 다음, 결과를 세 번째 서비스에 전달하여 결과를 반환 받을 것이다. 전체 과정은 50 밀리초 내에 완료되지 않는다면 오류를 반환해야 한다. 이것은 서로가 상호작용 없이 I/O를 수행할 필요가 있는 부분과 결과를 결합하는 부분, 그리고 수행 완료해야 하는 시간적 제약이 있기 때문에 동시성의 좋은 사용 예제이다. 해당 장의 마지막에서는 이것을 구현하는 방법을 볼 수 있을 것이다.

10.2 고루틴

고루틴은 Go의 동시성 모델에 핵심 개념이다. 고루틴을 이해하기 위해서 용어 몇 개를 정의해 보자. 첫 번째는 **프로세스**process이다. 프로세스는 컴퓨터의 운영체제에서 수행 중인 프로그램의 인스턴스이다. 운영체제는 프로세스와 메모리와 같은 자원은 연결시키고 다른 프로세스에서 접근할 수 없도록 보장한다. 프로세스는 하나 이상의 **스레드**thread로 구성된다. 스레드는 운영체제가 주어진 시간동안 수행되는 실행의 단위이다. 프로세스 내에 스레드는 자원들의 접근을 공유한다. CPU는 코어의 수에 따라 하나 이상의 스레드의 명령어를 동시에 실행할 수 있다. 운영체제의 역할 중 하나는 모든 프로세스가 수행될 수 있는 기회를 얻을 수 있도록 보장하기 위해 스레드를 CPU에 스케줄링scheduling하는 것이다.

고루틴은 Go 런타임에서 관리하는 가벼운 프로세스이다. Go 프로그램이 실행이 되면, Go 런타임은 여러 스레드를 생성하고 프로그램을 실행하기 위해 단일 고루틴을 시작한다. 프로그램에서 생성된 모든 고루틴은 초기에 생성된 하나를 포함하여, 운영체제에서 CPU 코어에 따라 스레드를 스케줄링을 하듯이 Go 런타임 스케줄러가 자동으로 스레드들을 할당한다. 기본 운영체제 시스템이 스레드와 프로세스를 관리하는 스케줄러를 이미 갖고 있기 때문에, 이것은 추가 작업처럼 보일 수 있으나 몇 가지 이점이 있다.

- 고루틴 생성은 운영체제 레벨 자원을 생성하지 않기 때문에 스레드 생성보다 빠르다.
- 고루틴의 초기 스택 크기는 스레드의 스택 크기보다 작으며 필요하다면 늘릴 수 있다. 고루틴은 메모리를 더 효율적으로 사용할 수 있게 한다.
- 고루틴 간의 전환은 완전히 프로세스 내에서 일어나서 (상대적으로) 느린 운영체제 시스템 호출을 회피하기 때문에 스레드 사이의 전환보다 빠르다.

- 스케줄러는 Go 프로세스의 일부이기 때문에 스케줄링 결정을 최적화할 수 있다. 스케줄러는 네트워크를 확인하는 작업과 함께 수행되어 I/O가 블로킹되어 고루틴이 스케줄링 되지 않는 시점을 감지할 수 있다. 가비지 컬렉터와 통합되어 작업이 Go 프로세스에 할당된 모든 운영체제 스레드에서 균형을 이루도록 한다.

이런 장점들이 Go 프로그램에서 수백 개, 수천 개, 수만 개의 동시 고루틴을 생성하도록 한다. 네이티브 스레딩을 사용하는 언어에서 수천 개의 스레드를 시작하려 한다면, 당신의 프로그램은 크롤링 속도가 느려질 것이다.

> **TIP** 스케줄러가 동작하는 방식에 대해 더 배우고 싶다면, 2018년 GopherCon에서 카비아 조시Kavya Joshi가 발표한 「The Scheduler Saga」[2]를 들어 보길 바란다.

고루틴은 함수의 실행 전에 go 키워드를 둠으로써 시작한다. 다른 함수들과 같이, 상태를 초기화하기 위해 파라미터를 전달할 수도 있다. 하지만 함수에서 반환되는 모든 값은 무시된다.

모든 함수는 고루틴으로 실행될 수 있다. 이것은 함수의 작성자가 함수를 async 키워드와 함께 선언하면 함수는 비동기적으로만 수행되는 자바스크립트와는 다르다. 하지만 비즈니스 로직을 감싸는 클로저를 고루틴으로 실행하는 것은 Go에서는 관례적이다. 클로저는 동시 발생의 장부 기록을 처리한다. 예를 들어, 클로저는 채널의 외부에서 값을 읽어 고루틴에서 실행 중인지 인식하지 못하는 비즈니스 로직에 전달한다. 그런 다음 함수의 결과가 다른 채널에 다시 기록된다(다음 섹션에서 채널의 동작을 간단히 살펴보자). 이런 책임의 분리는 당신의 코드를 모듈화하고 테스트 가능하게 만들며 API에서 동시성을 유지하게 해준다.

```go
func process(val int) int {
    // val 변수로 뭔가를 처리
}

func runThingConcurrently(in <-chan int, out chan<- int) {
    go func() {
        for val := range in {
            result := process(val)
            out <- result
        }
    }()
}
```

---

2 *https://oreil.ly/879mk*

10.3 채널

고루틴은 **채널**을 통해 통신한다. 슬라이스와 맵과 같이 채널은 make 함수를 사용하여 생성할 수 있는 내장 타입이다.

```
ch := make(chan int)
```

맵과 같이 채널은 참조 타입이다. 채널을 함수로 전달하면, 실제로 채널에 대한 포인터를 전달하는 것이다. 또한 맵과 슬라이스와 같이 채널을 위한 제로 값은 nil이다.

10.3.1 읽기, 쓰기 그리고 버퍼링

<- 연산자를 사용하여 채널과 상호작용한다. 채널 변수의 왼쪽에 <- 연산자를 두어 채널로부터 데이터를 읽고 오른쪽에 두어 채널에 데이터를 쓴다.

```
a := <-ch // ch에서 값을 읽어 a에 할당한다.
ch <- b    // b의 값을 ch에 쓴다.
```

채널에 쓰여진 각 값은 한 번에 하나씩 읽을 수 있다. 다중 고루틴이 같은 채널에서 읽기를 한다면 채널에 쓰인 하나의 값은 다중 고루틴 중 하나만 읽을 수 있다.

하나의 고루틴으로 같은 채널을 읽고 쓰기를 하는 것은 드물다. 채널을 변수나 항목에 할당하거나 함수로 전달한다면 고루틴이 채널에서 읽기만 가능하다는 것을 나타내기 위해 chan 키워드(ch <-chan int) 앞에 화살표 연산을 사용하자. 고루틴이 채널에 쓰기만 가능하도록 하기 위해 chan 키워드(ch chan<- int) 뒤에 화살표를 사용하자. 이렇게 하면 Go 컴파일러가 채널을 함수에서 읽기 전용 혹은 쓰기 전용으로만 사용하도록 할 수 있다.

기본적으로 채널은 **버퍼가 없다**. 버퍼가 없는 열린 채널에 쓰기를 할 때마다 다른 고루틴에서 같은 채널을 읽을 때까지 해당 고루틴은 일시 중지된다. 비슷하게, 버퍼가 없는 열린 채널에 읽기를 하면 다른 고루틴에서 같은 채널에 쓰기를 할 때까지 해당 고루틴을 일시 중지된다. 이는 적어도 두 개의 수행 중인 고루틴 없이는 버퍼가 없는 채널로 읽기나 쓰기를 할 수 없다는 뜻이다.

Go는 **버퍼가 있는 채널**buffered channel도 가지고 있다. 이런 채널은 블로킹 없이 제한된 쓰기의 버퍼를 가진다. 채널에서 읽어가는 것 없이 버퍼가 다 채워지면, 채널이 읽어질 때까지 쓰기 고루틴은 일시 중지된다. 가득 찬 버퍼 블록을 가진 채널에 쓰는 것과 같이 비어 있는 버퍼를 가진 채널로 읽기를 해도 블로킹이 된다.

버퍼가 있는 채널은 채널을 생성할 때, 버퍼의 수용력을 지정하여 만들 수 있다.

```
ch := make(chan int, 10)
```

내장 함수 len과 cap은 버퍼가 있는 채널 정보를 반환한다. len 함수를 사용하여 현재 버퍼내에 얼마나 많은 값들이 있는지 알아낼 수 있고 cap을 통해 최대 버퍼 크기를 가져올 수 있다. 버퍼의 수용력은 변경할 수 없다.

> **NOTE_** len과 cap에 버퍼가 없는 채널을 전달하면 두 함수 모두 0을 반환한다. 일리가 있는 것이 버퍼가 없는 채널은 값을 저장할 버퍼를 가지지 않기 때문이다.

대부분의 경우에는 버퍼가 없는 채널을 사용한다. 10.5.6절 '버퍼가 있는 채널과 버퍼가 없는 채널의 사용 시점'에서 버퍼가 없는 채널 사용이 유용한 경우를 살펴보자.

10.3.2 for-range와 채널

for-range 루프를 이용하여 채널의 값을 읽을 수 있다.

```
for v := range ch {
    fmt.Println(v)
}
```

다른 for-range 루프와 다르게 채널을 위해 선언된 값을 가지는 단일 변수만 있다. 채널이 닫힐 때까지나 break나 return 문에 도달할 때까지 루프는 지속된다.

10.3.3 채널 닫기

채널에 쓰기를 완료했을 때, close 내장 함수를 이용해 채널을 닫을 수 있다.

```
close(ch)
```

일단 채널을 닫으면 채널에 쓰기를 시도하거나 다시 닫으려 한다면 패닉을 발생시킨다. 닫힌 채널에 읽기를 시도하는 것은 언제나 성공한다. 채널이 버퍼링되고 아직 읽어가지 않는 값이 있다면 값들이 순서대로 반환된다. 채널이 버퍼가 없거나 버퍼가 있는 채널에 더 이상 값이 없다면 채널 타입의 제로 값을 반환한다.

여기까지 봤을 때, 맵에서 비슷한 경험에 대한 질문이 생길 것이다. 채널에서 값을 읽었을 때, 채널이 닫혀서 반환되는 제로 값과 실제 0의 값으로 쓰여진 것을 가져온 건지 구분하는 방법이 궁금할 것이다. Go는 일관성 있는 언어가 되려고 노력하기 때문에, 이에 대한 해답도 비슷하다. 콤마 OK 관용구를 사용하여 채널의 닫힘 유무를 확인할 수 있다.

```
v, ok := <-ch
```

ok가 true라면 채널은 열려 있는 것이고, false라면 채널은 닫힌 것이다.

> **TIP** 닫혔을지도 모르는 채널에서 값을 가져올 때는 항상 콤마 ok 관용구를 사용하여 채널이 열려 있는지 확인하도록 하자.

채널을 닫아야 하는 책임은 채널에 쓰기를 하는 고루틴에 있다. 채널 닫기는 해당 채널이 닫혀지기를 기다리는 고루틴이 있는 경우에만 필요하다(for-range 루프를 사용해서 채널을 읽는 것과 같은). 채널도 단지 다른 변수이기 때문에, Go의 런타임은 더 이상 사용되지 않는다는 것이 확인되면 가비지 컬렉터로 정리를 한다.

채널은 Go의 동시성 모델을 구분하는 두 가지 중에 하나이다. 코드를 일련의 단계로 생각하게 하고 데이터 의존성을 명확하게 하여 동시성에 대해 더 쉽게 추론할 수 있도록 안내한다. 다른 언어들은 스레드 간에 통신하기 위해 전역에 공유된 상태에 의존한다. 이런 변경 가능한 공유 상태는 데이터가 프로그램의 전반을 흐르는 방식을 이해하기 어렵게 만들고, 결과적으로는 두 개의 스레드가 실제로 독립적인지 여부를 이해하기 어렵게 만든다.

10.3.4 채널 동작 방식

채널에는 읽기, 쓰기 혹은 닫기를 할 때, 각각 다른 동작을 하는 다양한 상태가 있다. [표 10-1]를 통해 해당 상태를 살펴보자.

표 10-1 채널 행동 방식

	버퍼가 없고, 열림	버퍼가 없고, 닫힘	버퍼가 있고, 열림	버퍼가 있고, 닫힘	Nil
읽기	뭔가 써질 때까지 일시 중지	제로 값 반환(닫힘을 확인하기 위해 콤마 ok 관용구 사용)	버퍼가 빌 때까지 일시 중지	버퍼에 남은 값을 반환. 버퍼가 비어 있다면, 제로 값을 반환(닫힘을 확인하기 위해 콤마 ok 관용구 사용)	무한정 대기
쓰기	뭔가 읽을 때까지 일시 중지	패닉	버퍼가 가득 찰 때까지 일시 중지	패닉	무한정 대기
닫기	동작함	패닉	동작함. 남은 값이 있을 수 있음	패닉	패닉

Go 프로그램이 패닉 상태로 가는 것은 반드시 피해야 한다. 앞서 언급했듯이, 표준 패턴은 더이상 채널에 쓸 내용이 없을 때, 쓰기 고루틴에서 채널을 닫도록 해야 한다. 여러 고루틴이 같은 채널에 쓰기를 할 때, 같은 채널에 close를 두 번 호출하면 패닉이 발생하기 때문에 더 복잡해진다. 게다가 하나의 고루틴에서 채널을 닫았을 때, 다른 고루틴에서 쓰기를 진행해도 패닉이 발생한다. 이 문제를 해결하는 방법은 sync.WaitGroup를 사용하는 것이다. 10.5.10절 'WaitGroup의 사용'에서 예제를 보도록 하자.

nil 채널도 위험해질 수 있지만, 유용한 경우도 있다. 이는 10.5.8절 'select에서 case 문 해제'에서 더 자세히 살펴보도록 하자.

10.4 select 문

select 문은 동시성 모델을 구분하는 다른 하나이다. Go에서 동시성을 위한 제어 구조이고, 일반적인 문제를 훌륭하게 해결한다. 두 개의 동시성 연산을 수행해야 한다면, 어떤 것을 먼저 실행해야 할까? 당신은 어떤 하나는 다른 것보다 더 선호하거나 어떤 경우를 아예 처리하지 않을 수 없다. 이를 기아starvation이라 부른다.

select 키워드는 여러 채널의 세트 중 하나에 읽기를 하거나 쓰기를 할 수 있는 고루틴을 허용한다. 이는 빈 switch 문과 같은 처리를 할 수 있어 보인다.

```
select {
case v := <-ch:
    fmt.Println(v)
case v := <-ch2:
    fmt.Println(v)
case ch3 <- x:
    fmt.Println("wrote", x)
case <-ch4:
    fmt.Println("got value on ch4, but ignored it")
}
```

select 문의 각 case는 채널에 쓰기나 읽기를 한다. 읽기나 쓰기가 가능한 case에서 해당 본문의 코드가 함께 실행된다. switch와 비슷하게, select 내에 case는 자신만의 블록을 생성한다.

여러 case에 읽거나 쓸 수 있는 채널이 있는 경우는 어떻게 될까? select 알고리즘은 단순하다. 진행이 가능한 여러 case 중 하나를 임의로 선택한다. 순서는 중요하지 않다. true로 해석되는 첫 번째 case를 항상 선택하는 switch 문과는 많이 다르다. 또한 다른 case보다 선호되는 것이 없고 모두 동시에 확인되기 때문에 기아 문제[3]를 깔끔하게 해결한다.

select 임의 선택의 다른 장점은 교착 상태의 가장 일반적인 원인 중 하나인 일관성 없는 순서로 잠금 획득 방지이다. 동일한 두 개의 채널을 접근하는 두 개의 고루틴이 있다면, 두 고루틴 내에서 같은 순서로 반드시 접근해야 **교착 상태**deadlock에 빠지지 않는다. 두 개의 고루틴 내에 채널이 서로 기다리게 되어 어느 쪽 하나도 실행할 수 없는 것을 의미한다. Go의 애플리케이션에서 모든 고루틴이 교착 상태에 빠진다면 Go 런타임은 해당 프로그램을 제거할 것이다(예제 10-1).

---

3 옮긴이_ 기아(starvation)는 자원을 제대로 분배하지 못해 발생하는 문제이다. 본문에서 언급하고자 하는 것은 모든 case 문이 동일한 우선 순위로 확인이 되기 때문에, 특정 case만 계속 처리되는 경우는 발생하지 않는다는 의미이다. 기아 상태는 컴퓨터 과학의 용어로 자세한 내용은 *https://ko.wikipedia.org/wiki/기아_상태*에서 확인할 수 있다.

```
func main() {
    ch1 := make(chan int)
    ch2 := make(chan int)
    go func() {
        v := 1
        ch1 <- v
        v2 := <-ch2
        fmt.Println(v, v2)
    }()
    v := 2
    ch2 <- v
    v2 := <-ch1
    fmt.Println(v, v2)
}
```

해당 프로그램을 Go 플레이그라운드[4]에서 실행하면, 다음과 같은 메시지를 볼 수 있다.

```
fatal error: all goroutines are asleep - deadlock!
```

여기서 main은 Go 런타임에서 처음 시작할 때 동작하는 고루틴에서 실행된다는 것을 기억하자. 고루틴은 ch1을 읽을 때까지 계속 진행할 수 없고 main 고루틴은 ch2를 읽을 때까지 진행할 수 없다.

만약 main 고루틴에서 select로 채널을 접근하도록 한다면, 교착 상태를 피할 수 있다(예제 10-2).

예제 10-2 교착 상태를 회피하기 위한 select 사용

```
func main() {
    ch1 := make(chan int)
    ch2 := make(chan int)
    go func() {
        v := 1
        ch1 <- v
        v2 := <-ch2
        fmt.Println(v, v2)
```

---

4 *https://oreil.ly/tr0am*

```
        }()
        v := 2
        var v2 int
        select {
        case ch2 <- v:
        case v2 = <-ch1:
        }
        fmt.Println(v, v2)
    }
```

이 프로그램을 Go 플레이그라운드[5]에서 실행하면, 다음과 같은 출력을 볼 수 있다.

```
2 1
```

select가 진행할 수 있는 case를 확인하기 때문에, 교착 상태를 피할 수 있는 것이다. ch1에 1의 값을 쓰는 것을 고루틴에서 진행했고 main 고루틴에서 ch1을 읽어 v2 변수에 넣는 것도 정상적으로 처리되었다.

select는 여러 채널을 통한 통신을 담당하기 때문에 종종 for 루프에 임베딩 된다.

```
for {
    select {
    case <-done:
        return
    case v := <-ch:
        fmt.Println(v)
    }
}
```

이것은 정말 일반적이어서 해당 조합을 가끔 for-select 루프라고 부른다. for-select 루프를 사용할 때, 반드시 루프를 빠져나가는 방법을 포함해야 한다. 이는 10.5.4절 'Done 채널 패턴'에서 이것을 수행하기 위한 방법을 알아보자.

switch 문과 마찬가지로 select 문은 default 절을 가질 수 있다. 또한 switch와 마찬가지로, default는 읽고 쓰기를 할 수 있는 채널이 어떤 case에도 없는 경우에 선택된다. 채널에

---

5 *https://oreil.ly/SdQX5*

서 비동기 읽기와 쓰기를 구현하고 싶다면, default와 함께 select를 사용하자. 다음 코드는 ch에 읽을 값이 없을 때 기다리지 않고 즉시 default의 내부의 코드를 실행한다.

```
select {
case v := <-ch:
    fmt.Println("read from ch:", v)
default:
    fmt.Println("no value written to ch")
}
```

10.5.7절 '배압'에서 default의 사용을 보도록 하겠다.

> **NOTE_** for-select의 default 절은 보통 루프 내에서 고려하지 않은 경우를 처리할 때 사용한다. 매 루프에서 어느 case에서도 읽거나 쓸 것이 없을 때 실행될 것이다. 이것은 for 루프를 일정하게 수행하도록 해주어 CPU의 제대로 된 사용을 할 수 있도록 한다.

10.5 동시성 사례와 패턴

이제 Go에서 제공하는 동시성의 기본 도구를 다루어 봤으니, 이제 몇 가지 동시성 모범 사례와 패턴을 알아보도록 하자.

10.5.1 동시성 없이 API를 유지

동시성은 구현 세부 사항이고 좋은 API 설계는 최대한 구현 세부 사항을 숨겨야 한다. 이는 당신의 코드를 호출 방식 변경 없이 동작 방식을 변경할 수 있도록 한다.

실제로 이것은 API의 타입, 함수 그리고 메서드에서 채널이나 뮤텍스mutex를 절대로 드러내지 않도록 해야 한다는 의미이다(10.6절 '채널 대신에 뮤텍스를 사용해야 하는 경우'에서 뮤텍스에 관련해서 살펴보자). 채널이 노출된다면, 당신의 API의 사용자가 채널 관리에 대한 책임이 생긴다. 이것은 채널이 버퍼링할 수 있는지 닫힌 것인지 혹은 nil인지 등의 여부를 고려해야 한다는 의미이다. 또한 예기치 못한 순서로 채널이나 뮤텍스를 접근하여 교착 상태가 될 수도 있다.

이런 규칙에는 몇 가지 예외가 있다. API가 동시성 도움 함수(10.5.9절 '타임 아웃 처리 코드'에서 보게 될 time.After 함수 같은)가 있는 라이브러리일 경우는, 채널은 API의 일부가 될 수 있다.

10.5.2 고루틴, for 루프 그리고 가변 변수

대부분의 경우, 고루틴으로 사용하는 클로저는 파라미터가 없다. 대신에 그것이 선언된 환경에서 값을 가져온다. 이것이 동작하지 않는 하나의 일반적인 상황이 있는데, for 루프의 값이나 인덱스를 캡처^{capture}하려고 했을 때이다. 아래 코드는 사소한 버그를 포함하고 있다.

```go
func main() {
    a := []int{2, 4, 6, 8, 10}
    ch := make(chan int, len(a))
    for _, v := range a {
        go func() {
            ch <- v * 2
        }()
    }
    for i := 0; i < len(a); i++ {
        fmt.Println(<-ch)
    }
}
```

a의 각 값을 위한 하나의 고루틴을 시작했다. 그것은 각 고루틴에서 다른 값을 전달할 것처럼 보이나 코드를 실행해보면 다음과 같이 다른 결과를 보여준다.

```
20
20
20
20
20
```

모든 고루틴이 ch에 20을 쓴 이유는 모든 고루틴을 위한 클로저가 같은 변수를 캡처했기 때문이다. for 루프에서 인덱스와 값은 각 반복에서 재사용 되었다. 마지막으로 v에 할당된 값이 10이었다. 고루틴이 수행될 때, 해당 값이 고루틴이 보고 있는 값이다. 이것은 for 루프만의 문제는 아니고 값이 바뀔 수 있는 변수에 의존하고 있는 고루틴이라면 매번 해당 값을 고루틴으로 반드시 넘겨줘야 한다. 이것을 위해 할 수 있는 두 가지 방법이 있다. 첫 번째는 루프 내에서 값을 섀도잉하는 방법이다.

```
for _, v := range a {
    v := v
    go func() {
        ch <- v * 2
    }()
}
```

섀도잉을 피하고 데이터 흐름을 더 명확하게 하고 싶다면, 파라미터로 값을 고루틴으로 넘길 수도 있다.

```
for _, v := range a {
    go func(val int) {
        ch <- val * 2
    }(v)
}
```

TIP 고루틴이 값이 변경될 수 있는 변수를 사용할 때마다, 변수의 현재 값을 고루틴으로 넘겨주도록 하자.

10.5.3 고루틴 정리

고루틴 함수를 시작할 때마다 결국 종료되는지 확인해야 한다. 변수들과는 다르게, Go 런타임은 고루틴은 다시는 사용되지 않는지 검출할 수 없다. 고루틴이 종료하지 않는다면, 스케줄러는 아무것도 안하는 것을 주기적으로 시간을 할당하게 되어 프로그램이 느려지게 할 것이다. 이것을 고루틴 누수leak이라 부른다.

고루틴이 종료된다는 보장할 수 없다는 것은 명확하지 않을 수 있다. 예를 들어, 고루틴을 제너레이터generator로 사용했다고 가정하자.

```go
func countTo(max int) <-chan int {
    ch := make(chan int)
    go func() {
        for i := 0; i < max; i++ {
            ch <- i
        }
        close(ch)
    }()
    return ch
}

func main() {
    for i := range countTo(10) {
        fmt.Println(i)
    }
}
```

NOTE_ 이것은 간단한 예제일 뿐이다. 고루틴을 숫자의 리스트를 순회하기 위해 사용하지 않도록 하자. 실행이 너무 단순해서 '동시성을 사용 시점' 지침을 위반하기 때문이다.

값들의 모두를 사용하는 일반적인 경우에서 고루틴은 종료한다. 하지만 조금 빠르게 루프를 종료하면 고루틴은 채널에서 값을 읽기 위해 영원히 기다리게 된다.

```go
func main() {
    for i := range countTo(10) {
        if i > 5 {
            break
        }
        fmt.Println(i)
    }
}
```

10.5.4 Done 채널 패턴

Done 채널 패턴은 처리를 종료해야 하는 시점을 고루틴에게 알리는 방법을 제공한다. 종료 시점이라는 것을 알리기 위해 채널을 사용한다. 여러 함수에서 같은 데이터를 전달하고 해당 결과는 가장 빠른 함수로부터 얻게 하는 예제를 보도록 하자.

```go
func searchData(s string, searchers []func(string) []string) []string {
    done := make(chan struct{})
    result := make(chan []string)
    for _, searcher := range searchers {
        go func(searcher func(string) []string) {
            select {
            case result <- searcher(s):
            case <-done:
            }
        }(searcher)
    }
    r := <-result
    close(done)
    return r
}
```

해당 함수에서 struct{} 타입의 데이터를 가지는 done이라는 채널을 선언했다. 값이 중요하지 않기 때문에 타입으로 빈 구조체를 사용했다. 해당 채널은 아무것도 쓰지 않을 것이고 단지 닫기만 할 것이다. 고루틴으로 각 searcher를 넘길 것이다. 작업 고루틴 내에 select 문은 result 채널에 쓰기(searcher 함수가 반환될 때)가 되거나 done 채널로 읽기가 될 때까지 기다릴 것이다. 열린 채널에서 읽기는 가용한 데이터가 있을 때까지 일시 중지하고 닫힌 채널의 읽기는 채널을 위해 항상 제로 값을 반환한다는 것을 기억하자. 이것은 done이 닫힐 때까지 done으로부터 읽기는 일시중지를 유지할 것이다. searchData에서 result에 첫 번째로 쓰여진 값을 읽으면 done을 닫는다. 이것은 누수로부터 고루틴을 방지하기 위해 고루틴에게 종료해야 하는 시점을 알려주는 것이다.

때로는 호출 스택의 이전 함수에서 가져온 것을 기반으로 고루틴을 종료하고 싶을 때가 있다. 12.2절 '취소'에서 컨텍스트의 사용으로 하나이상의 고루틴에게 종료해야 하는 시점을 알려주는 방법을 알아보도록 하자.

10.5.5 고루틴을 종료하기 위한 취소 함수 사용

또한 done 채널 패턴을 사용하여 우리가 5장에서 처음 본 채널과 해당 취소 함수를 함께 반환하는 패턴을 구현할 수 있다. 이런 동작 방법을 알아보기 위해 앞서 사용한 countTo 함수를 다시 보도록 하자. 이 함수는 반드시 for 루프 다음에 호출되어야 한다.

```go
func countTo(max int) (<-chan int, func()) {
    ch := make(chan int)
    done := make(chan struct{})
    cancel := func() {
        close(done)
    }
    go func() {
        for i := 0; i < max; i++ {
            select {
            case <-done:
                return
            default:
                ch <- i
            }
        }
        close(ch)
    }()
    return ch, cancel
}

func main() {
    ch, cancel := countTo(10)
    for i := range ch {
        if i > 5 {
            break
        }
        fmt.Println(i)
    }
    cancel()
}
```

countTo 함수는 두 개의 채널을 생성하는데, 하나는 데이터를 반환하고 다른 하나는 종료 시그널을 보낸다. done 채널을 직접적으로 반환하는 것보다 done 채널을 닫는 클로저를 생성하여 해당 클로저를 대신 반환하는 것이 더 낫다. 클로저로 취소하는 것이 필요하다면 추가적인 정리 작업도 실행할 수 있도록 한다.

10.5.6 버퍼가 있는 채널과 버퍼가 없는 채널의 사용 시점

Go 동시성을 마스터하기 위한 복잡한 기술 중 하나는 버퍼가 있는 채널을 사용 시점을 결정하는 것이다. 기본적으로 채널은 버퍼링을 하지 않고 이해하기 쉽다. 계주에서 바통을 전달하듯이 하나의 고루틴이 쓰고 다른 고루틴에서 해당 작업을 가져온다. 버퍼가 있는 채널은 더 많이 복잡하다. 버퍼가 있는 채널에 무한한 버퍼를 가지도록 할 수 없기 때문에 크기를 선택해야 한다. 버퍼가 있는 채널의 알맞은 사용은 버퍼가 가득 찬 경우를 반드시 처리해야 하고 쓰기 고루틴은 해당 상황에서 읽기 고루틴을 기다리기 위해 블로킹 되어야 한다. 그렇다면 버퍼가 있는 채널의 알맞은 사용은 무엇일까?

버퍼가 있는 채널의 경우는 미묘하다. 한 문장으로 요약하자면 다음과 같다.

버퍼가 있는 채널은 얼마나 많은 고루틴이 실행될 지를 알고 있을 때, 실행시킬 고루틴의 개수를 제한하거나 대기 중인 작업의 양을 제한하려는 경우에 유용하다. 또한 시스템에서 대기중인 작업의 양을 관리하여 서비스가 뒤처지거나 과부하가 걸리는 것을 방지하는데 도움이 된다. 사용되는 방법을 보여주는 몇 가지 예제가 있다.

첫 번째 예제는 채널에 첫 10개의 결과를 처리한다. 그렇게 하기 위해 10개의 고루틴을 실행하고 각 결과는 버퍼가 있는 채널에 쓰게 한다.

```
func processChannel(ch chan int) []int {
    const conc = 10
    results := make(chan int, conc)
    for i := 0; i < conc; i++ {
        go func() {
            results <- process(v)
        }()
    }
    var out []int
    for i := 0; i < conc; i++ {
        out = append(out, <-results)
    }
    return out
}
```

우리는 정확히 몇 개의 고루틴이 실행되어야 하는지 알고 있고 각 고루틴은 자신의 작업이 끝나는 대로 종료하기를 기대한다. 이것은 각 실행된 고루틴을 위해 하나의 공간에 버퍼가 있는 채널을 생성했고 각 고루틴에서 해당 고루틴으로 데이터를 쓰는 것은 블로킹이 없이 진행되었다는 것을 의미한다. 버퍼가 있는 채널에 대한 루프를 실행할 수 있고, 해당 고루틴들이 쓴 값들을 읽을 수 있다. 모든 값이 읽혀 지면, 결과를 반환하고 어떤 고루틴도 누수가 없었다는 것을 알 수 있다.

10.5.7 배압

버퍼가 있는 채널과 구현될 수 있는 다른 기술은 배압backpressure이다. 이것은 직관적이지 않지만 시스템은 컴포넌트들이 실행하고자 하는 작업의 양을 제한할 때, 전체적으로 더 나은 성능의 수행을 할 수 있다. 버퍼가 있는 채널을 사용하고 select 문으로 시스템에 동시에 들어오는 요청의 수를 제한할 수 있다.

```go
type PressureGauge struct {
    ch chan struct{}
}

func New(limit int) *PressureGauge {
    ch := make(chan struct{}, limit)
    for i := 0; i < limit; i++ {
        ch <- struct{}{}
    }
    return &PressureGauge{
        ch: ch,
    }
}

func (pg *PressureGauge) Process(f func()) error {
    select {
    case <-pg.ch:
        f()
        pg.ch <- struct{}{}
        return nil
    default:
        return errors.New("no more capacity")
    }
}
```

코드에서 '토큰'의 수와 버퍼가 있는 채널을 포함하는 구조체를 생성하고 함수를 수행한다. 매고루틴은 Process 함수를 사용하길 원한다. select는 채널로부터 토큰을 읽으려고 한다. 읽을 수 있다면, 함수를 실행하고 토큰이 반환된다. 토큰을 읽을 수 없으면, default 문이 실행되고 토근 대신에 오류를 반환한다. 여기에 내장 HTTP 서버와 함께 해당 코드의 사용한 예제를 볼 수 있다(11.4.2절 '서버'에서 HTTP 동작을 자세히 알아볼 것이다).

```
func doThingThatShouldBeLimited() string {
    time.Sleep(2 * time.Second)
    return "done"
}

func main() {
    pg := New(10)
    http.HandleFunc("/request", func(w http.ResponseWriter, r *http.Request) {
        err := pg.Process(func() {
            w.Write([]byte(doThingThatShouldBeLimited()))
        })
        if err != nil {
            w.WriteHeader(http.StatusTooManyRequests)
            w.Write([]byte("Too many requests"))
        }
    })
    http.ListenAndServe(":8080", nil)
}
```

10.5.8 select에서 case 문 해제

동시에 여러 소스의 데이터를 결합해야 하는 경우, select 키워드가 좋다. 하지만 닫힌 채널에 대해 알맞게 처리할 필요가 있다. select의 case 중 하나가 닫힌 채널을 읽는다면, 항상 성공할 것이고 제로 값을 반환한다. 해당 case가 선택되면, 값이 유효한지 확실히 하기 위해 검사해야 하고 case를 건너뛰어야 한다. 읽기 간격이 떨어져 있다면, 프로그램에서 필요 없는 값을 읽는데 많은 시간을 낭비하게 된다.

그런 일이 발생하면, nil 채널을 읽는 것과 같이 오류처럼 보이는 것에만 의존한다. 앞서 보았듯이, nil 채널에 쓰거나 nil 채널에서 읽거나 하면 무한정 대기를 발생시킨다. 버그로 발생한 것은 좋지 않지만, select에서 case를 비활성화하기 위해 nil 채널을 사용할 수 있다. 채널이 닫혔다는 것을 감지했을 때, 채널 변수를 nil로 설정한다. 연관된 case 문은 nil 채널에서 값을 반환하지 않기 때문에 더 이상 실행되지 않는다.

```
// in과 in2는 채널, done은 done 채널.
for {
    select {
    case v, ok := <-in:
        if !ok {
            in = nil // 해당 case는 더 이상 성공할 수 없다!
            continue
        }
        // in에서 읽은 값을 v로 처리한다.
    case v, ok := <-in2:
        if !ok {
            in2 = nil // 해당 case는 더 이상 성공 할 수 없다!
            continue
        }
        // in2에서 읽은 값을 v로 처리.
    case <-done:
        return
    }
}
```

10.5.9 타임 아웃 처리 코드

대부분 상호작용하는 프로그램은 특정 시간 내에 응답을 반환해야 한다. Go에서 동시성으로 할 수 있는 것들 중 하나는 요청(혹은 요청의 일부)을 수행하는 시간을 관리할 수 있는 것이다. 다른 언어들은 이 기능을 추가하기 위해 프로미스promise또는 퓨처future 위에 추가 기능을 도입하지만 Go의 타임아웃 관용구는 기존 부분에서 복잡한 기능을 구축 방법을 보여준다. 한번 살펴보도록 하자.

```
func timeLimit() (int, error) {
    var result int
    var err error
    done := make(chan struct{})
    go func() {
```

```
        result, err = doSomeWork()
        close(done)
    }()
    select {
    case <-done:
        return result, err
    case <-time.After(2 * time.Second):
        return 0, errors.New("work timed out")
    }
}
```

Go에서 작업에 걸리는 시간을 제한해야 할 때마다 이런 패턴의 변형을 볼 수 있다. 두 case를 select로 선택할 수 있다. 첫 번째 case는 앞서 보았던 done 채널 패턴의 장점을 가진다. result와 err에 값을 할당하고 done 채널을 닫기 위해 클로저를 고루틴으로 사용했다. done 채널이 먼저 닫히면, done으로부터 성공적으로 읽게 되고 값들은 반환된다.

두 번째 채널은 time 패키지에 있는 After 함수에서 반환된다. 이것은 지정된 time. Duration이 지나면 값이 쓰여질 것이다. (11.2절 '시간'에서 time 패키지에 관해 다루어 보자.) doSomeWork가 끝나기 전에 해당 값이 읽힌다면, timeLimit은 타임아웃 오류를 반환한다.

> NOTE_ 고루틴이 처리를 끝내기 전에 timeLimit을 종료하면, 고루틴은 계속 실행을 한다. 이는 (결국) 반환하는 결과에 대해 아무것도 하지 않는다. 더 이상 완료되기를 기다릴 필요가 없는 고루틴의 작업을 중단하려면, 12.2절 '취소'에서 다룰 컨텍스트 취소를 사용하자.

10.5.10 WaitGroup의 사용

때로는 하나의 고루틴이 여러 고루틴의 작업 완료를 기다릴 필요가 있다. 단일 고루틴을 기다리길 원한다면, 앞서 보았던 done 채널 패턴을 이용하자. 하지만 몇 몇의 고루틴을 기다려야 한다면, 표준 라이브러리의 sync 패키지에 있는 WaitGroup을 사용할 필요가 있다. 여기 예제가 있는데, Go 플레이그라운드[6]에서 실행해 볼 수 있다.

---

6 *https://oreil.ly/hg7IF*

```
func main() {
    var wg sync.WaitGroup
    wg.Add(3)
    go func() {
        defer wg.Done()
        doThing1()
    }()
    go func() {
        defer wg.Done()
        doThing2()
    }()
    go func() {
        defer wg.Done()
        doThing3()
    }()
    wg.Wait()
}
```

sync.WaitGroup은 제로 값이 유용하기 때문에 초기화 될 필요없이 선언만 하면 된다. sync.WaitGroup에서 제공하는 메서드는 대기할 고루틴의 카운터를 증가시키는 Add, 완료 시점에 고루틴에 의해 호출되어 카운터를 감소시키는 Done, 카운터가 0이 될 때까지 고루틴을 일시 중지하는 Wait까지 3가지가 있다. Add는 고루틴의 수와 함께 한 번만 호출된다. Done은 고루틴 내에서 호출된다. 고루틴이 패닉에 빠지더라도 호출되는 것을 보장하기 위해 defer를 사용한다. 여기서 sync.WaitGroup을 명시적으로 전달하지 않는다는 것을 알 수 있다. 여기에 두 가지 이유가 있다. 첫 번째는 sync.WaitGroup을 사용하는 모든 곳에서 같은 인스턴스 사용을 보장해야 한다. sync.WaitGroup이 고루틴 함수로 전달되고 포인터를 사용하지 않는다면, 함수는 복사본을 만들고 Done의 호출로 원본 sync.WaitGroup의 값을 감소시키지 못한다. sync.WaitGroup을 캡처하기 위해 클로저를 사용하면 모든 고루틴이 같은 인스턴스를 참조한다고 확신할 수 있다.

두 번째 이유는 설계이다. API에서 동시성을 유지해야 한다는 것을 기억하자. 앞서 채널과 관련된 것을 보았듯이, 일반적인 패턴은 비즈니스 로직을 래핑한 클로저로 고루틴을 실행한다. 클로저는 동시성과 관련된 문제를 관리하고 함수는 알고리즘을 제공한다.

조금 더 현실적인 예제를 보도록 하자. 앞서 언급했듯이, 여러 고루틴이 같은 채널에 쓰기를 하는 경우, 쓰기를 위한 채널은 단 한 번만 닫혀지는 것을 보장해야 한다. sync.WaitGroup은 이것을 위한 완벽한 해결책이다. 동시에 채널에 값을 처리하고 결과를 슬라이스에 모은 뒤에 슬라이스를 반환하는 함수에서 동작하는 방법을 보도록 하자.

```go
func processAndGather(in <-chan int, processor func(int) int, num int) []int {
    out := make(chan int, num)
    var wg sync.WaitGroup
    wg.Add(num)
    for i := 0; i < num; i++ {
        go func() {
            defer wg.Done()
            for v := range in {
                out <- processor(v)
            }
        }()
    }
    go func() {
        wg.Wait()
        close(out)
    }()
    var result []int
    for v := range out {
        result = append(result, v)
    }
    return result
}
```

예제에서 모든 처리 고루틴이 종료되기를 기다리는 것을 모니터링 하는 고루틴을 시작한다. 처리가 완료되면, 모니터링 고루틴은 출력 채널에 대해 close를 호출한다. for-range 채널 루프는 out이 닫히면 종료하고 버퍼는 비어 있게 된다. 마지막으로 함수는 처리된 값을 반환한다.

WaitGroup은 사용하기 쉬운 반면에, 고루틴을 설계할 때 첫 번째 선택이 되어서는 안 된다. 그것은 작업 고루틴이 종료하고 나서 정리(쓰는 채널을 모두 닫는 것과 같이)할 무엇인가 있는 경우에만 사용하자.

> ### golang.org/x와 ErrGroup
>
> Go 저자는 표준 라이브러리를 보충하는 유틸리티의 세트를 유지 관리한다. 전체적으로 golang.org/x 패키지로 알려진 해당 패키지는 고루틴 중 하나가 오류를 반환할 때 처리를 중지하는 고루틴의 세트를 만들기 위해 WaitGroup 상위에 구성된 ErrGroup이라 불리는 타입을 포함한다. 자세한 사항은 ErrGroup 문서(*https://oreil.ly/_EVsK*)를 읽어보자.

10.5.11 정확히 한 번만 코드 실행하기

9.3.8절 'init 함수: 가능하면 피하자'에서 다루었듯이, init은 불변의 패키지 레벨 상태를 효율적인 초기화를 위해 예약되었다. 하지만 때로는 지연된 로딩lazy load를 원하거나 프로그램이 시작한 후에 어떤 초기화 코드를 정확히 한 번만 호출하고 싶을 수 있다. 초기화는 상대적으로 느리고 프로그램이 실행될 때마다 필요하지 않을 수도 있기 때문에 대개 일반적이다. sync 패키지는 해당 기능을 활성화하는 Once라는 간편한 타입을 포함한다. 어떻게 동작하는지 빠르게 살펴보도록 하자.

```go
type SlowComplicatedParser interface {
    Parse(string) string
}

var parser SlowComplicatedParser
var once sync.Once

func Parse(dataToParse string) string {
    once.Do(func() {
        parser = initParser()
    })
    return parser.Parse(dataToParse)
}

func initParser() SlowComplicatedParser {
    // 설정이나 로딩과 같은 모든 일들을 여기서 한다.
}
```

여기서 SlowComplicatedParser 타입의 parser와 sync.Once 타입의 once 라는 두 패키지 레벨 변수를 선언했다. sync.WaitGroup과 같이 sync.Once의 인스턴스를 설정할 필요는 없다 (이는 **제로 값을 유용하게** 만든다). 또한 sync.WaitGroup과 같이 sync.Once의 인스턴스의 복사본이 만들어지지 않았다는 것을 확인해야 하는데, 이유는 각 복사본은 이미 사용이 되었는지 여부에 대한 자신만의 상태를 가지기 때문이다. 함수 내에 sync.Once 인스턴스의 선언은 매 함수 호출에 새로운 인스턴스가 생성될 것이고 이전 실행에 대한 어떠한 내용도 모르기 때문에 잘못된 결과가 나타난다.

예를 들어, parser는 한 번만 초기화 되기를 원한다면, once의 Do 메서드로 전달된 클로저 내에서 parser의 값을 설정하는 것이다. Parse가 한 번 이상 호출된다면, once.Do는 클로저를 다시 실행하지 않을 것이다.

10.5.12 동시 도구를 함께 사용

해당 장에 첫 번째 섹션의 예제로 다시 돌아가보자. 3개의 웹서비스를 호출하는 함수를 봤을 것이다. 해당 서비스의 두개는 데이터를 보내고, 두 개의 호출 결과를 받아 세 번째에게 보내어 최종 결과를 반환했다. 전체 처리 과정은 50밀리초 내에 수행 완료되지 않으면 오류를 반환한다.

실행되는 함수에서 시작해보자.

```go
func GatherAndProcess(ctx context.Context, data Input) (COut, error) {
    ctx, cancel := context.WithTimeout(ctx, 50*time.Millisecond)
    defer cancel()
    p := processor{
        outA: make(chan AOut, 1),
        outB: make(chan BOut, 1),
        inC:  make(chan CIn, 1),
        outC: make(chan COut, 1),
        errs: make(chan error, 2),
    }
    p.launch(ctx, data)
    inputC, err := p.waitForAB(ctx)
    if err != nil {
        return COut{}, err
    }
    p.inC <- inputC
```

```
    out, err := p.waitForC(ctx)
    return out, err
}
```

첫 번째로 하는 것은 50밀리초를 타임아웃으로 가지는 컨텍스트를 설정하는 것이다. 가용한 컨텍스트가 있다면, time.After를 호출하는 것보다 컨텍스트의 타이머 지원을 사용하자. 컨텍스트 타이머를 사용의 장점 중 하나는 이 함수를 호출한 함수에서 설정된 타임아웃을 중요하게 여기도록 하는 것이다. 12장에서 컨텍스트에 관해 알아보고 12.3절 '타이머'에서 타임아웃에 대한 상세 내용을 다루어 보자. 지금은 타임아웃이 되면 컨텍스트가 취소된다는 것만 알면 된다. 컨텍스트의 Done 메서드는 타임아웃이나 명시적으로 컨텍스트의 취소를 호출함으로써 컨텍스트가 취소되었을 때, 값을 반환하는 채널을 반환한다.

컨텍스트를 생성한 후에는, defer를 사용하여 컨텍스트의 cancel 함수가 호출되는 것을 보장한다. 12.2절 '취소'에서 논의할 것인데, 반드시 해당 함수를 호출해야 한다. 그렇지 않으면 자원의 누수가 발생한다.

그런 다음 고루틴 간의 통신을 위해 사용할 일련의 채널로 processor 인스턴스를 채운다. 모든 채널은 버퍼가 있기에, 해당 채널에 쓰는 고루틴은 읽기가 발생하기를 기다리지 않아도 쓰기를 한 뒤에 종료할 수 있다. errs 채널은 잠재적으로 두 개의 오류가 쓰여 질 수 있기 때문에 버퍼 크기가 2이다.

processor 구조체는 다음과 같은 형태이다.

```
type processor struct {
    outA chan AOut
    outB chan BOut
    outC chan COut
    inC  chan CIn
    errs chan error
}
```

다음은, 3개의 고루틴을 시작하기 위해 processor의 launch 메서드를 호출한다. 하나는 getResultA의 호출이고, 하나는 getResultB이고 하나는 getResultC이다.

```
func (p *processor) launch(ctx context.Context, data Input) {
    go func() {
        aOut, err := getResultA(ctx, data.A)
        if err != nil {
            p.errs <- err
            return
        }
        p.outA <- aOut
    }()
    go func() {
        bOut, err := getResultB(ctx, data.B)
        if err != nil {
            p.errs <- err
            return
        }
        p.outB <- bOut
    }()
    go func() {
        select {
        case <-ctx.Done():
            return
        case inputC := <-p.inC:
            cOut, err := getResultC(ctx, inputC)
            if err != nil {
                p.errs <- err
                return
            }
            p.outC <- cOut
        }
    }()
}
```

getResultA와 getResultB를 위한 고루틴은 매우 유사하다. 그것들은 각자의 메서드를 호출한다. 오류가 반환되면, 오류를 p.errs 채널에 쓴다. 유효한 값이 반환되면, 자신의 채널의 해당 값을 쓴다 (getResultA를 위한 p.outA와 getResultB를 위한 p.outB).

getResultC의 호출은 getResultA와 getResultB의 호출이 성공하고 나서 50 밀리초 내에 일어나야 하기 때문에, 세 번째 고루틴은 조금 더 복잡하다. 해당 고루틴은 두 개의 case가 있는 select를 포함한다. 첫 번째는 컨텍스트가 취소되면 실행된다. 두 번째는 getResultC의 호출을 위한 데이터가 가용하면 실행이 된다. 데이터가 가용하면 함수가 호출되고 로직은 첫 두 고루틴의 로직과 비슷하다.

고루틴이 시작된 후에, processor의 waitForAB 메서드를 호출한다.

```go
func (p *processor) waitForAB(ctx context.Context) (CIn, error) {
    var inputC CIn
    count := 0
    for count < 2 {
        select {
        case a := <-p.outA:
            inputC.A = a
            count++
        case b := <-p.outB:
            inputC.B = b
            count++
        case err := <-p.errs:
            return CIn{}, err
        case <-ctx.Done():
            return CIn{}, ctx.Err()
        }
    }
    return inputC, nil
}
```

이것은 getResultC를 위한 입력 파라미터, CIn의 인스턴스 inputC를 채우기 위해 for-select 루프를 사용했다. 4개의 case 문이 있다. 첫 두 개는 처음 두 개의 고루틴에서 채널에 쓰여진 것을 읽어서 inputC의 항목을 채운다. 이런 case가 실행되면, for-select 루프를 빠져나오고 inputC의 값과 오류로 nil을 함께 반환한다.

두 번째 두 개의 case는 오류 조건을 처리한다. p.errs 채널에 오류가 쓰여진다면, 오류를 반환한다. 컨텍스트가 취소가 되어도, 요청이 취소됨을 나타내는 오류를 반환한다.

GatherAndProcess 함수로 돌아가, 오류에서 표준 nil 확인을 수행한다. 모든 것이 좋다면, inputC 값을 p.inC 채널에 쓰고 processor의 waitForC 메서드를 호출한다.

```go
func (p *processor) waitForC(ctx context.Context) (COut, error) {
    select {
    case out := <-p.outC:
        return out, nil
    case err := <-p.errs:
```

```
        return COut{}, err
    case <-ctx.Done():
        return COut{}, ctx.Err()
    }
}
```

해당 메서드는 단일 select로 구성되었다. getResultC가 성공적으로 완료되었다면, p.outC 채널의 출력을 읽고 반환한다. getResultC가 오류를 반환했다면, p.errs 채널에서 오류를 읽어서 반환한다. 마지막으로 컨텍스트가 취소되었다면, 그것을 나타내는 오류를 반환한다. waitForC가 완료된 후에, GatherAndProcess는 호출한 곳으로 결과를 반환한다.

getResultC가 올바르게 동작하는 것으로 작성자를 신뢰한다면, 이 코드는 단순화할 수 있다. 컨텍스트는 getResultC로 전달되기 때문에, 함수는 시간 초과를 준수하고 실행된 경우에 오류를 반환하도록 작성될 수 있다. 이런 경우에는 GatherAndProcess 내에서 직접 getResultC를 호출할 수 있다. 이것은 process에서 inC와 outC 채널, launch의 고루틴 그리고 waitForC 메서드 전체를 제거할 수 있다. 일반적인 원칙은 프로그램이 정확해야 하는 만큼 동시성을 적게 사용하는 것이다.

우리의 코드를 고루틴, 채널 그리고 select 문으로 구성하여 개별적 단계로 구분하여 독립적인 부분으로 수행하는 것을 허용하고 어떤 순서로 완료되든 깔끔하게 의존성이 있는 부분 간에 데이터를 교환한다. 게다가 프로그램의 어떤 부분도 중단되지 않았는지 확인하고 해당 함수와 호출 기록 내에 이전 함수에서 설정한 타임아웃을 적절하게 처리한다. 이것이 동시성 구현을 위한 더 나은 방법이라는 확신이 없으면, 다른 언어로 이것을 구현을 해보도록 하자. 얼마나 어려운지 놀라게 된다.

10.6 채널 대신에 뮤텍스를 사용해야 하는 경우

다른 프로그래밍 언어에서 스레드들 간에 데이터 접근을 관리해야 한다면, 아마도 **뮤텍스**를 사용할 것이다. 이것은 상호 배제mutual exclusion의 약어이고, 뮤텍스의 역할은 공유된 데이터의 조각의 접근이나 어떤 코드의 동시 실행을 제한한다. 임계 영역critical section이라 불리는 부분을 보호한다.

왜 Go의 창시자들이 채널과 동시성을 관리하기 위한 select를 설계했는지 좋은 이유들이 있다. 뮤텍스의 주요한 문제는 프로그램에 걸쳐 데이터의 흐름을 모호하게 하는 것이다. 값이 일련의 채널을 통해 고루틴에서 고루틴으로 전달될 때, 데이터의 흐름은 명확하다. 값의 접근은 한 번에 하나의 고루틴에 국한된다. 뮤텍스가 값을 보호하기 위해 사용되면, 값의 접근이 모든 동시에 수행되는 프로세스에 공유되기 때문에 값의 소유권을 가진 고루틴이 어떤 것인지 알 길이 없다. 이는 처리의 순서를 이해하는 것을 어렵게 한다. 이런 철학을 의미하는 '메모리를 공유하여 통신하지 말고, 통신을 통해 메모리를 공유하자'는 Go 커뮤니티의 말이 있다.

즉, 때로는 뮤텍스를 사용하는 것이 더 명확하며, Go 표준 라이브러리는 이러한 상황에 대한 뮤텍스 구현이 포함되어 있다. 가장 일반적인 경우는 고루틴이 공유된 값을 읽거나 쓰는 경우이지만 값을 처리하진 않는다. 예제로 멀티플레이어 게임을 위한 인메모리 득점판을 보자. 먼저 채널을 사용하여 이것을 구현하는 방법을 살펴보자. 여기에 득점판을 관리하기 위한 고루틴을 시작하는 함수가 있다.

```go
func scoreboardManager(in <-chan func(map[string]int), done <-chan struct{}) {
    scoreboard := map[string]int{}
    for {
        select {
        case <-done:
            return
        case f := <-in:
            f(scoreboard)
        }
    }
}
```

이 함수는 맵을 선언하고 하나의 채널로 맵을 읽거나 수정하는 함수를 기다리고 두 번째 채널에서 종료 시점을 알도록 한다. 맵에 값을 쓰는 메서드를 가지는 타입을 생성하자.

```go
type ChannelScoreboardManager chan func(map[string]int)

func NewChannelScoreboardManager() (ChannelScoreboardManager, func()) {
    ch := make(ChannelScoreboardManager)
    done := make(chan struct{})
    go scoreboardManager(ch, done)
    return ch, func() {
```

```
            close(done)
        }
    }

    func (csm ChannelScoreboardManager) Update(name string, val int) {
        csm <- func(m map[string]int) {
            m[name] = val
        }
    }
```

업데이트 메서드는 값을 맵에 넣는 함수를 전달하는 굉장히 직관적이다. 하지만 득점판으로부터 읽는 것은 어떨까? 값을 다시 반환할 필요가 있다. 수행하는 것을 완료하기 위해 ScoreboardManager에 전달되는 함수를 기다리는 done 패턴을 사용해야 한다는 의미이다.

```
    func (csm ChannelScoreboardManager) Read(name string) (int, bool) {
        var out int
        var ok bool
        done := make(chan struct{})
        csm <- func(m map[string]int) {
            out, ok = m[name]
            close(done)
        }
        <-done
        return out, ok
    }
```

해당 코드는 동작은 하지만 번거롭고 한 번에 하나의 읽기만 허용한다. 더 나은 접근은 뮤텍스를 사용하는 것이다. 표준 라이브러리의 sync 패키지에는 두 개의 뮤텍스 구현이 있다. 첫 번째는 Mutex이고 Lock과 Unlock 메서드를 가진다. Lock을 호출하는 것은 임계 영역에 현재 다른 고루틴이 머무는 한 현재 고루틴을 일시 중지한다. 임계 영역이 해제되면, 잠금은 현재 고루틴이 **획득**하고 임계 영역의 코드가 실행된다. Mutext의 Unlock 메서드의 호출은 임계 영역의 마지막을 표시한다.

두 번째 뮤텍스 구현은 RWMutex이고 읽기 잠금과 쓰기 잠금을 가지고 있다. 하나의 작성자가 임계영역 내에 있을 수 있지만, 읽기 잠금은 공유된다. 한 번에 임계 영역 내에 여러 독자가 있을 수 있다는 것이다. 쓰기 잠금은 Lock과 Unlock 메서드로 관리되고 읽기 잠금은 RLock과 RUnlock 메서드로 관리된다.

뮤텍스 잠금을 획득하고자 할 때, 잠금이 해제가 되었는지 확실히 해야 한다. Lock과 RLock이 호출된 후에 즉시 Unlock 호출을 위해 defer 문을 사용하자.

```go
type MutexScoreboardManager struct {
    l           sync.RWMutex
    scoreboard map[string]int
}

func NewMutexScoreboardManager() *MutexScoreboardManager {
    return &MutexScoreboardManager{
        scoreboard: map[string]int{},
    }
}

func (msm *MutexScoreboardManager) Update(name string, val int) {
    msm.l.Lock()
    defer msm.l.Unlock()
    msm.scoreboard[name] = val
}

func (msm *MutexScoreboardManager) Read(name string) (int, bool) {
    msm.l.RLock()
    defer msm.l.RUnlock()
    val, ok := msm.scoreboard[name]
    return val, ok
}
```

뮤텍스를 사용한 구현을 살펴보았으니, 이제 하나를 선택하여 사용하기 전에 주의를 기울여야 한다. 케서린 콕스 부데이Katherine Cox-Buday의 훌륭한 책『Concurrency in Go』[7]는 채널과 뮤텍스 사용의 결정을 도와 주기위해 결정 트리를 포함한다.

- 고루틴들을 조정하거나 고루틴에 의해 변경되는 값을 추적하는 경우에는 채널을 사용하자.
- 구조체에 항목을 공유하여 접근하는 경우에는 뮤텍스를 사용하자.
- 채널을 사용했을 때, 중대한 성능의 문제를 발견했고 어떤 다른 방법으로도 해당 이슈가 고쳐지지 않는 경우에는 뮤텍스를 사용하여 구현해보도록 하자.

---

7 *https://oreil.ly/G7bpu*

여기서 scoreboard는 구조체의 항목이고 scoreboard의 변환은 없기 때문에, 뮤텍스를 사용하는 것이 적절하다. 데이터가 메모리에 저장되기 때문에 뮤텍스가 좋게 쓰여진 경우이다. 데이터가 HTTP 서버나 데이터베이스와 같은 외부 서비스에 저장되어 있다면, 시스템의 접근을 보호하기 위해 뮤텍스를 사용하지 않도록 하자.

뮤텍스는 더 많은 부기 코드를 작성하도록 한다. 예를 들어, 잠금과 잠금 해제의 쌍을 올바르게 유지하지 않으면 프로그램이 교착 상태에 빠질 수 있다. 우리의 예제에서는 같은 메서드에서 잠금을 획득하고 해제한다. 다른 이슈는 Go에서 뮤텍스는 재진입이 가능하지 않다는 것이다. 하나의 고루틴에서 같은 잠금을 두 번 획득하려 한다면, 해당 잠금을 스스로 해제하기를 기다리는 교착 상태가 된다. 잠금의 재진입성을 가지는 자바와 같은 언어와는 차이가 있다.

재진입 불가한 잠금은 재귀적으로 자신을 호출하는 함수에서 잠금을 획득하기 어렵게 한다. 반드시 재귀 함수 호출 전에 잠금을 해제해야 한다. 일반적으로, 이러한 함수 호출에서 어떤 잠금을 획득될지 알 수 없기 때문에 함수 호출을 하는 동안 잠금을 유지할 때 주의해야 한다. 함수가 같은 뮤텍스 잠금을 획득하려고 하는 다른 함수를 호출한다면 고루틴은 교착 상태에 빠진다.

sync.WaitGroup과 sync.Once와 같이 뮤텍스는 절대로 복사될 수 없다. 함수로 전달되거나 구조체의 항목으로 접근된다면 반드시 포인터를 통해야 한다. 뮤텍스가 복사된다면, 해당 잠금은 공유되지 않는다.

> **WARNING_** 먼저 해당 변수에 대한 뮤텍스를 획득하기 전에 여러 고루틴에서 변수에 접근하려고 시도하지 않도록 하자. 이는 추적하기 힘든 이상한 오류를 발생시킬 수 있다. 13.8절 '레이스 검출기로 동시성 문제 찾기'에서 이런 문제점을 검출하는 방법을 알아보자.

sync.Map – 당신이 찾는 그런 맵이 아니다

sync 패키지를 살펴볼 때, Map이라 불리는 것을 볼 수 있다. 그것은 Go의 내장 map의 동시성 안전 버전이다. 구현에 기회비용으로 인해 sync.Map은 매우 특정한 상황에서만 적합하다.

- 키/값 쌍이 한번 추가되고 여러 번 읽는 공유 맵이 있는 경우
- 고루틴에서 맵을 공유하지만 서로의 키와 값을 접근하지 않는 경우

게다가 Go의 제네릭의 부재로 인해 sync.Map은 해당 키와 값을 위한 타입으로 interface{} 를 사용한다. 컴파일러는 제대로 된 타입을 사용했는지 확인해 줄 수 없다.

이런 제한으로 인해 여러 고루틴 간에 맵을 공유하는 드문 경우에서 sync.RWMutex로 보호되는 내장 map을 사용한다.

10.7 원자적 연산

뮤텍스 외에도 Go는 다중 스레드간의 데이터 일관성을 유지하기 위한 다른 방법을 제공한다. sync/atomic 패키지는 단일 레지스터에 맞는 값을 추가, 교환, 로드, 저장 혹은 비교 및 교환 Compare and Swap (CAS)하기 위한 최신 CPU에 내장된 원자 변수atomic variable 연산에 대한 접근을 제공한다.

모든 성능을 짜내야 하고 동시 코드 작성의 전문가라면 Go에 원자적 연산 지원이 포함되어 기쁠 것이다. 다른 모든 사람들을 위해 동시성 요구를 관리하기 위해 고루틴과 뮤텍스를 사용하자.

10.8 마무리

해당 장에서는 동시성과 전통적인 동시성 매커니즘보다 더 단순한 Go의 접근을 배웠다. 그렇게 하면, 동시성을 사용하는 경우를 명확히 하고 몇 가지 동시성 규칙과 패턴을 배웠다. 다음 장에서 우리는 현대 컴퓨팅을 위한 '건전지 포함Batteries included' 정신[8]을 받아들인 Go의 표준 라이브러리에 대해 빠르게 살펴보자.

---

8 옮긴이_ 건전지가 필요한 제품(전자 제품, 장난감 등)을 구입할 때, 포장지에 '배터리 포함'이라는 표시를 본 적이 있을 것이다. 건전지 포함은 해당 제품을 사면 추가 구매 없이 제품을 온전히 사용할 수 있다는 의미로, 소프트웨어에서는 추가적인 외부 라이브러리나 도구 없이 그 자체만으로 모든 작업을 수행할 수 있다는 뜻이다.

CHAPTER 11

표준 라이브러리

Go로 개발하는 좋은 점 중 하나는 Go의 표준 라이브러리를 가지고 있다는 것이다. 파이썬처럼 Go도 응용 프로그램을 만들 때 필요한 많은 도구를 제공하는 '건전지 포함' 철학을 가진다는 것이다. Go는 상대적으로 더 최신의 언어이기 때문에, 최신의 프로그래밍 환경이 직면하고 있는 문제의 초점을 맞춘 라이브러리를 탑재했다는 것이다.

여기서 모든 표준 라이브러리 패키지를 다룰 순 없는데, 다행이도 문서[1]를 시작으로 표준 라이브러리에 대한 훌륭한 정보 소스가 많기 때문에 그럴 필요는 없다. 대신에, 우리는 가장 중요한 몇 몇의 패키지와 그 디자인과 사용성이 관용적인 Go의 원칙을 어떻게 보여주는지에 초점을 맞출 것이다. 어떤 패키지(errors, sync, context, testing, reflect, unsafe)는 자체적인 장에서 다루어 볼 것이다. 해당 장에서는 I/O, 시간, JSON 그리고 HTTP를 위한 Go의 내장 지원을 살펴보자.

11.1 입출력 관련 기능

프로그램을 유용하게 만들려면 데이터를 읽어드리고 쓸 필요가 있다. Go의 입력/출력 철학의 중심은 io 패키지에서 찾아볼 수 있다. 특히, 해당 패키지에 정의된 io.Reader와 io.Writer는 Go에서 두세 번째로 많이 사용되는 인터페이스일 것이다.

---

1 *https://golang.org/pkg*

io.Reader와 io.Writer는 단일 메서드로 정의되어 있다.

```
type Reader interface {
    Read(p []byte) (n int, err error)
}

type Writer interface {
    Write(p []byte) (n int, err error)
}
```

io.Writer 인터페이스의 **Write** 메서드는 인터페이스 구현에 쓰여지는 바이트 슬라이스를 인자로 받는다. 그것은 쓰여진 바이트 수와 잘못된 경우에 오류를 반환한다. io.Reader의 Read 메서드는 더 흥미롭다. 반환 파라미터를 통해 데이터를 반환 받는 것보다 슬라이스 입력 파라미터를 구현으로 전달하고 수정한다. **len(p)** 바이트만큼 슬라이스에 쓰여 질 것이다. 아마 다음과 같은 것을 기대했기 때문에 조금 이상해 보일 수도 있다.

```
type NotHowReaderIsDefined interface {
    Read() (p []byte, err error)
}
```

io.Reader가 이런 식으로 정의 된 것에 괜찮은 이유가 있다. io.Reader가 동작하는 방식을 이해하기 위한 대표적인 함수를 작성해보자.

```
func countLetters(r io.Reader) (map[string]int, error) {
    buf := make([]byte, 2048)
    out := map[string]int{}
    for {
        n, err := r.Read(buf)
        for _, b := range buf[:n] {
            if (b >= 'A' && b <= 'Z') || (b >= 'a' && b <= 'z') {
                out[string(b)]++
            }
        }
        if err == io.EOF {
            return out, nil
```

```
        }
        if err != nil {
            return nil, err
        }
    }
}
```

알아야할 3가지가 있다. 첫 번째는 일단 버퍼를 하나 생성하고 매 r.Read 호출에 재사용한다. 잠재적으로 큰 데이터 소스에서 읽기 위해 단일 메모리 할당을 사용하도록 한다. Read 메서드는 []byte를 반환하도록 설계되어 있다면, 매 단일 호출마다 새로운 할당이 필요할 것이다. 각할당은 힙 메모리 끝에 도달할 것이고 가비지 컬렉터에게 꽤 많은 작업을 만들게 할 것이다.

할당은 더 줄이려면 프로그램이 시작할 때, 버퍼 풀을 생성하도록 한다. 그런 다음 함수가 시작할 때 풀에서 버퍼를 가져오고 종료될 때 반환한다. io.Reader에 슬라이스를 전달하여 메모리할당은 개발자의 통제 하에 둘 수 있다.

두 번째는 버퍼에 얼마나 많은 바이트가 쓰여졌는지 알기 위해 r.Read에서 반환된 n 값을 사용하여 buf 슬라이스의 하위 슬라이스를 순회하면서 읽은 데이터를 처리할 수 있다.

마지막으로 r.Read에서 io.EOF가 오류로 반환되면 r에서 읽기는 완료되었다고 판단한다. 이것은 io.Reader에서 읽을 데이터가 남아있지 않다는 의미이다. io.EOF가 반환되면, 처리를 완료하고 결과를 반환한다.

여기에 io.Reader의 Read 메서드에 관한 일반적이지 않은 것이 하나 있다. 함수나 메서드가 반환값으로 오류를 반환하는 대부분의 경우는 처리하기 전에 오류가 아닌 값이 반환된 것인지 확인한다. 데이터 스트림의 끝이나 예상치 못한 조건에서 발생한 오류 전에 읽은 데이터가 있을 수 있기 때문에, Read를 위해서는 반대로 처리한다.

TIP 예상치 못하게 io.Reader의 끝에 도달했다면, 다른 센티널 오류를 반환한다(io.ErrUnexpectedEOF). 예상치 못한 상태를 나타내기 위해 Err 문자열로 시작한다는 것을 알 수 있다.

io.Reader와 io.Writer는 아주 간단한 인터페이스이기 때문에 다양한 방식으로 구현될 수 있다. strings.NewReader 함수를 사용하여 문자열로부터 io.Reader를 생성할 수 있다.

```
s := "The quick brown fox jumped over the lazy dog"
sr := strings.NewReader(s)
```

```
counts, err := countLetters(sr)
if err != nil {
    return err
}
fmt.Println(counts)
```

7.6절 '인터페이스는 타입에 안정적인 덕 타이핑이다'에서 논의된 바와 같이 io.Reader와 io.Writer의 구현은 종종 데코레이터 패턴으로 함께 연결된다. countLetters는 io.Reader에 의존적이기 때문에, gzip으로 압축된 파일에서 영문자를 개수를 세기 위해 정확히 같은 countLetters 함수를 사용할 수 있다. 첫 번째로 파일 이름이 주어질 때, *gzip.Reader를 반환하는 함수를 작성한다.

```
func buildGZipReader(fileName string) (*gzip.Reader, func(), error) {
    r, err := os.Open(fileName)
    if err != nil {
        return nil, nil, err
    }
    gr, err := gzip.NewReader(r)
    if err != nil {
        return nil, nil, err
    }
    return gr, func() {
        gr.Close()
        r.Close()
    }, nil
}
```

이 함수는 io.Reader를 구현한 타입을 알맞게 래핑하는 방법을 보여준다. *os.File(io.Reader 인터페이스를 만족하는)를 생성하고 이것이 유효한지 확인 한 뒤, *gzip.Reader 인스턴스를 반환하는 gzip.NewReader에 넘긴다. 유효하다면 *gzip.Reader와 *os.File이 실행했을 때, 자원을 알맞게 정리해주는 파일 닫기 클로저를 반환한다.

*gzip.Reader는 io.Reader를 구현한 것이기 때문에 이전에 *strings.Reader으로 사용한 것과 같이 counterLetters에서 사용 할 수 있다.

```
r, closer, err := buildGZipReader("my_data.txt.gz")
if err != nil {
```

```
        return err
    }
    defer closer()
    counts, err := countLetters(r)
    if err != nil {
        return err
    }
    fmt.Println(counts)
```

읽기와 쓰기를 위해 표준 인터페이스를 가지고 있기 때문에, io 패키지 내에 io.Reader에서 io.Writer로 복사하기 위한 io.Copy라는 표준 함수도 있다. 기존 io.Reader와 io.Writer 인스턴스에 새로운 기능을 추가하기 위한 다른 표준 함수도 있다.

- io.MultiReader

  여러 io.Reader 인스턴스에서 차례로 읽는 io.Reader를 반환한다.

- io.LimitReader

  제공된 io.Reader에서 특정 바이트 수만큼만 읽어드리는 io.Reader를 반환한다.

- io.MultiWriter

  동시에 여러 io.Writer 인스턴스에 쓰기를 하는 io.Writer를 반환한다.

표준 라이브러리의 다른 패키지들은 Io.Reader와 io.Writer로 작업하기 위한 자체 타입과 함수를 제공한다. 이미 그것들 중 몇 가지를 보았지만, 더 많이 있다. 그것들은 압축 알고리즘, 기록, 암호화, 버퍼, 바이트 슬라이스 그리고 문자열을 다룬다.

io에서 정의한 io.Closer나 io.Seeker와 같은 다른 단일 메서드 인터페이스가 있다.

```
type Closer interface {
        Close() error
}

type Seeker interface {
        Seek(offset int64, whence int) (int64, error)
}
```

io.Closer 인터페이스는 읽기와 쓰기가 완료되었을 때, 정리할 필요가 있는 os.File과 같은 타입에서 구현된다. 대부분 Close는 defer를 통해 호출된다.

```
f, err := os.Open(fileName)
if err != nil {
    return nil, err
}
defer f.Close()
// f 사용
```

> **WARNING_** 루프내에서 자원을 연다면, 해당 함수를 종료하기 전까지는 실행되지 않기 때문에 defer를 사용하지 않도록 하자. 대신에, 루프 순회의 마지막 전에 Close함수를 호출하도록 하자. 종료가 되는 오류가 발생한다면, 반드시 해당 위치에 Close를 호출해줘야 한다.

io.Seeker 인터페이스는 자원의 임의 접근을 위해 사용된다. whence의 유효한 값은 io.SeekStart, io.SeekCurrent 및 io.SeekEnd 상수이다. 이것은 사용자 지정 타입을 사용하여 더 명확하게 운영이 되었어야 했지만, 설계 감시 소홀로 whence는 타입이 int이 되었다.

io 패키지는 다양한 방법으로 이런 4개의 인터페이스를 결합시키는 인터페이스를 정의한다. 그것은 io.ReadCloser, ioReadSeeker, io.ReadWriteCloser, io.ReadWriteSeeker, io.ReadWriter, io.WriterCloser 및 io.WriterSeeker를 포함한다. 함수가 데이터를 가지고 어떤 행동을 하는지를 지정하기 위해 이런 인터페이스를 사용한다. 예를 들어, 파라미터로 os.File을 사용하는 것이 아니라, 파라미터로 어떤 일을 할 것인지 정확히 지정하기 위해 인터페이스를 사용하는 것이 좋다. 이것은 당신의 함수를 더 범용적으로 만들 뿐만 아니라 당신의 의도를 더 명확하게 할 수 있다. 또한 자체적으로 데이터 소스와 싱크를 작성하는 경우 코드를 이러한 인터페이스와 호환되도록 만들어야 한다. 일반적으로 io에 정의된 인터페이스처럼 단순하고 분리된 인터페이스를 만들기위해 노력한다. 그것들은 단순한 추상화의 힘을 보여준다.

ioutil 패키지는 바이트 슬라이스로 전체를 읽어드리는 io.Reader 구현, 파일에 읽기와 쓰기 그리고 임시 파일로 동작하는 것과 같은 것을 위한 몇 가지 간단한 유틸리티를 제공한다. ioutil.ReadAll, ioutil.ReadFIle 및 ioutil.WriteFIle 함수는 작은 데이터 소스를 위해서는 괜찮지만, 큰 데이터 소스를 위해서는 bufio 패키지에 있는 Reader, Writer 및 Scanner를 사용하는 것이 좋다.

ioutil에서 더 영리한 기중 중 하나는 Go 타입에 새로운 함수를 추가하기 위한 패턴을 보여주는 것이다. io.Reader를 구현하는 타입을 가지지만 io.Closer는 없고 (strings. Reader와 같은) io.ReaderCloser를 기대하는 함수에 그것을 전달해 줄 필요가 있는 경우에, ioutil.NopCloser로 당신의 io.Reader를 전달하여 io.ReadCloser가 구현된 타입으로 될 수 있다. 구현을 본다면, 아주 간단하다는 것을 알 수 있다.

```go
type nopCloser struct {
    io.Reader
}

func (nopCloser) Close() error { return nil }

func NopCloser(r io.Reader) io.ReadCloser {
    return nopCloser{r}
}
```

인터페이스를 충족하기 위해 언제든 타입에 추가적 메서드를 넣기 위해 임베드 타입 패턴을 사용하자.

> **NOTE_** ioutil.NopCloser 함수는 함수에서 인터페이스를 반환하지 않도록 하는 규칙을 위반했지만, 표준 라이브러리의 일부이기 때문에, 동일하게 유지되는 것을 보장하기 위한 인터페이스용 단순 어댑터이다.

11.2 시간

대부분의 언어처럼, Go의 표준 라이브러리는 time이라는 패키지에 시간과 관련된 지원을 포함한다. 시간을 표현하기 위해 사용하는 time.Duration과 time.Time의 두 개의 주요 타입이 있다.

기간은 int64를 기반으로 하는 time.Duration으로 표시한다. Go가 나타낼 수 있는 최소 시간은 1 나노초이지만 time 패키지는 time.Duration 타입의 상수를 정의하여 나노초, 마이크로초, 밀리초, 초, 분, 시간을 나타낸다. 예를 들어, 2시간 30분의 기간을 표현하기 위해서는 다음과 같이 할 수 있다.

```
d := 2 * time.Hour + 30 * time.Minute // d는 time.Duration 타입
```

이런 상수는 time.Duration의 사용에서 가독성과 타입 세이프를 제공한다. 이것은 타입 상수의 좋은 사용사례를 보여준다.

Go는 time.ParseDuration 함수를 사용하여 time.Duration으로 구문 분석 할 수 있는 일련의 숫자인 현명한 문자열 타입을 정의한다. 표준 라이브러리 문서에 기술된 내용을 확인해보자.

> 기간 문자열은 '300ms', '−1.5h' 혹은 '2h45m'과 같이 각각 선택적 분수와 단위 접미사가 있는 부호 있는 일련의 10진수이다. 유효한 시간 단위는 'ns', 'us' (혹은 'μs'), 'ms', 's', 'm', 'h'이다.
>
> − Go 표준 라이브러리 문서[2]

time.Duration에 정의된 몇 가지 메서드가 있다. fmt.Stringer 인터페이스를 충족해서 String 메서드를 통해 포매팅된 기간 문자열을 반환한다. 또한 시간, 분, 초, 밀리초, 마이크로초 혹은 나노초의 숫자로 값을 얻기 위한 메서드도 있다. Truncate와 Round 메서드는 time.Duration을 지정된 time.Duration의 단위로 자르거나 반올림한다.

시간의 순간은 time.Time 타입으로 표현되며 표준 시간대가 포함된다. time.Now 함수로 현재 시간에 대한 참조를 획득한다. 이것은 현재 지역 시간이 설정된 time.Time 인스턴스를 반환한다.

> **TIP** time.Time 인스턴스에 시간대가 포함되어 있다는 사실은 두 개의 time.Time 인스턴스가 동일한 시간을 참조하는지 확인하기 위해 ==를 사용해서는 안된다는 것을 의미한다. 대신에 표준 시간대를 바로잡는 Equal 메서드를 사용해야 한다.

time.Parse 함수는 문자열에서 time.Time으로 변환하고 Format 메서드는 time.Time을 문자열로 변환한다. Go는 일반적으로 과거에 잘 동작했던 아이디어를 채택했지만, 자체적으로 날짜 및 시간 포매팅 언어[3]를 사용한다. 포맷을 지정하기 위해서는 2006년 1월 2일 오후 3:04:05 MST(산악 표준시)의 날짜 및 시간 포매팅의 아이디어에 의존한다.

---

2 *https://oreil.ly/wmZdy*

3 *https://oreil.ly/yfm_V*

예를 들어, 다음과 같은 코드를 보자.

```
t, err := time.Parse("2006-02-01 15:04:05 -0700", "2016-13-03 00:00:00 +0000")
if err != nil {
    return err
}
fmt.Println(t.Format("January 2, 2006 at 3:04:05PM MST"))
```

해당 코드의 결과는 다음과 같다.

```
March 13, 2016 at 12:00:00AM UTC
```

서식에 사용된 날짜와 시간은 영리한 니모닉을 위한 것이지만, 기억하기 어렵고 사용하길 원할 때, 찾아봐야 한다. 다행히 가장 일반적으로 사용된 날짜와 시간 서식은 time 패키지에 자체 상수를 가지고 있다.

time.Duration에서 부분을 추출하기 위한 메서드가 있는 것처럼, time.Time에도 동일한 일을 하는 메서드인 Day, Month, Year, Hour, Minute, Second, WeekDay, Clock(분리된 정수 값으로 시, 분, 초를 반환한다) 그리고 Date(분리된 정수 값으로 년, 월, 일을 반환한다)가 있다. 하나의 time.Time 인스턴스는 다른 인스턴스와 After, Before, Equal 메서드로 비교할 수 있다.

Sub 메서드는 두 개의 time.Time 인스턴스 사이에 경과 시간을 나타내는 time.Duration을 반환하고 Add 메서드는 time.Duration 만큼 뒤의 time.Time을 반환한다. 그리고 AddDate 메서드는 특정 년, 월, 일만큼 증가된 새로운 time.Time 인스턴스를 반환한다. time.Duration 처럼, Truncate와 Round 메서드도 정의되어 있다. 모든 이런 메서드는 값 리시버로 정의되어 time.Time 인스턴스를 수정할 수는 없다.

11.2.1 단조 시간

대부분의 운영 체제는 두 가지의 시간을 운영하는데 하나는 현재 시간에 대응되는 **벽 시계**^{wall} clock이 있고, 다른 하나는 컴퓨터가 부팅된 시점부터 단순히 증가하는 **단조 시계**^{monotonic clock}이 있다. 이렇게 다른 두 시계를 운영하는 이유는 벽 시계는 균일하게 증가하지 않기 때문이다. 일광 절약 시간(서머 타임), 윤초, NTP^{Network Time Protocol} 업데이트로 인해 벽 시계가 예기치 않게 앞이나 뒤로 움직일 수 있다. 이것은 타이머를 설정거나 얼마나 시간이 지났는지 알아내려고 할 때 문제를 일으킬 수 있다.

이런 잠재적 문제를 해결하기 위해, Go는 타이머가 설정되거나 time.Time 인스턴스가 time.Now로 생성될 때마다 경과 시간을 추적하기 위해 단조 시간을 사용한다. 해당 지원은 보이지 않고 타이머가 자동으로 그것을 사용한다. Sub 메서드는 time.Time 인스턴스 둘 다 설정되어 있다면 time.Duration을 계산하기 위해 단조 시간을 사용한다. 만약 그렇지 않다면(두 인스턴스 중 하나가 time.Now로 생성되지 않았기 때문에), Sub 메서드는 time.Duration을 계산하기 위해 인스턴스에 지정된 시간을 사용할 것이다.

> **NOTE_** 단조 시간을 알맞게 처리하지 않을 때, 발생할 수 있는 문제들을 이해하고 싶다면 Go의 이전 버너에서 단조 시간 지원의 결핍으로 야기된 버그의 세부 사항을 쓴 Cloudflare 블로그 포스트[4]를 살펴보도록 하자.

11.2.2 타이머와 타임아웃

10.5.9절 '타임 아웃 처리 코드'에서 살펴보았듯이, time 패키지는 지정된 시간 후에 값을 출력하는 채널을 반환하는 함수를 포함한다. time.After 함수는 한번 출력하는 채널을 반환하는 반면에 time.Tick에서 반환된 채널은 지정된 time.Duration이 지날 때마다 새로운 값을 반환한다. 타임아웃이나 반복 작업을 활성화하기 위해 Go의 동시성 지원과 함께 사용된다. 또한 단일 함수를 time.AfterFunc 함수를 사용하여 지정된 time.Duration이 지난 후에 수행할 수 있도록 할 수 있다. 기본 time.Ticker는 중단(그래서 가비지 컬렉터로 회수되지 않는다)할 수 없기 때문에 사소한 프로그램의 외부에 time.Tick을 사용하지 말자. 대신에 채널을

----

4 *https://oreil.ly/IxS2D*

기다릴 뿐만 아니라 티커ticker를 리셋하거나 중지할 수 있는 메서드를 가지는 *time.Ticker를 반환하는 time.NewTicker를 사용하자.

11.3 encoding/json

REST API는 서비스들 간 통신을 위해 표준 방식으로 JSON을 사용하고 Go의 표준 라이브러리는 Go 데이터 타입에서 JSON으로 JSON에서 Go 데이터 타입으로 변환을 위한 지원을 포함한다. **마샬링**이라는 단어는 Go 데이터 타입을 인코딩으로 변환하는 것을 의미하고 **언마샬링**은 Go 데이터 타입으로 변환하는 것을 의미한다.

11.3.1 메타데이터를 추가하기 위한 구조체 태그 사용

다음과 같은 JSON을 읽고 쓰기를 하여 주문 관리 시스템을 구축한다고 가정하자.

```
{
    "id":"12345",
    "date_ordered":"2020-05-01T13:01:02Z",
    "customer_id":"3",
    "items":[{"id":"xyz123","name":"Thing 1"},{"id":"abc789","name":"Thing 2"}]
}
```

해당 데이터를 매핑하기 위한 타입을 정의하자.

```
type Order struct {
    ID          string      `json:"id"`
    DateOrdered time.Time `json:"date_ordered"`
    CustomerID  string      `json:"customer_id"`
    Items       []Item      `json:"items"`
}

type Item struct {
    ID   string `json:"id"`
    Name string `json:"name"`
}
```

구조체 항목 뒤에 쓰여진 문자열인 구조체 태그로 JSON을 처리하기 위한 규칙을 지정한다. 구조체 태그는 백틱backtick으로 표시된 문자열이라도 한 줄 이상으로 확장할 수는 없다. 구조체 태그는 하나 이상의 태그/값의 쌍으로 구성되어 **태그이름:"태그값"**으로 쓰고 공백으로 구분한다. 이것도 단순한 문자열이기 때문에, 컴파일러는 해당 포맷이 정상적인지 검증할 수 없지만, go vet은 할 수 있다. 또한 이러한 모든 항목은 외부로 노출이 된다는 것이다. 모든 다른 패키지처럼 encoding/json 패키지에 있는 코드는 다름 패키지의 구조체 내에 노출되지 않은 항목은 접근할 수 없다.

JSON 처리를 위한 구조체 항목과 연관되어 있는 JSON 항목의 이름을 지정하기 위해 태그이름으로 json을 사용한다. 아무런 json 태그가 제공되지 않는다면, 기본 동작으로 구조체 항목의 이름과 일치하는 JSON 객체 항목의 이름으로 가정한다. 이런 기본 동작에도 불구하고, 항목 이름이 같더라도 명시적으로 항목의 이름을 구조체 태그로 지정해주는 것이 가장 좋다.

> **NOTE_** JSON에서 json 태그가 없는 구조체 항목으로 언마샬링을 하는 경우, 이름은 대소문자를 구분하지 않고 일치시킨다. json 태그가 없는 구조체 항목에서 다시 JSON으로 마샬링을 하는 경우, JSON의 항목은 외부로 노출되기 때문에 맨 첫 글자는 항상 대문자가 된다.

마샬링과 언마샬링을 할 때, 항목이 무시되어야 하는 경우는 이름에 대시dash (-)를 사용하자. 항목이 비어 있을 때, 출력에서 제외해야 하는 경우는 이름 뒤에 omitempty를 추가해야 한다.

> **WARNING_** 안타깝게도 '비어 있음'에 대한 정의는 예상대로 제로 값과는 정확히 일치하지는 않는다. 구조체의 제로 값은 비어 있는 것으로 간주되지 않지만 0의 길이의 슬라이스나 맵은 비어 있는 것으로 간주한다.

구조체 태그는 프로그램의 행동 방식을 제어하는 메타데이터를 사용할 수 있도록 한다. 다른 언어, 특히 자바는 다양한 프로그램 요소가 명시적으로 **무엇이** 처리될 것인지 지정하지 않고 **어떻게** 처리되는지를 기술하기 위해 어노테이션annotation을 두도록 개발자들에게 권장한다. 선언적인 프로그래밍은 보다 간결한 프로그래밍을 하도록 하지만 메타데이터의 자동 처리는 프로그램의 동작 방식을 이해하기 어렵게 만든다. 어노테이션이 있는 대형 자바 프로젝트에서 작업하는 사람이라면 누구나 뭔가 문제가 생겼을 때 코드가 특정 어노테이션이 처리하는 것과 어떤 변경 사항이 있었는지 이해하지 못하는 순간 당황할 것이다. Go는 짧은 코드보다 명확한 코드를 선호한다. 구조체 태그는 자동으로 평가되지 않고 구조체 인스턴스가 함수로 전달될 때 처리된다.

11.3.4 언마샬링과 마샬링

encoding/json 패키지에 Unmarshal 함수는 바이트 슬라이스를 구조체로 변환하기 위해 사용된다. data라는 문자열을 가진다면 이것은 data에서 Order 타입의 구조체로 변환한다.

```
var o Order
err := json.Unmarshal([]byte(data), &o)
if err != nil {
    return err
}
```

json.Unmarshal 함수는 io.Reader 인터페이스의 구현과 같이 데이터를 입력 파라미터로 채운다. 이것에는 두 가지 이유가 있다. 첫 번째는 io.Reader 구현과 마찬가지로 동일한 구조체를 반복해서 효율적으로 재사용할 수 있어서 메모리 사용을 제어할 수 있다. 두 번째는 이것을 수행하는데 다른 방법이 없다. Go는 기본적으로 현재 제네릭을 가지고 있지 않기 때문에, 읽은 바이트를 저장하기 위해 어떤 타입을 인스터스화 해야 하는지 지정할 방법이 없다. Go가 제네릭을 채용을 하더라도 메모리 사용 이점은 계속 가져갈 수 있다.

Order 인스턴스에서 다시 바이트 슬라이스에 저장되는 JSON으로 쓰기를 하기 위해 encoding/json 패키지에 있는 Marshal 함수를 사용할 수 있다.

```
out, err := json.Marshal(o)
```

그렇다면 구조체 태그로 어떻게 평가되는지 궁금할 수 있다. 또한 json.Marshal과 json.Unmarshal이 모든 타입의 구조체를 읽고 쓰는 방법도 궁금할 것이다. 결국, 우리가 여태 작성했던 모든 다른 메서드는 프로그램이 컴파일 될 시점에 알려진 타입으로만 동작했었다(타입 스위치에 나열된 타입조차도 미리 열거되었다). 이 두 질문에 대한 대답은 리플렉션이다. 14 장에서 리플렉션에 대해 자세히 다루어 보자.

11.3.5 JSON, 독자와 작성자

json.Marshal과 json.Unmarshal 함수는 바이트 슬라이스로 동작한다. 이미 보았듯이, 대부분 Go의 데이터 소스와 싱크는 io.Reader와 io.Writer 인터페이스로 구현된다. ioutil.

RealAll을 사용하여 io.Reader의 전체 내용을 바이트 슬라이스로 복사하고 해당 내용을 json.Unmarshal으로 읽을 수 있지만, 그것은 비효율적이다. 비슷하게, json.Marshal을 사용하여 인메모리 바이트 슬라이스 버퍼에 쓴 다음 바이트 슬라이스를 네트워크나 디스크에 쓸 수 있지만, io.Writer로 직접 쓸 수 있다면 더 좋을 것이다.

encoding/json 패키지는 이런 상황을 처리하기 위해 허용하는 두 가지 타입을 포함한다. json.Decoder와 json.Encoder 타입은 io.Reader와 io.Writer 인터페이스를 충족하는 모든 것에서 읽거나 그곳으로 쓰기가 가능하다. 어떻게 동작하는지 빠르게 살펴보자.

우리는 데이터를 toFile에서부터 시작하기 위해 간단한 구조체를 구현했다.

```go
type Person struct {
    Name string `json:"name"`
    Age  int    `json:"age"`
}
toFile := Person {
    Name: "Fred",
    Age:  40,
}
```

os.File 타입은 io.Reader와 io.Writer 인터페이스를 구현해서 json.Decoder와 json.Encoder를 시연하기 위해 사용할 수 있다. 먼저 임시 파일을 위한 json.Encoder를 반환하는 json.NewEncoder로 임시 파일을 전달하여 toFile을 임시 파일에 쓴다. 그리고 나서 toFile을 Encode 메서드로 전달한다.

```go
tmpFile, err := ioutil.TempFile(os.TempDir(), "sample-")
if err != nil {
    panic(err)
}
defer os.Remove(tmpFile.Name())
err = json.NewEncoder(tmpFile).Encode(toFile)
if err != nil {
    panic(err)
}
err = tmpFile.Close()
if err != nil {
    panic(err)
}
```

일단 **toFile**이 쓰여지면, 임시 파일에 대한 참조를 **json.NewDecoder**로 전달 한 다음 타입 **Person**의 변수로 반환된 **json.Decoder**의 **Decode** 메서드를 호출함으로써 JSON을 다시 읽을 수 있다.

```go
tmpFile2, err := os.Open(tmpFile.Name())
if err != nil {
    panic(err)
}
var fromFile Person
err = json.NewDecoder(tmpFile2).Decode(&fromFile)
if err != nil {
    panic(err)
}
err = tmpFile2.Close()
if err != nil {
    panic(err)
}
fmt.Printf("%+v\n", fromFile)
```

완전한 예제 코드는 Go 플레이그라운드[5]에서 볼 수 있다.

11.3.6 JSON 스트림의 인코딩과 디코딩

여러 JSON 구조체를 한 번에 읽거나 쓰기를 하려할 때, 어떻게 해야 할까? 이런 상황에서 사용가능한 **json.Decoder**과 **json.Encoder**를 알아보자.

다음과 같은 데이터가 있다고 가정하자.

```json
{"name": "Fred", "age": 40}
{"name": "Mary", "age": 21}
{"name": "Pat", "age": 30}
```

예제를 위해, data라 불리는 문자열에 저장되었다고 가정하지만 그것은 파일에 있거나 들어오는 HTTP 요청에 있을 수 있다(조금 뒤에 HTTP 서버 동작 방법에서 살펴보자).

---

5 *https://oreil.ly/HU8Ie*

해당 데이터를 t 변수에 한 번에 하나의 JSON 객체로 저장할 것이다.

```
dec := json.NewDecoder(strings.NewReader(data))
for dec.More() {
    err := dec.Decode(&t)
    if err != nil {
        panic(err)
    }
    // t 처리
}
```

json.Encoder를 사용하여 여러 값을 쓰는 것은 단일 값을 쓰는데 사용하는 것과 동일하다. 여기 예제는 bytes.Buffer에 쓰지만 io.Writer 인터페이스를 충족하는 모든 타입이 가능하다.

```
var b bytes.Buffer
enc := json.NewEncoder(&b)
for _, input := range allInputs {
    t := process(input)
    err = enc.Encode(t)
    if err != nil {
        panic(err)
    }
}
out := b.String()
```

해당 예제도 Go 플레이그라운드[6]에서 실행 가능하다.

배열에 래핑되지 않은 데이터 스트림에서 여러 JSON 객체를 가지지만 한번에 메모리로 전체 배열을 로딩하지 않고 배열로부터 단일 객체를 읽기 위해 json.Decoder를 사용할 수 있다. 이것은 훌륭하게 성능 향상과 메모리 사용량을 줄일 수 있다. Go 문서[7]에서 예제를 보도록 하자.

---

6 *https://oreil.ly/g0Ant*

7 *https://oreil.ly/_LTZQ*

11.3.7 사용자 지정 JSON 파싱

기본 기능이 충분한 경우가 많지만, 이를 재정의 해야 하는 경우가 있다. time.Time은 RFC 339 포맷 내에서 JSON 항목을 지원하지만 다른 시간 포맷을 처리해야할 수도 있다. 이는 json.Marshaler와 json.Unmarshaler인 두 인터페이스를 구현하여 새로운 타입을 생성해서 처리할 수 있다.

```go
type RFC822ZTime struct {
    time.Time
}

func (rt RFC822ZTime) MarshalJSON() ([]byte, error) {
    out := rt.Time.Format(time.RFC822Z)
    return []byte(`"` + out + `"`), nil
}

func (rt *RFC822ZTime) UnmarshalJSON(b []byte) error {
    if string(b) == "null" {
        return nil
    }
    t, err := time.Parse(`"`+time.RFC822Z+`"`, string(b))
    if err != nil {
        return err
    }
    *rt = RFC822ZTime{t}
    return nil
}
```

여기서 time.Time 인스턴스를 RFC822ZTime이라는 새로운 구조체에 임베딩하여 계속 time.Time의 다른 메서드는 접근하게 했다. 7.2.1절 '포인터 리시버와 값 리시버'에서 논의했듯이 시간 값을 읽는 메서드는 값 리시버로 선언된 반면에 시간 값을 수정하는 메서드는 포인터 리시버로 선언되었다.

그런 다음 DateOrdered 항목의 타입을 변경하여 RFC 822로 작업할 수 있다.

```go
type Order struct {
    ID          string      `json:"id"`
    DateOrdered RFC822ZTime `json:"date_ordered"`
    CustomerID  string      `json:"customer_id"`
```

```
    Items        []Item        `json:"items"`
  }
```

해당 코드는 Go 플레이그라운드[8]에서 실행해볼 수 있다.

우리의 자료 구조내 항목의 타입을 변경하기 위해 처리 중인 JSON의 날짜 포맷을 허용한 접근 방식은 철학적 단점이 있다. 이것은 encoding/json 접근 방식의 단점이다. Order 구현에서 json.Marshaler와 json.Unmarshaler를 가질 수 있지만 사용자 지정 지원에 필요하지 않은 항목을 포함하여 모든 항목에 대한 처리를 위한 코드를 작성해야 할 필요가 있다. 구조체 태그 포맷은 특정 항목을 파싱하기 위한 함수를 지정하는 방법을 제공하지는 않는다. 항목을 위한 사용자 지정 타입을 생성할 수 있도록 허용하는 것이다.

JSON이 어떤 모양인지 챙기는 코드의 양을 제한하려면 두 개의 다른 구조체를 정의하자. 하나는 JSON으로 변환하거나 JSON에서 변환하는 것으로 사용하고 다른 하나는 데이터 처리하는데 사용하자. JSON을 JSON을 위한 타입으로 읽어드려 다른 타입으로 복사한다. JSON으로 다시 쓰길 원할 때, 반대로 수행하자. 이것은 약간의 중복을 생성하지만 와이어 프로토콜^{wire protocol}에 의존하지 않고 비즈니스 로직을 유지하게 해준다.

JSON과 Go 간 양쪽으로 번역하기 위해 map[string]interface{}를 json.Marshal과 json.Unmarshal로 전달할 수 있지만 코딩의 탐색 단계를 위해 저장하고 무엇이 처리되는지 이해할 때 그것을 구체 타입으로 바꿔야한다. Go는 예상 데이터와 예상 데이터 타입을 문서화하는 이유로 타입을 사용한다.

JSON은 아마도 표준 라이브러리에서 가장 일반적으로 사용되는 인코더이지만 Go는 XML과 Base64를 비롯한 다른 인코더도 제공한다. 인코딩하고자 하는 데이터 포맷이 있지만 표준 라이브러리 및 서드-파티 모듈에서 지원하지 않는다면 직접 개발할 수 있다. 14.1.4절 '데이터 마샬링 작성을 위한 리플렉션 사용'에서 자체 인코더를 구현하는 방법을 배워 볼 것이다.

----

8 *https://oreil.ly/I_cSY*

11.4 net/http

모든 언어는 표준 라이브러리와 함께 제공되지만, 표준 라이브러리에 포함되어야 하는 것의 기대치는 시간이 지남에 따라 바뀌어 왔다. 2010년대에 출시된 언어로써 Go의 표준 라이브러리에는 다른 언어 배포에서는 서드-파티의 책임으로 간주되었던 프로덕션 품질의 HTTP/2 클라이언트와 서버가 포함되었다.

11.4.1 클라이언트

net/http 패키지는 HTTP 요청을 만들고 HTTP 응답을 수신하기 위해 Client 타입을 정의한다. 기본 클라이언트 인스턴스(DefaultClient라는 이름이다)는 net/http 패키지에 있지만 프로덕션 응용 프로그램에서는 타임아웃을 갖고 있지 않기 때문에 그것의 사용을 피해야만 한다. 대신에 자신만의 것을 인스턴스화 하자. 전체 프로그램에서 고루틴 간의 여러 동시 요청을 알맞게 처리할 단일 http.Client만 생성하면 된다.

```
client := &http.Client{
    Timeout: 30 * time.Second,
}
```

요청을 만들고자 한다면, http.NewRequestWithContext 함수에 컨텍스트, 메서드 그리고 연결될 URL을 넘겨서 새로운 *http.Request를 생성한다. PUT, POST 혹은 PATCH 요청을 만

---

9 *https://grpc.io/*

들려면, io.Reader인 마지막 파라미터에 요청의 본문을 지정해야 한다. 본문이 없는 경우, nil을 사용하자.

```
req, err := http.NewRequestWithContext(context.Background(),
    http.MethodGet, "https://jsonplaceholder.typicode.com/todos/1", nil)
if err != nil {
    panic(err)
}
```

> **NOTE_** 컨텍스트는 12장에서 다룰 것이다.

일단 *http.Request 인스턴스를 만들었다면, 인스턴스의 **Headers** 항목을 통해 모든 헤더를 설정할 수 있다.

```
req.Header.Add("X-My-Client", "Learning Go")
res, err := client.Do(req)
if err != nil {
    panic(err)
}
```

응답은 요청에 있던 정보와 함께 몇 가지 항목을 가진다. 응답 상태의 숫자 코드는 **StatusCode** 항목에 있고, 응답 코드의 텍스트는 **Status** 항목에 있으며, 응답 헤더는 **Header** 항목에 있고, 모든 반환된 내용은 io.ReadCloser 타입의 Body 항목에 있다. 이는 REST API 응답을 처리하기 위해 json.Decoder를 사용할 수 있도록 하는 것이다.

```
defer res.Body.Close()
if res.StatusCode != http.StatusOK {
    panic(fmt.Sprintf("unexpected status: got %v", res.Status))
}
fmt.Println(res.Header.Get("Content-Type"))
var data struct {
    UserID    int    `json:"userId"`
    ID        int    `json:"id"`
    Title     string `json:"title"`
    Completed bool   `json:"completed"`
}
```

```
err = json.NewDecoder(res.Body).Decode(&data)
if err != nil {
    panic(err)
}
fmt.Printf("%+v\n", data)
```

> **WARNING_** net/http 패키지에는 GET, HEAD, POST 호출을 만들기 위한 함수가 있다. 해당 함수들은 사용을 피해야 하는데 이유는 요청에 타임아웃을 설정할 수 없는 기본 클라이언트를 사용하기 때문이다.

11.4.2 서버

HTTP 서버는 `http.Server`와 `http.Handler` 인터페이스 개념을 기반으로 구축되었다. `http.Client`가 HTTP 요청을 보내는 것과 같이 `http.Server`는 HTTP 요청을 대기하고 있어야 한다. 그것은 TLS를 지원하는 고성능 HTTP/2 서버이다.

서버로 요청은 `Handler` 항목에 할당된 `http.Handler` 인터페이스의 구현으로 처리된다. 인터페이스는 단일 메서드를 정의한다.

```
type Handler interface {
    ServeHTTP(http.ResponseWriter, *http.Request)
}
```

`*http.Request`는 HTTP 서버로 요청을 보낼 때 사용하는 것과 정확히 동일한 타입이라 익숙할 것이다. `http.ResponseWriter`는 3개의 메서드를 가지는 인터페이스이다.

```
type ResponseWriter interface {
        Header() http.Header
        Write([]byte) (int, error)
        WriteHeader(statusCode int)
}
```

해당 메서드는 특정 순서대로 호출되어야 한다. 먼저 `http.Header`의 인스턴스를 얻기 위해 `Header`를 호출하고 필요한 모든 응답 헤더를 설정한다. 헤더에 설정할 필요가 없다면, 호출할 필요가 없다. 다음은 응답에 HTTP 상태 코드와 함께 **WriteHeader**를 호출한다. 모든 상태 코드는 net/http 패키지에 상수로 정의되어 있다. 이것은 사용자 정의 타입을 정의하기 위한 좋은 곳이었지만 완료되지 못했는데 모든 상태 코드 상수는 타입이 지정되지 않은 정수였기 때문이다. 200 상태 코드를 가지는 응답을 보낸다면 **WriteHeader** 호출은 생략할 수 있다. 마지막으로, 응답을 위한 본문을 설정하기 위한 **Write** 메서드의 호출이다. 간단한 핸들러는 다음과 같다.

```
type HelloHandler struct{}

func (hh HelloHandler) ServeHTTP(w http.ResponseWriter, r *http.Request) {
    w.Write([]byte("Hello!\n"))
}
```

다른 모든 구조체처럼 새로운 http.Server를 인스턴스화 했다.

```
s := http.Server{
    Addr:         ":8080",
    ReadTimeout:  30 * time.Second,
    WriteTimeout: 90 * time.Second,
    IdleTimeout:  120 * time.Second,
    Handler:      HelloHandler{},
}
err := s.ListenAndServe()
if err != nil {
    if err != http.ErrServerClosed {
        panic(err)
    }
}
```

Addr 항목은 서버가 수신 대기하는 호스트 및 포트를 지정한다. 그것을 지정하지 않으면 서버는 기본적으로 표준 HTTP 포트 80의 모든 호스트를 수신 대기합니다. time.Duration 값을 사용하여 서버의 읽기, 쓰기 그리고 대기를 위한 타임아웃을 지정한다. 기본 동작은 타임아웃이 전혀 발생하지 않는 것으로 악의적이거나 손상된 HTTP 클라이언트를 올바르게 처리할 수 있도록 설정해야 한다. 마지막으로 **Handler** 항목을 가지는 서버를 위해 http.Handler를 지정한다. 단일 요청만 처리하는 서버는 정말 유용하지 못하므로 Go 표준 라이브러리에는 요청 라우터인 *http.ServeMux를 포함한다. http.NewServeMux 함수로 인스턴스를 만들 수 있다. http.Handler를 충족하기 때문에, http.Server의 Handler 항목으로 할당될 수 있다. 또한 요청을 발송하기 위한 두 가지 메서드를 포함한다. 첫 번째 메서드는 단순히 Handle이라 불리고 경로와 http.Handler를 파라미터로 받는다. 만약 경로가 일치하면, http.Handler가 호출된다.

http.Handler을 구현할 수 있지만, 더 일반적인 패턴은 *http.ServeMux에 HandleFunc를 사용하는 것이다.

```
mux.HandleFunc("/hello", func(w http.ResponseWriter, r *http.Request) {
    w.Write([]byte("Hello!\n"))
})
```

해당 메서드는 함수나 클로저를 받아서 Http.HandlerFunc로 변환한다. 우리는 이미 7.13절 '함수 타입은 인터페이스로의 연결'에서 http.HandlerFunc를 살펴보았다. 간단한 핸들러를 위해, 클로저가 효율적이다. 다른 비즈니스 로직에 의존적인 조금 더 복잡한 핸들러를 위해, 7.14절 '의존성 주입을 쉽게 만드는 암묵적 인터페이스'에서 시연한 구조체의 메서드를 사용했다.

> **WARNING_** http.DefaultServeMux라 불리는 *http.ServeMux의 패키지 레벨 인스턴스와 동작하는 http.Handle, http.HandleFunc, http.ListenAndServe 그리고 http.ListenAndServeTLS와 같은 패키지 레벨 함수가 있다. 이것들은 간단한 테스트 프로그램 외부에서 사용하지 말자. http.Serve 인스턴스는 http.ListenAndServe와 http.ListenAndServeTLS에서 만들어져서 타임아웃과 같은 서버 속성을 설정할 수가 없다. 게다가 서드-파티 라이브러리는 http.DefaultServeMux와 함께 자체 핸들러를 등록하여 모든 의존성을 조사해보지 않고 알 수 있는 방법(직접 혹은 간접 모두)이 없다. 당신의 응용 프로그램을 공유된 상태를 회피하여 제어권을 유지하도록 하자.

*http.ServeMux는 http.Handler 인스터스로 요청을 보내고 *http.ServeMux는 http.Handler를 구현하기 때문에 여러 연관된 요청과 함께 *http.ServeMux 인스턴스를 생성하고 상위 *http.ServeMux에 등록할 수 있다.

```
person := http.NewServeMux()
person.HandleFunc("/greet", func(w http.ResponseWriter, r *http.Request) {
    w.Write([]byte("greetings!\n"))
})
dog := http.NewServeMux()
dog.HandleFunc("/greet", func(w http.ResponseWriter, r *http.Request) {
```

```
        w.Write([]byte("good puppy!\n"))
    })
    mux := http.NewServeMux()
    mux.Handle("/person/", http.StripPrefix("/person", person))
    mux.Handle("/dog/", http.StripPrefix("/dog", dog))
```

해당 예제에서는 /person/greet를 위한 요청은 person에 붙은 핸들러로 처리되지만 /dog/ greet는 dog에 붙은 핸들러로 처리된다. person과 dog을 mux와 함께 등록할 때, mux에 의해 이미 처리된 경로의 부분을 제거하기 위해 http.StripPrefix 도움 함수를 사용한다.

미들웨어

HTTP 서버의 가장 일반적인 요구사항은 사용자 로그인 여부 확인, 요청 타이밍 또는 요청 헤더 확인과 같은 여러 핸들러에 걸쳐 일련의 작업을 수행하는 것이다. Go는 미들웨어 패턴으로 크로스커팅 관심사cross-cutting concerns를 처리한다. 특수한 타입을 사용하는 것보다 미들웨어 패턴은 http.Handler 인스턴스를 받고 http.Handler를 반환하는 함수를 사용한다. 보통 반환된 http.Handler는 http.HandlerFunc로 변환될 수 있는 클로저이다. 여기에 두 개의 미들웨어 제너레이터가 있는데, 하나는 요청 타이밍을 제공하고 다른 하나는 상상할 수 있는 최악의 접근 제어를 사용한다.

```
func RequestTimer(h http.Handler) http.Handler {
    return http.HandlerFunc(func(w http.ResponseWriter, r *http.Request) {
        start := time.Now()
        h.ServeHTTP(w, r)
        end := time.Now()
        log.Printf("request time for %s: %v", r.URL.Path, end.Sub(start))
    })
}

var securityMsg = []byte("You didn't give the secret password\n")

func TerribleSecurityProvider(password string) func(http.Handler) http.Handler {
    return func(h http.Handler) http.Handler {
        return http.HandlerFunc(func(w http.ResponseWriter, r *http.Request) {
            if r.Header.Get("X-Secret-Password") != password {
                w.WriteHeader(http.StatusUnauthorized)
                w.Write(securityMsg)
                return
```

```
            }
            h.ServeHTTP(w, r)
        })
    }
}
```

두 개의 미들웨어 구현은 미들웨어가 하는 것을 시연한다. 첫 번째로 설정 수행 및 검사를 한다. 검사를 통과하지 못하면, 미들웨어(대부분 오류 코드와 함께) 출력에 쓰고 반환한다. 모든 것이 괜찮다면, 핸들러의 **ServeHttp** 메서드를 호출한다. 반환되면 정리 작업을 실행한다.

TerribleSecurityProvider는 설정가능한 미들웨어를 생성하는 방법을 보여준다. 설정 정보(이 경우에는 비밀번호)를 전달하고 함수는 설정 정보를 사용하는 미들웨어를 반환한다. 이는 클로저를 반환하는 클로저를 반환하는 것이라 이해하기 힘들다.

> **NOTE_** 미들웨어 계층을 통해 값을 전달하는 방법이 궁금할 것이다. 이것은 컨텍스트로 완성이 되는데, 12장에서 살펴보도록 하자.

미들웨어를 연결하여 요청 핸들러에 추가한다.

```
terribleSecurity := TerribleSecurityProvider("GOPHER")

mux.Handle("/hello", terribleSecurity(RequestTimer(
    http.HandlerFunc(func(w http.ResponseWriter, r *http.Request) {
        w.Write([]byte("Hello!\n"))
    })))
```

TerribleSecurityProvider에서 미들웨어를 반환하고 일련의 함수 호출로 핸들러를 래핑한다. 이것은 **terribleSecurity** 클로저를 먼저 호출한 다음 **RequestTimer**를 호출하고 마지막으로 실제 요청 핸들러를 호출한다.

*http.ServeMux는 **http.Handler** 인터페이스를 구현하기 때문에, 미들웨어 세트를 단일 요청 라우터와 함께 등록된 모든 핸들러에 적용할 수 있다.

```
terribleSecurity := TerribleSecurityProvider("GOPHER")
wrappedMux := terribleSecurity(RequestTimer(mux))
s := http.Server{
```

```
    Addr:    ":8080",
    Handler: wrappedMux,
}
```

서버를 강화하기 위한 관용적 서드: 파티 모듈 사용

단지 서버는 프로덕션 품질이라고 해서 기능을 개선하기 위해 서드-파티 모듈을 사용해서는 안 된다는 의미는 아니다. 미들웨어를 위한 함수 체인을 좋아하지 않는다면, 다음과 같은 문법을 사용할 수 있도록 해주는 alice라는 서드-파티 모듈을 사용할 수 있다.

```
helloHandler := func(w http.ResponseWriter, r *http.Request) {
    w.Write([]byte("Hello!\n"))
}
chain := alice.New(terribleSecurity, RequestTimer).ThenFunc(helloHandler)
mux.Handle("/hello", chain)
```

표준 라이브러리에서 HTTP 지원의 가장 큰 약점은 내장 *http.ServeMux 요청 라우터이다. 그것은 HTTP 요청 메서드나 헤더를 기반으로 하는 핸들러를 지정할 수 없도록 하고 URL 경로내에 변수 지원을 제공하지 않는다. 또한 중첩 *http.ServeMux 인스턴스는 조금 투박해 보인다. 정말 많은 프로젝트들은 그것을 교체했는데 가장 유명한 두 가지 중 하나는 gorilla mux[10]이고 다른 하나는 chi[11]이다. 둘 다 http.Handler와 http.HandlerFunc 인스턴스와 함께 동작하기 때문에 관용적인 것으로 보이며, 표준 라이브러리와 함께 잘 맞는 구성가능한 라이브러리를 사용하는 Go 철학을 보여준다. 또한 관용적인 미들웨어와 함께 동작하며, 두 프로젝트는 일반적인 관심사에 대한 선택적 미들웨어 구현을 제공한다.

11.5 마무리

이 장에서는 표준 라이브러리에서 가장 일반적으로 사용되는 패키지 몇 가지를 살펴보았고 코드에서 에뮬레이트되는 모범 사례를 구현하는 방법을 보았다. 또한 경험에 따라 일부 결정이

---

10 *https://oreil.ly/CrQ4i*
11 *https://oreil.ly/twYcG*

다르게 내려질 수 있는 방법과 견고한 기반에서 응용 프로그램을 구축하여 하위 호환을 유지하는 방법과 같은 건전한 소프트웨어 엔지니어링 원칙도 살펴보았다.

다음 장에서 Go 코드를 통해 타이머와 상태를 전달하기 위한 컨텍스트, 패키지 및 패턴을 살펴보자.

CHAPTER 12

컨텍스트

서버는 개별 요청에 대해 메타 데이터 처리를 위한 방법이 필요하다. 해당 메타 데이터는 요청을 정확하게 처리하기 위해 필요한 메타 데이터와 요청 처리를 중단해야 하는 시점에 대한 메타 데이터의 두 가지 일반적인 범주로 분류한다. 예를 들어, HTTP 서버는 마이크로 서비스의 구성으로 요청 체인을 식별하기 위해 추적 ID 사용을 원할 수 있다. 또한 너무 오래 걸린다면 다른 마이크로 서비스에 대한 요청을 마무리하는 타이머를 설정할 수 있다. 많은 언어들은 이와 같은 정보를 저장하기 위해 **threadlocal** 변수를 사용하고 특정 운영 체제의 스레드 실행에 데이터를 연결한다. 이것은 고루틴은 값을 찾을 때 사용하는 고유한 식별자를 가지지 않기 때문에 Go 에서는 사용할 수 없다. 더 중요한 것은 **threadlocal**은 값이 어느 한 곳으로 들어가고 전혀 다른 곳에서 나타날 수 있어 마법처럼 느껴진다는 점이다.

Go는 컨텍스트라는 구성으로 요청 메타 데이터 문제를 해결했다. 정확히 사용하는 방법을 보도록 하자.

12.1 컨텍스트 소개

언어에 새로운 기능을 추가하는 것이 아니라, 컨텍스트는 단순히 context 패키지에 정의된 **Context** 인터페이스를 만족하는 인스턴스일 뿐이다. 알다시피, 관용적 Go는 함수 파라미터를 통해 명시적으로 데이터 전달을 권장한다. 컨텍스트도 마찬가지다. 함수에 대한 또 다른 파라미터일 뿐이다. Go는 함수에서 마지막에 반환하는 것은 오류라는 관례가 있는 것처럼, 프로그램을 통해 명시적으로 전달되는 함수의 첫 번째 파라미터로써 컨텍스트를 사용한다. 컨텍스트 파라미터를 위한 일반적인 이름을 ctx를 사용한다.

```
func logic(ctx context.Context, info string) (string, error) {
    // do some interesting stuff here
    return "", nil
}
```

Context 인터페이스를 정의하는 것 외에도 context 패키지에는 컨텍스트를 생성하고 래핑하기 위한 여러 팩토리 함수가 포함되어 있다. 명령 라인 프로그램의 진입점과 같은 기존 컨텍스트가 없는 경우에는 context.Background 함수를 사용하여 빈 초기 컨텍스트를 만든다. 이것은 context.Context 타입의 변수를 반환한다(함수 호출에서 반환되는 구체 타입의 일반적인 패턴에서 예외다).

비어 있는 컨텍스트는 컨텍스트에 메타 데이터를 추가할 때마다 context 패키지에 팩토리 함수 중 하나를 사용하여 기존 컨텍스트를 래핑하는 시작점이다.

```
ctx := context.Background()
result, err := logic(ctx, "a string")
```

> **NOTE_** context.TODO라는 함수도 비어 있는 context.Context를 생성한다. 개발동안 임시로 사용하기 위한 것이다. 컨텍스트가 어디서 와야 할지 어떻게 사용되어야 할지 확신이 없다면, 코드에 실제 내용이 놓여질 자리에 context.TODO를 사용하자. 프로덕션 코드에서는 context.TODO가 포함되어 있어서는 안된다.

HTTP 서버를 작성할 때, 미들웨어 계층에서 최상위 http.Handler로 컨텍스트를 전달하거나 획득하기 위해 꽤 다른 패턴을 사용한다. 불행이도 컨텍스트는 net/http 패키지가 생성된 지 한참 후에 Go API에 추가되었다. 호환성 약속 때문에, context.Context 파라미터를 추가하기 위해 http.Handler 인터페이스를 변경할 방법이 없었다.

호환성 약속은 기존 타입에 새로운 메서드를 추가할 수 있으며 이것이 Go 팀이 수행한 작업이다. Http.Request에 두 개의 컨텍스트와 관련된 메서드가 있다.

- Context는 요청과 연관된 context.Context를 반환한다.

- WithContext는 context.Context를 받고 제공된 context.Context와 결합된 예전 요청 상태와 함께 새로운 http.Request를 반환한다.

여기에 일반적인 패턴을 보도록 하자.

```go
func Middleware(handler http.Handler) http.Handler {
    return http.HandlerFunc(func(rw http.ResponseWriter, req *http.Request) {
        ctx := req.Context()
        // 컨텍스트로 작업을 감싼다. 곧 방법을 보게 될 것이다.
        req = req.WithContext(ctx)
        handler.ServeHTTP(rw, req)
    })
}
```

첫 번째는 미들웨어에서 Context 메서드를 사용하여 요청에서 기존 컨텍스트를 추출한다. 컨텍스트에 값을 넣은 후에, WithContext 메서드를 사용하여 이전 요청과 현재 생성된 컨텍스트를 기반으로 새로운 요청을 만든다. 마지막으로 handler에 새로운 요청과 기존 http.ResponseWriter를 전달하여 호출한다.

handler에 도달하면, Context 메서드를 사용하여 요청에서 컨텍스트를 추출하고 이전에 보았듯이 첫 번째 파라미터로 컨텍스트와 함께 비즈니스 로직을 호출할 수 있다.

```go
func handler(rw http.ResponseWriter, req *http.Request) {
    ctx := req.Context()
    err := req.ParseForm()
    if err != nil {
        rw.WriteHeader(http.StatusInternalServerError)
        rw.Write([]byte(err.Error()))
        return
    }
    data := req.FormValue("data")
    result, err := logic(ctx, data)
    if err != nil {
        rw.WriteHeader(http.StatusInternalServerError)
        rw.Write([]byte(err.Error()))
        return
    }
    rw.Write([]byte(result))
}
```

WithContext 메서드를 사용해야하는 또 다른 상황이 있는데, 당신의 응용 프로그램에서 다른 HTTP 서비스로 HTTP 호출을 만들 때이다. 미들웨어를 통해 컨텍스트를 전달하는 경우와 같이 WithContext를 사용하여 외부로 나가는 요청에 컨텍스트를 설정할 수 있다.

```go
type ServiceCaller struct {
    client *http.Client
}

func (sc ServiceCaller) callAnotherService(ctx context.Context, data string)
                                            (string, error) {
    req, err := http.NewRequest(http.MethodGet,
                "http://example.com?data="+data, nil)
    if err != nil {
        return "", err
    }
    req = req.WithContext(ctx)
    resp, err := sc.client.Do(req)
    if err != nil {
        return "", err
    }
    defer resp.Body.Close()
    if resp.StatusCode != http.StatusOK {
        return "", fmt.Errorf("Unexpected status code %d",
                        resp.StatusCode)
    }
    // 응답을 처리하기 위한 나머지 부분
    id, err := processResponse(resp.Body)
    return id, err
}
```

이제 컨텍스트를 얻고 전달하는 방법을 알아보았고, 이것을 유용하게 만들어 보도록 하자. 그 시작은 취소 알아보기다.

12.2 취소

각각 다른 HTTP 서비스를 호출하는 여러 고루틴을 생성하는 요청이 있다고 상상해보자. 하나의 서비스가 유효한 결과를 반환하지 못하게 하는 오류를 반환한다면 다른 고루틴을 계속 처리할 이유가 없다. Go에서는 이것은 **취소**^{cancellation}이라 부르고 컨텍스트는 구현을 위한 메커니즘을 제공한다.

취소 가능한 컨텍스트를 생성하려면 context.WithCancel 함수를 사용하자. 이 함수는 파라미터로 context.Context를 받고 context.Context와 context.CancelFunc를 반환한다. 반환된 context.Context는 함수로 전달된 컨텍스트와 동일하지 않다. 함수로 전달된 **부모** context.Context를 래핑하는 **자식** 컨텍스트이다. context.CancelFunc는 컨텍스트를 **취소**하여 잠재적 취소를 대기하는 모든 코드에 처리를 중지할 시점을 알리는 함수이다.

> **NOTE_** 우리는 이런 래핑 패턴을 여러 번 보게 될 것이다. 컨텍스트는 수정 불가능한 인스턴스로 취급된다. 컨텍스트에 정보를 추가할 때, 기존 부모 컨텍스트를 자식 컨텍스트로 래핑을 진행한다. 이것은 코드의 더 깊은 계층으로 정보를 전달하기 위해 컨텍스트를 사용할 수 있도록 한다. 컨텍스트는 더 깊은 계층에서 상위 계층으로 정보를 전달하는데 사용되지 않는다.

동작하는 방법을 알아보자. 이 코드는 서버를 설정하는 것이기 때문에, Go 플레이그라운드에서 실행할 수는 없고 다운로드[1] 받을 수 있다. 먼저 **servers.go**라는 파일로 두 개의 서버를 설정한다.

```go
func slowServer() *httptest.Server {
    s := httptest.NewServer(http.HandlerFunc(func(w http.ResponseWriter,
        r *http.Request) {
        time.Sleep(2 * time.Second)
        w.Write([]byte("Slow response"))
    }))
    return s
}

func fastServer() *httptest.Server {
    s := httptest.NewServer(http.HandlerFunc(func(w http.ResponseWriter,
        r *http.Request) {
        if r.URL.Query().Get("error") == "true" {
            w.Write([]byte("error"))
            return
        }
        w.Write([]byte("ok"))
    }))
```

---

1 *https://oreil.ly/qQy5c*

```
        return s
    }
```

이 함수들은 호출될 때 서버가 시작한다. 하나의 서버는 2초 동안 잠들고 Slow response라는 메시지를 반환한다. 다른 함수는 쿼리 파라미터인 error가 true로 설정되었는지 확인한다. 그렇게 되어 있다면 error라는 메시지를 반환한다. 그렇지 않으면 ok 메시지를 반환한다.

> **NOTE_** 원격 서버와 통신하는 코드에 대한 유닛 테스트를 더 쉽게 작성 할 수 있도록 하는 httptest. Server를 사용하자. 서버와 클라이언트 모두를 같은 프로그램내에 있게 하여 유용하다. 우리는 13.6절 'httptest'에서 httptest.Server에 관해 더 자세히 다루어보자.

다음은 client.go라는 파일로 클라이언트에 해당하는 코드를 작성해보자.

```go
var client = http.Client{}

func callBoth(ctx context.Context, errVal string, slowURL string,
              fastURL string) {
    ctx, cancel := context.WithCancel(ctx)
    defer cancel()
    var wg sync.WaitGroup
    wg.Add(2)
    go func() {
        defer wg.Done()
        err := callServer(ctx, "slow", slowURL)
        if err != nil {
            cancel()
        }
    }()
    go func() {
        defer wg.Done()
        err := callServer(ctx, "fast", fastURL+"?error="+errVal)
        if err != nil {
            cancel()
        }
    }()
    wg.Wait()
    fmt.Println("done with both")
}

func callServer(ctx context.Context, label string, url string) error {
```

```
    req, err := http.NewRequestWithContext(ctx, http.MethodGet, url, nil)
    if err != nil {
        fmt.Println(label, "request err:", err)
        return err
    }
    resp, err := client.Do(req)
    if err != nil {
        fmt.Println(label, "response err:", err)
        return err
    }
    data, err := ioutil.ReadAll(resp.Body)
    if err != nil {
        fmt.Println(label, "read err:", err)
        return err
    }
    result := string(data)
    if result != "" {
        fmt.Println(label, "result:", result)
    }
    if result == "error" {
        fmt.Println("cancelling from", label)
        return errors.New("error happened")
    }
    return nil
}
```

모든 흥미로운 내용이 해당 파일에 있다. 먼저 callBoth 함수는 취소 가능한 컨텍스트와 전달된 컨텍스트에서 취소 함수를 생성한다. 편의상 해당 함수 변수는 cancel로 한다. 취소 가능한 컨텍스트를 만들 때마다 취소 함수를 호출해야 한다는 점을 기억하는 것이 중요하다. 그것은 처음 호출 이후의 모든 수행은 무시되기 때문에 여러 번 불려도 괜찮다. defer 함수를 사용하여 최종적으로는 불리도록 하자. 다음은 두 개의 고루틴을 설정하고 취소 가능한 컨텍스트, 레이블과 URL을 callServer로 전달한 뒤 두 고루틴이 완료되기를 기다린다. callServer 호출 중 하나가 오류를 반환한다면, cancel 함수를 호출한다.

callServer 함수는 간단한 클라이언트이다. 수정 가능한 컨텍스트로 요청을 생성하고 호출할 것이다. 오류가 발생하거나 error 문자열이 반환되면, 오류를 반환한다.

마지막으로 main.go 파일에서 해당 프로그램을 시작하는 main 함수를 보자.

```
func main() {
    ss := slowServer()
    defer ss.Close()
    fs := fastServer()
    defer fs.Close()

    ctx := context.Background()
    callBoth(ctx, os.Args[1], ss.URL, fs.URL)
}
```

main에서는 서버를 시작하고 컨텍스트를 만든 다음 컨텍스트, 프로그램의 첫 번째 인자, 서버를 위한 URL들로 클라이언트를 호출한다.

오류 없이 실행되는 경우를 확인해보자.

```
$ make run-ok
go build
./context_cancel false
fast result: ok
slow result: Slow response
done with both
```

오류가 발생한다면 어떻게 되는지 확인해보자.

```
$ make run-cancel
go build
./context_cancel true
fast result: error
cancelling from fast
slow response err: Get "http://127.0.0.1:38804": context canceled
done with both
```

> **NOTE_** 연관된 취소 함수를 가지는 컨텍스트를 생성할 때마다, 처리가 오류로 끝난 것인지에 대한 여부와 상관없이 처리가 완료되면 취소 함수를 반드시 호출하자. 호출하지 않는다면, 프로그램은 자원의 누수가 생기고 결국 느려지거나 죽는다. 취소 함수를 한 번 이상 호출하더라도 처음 이후에는 아무것도 실행하지 않으므로 오류는 없다. 취소 함수를 확실히 호출하는 가장 쉬운 방법은 취소 함수가 반환되자마자 defer를 사용하여 호출하는 것이다.

수동으로 취소하는 것은 유용하지만 유일한 선택은 아니다. 다음 섹션에서 타임아웃으로 취소를 자동화하는 방법을 알아보자.

12.3 타이머

서버의 가장 중요한 역할 중 하나는 요청을 관리하는 것이다. 초보 개발자는 종종 서버는 가능한한 많은 요청을 받고 각 클라이언트를 위한 결과를 반환할 때까지 가능한 오래 작업해야 한다고 생각한다.

문제는 이런 접근은 확장 가능하지 않다. 서버는 공유된 자원이다. 모든 공유된 자원과 동일하게 각 사용자는 최대한 많은 것을 얻고자 하며 다른 사용자의 요구는 신경 쓰지 않는다. 모든 사용자에게 공평한 시간을 제공할 수 있도록 자체 관리하는 것은 공유 자원의 책임이다.

일반적으로 서버가 자신의 부하를 관리할 수 있는 4가지가 있다.

- 동시 요청 제한
- 실행을 위한 대기 중인 요청 수의 제한
- 요청이 수행될 수 있는 시간의 제한
- 요청이 사용할 수 있는 자원의 제한(메모리나 디스크 공간 같은)

Go는 처음 3개를 처리하기 위한 도구를 제공한다. 10장에서 동시성에 관해서 배울 때, 처음 두 개를 처리하는 방법을 보았다. 고루틴의 수를 제한하여 서버는 동시 처리되는 부하를 관리한다. 대기 큐의 크기는 버퍼가 있는 채널을 통해 처리된다.

컨텍스트는 요청이 수행되는 시간을 제어하기 위한 방법을 제공한다. 응용 프로그램을 구축할 때, 성능의 범위에 대한 아이디어가 있어야 한다. 즉 사용자가 만족스럽지 못한 경험을 하기 전에 요청이 완료될 때까지 걸리는 시간을 제어해야 한다. 요청이 수행되어야 할 시간의 최대치를 안다면 컨텍스트를 사용하여 강제해야 한다.

> **NOTE_** 요청이 사용하는 메모리나 디스크 공간을 제한하길 원한다면, 직접 관리하는 코드를 작성해야 할 것이다. 해당 주제는 이 책의 범위에서 벗어나기 때문에 다루지 않는다.

시간 제한 컨텍스트를 생성하기 위한 두 개의 다른 함수 중 하나를 사용할 수 있다. 첫 번째는 context.WithTimeout이다. 이는 기존 컨텍스트와 컨텍스트가 자동으로 취소될 때까지 시간을 지정하는 time.Duration의 파라미터를 받는다. 그것은 지정된 기간 후에 취소를 자동으로 실행하는 컨텍스트 뿐만 아니라 즉시 컨텍스트를 취소를 할 수 있는 취소 함수 반환한다.

두 번째 함수는 context.WithDeadline이다. 이 함수는 기존 컨텍스트와 컨텍스트가 자동으로 취소될 시간을 지정하는 time.Time을 받는다. context.WithTimeout과 마찬가지로 지정된 시간이 지난 후에 취소가 자동으로 실행되는 컨텍스트 뿐만 아니라 취소 함수를 반환한다.

TIP context.WithDeadline에 지난 시간을 전달하면 이미 생성된 컨텍스트가 취소된다.

컨텍스트가 자동으로 취소되는 시기를 확인하려면 context.Context에서 Deadline 메서드를 사용하자. 해당 메서드는 시간을 나타내는 time.Time과 타임아웃을 설정했는지 여부를 확인하는 불리언을 반환한다. 이것은 맵과 채널을 읽을 때 사용하는 콤마 OK 관용구를 반영한 것이다.

요청의 전체 기간에 대한 시간 제한을 설정할 때, 시간을 세분화를 하고 싶을 수 있다. 그리고 서비스에서 다른 서비스를 호출한다면 나머지 처리 혹은 다른 네트워크 호출을 위해 일정 시간을 예약하여 네트워크 호출이 실행하는 것을 허용하는 시간을 제한할 수 있다. context.WithTimeout이나 context.WithDeadline을 사용하여 부모 컨텍스트를 래핑하는 자식 컨텍스트를 생성하여 개별 호출에 걸리는 시간을 제어한다.

자식 컨텍스트에서 설정한 모든 타임아웃은 부모 컨텍스트에서 설정한 타임아웃으로 제한된다. 만약 부모 컨텍스트가 2초의 타임아웃을 가진다면, 자식 컨텍스트의 타임아웃은 3초로 설정할 수 있지만 부모 컨텍스트가 2초 뒤에 타임아웃 되면 자식도 타임아웃 된다.

간단한 프로그램을 보자.

```
ctx := context.Background()
parent, cancel := context.WithTimeout(ctx, 2*time.Second)
defer cancel()
child, cancel2 := context.WithTimeout(parent, 3*time.Second)
defer cancel2()
start := time.Now()
<-child.Done()
end := time.Now()
fmt.Println(end.Sub(start))
```

해당 예제에서는 부모 컨텍스트에 2초 타임아웃을 설정했고 자식 컨텍스트에 3초 타임아웃을 설정했다. 자식 context.Context의 Done 메서드로부터 반환된 채널을 기다리면서 자식 컨텍스트가 완료될 때까지 기다린다. 다음 섹션에서 Done 메서드를 자세히 알아볼 것이다.

해당 코드는 Go 플레이그라운드[2]에서 실행 가능하고 다음과 같은 결과를 볼 수 있다.

```
2s
```

12.4 코드에서 컨텍스트 취소 처리

대부분의 경우 코드에서 타임아웃이나 취소는 충분히 오래 실행되지 않기 때문에 걱정할 필요는 없다. 다른 HTTP 서비스나 데이터베이스를 호출할 때마다 컨텍스트를 전달하여 해당 라이브러리들이 컨텍스트를 통해 취소를 알맞게 처리하도록 한다.

컨텍스트 취소에 의해 중단되어야 하는 코드를 작성하는 경우, 10장에서 살펴본 동시성 기능을 사용하여 취소 검사를 구현한다. context.Context 타입은 취소를 관리하는 경우에 사용되는 두 개의 메서드를 가진다.

Done 메서드는 struct{}의 채널을 반환한다(선택된 반환 타입인 이유는 비어 있는 구조체는 메모리를 사용하지 않기 때문이다). 채널은 타이머나 취소 함수가 실행되어 컨텍스트가 취소되면 닫힌다. 닫힌 채널은 해당 채널을 읽으려고 시도할 때 즉시 채널의 제로 값을 항상 반환한다.

> **WARNING_** 취소가 불가능한 컨텍스트의 Done을 호출하면, nil을 반환한다. 10장에서 다루어 보았듯이, nil 채널을 읽는다면 아무런 반응하지 않을 것이다. 이것은 select 문의 case에서 완료하지 못한다면, 프로그램은 운영이 불가능한 상태가 될 것이다.

Err 메서드는 컨텍스트가 여전히 운영 가능하면 nil을 반환하고 컨텍스트가 취소되었다면 context.Canceled와 context.DeadlineExceeded 센티널 오류 중 하나를 반환한다. 첫 번째는 명시적 취소 후에 반환되고 두 번째는 타임아웃이 취소를 수행하여 반환되는 값이다.

---

2 *https://oreil.ly/FS8h2*

아래 코드에서 컨텍스트 취소를 지원하기 위한 패턴을 볼 수 있다.

```go
func longRunningThingManager(ctx context.Context, data string) (string, error) {
    type wrapper struct {
        result string
        err     error
    }
    ch := make(chan wrapper, 1)
    go func() {
        // do the long running thing
        result, err := longRunningThing(ctx, data)
        ch <- wrapper{result, err}
    }()
    select {
    case data := <-ch:
        return data.result, data.err
    case <-ctx.Done():
        return "", ctx.Err()
    }
}
```

해당 코드에서 구조체에 오래 수행하는 함수로부터 반환된 데이터를 넣을 필요가 있기에 그것을 채널로 넘겼다. 버퍼 크기가 1인 타입이 **wrapper**인 채널을 만들었다. 채널을 버퍼링하면 버퍼링된 값이 취소로 인해 읽히지 않더라도 고루틴이 종료될 수 있다.

고루틴에서는 오래 수행하는 함수로부터 결과를 받아 버퍼가 있는 채널에 넣는다. 그리고 나서 **select**로 두 **case**를 처리한다. 첫 번째는 취소 함수의 실행이나 타임아웃으로 인해 컨텍스트가 취소되면 실행되는 **case**이다. 두 번째는 컨텍스트가 취소되면 실행되는 **case**이다. 왜 취소되었는지 알려주는 컨컨텍스트부터 데이터를 위한 제로 값과 오류를 반환한다.

해당 패턴은 11장에서 보았던 **time.After**를 사용하여 코드의 실행에 시간 제한을 설정했던 방법과 유사하다. 이 경우에는 시간 제한(혹은 취소 조건)은 컨텍스트 팩토리 메서드를 통해 지정되지만 일반적인 구현은 같다.

12.5 값

컨텍스트를 위한 용도가 하다 더 있다. 또한 프로그램을 통해 요청 별 메타 데이터를 전달하는 방법을 제공한다.

기본적으로 명시적인 파라미터를 통해 데이터를 전달하는 것을 선호한다. 이전에 언급했듯이 관용적인 Go는 암묵적인 것 보다는 명시적인 것을 선호하며 그것은 명시적 데이터 전달도 포함한다. 함수가 어떤 데이터에 의존적이라면 출처가 명확해야 한다.

하지만 명시적으로 데이터를 전달할 수 없는 경우가 있다. 가장 일반적인 상황은 HTTP 요청 핸들러와 그것과 연결된 미들웨어이다. 이미 보았듯이 모든 HTTP 요청 핸들러는 두 개의 파라미터를 가지는데, 하나는 요청을 위한 것이고 다른 하나는 응답을 위한 것이다. 미들웨어서 핸들러에 가용한 값을 만들고 싶다면, 컨텍스트 내에 해당 값을 저장할 필요가 잇다. 몇 가지 가능한 상황은 JWT^{JSON Web Token}에서 사용자를 추출하거나 여러 미들웨어 계층을 통해 핸들러 및 비즈니스 로직으로 전달되는 요청 별 GUID 생성이 포함된다.

context 패키지에 시간 지정 및 취소 가능한 컨텍스트를 생성하는 팩토리 메서드가 있는 것처럼 컨텍스트에 값을 넣기 위한 팩토리 메서드인 context.WithValue가 있다. 그것은 래핑을 위한 컨텍스트, 값을 찾기 위한 키 값, 그리고 해당 값을 받는다. 그래서 키-값 쌍을 포함하는 자식 컨텍스트를 반환한다. 키의 타입과 값 파라미터는 비어 있는 인터페이스(interface{})로 선언된다.

값이 컨텍스트나 해당 부모 중에 있는지에 대한 여부는 context.Context에서 Value 메서드를 사용한다. 해당 메서드는 키를 받아 키와 연관된 값을 반환한다. 다시 언급하면, 키 파라미터와 결과의 값은 타입 interface{}로 선언된다. 전달된 키를 위한 값을 찾지 못한다면, nil이 반환된다. 반환된 값이 제대로 된 타입인지 타입 단언을 하기 위해 콤마 OK 관용구를 사용한다.

> **NOTE_** 자료 구조에 익숙하다면, 컨텍스트 체인에서 저장된 값을 찾는 것은 **선형** 탐색이라는 것을 알 수 있을 것이다. 이것은 값이 얼마 없다면 성능에 심각한 영향을 미치지 않지만 요청하는 동안 컨텍스트에 수십 개의 값을 저장한다면 성능이 저하될 것이다. 즉 프로그램이 수십 개의 값으로 컨텍스트 체인을 생성한다면, 당신의 프로그램은 아마도 리팩터링이 필요할지도 모른다.

컨텍스트에 저장된 값은 어떤 타입이든 될 수 있지만, 키의 고유성을 보장하기 위해 사용되는 관용적 패턴이 있다. 맵을 위한 키처럼, 컨텍스트 값을 위한 키는 비교가능해야 한다. int를 기반으로 하는 노출되지 않는 타입을 위한 새로운 키를 생성하려면 다음과 같이 할 수 있다.

```
type userKey int
```

키의 타입을 위해 문자열이나 다른 공용 타입을 사용한다면, 다른 패키지에서 동일한 키를 생성하여 충돌이 발생할 수 있다. 이것은 하나의 패키지에서 컨텍스트에 쓰여진 데이터가 다른 패키지에서 쓰여진 데이터에 덮어써지거나 다른 패키지에서 쓰여진 컨텍스트에서 데이터를 읽는 것과 같이 디버깅을 힘들게 하는 문제를 만든다.

노출되지 않을 키 타입을 선언한 후에는 타입의 노출되지 않는 상수로 선언해야 한다.

```
const key userKey = 1
```

타입과 노출되지 않을 키의 상수로 패키지의 외부에서 충돌을 일으킬 수 있는 컨텍스트에 데이터를 넣을 수 있는 코드는 없게 된다. 패키지에 컨텍스트로 여러 값을 넣을 필요가 있다면, 7.2.7절 '열거형을 위한 iota'에서 살펴본 iota 패턴을 사용하여 각 값을 위한 같은 타입의 다른 키를 정의한다. 여러 키를 구별하는 방법으로 상수 값만 신경쓰기 때문에 iota를 완벽하게 사용할 수 있다.

다음은, 컨텍스트에 값을 넣고 해당 컨텍스트로부터 값을 읽는 API를 구축할 것이다. 컨텍스트의 값을 패키지 외부의 코드도 읽기나 쓰기가 가능하게 하려면 이런 함수들을 공용으로 만들어야 한다. 값과 함께 컨텍스트를 생성하는 함수의 이름은 ContextWith로 시작해야 한다. 컨텍스트에서 값을 반환하는 함수는 해당 이름이 FromContext로 끝이 나야 한다. 컨텍스트로부터 사용자를 가져오고 읽는 함수의 구현은 다음과 같다.

```
func ContextWithUser(ctx context.Context, user string) context.Context {
    return context.WithValue(ctx, key, user)
}

func UserFromContext(ctx context.Context) (string, bool) {
    user, ok := ctx.Value(key).(string)
    return user, ok
}
```

사용자 관리 코드를 작성했는데, 사용 방법을 보도록 하자. 여기서는 쿠키로부터 사용자 ID를 추출하는 미들웨어를 작성할 것이다.

```go
// 실제 구현은 사용자가 자신의 신원을 속이지 않았는지
// 확인하기 위해 서명한다.
func extractUser(req *http.Request) (string, error) {
    userCookie, err := req.Cookie("user")
    if err != nil {
        return "", err
    }
    return userCookie.Value, nil
}

func Middleware(h http.Handler) http.Handler {
    return http.HandlerFunc(func(rw http.ResponseWriter, req *http.Request) {
        user, err := extractUser(req)
        if err != nil {
            rw.WriteHeader(http.StatusUnauthorized)
            return
        }
        ctx := req.Context()
        ctx = ContextWithUser(ctx, user)
        req = req.WithContext(ctx)
        h.ServeHTTP(rw, req)
    })
}
```

미들웨어에서는 먼저 사용자 값을 얻는다. 다음은 요청에서 **Context** 메서드를 통해 컨텍스트를 추출하고 **ContextWithUser** 함수로 사용자를 포함하는 새로운 컨텍스트를 생성한다. 그런 다음 **WithContext** 메서드에 이전 요청과 새로운 컨텍스트로 새로운 요청을 만든다. 마지막으로 제공된 **http.ResponseWrite**와 새로운 요청으로 핸들러 체인의 다음 함수를 호출한다.

대부분 요청 핸들러 내의 컨텍스트에서 값을 추출하고 명시적으로 비즈니스 로직으로 추출한 것을 넘겨주길 원한다. Go 함수는 명시적 파라미터를 가지고 API를 거쳐 값을 몰래 빼내는 방법으로 컨텍스트를 이용해서는 안 된다.

```go
func (c Controller) handleRequest(rw http.ResponseWriter, req *http.Request) {
    ctx := req.Context()
    user, ok := identity.UserFromContext(ctx)
```

```
    if !ok {
        rw.WriteHeader(http.StatusInternalServerError)
        return
    }
    data := req.URL.Query().Get("data")
    result, err := c.Logic.businessLogic(ctx, user, data)
    if err != nil {
        rw.WriteHeader(http.StatusInternalServerError)
        rw.Write([]byte(err.Error()))
        return
    }
    rw.Write([]byte(result))
}
```

해당 핸들러는 요청에서 **Context** 메서드를 통해 컨텍스트를 얻고 **UserFromContext** 함수를 사용해서 컨텍스트로부터 사용자를 추출한 다음 비즈니스 로직을 호출한다.

컨텍스트에 값을 유지하는 것이 좋은 몇 가지 경우들이 있다. 앞서 언급한 추적 GUID가 그 경우 중 하나이다. 해당 정보는 비즈니스 로직의 상태의 일부가 아니라 응용 프로그램을 관리하기 위한 것이다. 코드를 통해 명시적으로 전달하는 것은 추가적인 파라미터를 넣게 되고 이로 인해 메타 정보를 모르는 서드-파티 라이브러리와 통합이 되지 않을 것이다. 컨텍스트에 추적 GUID를 남겨두면 추적에 대해 알 필요가 없는 비즈니스 로직을 통해 보이지 않게 전달되며 프로그램에 로그 메시지를 작성하거나 다른 서버에 연결하는 경우에 사용할 수 있게 된다.

여기에 서비스에서 서비스로 추적하고 GUID가 포함된 로그를 생성하는 간단한 컨텍스트 관련 GUID 구현을 볼 수 있다.

```
package tracker

import (
    "context"
    "fmt"
    "net/http"
    "github.com/google/uuid"
)

type guidKey int

const key guidKey = 1
```

```go
func contextWithGUID(ctx context.Context, guid string) context.Context {
    return context.WithValue(ctx, key, guid)
}

func guidFromContext(ctx context.Context) (string, bool) {
    g, ok := ctx.Value(key).(string)
    return g, ok
}

func Middleware(h http.Handler) http.Handler {
    return http.HandlerFunc(func(rw http.ResponseWriter, req *http.Request) {
        ctx := req.Context()
        if guid := req.Header.Get("X-GUID"); guid != "" {
            ctx = contextWithGUID(ctx, guid)
        } else {
            ctx = contextWithGUID(ctx, uuid.New().String())
        }
        req = req.WithContext(ctx)
        h.ServeHTTP(rw, req)
    })
}

type Logger struct{}

func (Logger) Log(ctx context.Context, message string) {
    if guid, ok := guidFromContext(ctx); ok {
        message = fmt.Sprintf("GUID: %s - %s", guid, message)
    }
    // do logging
    fmt.Println(message)
}

func Request(req *http.Request) *http.Request {
    ctx := req.Context()
    if guid, ok := guidFromContext(ctx); ok {
        req.Header.Add("X-GUID", guid)
    }
    return req
}
```

Middleware 함수에서 들어온 요청에서 GUID를 추출하거나 새로운 GUID를 생성할 수 있다. 두 경우 모두, 컨텍스트로 GUID를 넣고 업데이트된 컨텍스트로 새로운 요청을 만든 다음 호출 체인을 진행한다.

다음은 GUID를 사용하는 방법을 알아보자. Logger 구조체는 컨텍스트와 문자열을 받아 일반적인 로깅 메서드를 제공한다. 컨텍스트 내에 GUID가 있다면, 로그 메시지 앞부분에 GUID를 붙이고 출력한다. Request 함수는 서비스가 다른 서비스를 호출할 때 사용된다. 해당 함수는 *http.Request를 받아서 컨텍스트에 GUID가 있다면 헤더에 추가하고 *http.Request를 반환한다.

일단 해당 패키지가 있으면, 모든 추적 정보와는 완전히 연관이 없는 비즈니스 로직을 만들기위해 7.14절 '의존성 주입을 쉽게 만드는 암묵적 인터페이스'에서 살펴본 의존성 주입 기술을 사용할 수 있다. 먼저 logger를 나타내는 인터페이스, 요청 데코레이터를 나타내는 함수 타입 및 앞선 것에 의존적인 비즈니스 로직 구조체를 선언한다.

```go
type Logger interface {
    Log(context.Context, string)
}

type RequestDecorator func(*http.Request) *http.Request

type BusinessLogic struct {
    RequestDecorator RequestDecorator
    Logger           Logger
    Remote           string
}
```

다음은 비즈니스 로직을 구현한다.

```go
func (bl BusinessLogic) businessLogic(
    ctx context.Context, user string, data string) (string, error) {
    bl.Logger.Log(ctx, "starting businessLogic for " + user + " with "+ data)
    req, err := http.NewRequestWithContext(ctx,
        http.MethodGet, bl.Remote+"?query="+data, nil)
    if err != nil {
        bl.Logger.Log(ctx, "error building remote request:" + err)
        return "", err
    }
```

```
    req = bl.RequestDecorator(req)
    resp, err := http.DefaultClient.Do(req)
    // 이후 처리
}
```

GUID는 비즈니스 로직이 인지하지 않는 상태에서 `logger`와 요청 데코레이터로 전달되어 프로그램 로직을 위한 데이터와 프로그램 관리를 위한 데이터를 분리한다. 연결을 인식하는 유일한 곳은 의존성을 연결하는 `main`의 코드뿐이다.

```
bl := BusinessLogic{
    RequestDecorator: tracker.Request,
    Logger:           tracker.Logger{},
    Remote:           "http://www.example.com/query",
}
```

사용자 미들웨어와 GUID 추적기를 위한 완전한 코드는 깃허브[3]에서 찾아볼 수 있다.

> **TIP** 컨텍스트를 사용하여 표준 API를 통해 값을 전달할 수 있다. 비즈니스 로직에서 처리되어야 할 필요가 있을 때, 컨텍스트에서 명시적 파라미터로 값을 복사할 수 있다. 시스템 유지 정보는 컨텍스트에서 직접적으로 접근이 가능하다.

12.6 마무리

이번 장에서는 컨텍스트를 사용하여 요청 메타 데이터를 관리하는 방법을 배웠다. 이제 타임아웃 설정, 명시적 취소 수행, 컨텍스트를 통한 값 전달 및 이런 것들을 각각 써야할 시점에 대해 알아보았다. 다음 장은 Go의 내장 테스팅 프레임워크를 살펴보고 이것을 사용하여 버그를 찾고 프로그램의 성능 문제를 진단하는 방법을 배워 볼 것이다.

---

3 *https://oreil.ly/oyhmP*

CHAPTER 13

테스트 작성

지난 20년동안, 자동화된 테스팅의 광범위한 채택은 아마도 다른 어떤 소프트웨어 엔지니어링 기술보다 더 많은 코드 품질을 향상시켰을 것이다. 소프트웨어 품질을 향상시키는데 집중하는 에코시스템과 언어로써 Go가 표준 라이브러리 일부로 테스팅 지원을 포함하는 것은 그리 놀랍지 않은 일이다. Go를 사용하면 코드를 쉽게 테스트할 수 있으므로 그리 하지 않을 이유가 없다. 해당 장에서는 Go 코드 테스트 방법, 유닛과 통합 테스트의 그룹, 코드 커버리지 검사, 벤치마크 작성 및 Go 레이스 검출기를 사용하여 동시성 이슈를 위한 코드 확인 방법을 알아볼 것이다. 그 과정에서 테스트 가능한 코드 작성법과 왜 이것이 코드 품질을 향상시키는지도 알아볼 것이다.

13.1 테스팅의 기초

Go의 테스팅은 라이브러리와 도구 부분으로 지원한다. 표준 라이브러리의 **testing** 패키지는 테스트를 위한 타입과 함수를 제공하고, Go와 함께 제공되는 **go test** 도구는 테스트를 실행하고 보고서를 만든다. 다른 언어들과는 다르게 Go 테스트는 프로덕션 코드와 같은 디렉터리와 패키지에 배치된다. 테스트가 같은 패키지에 배치되기 때문에, 테스트는 노출되지 않은 함수와 변수들도 접근할 수 있다. 공개 API만 테스트하도록 하는 테스트를 작성하는 방법을 조금 뒤에 살펴보자.

간단한 함수를 작성하고 함수가 정상적으로 동작하는지 확인해보도록 하자. adder/adder.go 에 다음과 같은 코드가 있다.

```go
func addNumbers(x, y int) int {
    return x + x
}
```

이에 대응되는 테스트 코드는 adder/adder_test.go에 있다.

```go
func Test_addNumbers(t *testing.T) {
    result := addNumbers(2,3)
    if result != 5 {
        t.Error("incorrect result: expected 5, got", result)
    }
}
```

모든 테스트는 이름이 _test.go로 끝나는 파일에 작성된다. foo.go라는 파일의 테스트를 작성하려면, 테스트를 foo_test.go라는 파일에 작성해야 한다.

테스트 함수는 Test라는 단어로 시작하고 단일 파라미터로 *test.T 타입을 받는다. 관례적으로 해당 파라미터의 이름은 t로 한다. 테스트 함수는 어떠한 값도 반환하지 않는다. 테스트 이름('Test'로 시작하는 것과는 별개로)은 테스트 중인 내용을 문서화하기 위한 것이므로 무엇을 테스트 중인지 설명할 수 있는 것들을 골라야 한다. 개별 함수를 위한 유닛 테스트를 작성할 때의 관례는 Test 뒤에 함수 이름을 붙여 유닛 테스트의 이름으로 하는 것이다. 노출되지 않은 함수를 테스트할 때, 어떤 사람들은 Test와 함수 이름 사이에 밑줄을 사용한다.

또한 표준 Go 코드를 사용하여 테스트될 코드를 호출하고 예상된 응답인지의 여부를 검증한다. 부정확한 결과가 있는 경우 fmt.Print 함수와 같은 작업을 하는 t.Error 메서드로 오류를 보고한다. 잠시 뒤에 다른 오류-보고 메서드를 볼 것이다.

Go의 테스트 지원에서 라이브러리 부분을 보았다. 이제 도구를 살펴볼 것이다. 바이너리를 빌

---

[1] *https://oreil.ly/txE4b*

드하기 위해 go build를 하고 go run으로 파일을 실행하는 것처럼 go test 명령어는 현재 디렉터리의 테스트를 실행한다.

```
$ go test
--- FAIL: Test_addNumbers (0.00s)
    adder_test.go:8: incorrect result: expected 5, got 4
FAIL
exit status 1
FAIL    test_examples/adder    0.006s
```

코드에 버그를 찾은 것 같다. addNumbers를 들여다보면 x에서 y를 더하는 것이 아니라 x에서 x로 더한다는 것을 볼 수 있다. 코드를 변경하여 버그가 고쳐졌는지 확인하기 위해 테스트를 다시 실행해보자.

```
$ go test
PASS
ok      test_examples/adder    0.006s
```

go test 명령어는 어떤 패키지를 테스트할지 지정할 수 있다. 패키지 이름에 ./...를 사용하여 현재 디렉터리와 현재 디렉터리의 모든 하위 디렉터리에서 테스트를 실행하도록 지정한다. 테스팅 출력을 상세히 보고 싶다면 -v 플래그를 포함시키자.

13.1.1 테스트 실패 보고

테스트 실패를 보고하기 위한 *testing.T에 몇 가지 메서드가 있다. 이미 쉼표로 구분된 값 목록에서 오류 설명 문자열을 작성하는 Error를 살펴보았다.

메시지를 생성하기 위해 Printf 스타일의 포맷을 사용하는 것을 선호한다면, 대신에 Errorf 메서드를 사용하자.

```
t.Errorf("incorrect result: expected %d, got %s", 5, result)
```

Error 및 Errorf가 테스트 실패를 나타내는 동안 테스트 기능은 수행을 계속한다. 실패가 발견되는 대로 진행을 멈춰야 한다고 생각한다면, Fatal과 Fatalf 메서드를 사용하자. Fatal

메서드는 Error처럼 동작하고 Fatalf는 Errorf처럼 동작한다. 차이점은 테스트 실패 메시지를 생성한 뒤에 바로 테스트 함수가 종료한다는 것이다. 이것은 모든 테스트를 종료한다는 것은 아니다. 다른 남은 테스트 함수는 현재 테스트 함수가 종료하고 나서 실행이 될 것이다.

Fatal/Fatalf와 Error/Errorf는 언제 사용할까? 테스트에서 확인에서 실패가 같은 테스트 함수에서 이후 확인에도 계속 실패를 의미하거나 테스트가 패닉을 유발한다면 Fatal이나 Fatalf를 사용하자. 여러 개의 독립적인 항목(구조체에서 항목 검증과 같은)을 테스팅한다면, Error나 Errorf를 사용하여 한 번에 가능한한 많은 문제를 보고하도록 할 수 있다. 이것은 테스트를 반복적으로 실행해보지 않고 여러 문제를 쉽게 고칠 수 있도록 한다.

13.1.2 설정과 해제

때로는 모든 테스트 수행 전에 설정되거나 테스트가 완료되고 나서 제거되어야 하는 몇 몇의 일반적인 상태를 가질 수 있다. TestMain 함수를 사용하여 이런 상태를 관리하고 테스트를 수행하도록 하자.

```go
var testTime time.Time

func TestMain(m *testing.M) {
    fmt.Println("Set up stuff for tests here")
    testTime = time.Now()
    exitVal := m.Run()
    fmt.Println("Clean up stuff after tests here")
    os.Exit(exitVal)
}

func TestFirst(t *testing.T) {
    fmt.Println("TestFirst uses stuff set up in TestMain", testTime)
}

func TestSecond(t *testing.T) {
    fmt.Println("TestSecond also uses stuff set up in TestMain", testTime)
}
```

TestFirst와 TestSecond 함수 모두 패키지 레벨 변수인 testTime을 참조한다. 타입 *testing.M의 파라미터를 가지는 TestMain라는 함수를 선언했다. TestMain 함수가 있는 패키지에서 go test를 실행하는 것은 테스트를 직접 호출하는 대신에 해당 함수를 호출한다. 일단 상태가 설정이 되면, 테스트 함수를 수행하기 위한 *testing.M의 Run 메서드를 호출한다. Run 메서드는 종료 코드를 반환하는데, 0은 모든 테스트가 통과했다는 것을 나타낸다. 마지막으로, Run에서 반환된 종료 코드와 함께 os.Exit를 반드시 호출해야 한다.

go test를 수행하여 출력된 내용을 살펴보자.

```
$ go test
Set up stuff for tests here
TestFirst uses stuff set up in TestMain 2020-09-01 21:42:36.231508 -0400 EDT
    m=+0.000244286
TestSecond also uses stuff set up in TestMain 2020-09-01 21:42:36.231508 -0400
    EDT m=+0.000244286
PASS
Clean up stuff after tests here
ok      test_examples/testmain  0.006s
```

TestMain은 개별 테스트 이전과 이후에 호출되는 것이 아니라 한 번만 실행된다는 것을 주목하자. 또한 TestMain은 패키지 별로 단 하나만 가질 수 있다는 것도 주의하자.

TestMain이 유용한 두 가지 일반적인 상황이 있다.

- 데이터베이스와 같은 외부 저장소에 있는 데이터 설정이 필요한 경우
- 초기화 될 필요가 있는 패키지 레벨 변수에 의존적인 코드가 테스트될 경우

앞서 언급했듯이 프로그램에 패키지 레벨 변수 사용을 피해야 한다. 이는 프로그램을 통해 데이터가 흐르는 방법을 이해하기 힘들게 만든다. 해당 이유로 TestMain을 작성한다면, 코드 리팩터링을 고려해보자.

*testing.T의 Cleanup 메서드는 단일 테스트를 위해 생성된 임시 자원을 정리하기 위해 사용한다. 해당 메서드는 단일 파라미터인 입력 파라미터와 반환값이 없는 함수를 가진다. 이 함수는 테스트가 완료되면 수행한다. 간단한 테스트를 위해, defer 문을 사용하여 같은 결과를 얻을 수 있지만, Cleanup은 테스트가 [예제 13-1]과 같이 샘플 데이터를 설정하기 위한 헬퍼 함수에 의존적일 때 유용하다. Cleanup은 여러 번 호출되어도 괜찮다. defer와 같이, 함수는 마지막에 추가된 것이 가장 처음 호출되는 순서로 실행된다.

```go
// createFile은 여러 테스트에서 호출되는 헬퍼 함수
func createFile(t *testing.T) (string, error) {
    f, err := os.Create("tempFile")
    if err != nil {
        return "", err
    }
    // f에 데이터를 쓴다.
    t.Cleanup(func() {
        os.Remove(f.Name())
    })
    return f.Name(), nil
}

func TestFileProcessing(t *testing.T) {
    fName, err := createFile(t)
    if err != nil {
        t.Fatal(err)
    }
    // 테스트 수행, 정리를 걱정하지 않아도 된다.
}
```

13.1.3 샘플 테스트 데이터 저장

go test는 소스 코드 트리를 탐색할 때, 현재 패키지 디렉터리를 현재 작업 디렉터리로 사용한다. 패키지에서 테스트 함수에 샘플 데이터를 사용하길 원한다면, 파일을 저장할 testdata라는 하위 디렉터리를 생성한다. Go는 테스트 파일을 가지고 있는 위치로 해당 디렉터리를 예약한다. testdata에서 읽을 때, 항상 상대 파일 참조를 사용한다. go test가 현재 작업 디렉터리를 현재 패키지로 변경하기 때문에 각 패키지는 상대 파일 경로를 통해 자신의 testdata를 접근한다.

TIP text 패키지[2]는 testdata 사용법을 시연한다.

---

2 *https://oreil.ly/nHtrc*

13.1.4 테스트 결과 캐싱

9장에서 배운 변경이 없는 컴파일된 패키지를 캐시하는 것처럼, 또한 Go는 여러 패키지에 걸쳐 테스트를 수행할 때 이미 통과했고 코드의 변경이 없다면 해당 결과를 캐시한다. 테스트는 패키지의 어떤 파일이나 testdata 디렉터리가 변경되었다면 재컴파일하고 재실행한다. 또한 go test로 –count=1 플래그를 넘긴다면 테스트 실행을 강제할 수 있다.

13.1.5 공용 API 테스트

우리가 작성한 테스트는 프로덕션 코드로 같은 패키지에 있다. 이것은 노출되거나 그렇지 않은 함수 모두를 테스트할 수 있다는 것이다.

패키지의 공용 API만 테스트하고 싶다면, Go는 이것을 특정하기 위한 편의를 제공한다. 프로덕션 소스 코드로 같은 디렉터리에 테스트 소스 코드를 여전히 유지하지만 패키지 이름을 위한 pakcagename_test를 사용할 수 있다. 초기 테스트 예제를 노출된 함수로 다시 한번 실행해 보자. adder 패키지 내에 다음과 같은 코드가 있다고 하자.

```
func AddNumbers(x, y int) int {
    return x + y
}
```

adder 패키지에서 adder_public_test.go라는 파일에 다음과 같은 코드를 사용하여 공용 API를 테스트 할 수 있다.

```
package adder_test

import (
    "testing"
    "test_examples/adder"
)

func TestAddNumbers(t *testing.T) {
    result := adder.AddNumbers(2, 3)
    if result != 5 {
        t.Error("incorrect result: expected 5, got", result)
    }
}
```

테스트 파일을 위한 패키지 이름은 adder_test라는 것을 주목하자. 파일이 같은 디렉터리에 있음에도 test_example/adder를 가져온다. 테스트 이름 지정 규칙을 따르기 위해 테스트 함수 이름은 AddNumber 함수의 이름과 일치한다. 다른 패키지에서 노출된 함수를 호출하기 때문에 adder.AddNumbers를 사용한다는 것도 주목하자.

패키지 내에서 노출된 함수를 호출 할 수 있는 것처럼 소스 코드의 같은 패키지 내에 있는 테스트에서 공용 API를 테스트 할 수 있다. _test 패키지 접미사를 사용하는 이점은 패키지를 '블랙 박스'로 취급을 하도록 하는 것이다. 이는 노출된 함수, 메서드, 타입, 상수 및 변수를 통해서만 상호작용할 수 있도록 강제하는 것이다. 또한 동일한 소스 디렉터리에서 두 패키지 이름이 혼합된 테스트 소스 파일을 가질 수 있다는 점에 유의하자.

13.1.6 go-cmp를 사용하여 테스트 결과 비교

복합 타입의 두 인스턴스를 철저하게 비교하는 것은 번거로울 수 있다. 반면에 구조체, 맵 및 슬라이스를 비교하기 위해 reflect.DeepEqual을 사용할 수 있지만, 더 나은 방법이 있다. 구글은 당신을 위해 비교하고 일치하지 않는 것의 상세 설명을 반환하는 go-cmp라 불리는 서드-파티 모듈[3]을 배포했다. 간단한 구조체와 구조체를 채우는 팩토리 함수를 정의하여 동작 방식을 알아보자.

```go
type Person struct {
    Name      string
    Age       int
    DateAdded time.Time
}

func CreatePerson(name string, age int) Person {
    return Person{
        Name:      name,
        Age:       age,
        DateAdded: time.Now(),
    }
}
```

---

3 _https://github.com/google/go-cmp_

테스트 파일에서 *github.com/google/go-cmp/cmp*를 가져올 필요가 있고, 테스트 함수는 다음의 코드이다.

```go
func TestCreatePerson(t *testing.T) {
    expected := Person{
        Name: "Dennis",
        Age:  37,
    }
    result := CreatePerson("Dennis", 37)
    if diff := cmp.Diff(expected, result); diff != "" {
        t.Error(diff)
    }
}
```

cmp.Diff 함수는 예상되는 출력과 테스트하려는 함수에 반환되는 출력을 받는다. 두 입력 간에 일치하지 않는 부분을 기술하는 문자열을 반환한다. 입력이 일치하면, 비어 있는 문자열을 반환한다. cmp.Diff 함수의 결과를 diff라는 변수에 할당한 뒤 diff가 비어 있는 문자열인지 확인한다. 비어 있지 않다면 오류가 발생한 것이다.

테스트를 빌드하고 실행한 뒤 두 구조체가 일치하지 않을 때 go-cmp가 생성한 출력을 보도록 하자.

```
$ go test
--- FAIL: TestCreatePerson (0.00s)
    ch13_cmp_test.go:16:    ch13_cmp.Person{
                Name:       "Dennis",
                Age:        37,
        -       DateAdded: s"0001-01-01 00:00:00 +0000 UTC",
        +       DateAdded: s"2020-03-01 22:53:58.087229 -0500 EST m=+0.001242842",
            }

FAIL
FAIL    ch13_cmp    0.006s
```

-와 +가 있는 라인은 다른 값의 항목을 나타낸다. 테스트는 날짜가 달라 실패했다. 이것은 CreatePerson 함수에서 날짜 할당을 제어할 수 없기 때문에 문제이다. DateAdded 항목을 무시해야 한다. 이를 위해 comparator 함수를 지정할 수 있다. 테스트에 지역 변수로 함수를 선언할 수 있다.

```
comparer := cmp.Comparer(func(x, y Person) bool {
    return x.Name == y.Name && x.Age == y.Age
})
```

사용자 정의 comparator를 생성하기 위해 cmp.Comparer 함수에 함수를 전달했다. 전달된 함수는 같은 타입의 두 파라미터를 가지고 불리언을 반환한다. 또한 이것은 대칭적(파라미터의 순서는 상관없다), 결정론적(같은 입력에 대해서는 같은 값을 반환해야만 한다) 및 순수(해당 파라미터를 수정해서는 안 된다)해야 한다. 해당 구현에서 **Name**과 **Age** 항목은 비교하고 **DataAdded** 항목은 무시한다.

그런 뒤에 cmp.Diff를 comparer를 포함하여 호출하도록 한다.

```
if diff := cmp.Diff(expected, result, comparer); diff != "" {
    t.Error(diff)
}
```

go-cmp의 가장 유용한 기능을 빠르게 살펴보았다. 무엇을 비교하고 출력 포맷을 제어하는 방법에 관해 더 자세히 살펴보고자 한다면 해당 문서를 확인하도록 하자.

13.2 테이블 테스트

대부분의 경우 함수가 올바르게 동작하는지 검증하는데 하나 이상의 테스트가 필요하다. 함수를 검증하기 위해 여러 테스트 함수나 같은 함수 내에 여러 테스트를 작성할 수 있지만 테스트 로직이 반복된다는 것을 발견할 것이다. 지원 데이터 및 기능, 입력 지정, 결과 확인 및 예상과 일치하는 여부를 보기 위한 비교를 설정할 수 있다. 이것을 반복적으로 작성하는 것보다 **테이블 테스트**라는 패턴을 활용할 수 있다. 예제를 보도록 하자. table 패키지 내에 다음과 같은 함수가 있다고 가정하자.

```
func DoMath(num1, num2 int, op string) (int, error) {
    switch op {
    case "+":
        return num1 + num2, nil
```

```
    case "-":
        return num1 - num2, nil
    case "*":
        return num1 + num2, nil
    case "/":
        if num2 == 0 {
            return 0, errors.New("division by zero")
        }
        return num1 / num2, nil
    default:
        return 0, fmt.Errorf("unknown operator %s", op)
    }
}
```

해당 함수를 테스트하기 위해 유효한 결과를 반환하는 입력과 오류를 발생시키는 입력을 시도하여 다양한 분기를 확인할 필요가 있다. 이와 같이 코드를 작성될 수 있지만, 매우 반복적이다.

```
func TestDoMath(t *testing.T) {
    result, err := DoMath(2, 2, "+")
    if result != 4 {
        t.Error("Should have been 4, got", result)
    }
    if err != nil {
        t.Error("Should have been nil error, got", err)
    }
    result2, err2 := DoMath(2, 2, "-")
    if result2 != 0 {
        t.Error("Should have been 0, got", result2)
    }
    if err2 != nil {
        t.Error("Should have been nil error, got", err2)
    }
    // 더 많은 검증
}
```

이와 같은 반복을 테이블 테스트로 변경해보자. 먼저 익명 구조체의 슬라이스를 선언한다. 구조체는 테스트 이름, 입력 파라미터 및 반환값을 위한 항목을 포함한다. 슬라이스의 각 항목은 서로 다른 테스트를 나타낸다.

```
data := []struct {
    name     string
    num1     int
    num2     int
    op       string
    expected int
    errMsg   string
}{
    {"addition", 2, 2, "+", 4, ""},
    {"subtraction", 2, 2, "-", 0, ""},
    {"multiplication", 2, 2, "*", 4, ""},
    {"division", 2, 2, "/", 1, ""},
    {"bad_division", 2, 0, "/", 0, `division by zero`},
}
```

다음으로 data 내에 테스트 케이스를 각각 순회하여 매번 Run 메서드를 호출한다. 이것은 마법과 같은 동작을 하는 라인이다. 두 개의 파라미터인 하위 테스트의 이름과 *testing.T 타입의 단일 파라미터를 가지는 함수를 Run에게 전달한다. 함수 내부에서는 data의 현재 엔트리의 항목들을 사용하고 동일한 로직을 반복적으로 사용하여 DoMath를 호출한다. 이런 테스트를 수행할 때, 통과여부를 확인할 수 있을 뿐만 아니라 -v 플래그를 사용하면 하위 테스트의 이름도 볼 수 있다.

```
for _, d := range data {
    t.Run(d.name, func(t *testing.T) {
        result, err := DoMath(d.num1, d.num2, d.op)
        if result != d.expected {
            t.Errorf("Expected %d, got %d", d.expected, result)
        }
        var errMsg string
        if err != nil {
            errMsg = err.Error()
        }
        if errMsg != d.errMsg {
            t.Errorf("Expected error message `%s`, got `%s`",
                d.errMsg, errMsg)
        }
    })
}
```

메시지 텍스트에 대한 호환성을 보장하기 힘들기 때문에 오류 메시지를 비교하는 것은 취약할 수 있다. 테스트 진행하는 함수는 오류를 생성하기 위해 errors.New와 fmt.Errorf를 사용하므로 메시지를 비교하는 것 외에는 선택의 여지가 없다. 오류가 사용자 지정 타입인 경우에는 알맞은 오류가 반환된 것을 확인하기 위해 error.Is나 error.As를 사용하자.

이제 많은 테스트를 수행하는 방법을 알았으니 우리의 테스트가 테스트를 하는 것을 파악하는 코드 커버리지code coverage에 대해 알아보도록 하자.

13.3 코드 커버리지 확인

코드 커버리지는 어떤 명백한 경우를 놓쳤는지를 알 수 있도록 하는 매우 유용한 도구이다. 하지만 100% 코드 커버리지에 도달하는 것은 어떤 입력을 위한 코드에 버그가 없다는 것을 보장해주진 않는다. 먼저 go test가 코드 커버리지를 출력하는 방식을 살펴볼 것이고 코드 커버리지에만 의존하는 것에 대한 한계를 살펴볼 것이다.

go test 명령어에 -cover 플래그를 붙여 커버리지 정보를 계산하고 테스트 출력에 요약을 포함한다. 두 번째 플래그인 -coverprofile을 포함하면, 파일에 커버리지 정보를 저장할 수 있다.

```
go test -v -cover -coverprofile=c.out
```

코드 커버리지와 테이블 테스트를 함께 수행한다면, 이제 테스트 결과는 87.5%라는 테스트 코드 커버리지의 양을 나타내는 라인을 포함할 것이다. 알아 두면 좋지만 놓친 것을 볼 수 있다면 더 유용할 것이다. Go에 포함된 cover 도구는 해당 정보를 사용하여 소스 코드의 HTML을 생성할 수 있다.

```
go tool cover -html=c.out
```

앞처럼 실행하면, 웹 브라우저가 열리고 [그림 13-1]과 같은 페이지가 보인다.

```
test_examples/table/table.go (87.5%)    not tracked    not covered    covered

package table

import (
        "errors"
        "fmt"
)

func DoMath(num1, num2 int, op string) (int, error) {
        switch op {
        case "+":
                return num1 + num2, nil
        case "-":
                return num1 - num2, nil
        case "*":
                return num1 + num2, nil
        case "/":
                if num2 == 0 {
                        return 0, errors.New("division by zero")
                }
                return num1 / num2, nil
        default:
                return 0, fmt.Errorf("unknown operator %s", op)
        }
}
```

그림 13-1 초기 코드 커버리지

좌상단에 있는 콤보 박스에는 테스트된 모든 파일이 나타난다. 소스 코드는 3가지 색 중에 하나로 보인다. 회색은 테스트가 가능하지 않는 코드 라인을 위해 사용되고, 녹색은 테스트에 포함된 코드를 나타내고, 빨강은 테스트되지 않은 코드를 나타낸다. 이것부터 보면, 유효하지 않는 연산자가 함수로 넘어왔을 때인 default 경우는 테스트에 포함시켜 작성하지 않았다는 것을 볼 수 있다. 테스트의 슬라이스에 해당 경우를 테스트할 수 있도록 하자.

```
{"bad_op", 2, 2, "?", 0, `unknown operator ?`},
```

이제 go test -v -cover -coverprofile=c.out과 go tool cover -html=c.out을 다시 실행하면, 마지막 라인이 테스트에 포함되고 100% 테스트 코드 커버리지를 가지게 된 결과를 [그림 13-2]에서 볼 수 있다.

```
test_examples/table/table.go (100.0%)    not tracked   not covered   covered

package table

import (
        "errors"
        "fmt"
)

func DoMath(num1, num2 int, op string) (int, error) {
        switch op {
        case "+":
                return num1 + num2, nil
        case "-":
                return num1 - num2, nil
        case "*":
                return num1 + num2, nil
        case "/":
                if num2 == 0 {
                        return 0, errors.New("division by zero")
                }
                return num1 / num2, nil
        default:
                return 0, fmt.Errorf("unknown operator %s", op)
        }
}
```

그림 13-2 최종 코드 커버리지

코드 커버리지는 훌륭한 것이지만 이것 만으로 충분하지 않다. 100% 커버리지를 가지더라도 실제 코드에는 문제가 있을 수 있다. 눈치 채지 못했다면, 다른 테스트를 추가하고 테스트를 재실행해보자.

```
{"another_mult", 2, 3, "*", 6, ""},
```

그러면 오류를 볼 수 있다.

```
table_test.go:57: Expected 6, got 5
```

곱셈을 위한 경우에 오타가 있다. 두 수를 곱하는 대신에 두 수를 더했던 것이다. (복사 및 붙여넣기 코딩을 조심하자!) 코드를 고치고 go test -v -cover -coverprofile=c.out와 go tool cover -html=c.out를 다시 실행하면, 테스트가 통과된 것을 볼 수 있다.

> **WARNING_** 코드 커버리지는 필수지만 충분치는 않다. 100% 코드 커버리지를 가지고도 여전히 코드에
> 는 문제가 있을 수 있다!

13.4 벤치마크

코드 수행이 얼마나 빠른(혹은 느린) 지를 결정하는 것은 정말 어렵다. 스스로 그것을 해결
하는 것보다 Go의 테스팅 프레임워크에 내장된 벤치마크 지원을 사용하자. test_example/
bench 패키지의 함수로 살펴보자.

```go
func FileLen(f string, bufsize int) (int, error) {
    file, err := os.Open(f)
    if err != nil {
        return 0, err
    }
    defer file.Close()
    count := 0
    for {
        buf := make([]byte, bufsize)
        num, err := file.Read(buf)
        count += num
        if err != nil {
            break
        }
    }
    return count, nil
}
```

해당 함수는 파일의 문자 수를 센다. 두 개의 파라미터인 파일 이름과 파일을 읽기 위해 사용할
버퍼의 크기를 받는다(두 번째 파라미터를 받는 이유는 조금 뒤에 살펴보자).

얼마나 빠른 지를 보기 전에, 라이브러리를 테스트하여 동작하는지를 확인해야 한다. 다음은
간단한 테스트다.

```
func TestFileLen(t *testing.T) {
    result, err := FileLen("testdata/data.txt", 1)
    if err != nil {
        t.Fatal(err)
    }
    if result != 65204 {
        t.Error("Expected 65204, got", result)
    }
}
```

이제 파일 길이 함수를 수행하는데 걸리는 시간을 확인할 수 있다. 우리의 목표는 파일에서 읽을 때 사용할 버퍼의 크기를 알아내는 것이다.

> **NOTE_** 시간 소모적인 최적화로 시간을 보내기 전에 최적화가 필요한지 확인해야 한다. 당신의 프로그램이 이미 응답 요구사항을 만족할 만큼 충분히 빠르고 수용할 만한 메모리를 사용한다면 기능을 추가하거나 버그를 수정하는데 시간을 보내는 것이 더 낫다. 당신의 비즈니스 요구사항은 '충분히 빠르다'와 '수용 가능한 메모리 사용'이 어떤 의미인지 결정하는 것이다.

Go에서 벤치마크는 **Benchmark**라는 단어로 시작하고 타입 *testing.B의 단일 파라미터를 받는 테스트 파일 내에 함수이다. 해당 타입은 *testing.T의 기능 모두와 벤치마크를 위한 추가적인 기능을 포함한다. 버퍼 크기가 1바이트를 사용하는 벤치마크를 보는 것부터 시작해보자.

```
var blackhole int

func BenchmarkFileLen1(b *testing.B) {
    for i := 0; i < b.N; i++ {
        result, err := FileLen("testdata/data.txt", 1)
        if err != nil {
            b.Fatal(err)
        }
        blackhole = result
    }
}
```

패키지 변수 blackhole 변수는 흥미롭다. FileLen의 결과를 해당 패키지 레벨 변수에 작성하여 컴파일러가 영리하게 FileLen 호출을 최적화하여 벤치마크를 망치지 않도록 한다.

모든 Go 벤치마크 함수는 0에서 b.N만큼 순회하여 루프를 수행해야 한다. 테스트 프레임워크는 타이밍 결과가 정확하다고 확신이 들 때까지 N으로 향하여 점점 큰 값으로 벤치마크 함수를 계속 호출한다. 잠시 뒤 해당 결과를 볼 수 있다.

go test에 -bench 플래그를 전달하여 벤치마크를 실행한다. 해당 플래그는 수행할 벤치마크의 이름을 기술하기 위한 정규 표현을 전달한다. 모든 벤치마크를 수행하기 위해 -bench=.을 사용한다. 두 번째 플래그는 -benchmem으로 벤치마크 출력에 메모리 할당 정보를 포함한다. 모든 테스트는 벤치마크 전에 수행되기 때문에 벤치마크는 테스트가 모두 통과한 뒤에 수행된다.

나의 컴퓨터에서 벤치마크를 수행한 결과가 있다.

```
BenchmarkFileLen1-12   25   47201025 ns/op   65342 B/op   65208 allocs/op
```

메모리 할당 정보와 함께 수행한 벤치마크는 5개 열의 출력을 생성한다. 각각이 의미하는 것을 보도록 하자.

- BenchmarkFileLen1-12
  벤치마크의 이름, 하이픈 그리고 벤치마크를 위한 GOMAXPROCS의 값

- 25
  안정된 결과를 얻기 위해 수행된 테스트 횟수

- 47201025 ns/op
  해당 벤치마크의 단일 통과를 위해 걸린 시간을 나노초로 표현(1초는 1,000,000,000나노초이다)

- 65342 B/op
  벤치마크의 단일 통과 동안 할당된 메모리 바이트 수

- 65208 allocs/op
  벤치마크의 단일 통과 동안 힙에서 바이트를 할당해야 하는 횟수. 해당 값은 항상 할당된 바이트 수보다 작거나 같아야 한다.

이제 버퍼 1바이트를 위한 결과를 얻었고, 다른 크기의 버퍼를 사용했을 때 어떤 결과가 나오는지 보도록 하자.

```
func BenchmarkFileLen(b *testing.B) {
    for _, v := range []int{1, 10, 100, 1000, 10000, 100000} {
        b.Run(fmt.Sprintf("FileLen-%d", v), func(b *testing.B) {
```

```
        for i := 0; i < b.N; i++ {
            result, err := FileLen("testdata/data.txt", v)
            if err != nil {
                b.Fatal(err)
            }
            blackhole = result
        }
    })
  }
}
```

t.Run을 사용하여 테이블 테스트를 실행한 것과 같이, b.Run을 사용하여 다양한 입력 기반으로 벤치마크를 시작할 수 있다. 나의 컴퓨터에서 해당 벤치마크의 결과가 있다.

```
BenchmarkFileLen/FileLen-1-12          25   47828842 ns/op    65342 B/op   65208 allocs/op
BenchmarkFileLen/FileLen-10-12        230    5136839 ns/op   104488 B/op    6525 allocs/op
BenchmarkFileLen/FileLen-100-12      2246     509619 ns/op    73384 B/op     657 allocs/op
BenchmarkFileLen/FileLen-1000-12    16491      71281 ns/op    68744 B/op      70 allocs/op
BenchmarkFileLen/FileLen-10000-12   42468      26600 ns/op    82056 B/op      11 allocs/op
BenchmarkFileLen/FileLen-100000-12  36700      30473 ns/op   213128 B/op       5 allocs/op
```

파일보다 버퍼의 크기가 커질 때까지 버퍼의 크기를 증가시켜 더 적은 할당하게 하고 코드가 더 빨라지는 결과를 볼 수 있다. 파일 크기보다 버퍼의 크기가 크면 출력이 느려지는 추가적인 할당이 있다. 대략 해당 파일의 크기를 고려하면, 10,000바이트의 버퍼가 가장 잘 동작한다는 것을 볼 수 있다.

하지만 결과를 더 향상시킬 수 있도록 만들기 위한 변경이 있다. 파일에서 다음 특정 크기의 바이트를 얻어올 때 마다 버퍼를 재할당 했다. 이것은 불필요한 것이다. 루프에서 벤치마크를 재실행하기 전에 바이트 슬라이스 할당을 이동하는 방식이라면, 성능을 향상시킬 수 있다.

```
BenchmarkFileLen/FileLen-1-12          25   46167597 ns/op      137 B/op   4 allocs/op
BenchmarkFileLen/FileLen-10-12        261    4592019 ns/op      152 B/op   4 allocs/op
BenchmarkFileLen/FileLen-100-12      2518     478838 ns/op      248 B/op   4 allocs/op
BenchmarkFileLen/FileLen-1000-12    20059      60150 ns/op     1160 B/op   4 allocs/op
BenchmarkFileLen/FileLen-10000-12   62992      19000 ns/op    10376 B/op   4 allocs/op
BenchmarkFileLen/FileLen-100000-12  51928      21275 ns/op   106632 B/op   4 allocs/op
```

이제 할당의 수는 일관적이면서 매 버퍼 크기를 위한 4번의 할당만 하여 작다. 흥미로운 점은 이제 절충안을 만들 수 있다는 것이다. 메모리가 부족하다면, 버퍼 크기를 작게 사용하여 성능을 포기하고 메모리를 아낄 수 있다.

Go 코드 프로파일링

벤치마크에서 성능이나 메모리 문제가 있다 밝혀지면, 다음 단계는 어떤 문제인지 정확히 파악하는 것이다. Go는 수행되는 프로그램으로부터 CPU와 메모리 사용 데이터를 모을 뿐만 아니라 해당 데이터를 해석하고 시각화 할 수 있도록 도와주는 프로파일링 도구를 제공한다. 웹 서비스 단말을 노출시켜 실행중인 Go 서비스에서 원격으로 프로파일링 정보를 수집할 수도 있다.

프로파일러 논의는 본 책의 범위를 벗어나는 것이다. 해당 정보를 위해 가용한 온라인에 훌륭한 자료들이 많이 있다. 좋은 시작점으로 줄리아 에반스Julia Evans의 「Profiling Go Programs with pprof」[4] 블로그 게시물를 보자.

13.5 Go의 스텁

지금까지 다른 코드와 의존적이지 않은 함수를 위한 테스트를 작성했다. 이것은 대부분의 코드가 의존성으로 채워져 있기 때문에 일반적이진 않다. 7장에서 보았듯이, 추상 함수 호출을 허용하는 두 가지 방법이 있다. 그것은 함수 타입을 정의하거나 인터페이스를 정의하여 가능하게 한다. 이런 추상화는 모듈식 프로덕션 코드를 작성하는데 도움이 될 뿐만 아니라 유닛 테스트를 작성하는데도 도움이 된다.

TIP 추상화에 의존적인 코드라면 유닛 테스트를 작성하기 더 쉽다.

test_examples/solver 패키지에 있는 예제를 살펴보자. Processor라는 타입을 정의했다.

```
type Processor struct {
    Solver MathSolver
}
```

---

4 *https://oreil.ly/HHe9c*

이것은 MathSolver 타입의 항목을 가진다.

```go
type MathSolver interface {
    Resolve(ctx context.Context, expression string) (float64, error)
}
```

잠시 후 MethodSolver를 구현하고 테스트할 것이다.

또한 Processor는 io.Reader에서 표현을 읽고 계산된 값을 반환하는 메서드를 가진다.

```go
func (p Processor) ProcessExpression(ctx context.Context, r io.Reader)
                                 (float64, error) {
    curExpression, err := readToNewLine(r)
    if err != nil {
        return 0, err
    }
    if len(curExpression) == 0 {
        return 0, errors.New("no expression to read")
    }
    answer, err := p.Solver.Resolve(ctx, curExpression)
    return answer, err
}
```

ProcessExpression을 테스트하는 코드를 작성해보자. 먼저, 테스트를 작성하기 위해 Resolve 메서드를 간단하게 구현할 필요가 있다.

```go
type MathSolverStub struct{}

func (ms MathSolverStub) Resolve(ctx context.Context, expr string)
                             (float64, error) {
    switch expr {
    case "2 + 2 * 10":
        return 22, nil
    case "( 2 + 2 ) * 10":
        return 40, nil
    case "( 2 + 2 * 10":
        return 0, errors.New("invalid expression: ( 2 + 2 * 10")
    }
    return 0, nil
}
```

다음은 해당 스텁(프로덕션 코드는 오류 메시지도 테스트해야 하지만 간결함을 위해 제외한
다)을 사용하여 유닛 테스트를 작성한다.

```go
func TestProcessorProcessExpression(t *testing.T) {
    p := Processor{MathSolverStub{}}
    in := strings.NewReader(`2 + 2 * 10
( 2 + 2 ) * 10
( 2 + 2 * 10`)
    data := []float64{22, 40, 0, 0}
    for _, d := range data {
        result, err := p.ProcessExpression(context.Background(), in)
        if err != nil {
            t.Error(err)
        }
        if result != d {
            t.Errorf("Expected result %f, got %f", d, result)
        }
    }
}
```

이제 테스트를 실행하고 모든 것이 동작함을 볼 수 있다.

대부분의 Go 인터페이스는 하나 혹은 두 개의 메서드를 지정하지만 항상 그런 것은 아니다.
때로는 많은 메서드를 가지는 인터페이스를 발견하게 될 것이다. 다음과 같은 인터페이스를 가
진다고 가정하자.

```go
type Entities interface {
    GetUser(id string) (User, error)
    GetPets(userID string) ([]Pet, error)
    GetChildren(userID string) ([]Person, error)
    GetFriends(userID string) ([]Person, error)
    SaveUser(user User) error
}
```

대형 인터페이스에 의존하는 코드를 테스트하기 위한 두 가지 패턴이 있다. 첫 번째는 구조체
에 인터페이스를 넣는 것이다. 구조체에 인터페이스를 임베딩하는 것은 구조체에 인터페이스
메서드 모두를 자동적으로 정의한다. 해당 메서드의 어떤 구현도 제공되지 않기 때문에 현재
테스트를 위해 신경 써야하는 메서드는 구현할 필요가 있다. 구조체 **Logic**은 타입 Entities

의 항목을 가진다고 가정하자.

```go
type Logic struct {
    Entities Entities
}
```

아래 메서드를 테스트해야 한다고 가정하자.

```go
func (l Logic) GetPetNames(userId string) ([]string, error) {
    pets, err := l.Entities.GetPets(userId)
    if err != nil {
        return nil, err
    }
    out := make([]string, len(pets))
    for _, p := range pets {
        out = append(out, p.Name)
    }
    return out, nil
}
```

해당 메서드는 Entities에 선언된 메서드 중에 하나인 GetPets만 사용한다. Entities에 모든 단일 메서드를 구현하는 스텁을 만드는 것보다 해당 메서드를 테스트하는데 필요한 메서드만 구현하는 스텁 구조체를 작성할 수 있다.

```go
type GetPetNamesStub struct {
    Entities
}

func (ps GetPetNamesStub) GetPets(userID string) ([]Pet, error) {
    switch userID {
    case "1":
        return []Pet{{Name: "Bubbles"}}, nil
    case "2":
        return []Pet{{Name: "Stampy"}, {Name: "Snowball II"}}, nil
    default:
        return nil, fmt.Errorf("invalid id: %s", userID)
    }
}
```

그리고 나서 Logic으로 주입된 스텁과 함께 유닛 테스트를 작성하자.

```go
func TestLogicGetPetNames(t *testing.T) {
    data := []struct {
        name     string
        userID   string
        petNames []string
    }{
        {"case1", "1", []string{"Bubbles"}},
        {"case2", "2", []string{"Stampy", "Snowball II"}},
        {"case3", "3", nil},
    }
    l := Logic{GetPetNamesStub{}}
    for _, d := range data {
        t.Run(d.name, func(t *testing.T) {
            petNames, err := l.GetPetNames(d.userID)
            if err != nil {
                t.Error(err)
            }
            if diff := cmp.Diff(d.petNames, petNames); diff != "" {
                t.Error(diff)
            }
        })
    }
}
```

GetPetNames 메서드는 버그를 가지고 있다. 이렇게 간단한 메서드에도 간간히 버그가 있다.

> **WARNING_** 스텁 구조체에 인터페이스를 임베딩한다면, 테스트 동안 호출될 모든 메서드를 위한 구현을 제공해야 한다. 구현되지 않은 메서드를 호출한다면, 테스트는 패닉을 일으킬 것이다.

단일 테스트를 위해 인터페이스 내에 하나 혹은 두 개의 메서드만 구현할 필요가 있다면, 해당 기술은 잘 동작할 것이다. 단점은 다른 입력과 출력을 가지는 다른 테스트에서 같은 메서드를 호출할 필요가 있을 때 있다. 이런 경우가 발생하면, 같은 구현에 모든 테스트를 위한 모든 가능한 결과를 포함하거나 각 테스트를 위한 구조체를 재 구현할 필요가 있다. 이것은 빠르게 이해하고 유지하기 어렵게 만든다. 더 나은 해결책은 함수 항목에 메서드 호출을 연결하는 스텁 구조체를 만드는 것이다. Entities에 정의된 각 메서드를 위해 스텁 구조체에 동일한 시그니처의 함수 항목을 정의한다.

```
type EntitiesStub struct {
    getUser     func(id string) (User, error)
    getPets     func(userID string) ([]Pet, error)
    getChildren func(userID string) ([]Person, error)
    getFriends  func(userID string) ([]Person, error)
    saveUser    func(user User) error
}
```

이제 메서드를 정의하여 EntitiesStub이 Entities 인터페이스를 충족하도록 한다. 각 메서
드에 연결된 함수 항목을 실행한다.

```
func (es EntitiesStub) GetUser(id string) (User, error) {
    return es.getUser(id)
}

func (es EntitiesStub) GetPets(userID string) ([]Pet, error) {
    return es.getPets(userID)
}
```

일단 해당 스텁이 만들어지면, 테이블 테스트를 위한 자료 구조의 항목을 통해 다른 테스트에
서 다른 메서드의 다른 구현을 제공할 수 있다.

```
func TestLogicGetPetNames(t *testing.T) {
    data := []struct {
        name     string
        getPets  func(userID string) ([]Pet, error)
        userID   string
        petNames []string
        errMsg   string
    }{
        {"case1", func(userID string) ([]Pet, error) {
            return []Pet{{Name: "Bubbles"}}, nil
        }, "1", []string{"Bubbles"}, ""},
        {"case2", func(userID string) ([]Pet, error) {
            return nil, errors.New("invalid id: 3")
        }, "3", nil, "invalid id: 3"},
    }
    l := Logic{}
    for _, d := range data {
        t.Run(d.name, func(t *testing.T) {
```

```
        l.Entities = EntitiesStub{getPets: d.getPets}
        petNames, err := l.GetPetNames(d.userID)
        if diff := cmp.Diff(petNames, d.petNames); diff != "" {
            t.Error(diff)
        }
        var errMsg string
        if err != nil {
            errMsg = err.Error()
        }
        if errMsg != d.errMsg {
            t.Errorf("Expected error `%s`, got `%s`", d.errMsg, errMsg)
        }
    })
}
}
```

함수 타입의 항목을 data의 익명 구조체에 추가한다. 각 테스트에는 GetPets가 반환할 데이터를 반환하는 함수를 지정한다. 이런 방식으로 테스트 스텁을 작성한다면, 스텁이 각 테스트를 위해 반환하는 것이 명확해진다. 각 테스트가 수행될 때마다 새로운 EntitiesStub이 초기화되고 테스트 데이터의 getPets 함수 항목이 EntitiesStub에 getPets 함수 항목에 할당된다.

모의 및 스텁

모의mock과 스텁이라는 용어는 서로 바꾸어 사용되기도 하는데 실제 해당 두 개의 용어는 다른 개념을 가지고 있다. 소프트웨어 개발과 관련된 모든 것에 존경받는 사람인 마틴 파울러Martin Fowler는 무엇보다도 모의와 스텁의 차이점을 다루는 모의에 대한 블로그 게시물을 작성했다. 요약하면, 스텁은 주어진 입력에 대한 미리 준비된 값을 반환하는 반면에 모의는 일련의 호출이 예상 입력과 함께 예상 순서대로 발생하는지 검증한다.

우리의 예제에서는 주어진 응답에 대한 미리 준비된 값을 반환하는 스텁을 사용했다. 직접 자신만의 모의를 작성할 수 있고 그것을 생성하기 위한 서드-파티 라이브러리를 사용할 수 있다. 가장 유명한 두 개는 구글이 만든 gomock[5] 라이브러리와 Stretchr 회사의 testify[6] 라이브러리이다.

---

5 *https://oreil.ly/_EjoS*

6 *https://oreil.ly/AfDGD*

13.6 httptest

HTTP 서비스를 호출하는 함수를 위한 테스트를 작성하는 것은 어려울 수 있다. 전통적으로 이것은 함수를 호출하는 서비스의 테스트 인스턴스 실행이 요구되는 통합 테스트로 진행했다. Go 표준 라이브러리는 net/http/httptest 패키지를 포함하여 HTTP 서비스 스텁할 수 있도록 했다. 이제 test_examples/solver 패키지로 돌아가서 표현식을 평가하기 위해 HTTP 서비스 호출하는 MathSolver의 구현을 제공한다.

```go
type RemoteSolver struct {
    MathServerURL string
    Client        *http.Client
}

func (rs RemoteSolver) Resolve(ctx context.Context, expression string)
                                (float64, error) {
    req, err := http.NewRequestWithContext(ctx, http.MethodGet,
        rs.MathServerURL+"?expression="+url.QueryEscape(expression),
        nil)
    if err != nil {
        return 0, err
    }
    resp, err := rs.Client.Do(req)
    if err != nil {
        return 0, err
    }
    defer resp.Body.Close()
    contents, err := ioutil.ReadAll(resp.Body)
    if err != nil {
        return 0, err
    }
    if resp.StatusCode != http.StatusOK {
        return 0, errors.New(string(contents))
    }
    result, err := strconv.ParseFloat(string(contents), 64)
    if err != nil {
        return 0, err
    }
    return result, nil
}
```

이제 서버를 실행하지 않고 해당 코드를 테스트하기 위한 `httptest` 라이브러리 사용법을 보도록 하자. 코드는 test_examples/solver/remote_solver_test.go 내에 TestRemoteSolver_Resolve에 있지만 여기에 하이라이트가 있다. 먼저, 함수에 전달된 데이터가 서버에 도착하는지 확인하고 싶다. 그래서 테스트 함수에서는 입력과 출력을 저장하기 위해 `info`라 불리는 타입과 현재 입력과 출력이 할당되는 `io`라는 변수를 선언했다.

```go
type info struct {
    expression string
    code       int
    body       string
}
var io info
```

다음은 가상의 원격 서버를 설정하고 이를 사용하여 **RemoteSolver**의 인스턴스를 구성한다.

```go
server := httptest.NewServer(
    http.HandlerFunc(func(rw http.ResponseWriter, req *http.Request) {
        expression := req.URL.Query().Get("expression")
        if expression != io.expression {
            rw.WriteHeader(http.StatusBadRequest)
            rw.Write([]byte("invalid expression: " + io.expression))
            return
        }
        rw.WriteHeader(io.code)
        rw.Write([]byte(io.body))
    }))
defer server.Close()
rs := RemoteSolver{
    MathServerURL: server.URL,
    Client:        server.Client(),
}
```

`httptest.NewServer` 함수는 임의의 사용하지 않는 포트의 HTTP 서버를 생성하고 시작한다. 요청을 처리하기 위한 `http.Handler` 구현을 제공할 필요가 있다. 이것은 서버이기 때문에, 테스트가 완료되면 반드시 닫아야한다. `server` 인스턴스는 `server` 인스턴스의 URL 항목에 지정된 URL과 테스트 서버와 통신하기 위한 미리 설정된 `http.Client`를 가진다. 이것들을 RemoteSolver로 넘긴다.

함수의 나머지는 이미 보았던 다른 테이블 테스트와 동일하게 동작한다.

```
data := []struct {
    name    string
    io      info
    result float64
}{
    {"case1", info{"2 + 2 * 10", http.StatusOK, "22"}, 22},
    // remaining cases
}
for _, d := range data {
    t.Run(d.name, func(t *testing.T) {
        io = d.io
        result, err := rs.Resolve(context.Background(), d.io.expression)
        if result != d.result {
            t.Errorf("io `%f`, got `%f`", d.result, result)
        }
        var errMsg string
        if err != nil {
            errMsg = err.Error()
        }
        if errMsg != d.errMsg {
            t.Errorf("io error `%s`, got `%s`", d.errMsg, errMsg)
        }
    })
}
```

흥미로운 것은 변수 **io**가 두 개의 다른 클로저에서 캡처되었다는 것이다. 하나는 스텁 서버를 위한 것이고 다른 하나는 각 테스트를 수행하기 위한 것이다. 하나의 클로저에서 거기에 쓰고 다른 클로저에서 읽지만 단일 함수 내에서 테스트 코드로 잘 동작한다.

13.7 통합 테스트 및 빌드 태그

httptest가 외부 서비스에 대한 테스트를 피할 수 있는 방법을 제공하더라도 다른 서비스에 연결하는 자동화된 테스트인 **통합 테스트**Integration test를 작성해야 한다. 이런 것들은 서비스의 API 이해를 정확히 하고 있는지 검증한다. 이제는 자동화된 테스트를 그룹화하는 방법을 찾고 지원 환경이 있는 경우에만 통합 테스트를 실행할 것이다. 또한 통합 테스트는 유닛 테스트보다 느린 경향이 있어 자주 실행되지는 않는다.

Go 컴파일러는 코드가 컴파일 될 때 제어가능한 빌드 태그를 제공한다. 빌드 태그는 `//
+build`로 시작하는 매직 주석으로 파일의 맨 첫 줄에 지정된다. 빌드 태그의 원래 의도는 다른 플랫폼에서 컴파일 될 수 있는 다른 코드를 허용하는 것이었으나 그룹으로 테스트를 나누기위해서도 유용하게 사용된다. 빌드 태그 없는 파일의 테스트는 항상 실행된다. 외부 자원에 의존성이 없는 유닛 테스트들이 있는 것이다. 빌드 태그가 있는 파일의 테스트는 지원되는 자원이 가용할 때만 수행된다.

앞서 살펴본 수학 해결 프로젝트로 이것을 시도해보자. `docker pull jonbodner/math-server` 명령어로 서버 구현을 도커Docker를 이용해서 다운로드 받고 `docker run -p 8080:8080 jonbodner/math-server` 명령어로 로컬에서 8080 포트를 사용하는 서버를 실행할 수 있다.

> **NOTE_** 도커가 설치되어 있지 않거나 코드를 직접 빌드하길 원한다면, 깃허브[7]에서 해당 코드를 가져올 수 있다.

Resolve 메서드가 수학 서버와 정상적으로 통신을 하는지 확인하기 위해 통합 테스트를 작성할 필요가 있다. `test_example/solver/remote_solver_integration_test.go` 파일은 `TestRemoteSolver_ResolveIntegration` 함수에 완전한 테스트를 가지고 있다. 해당 테스트는 앞서 작성했던 다른 모든 테이블 테스트와 비슷하다. 재밌는 부분은 파일의 첫 번째 라인에 패키지 데코레이션과 구분되는 새로운 라인이 있다.

```
// +build integration
```

앞서 작성했던 다른 테스트와 함께 통합 테스트를 실행하려면 다음과 같은 명령어를 사용할 수 있다.

```
$ go test -tags integration -v ./...
```

---

7 *https://oreil.ly/yjMzc*

13.8 레이스 검출기로 동시성 문제 찾기

동시성을 위해 Go의 내장 지원을 함에도 버그는 여전히 일어난다. 잠금을 획득하지 않고 실수로 두 개의 다른 고루틴에서 변수를 참조하기는 쉽다. 이를 위한 컴퓨터 과학 용어로는 **데이터 경쟁**data race이라 한다. Go는 이와 같은 문제를 찾을 수 있도록 하는 **레이스 검출기**race checker를 갖고 있다. 그것은 코드에서 모든 단일 데이터 경쟁을 찾는 것을 보장하지는 않지만, 하나를 찾는다면, 찾은 곳 주위에 적절한 잠금을 추가해야 한다.

test_example/race/race.go에 간단한 예제를 살펴보자.

```
func getCounter() int {
    var counter int
    var wg sync.WaitGroup
    wg.Add(5)
    for i := 0; i < 5; i++ {
```

```
    go func() {
        for i := 0; i < 1000; i++ {
            counter++
        }
        wg.Done()
    }()
    }
    wg.Wait()
    return counter
}
```

해당 코드는 공유된 counter 변수를 1000번 업데이트하는 5개의 고루틴을 시작하고 결과를 반환 받는다. 5000의 값을 기대하기 때문에 **test_example/race/race_test.go**에서 유닛 테스트로 검증해보자.

```
func TestGetCounter(t *testing.T) {
    counter := getCounter()
    if counter != 5000 {
        t.Error("unexpected counter:", counter)
    }
}
```

go test를 실행하고 얼마 뒤에, 어떤 경우에는 통과하겠지만 대부분의 경우는 다음과 같은 오류 메시지와 함께 테스트가 실패할 것이다.

```
unexpected counter: 3673
```

문제는 코드에 데이터 경쟁이 있다는 것이다. 이렇게 간단한 프로그램에서 원인은 분명하다. 여러 고루틴이 동시에 counter 변수를 업데이트 하려고 했고 해당 업데이트 중 일부는 잃어버렸기 때문이다. 더 복잡한 프로그램에서는 이런 종류의 경쟁은 더 찾아보기 힘들다. 레이스 검출기가 어떤 일을 하는지 확인해보자. 이것을 활성화하기 위해 go test에 -race 플래그를 사용하도록 하자.

```
$ go test -race
==================
WARNING: DATA RACE
```

```
Read at 0x00c000128070 by goroutine 10:
  test_examples/race.getCounter.func1()
      test_examples/race/race.go:12 +0x45

Previous write at 0x00c000128070 by goroutine 8:
  test_examples/race.getCounter.func1()
      test_examples/race/race.go:12 +0x5b
```

해당 추적은 counter++의 라인이 문제가 되는 지점이라고 명확하게 해준다.

> **WARNING_** 몇몇의 사람들은 경쟁 상태를 고치기 위해 자신의 코드에 'sleeps'를 넣어 여러 고루틴에서 접근되는 변수들의 접근 간격을 만든다. **이것은 좋은 생각이 아니다.** 어떤 경우에서는 해당 문제가 제거될 수 있지만, 코드가 여전히 잘못된 상태로 있을 수도 있다.

프로그램을 빌드할 때, -race 플래그를 사용할 수도 있다. 이것은 레이스 검출기를 포함하여 바이너리를 생성하고 콘솔에 어떤 경쟁이 발견되면 보고할 것이다. 이것은 아직 테스트하지 않은 코드에서 데이터 경쟁을 찾도록 한다.

레이스 검출기가 그렇게 유용하다면, 테스팅이나 프로덕션을 위해 항상 활성화하지 않는 것일까? 이유는 -race 활성화된 바이너리가 일반 바이너리보다 10배 정도 느리게 실행되기 때문이다. 몇 초에 수행되는 테스트 집합은 문제가 안되지만, 수분이 걸리는 큰 테스트 집합을 수행하는 경우라면 생산성을 10배 느리게 한다.

13.9 마무리

해당 장에서는 테스트 작성과 테스팅, 코드 커버리지, 벤치마킹 및 데이터 경쟁 확인을 위한 Go의 내장 지원을 사용하여 코드 품질을 높이는 방법에 대해 배웠다. 다음 장에서는 규칙을 깨는 것을 허용하는 unsafe 패키지, 리플렉션 및 cgo와 같은 Go 기능을 살펴보자.

CHAPTER 14

Reflect, Unsafe, Cgo

알려진 세상의 끝에는 무서움이 있다. 고대 지도는 드래곤과 사자의 그림과 함께 탐험 되지 않은 영역을 채웠다. 이전 섹션에서는 Go은 사용하는 데이터가 무엇인지 명확히 하는 타입이 지정된 변수와 메모리 관리를 위해 가비지 컬렉션을 사용하는 안전한 언어라는 것을 강조했다. 포인터는 C와 C++에서 한 방법으로 그것들을 남용하지 않도록 길들이기까지 했다.

이 모든 것들은 사실이며 당신이 작성할 Go 코드의 대부분에 대해 Go 런타임이 보호할 것이라고 확신할 수 있다. 하지만 탈출구가 있다. 때로는 당신의 Go 프로그램은 덜 정의된 영역으로 모험을 떠나야 할 필요도 있다. 해당 장에서는 일반적인 Go 코드로 해결하지 못한 상황들을 처리할 방법을 살펴볼 것이다. 예를 들어, 데이터의 타입이 컴파일 시점에 결정되지 않은 경우에 reflect 패키지의 리플렉션 지원을 사용하여 데이터와 상호 작용하고 데이터를 구성할 수도 있다. Go에서 데이터 타입의 메모리 레이아웃을 활용해야 하는 경우 unsafe 패키지를 사용할 수 있다. 그리고 C로 작성된 라이브러리에서만 지원되는 기능이 있다면, cgo로 C의 함수를 호출할 수도 있다.

새롭게 Go 접하는 사람을 위한 책에 이런 고급 개념을 넣었는지 궁금할 것이다. 여기에 두 가지 이유가 있다. 첫 번째는, 문제의 해결책을 찾는 개발자는 때로는 완전히 이해하지 못한 기술을 발견(및 복사하여 붙여 넣기)한다. 당신의 코드 기반에 고급 기술을 넣기 전에 문제가 될 수 있는지에 대해 조금은 알필요가 있다. 두 번째는, 해당 도구들은 재밌다. Go에서 일반적으로 가능하지 않은 것들을 할 수 있도록 허용하기 때문에, 그것들과 함께 구현하고 무엇을 할 수 있는지 보는 것은 약간 흥미진진하다.

14.1 리플렉션은 런타임에 동적으로 타입 제어

Go 사용자은 정적 타입 언어라서 좋아한다. 대부분 Go에서 변수, 타입 및 함수를 선언하는 것은 꽤나 직관적이다. 타입, 변수 혹은 함수가 필요하면 그것을 정의하면 된다.

```
type Foo struct {
  A int
  B string
}

var x Foo

func DoSomething(f Foo) {
  fmt.Println(f.A, f.B)
}
```

프로그램을 작성할 때 필요하다고 알고 있는 자료 구조를 표현하기 위해 타입을 사용한다. 타입은 Go의 중요 부분이기 때문에, 컴파일러는 코드가 정상적인지 확인할 때 타입을 사용한다. 하지만 때로는 컴파일 시점의 정보에만 의존하는 것은 제한이 있다. 프로그램이 작성되는 시점에 존재하지 않는 정보를 사용하여 런타임에 변수로 작업할 필요가 있다. 파일 혹은 네트워크 요청에서 데이터를 변수에 매핑하려고 하거나 다른 타입에서 동작하는 단일 함수를 빌드하려고 할 수 있다. 이런 상황에서 **리플렉션**을 사용할 수 있다. 리플렉션은 런타임에 타입을 점검할 수 있도록 한다. 또한 런타임에 변수, 함수 및 구조체를 검증, 수정, 생성하는 기능을 제공한다.

그렇다면 이런 기능은 언제 사용하는 것인지 궁금할 것이다. Go 표준 라이브러리를 확인해 본다면, 아이디어를 얻을 수 있다. 그 용도는 다음과 같은 몇 가지 일반적인 범주 중 하나로 분류된다.

- 데이터베이스로부터 읽기 및 쓰기. database/sql 패키지는 레코드에서 데이터베이스로 전송 및 다시 데이터를 읽기 위해 리플렉션을 사용한다.

- Go의 내장 템플릿 라이브러리, test/template와 html/template은 템플릿으로 전달된 값을 처리하기 위해 리플렉션을 사용한다.

- fmt 패키지에 모든 fmt.Println과 관련된 함수 호출에서 제공된 파라미터의 타입을 검출하기 위해 리플렉션에 의존한다.

- errors 패키지는 erros.Is와 errors.As를 구현하기 위해 리플렉션을 사용한다.

- sort 패키지는 sort.Slice, sort.SliceStable 및 sort.SliceIsSorted 메서드에서 모든 타입의 슬라이스를 평가하고 정렬하는 함수를 구현하기 위해 리플렉션을 사용한다.

- Go 표준 라이브러리에서 마지막 리플렉션의 주요 용도는 다양한 encoding 패키지에 정의된 다른 데이터 포맷과 함께 JSON 및 XML로 데이터 마샬링 및 언마샬링하는 것이다. 구조체 태그(곧 살펴볼 것이다)는 리플렉션을 통해 접근되고 구조체의 항목은 또한 리플렉션을 사용하여 읽기와 쓰기를 한다.

이런 예제의 대부분은 일반적인 한가지가 있다. 그것들은 Go 프로그램 외부로 노출되거나 내부로 가져와지는 데이터를 접근하고 포매팅하는 것을 포함한다. 당신의 프로그램과 외부 세계 사이의 경계에서 사용되는 리플렉션을 종종 보게 될 것이다.

NOTE_ Go 표준 라이브러리의 reflect 패키지의 다른 사용은 테스팅이다. 3.2절 '슬라이스'에서 DeepEqual이라는 함수를 reflect 패키지에서 찾을 수 있다고 언급했다. 리플렉션을 사용하여 작업을 수행하기 때문에 reflect 패키지에 있는 것이다. reflect.DeepEqual 함수는 두 값이 '내부적으로' 서로 같은지 여부를 확인한다. 이것은 두 개를 비교하기 위해 ==를 사용하여 얻는 것보다 더 철저하게 비교하는 것이고 테스트 결과를 검증하기 위한 방법으로 표준 라이브러리에서 사용된다. 또한 슬라이스나 맵과 같이 ==로 비교할 수 없는 것들을 비교할 수 있다.
대부분은 DeepEqual을 필요로 하지 않지만, 두 맵의 모든 키와 값이 일치하는지 여부를 보거나 슬라이스가 동일한지를 확인해야 한다면 DeepEqual을 사용해야한다.

14.1.1 타입, 종류 및 값

리플렉션이 무엇인지 언제 필요한 것인지 알았고 이제 동작방식을 이해해보도록 하자. 표준 라이브러리의 reflect 패키지는 Go에서 리플렉션을 구현한 함수와 타입을 위한 고향이다. 리플렉션은 타입, 종류 및 값인 3개의 주요 개념으로 구성되었다.

먼저 타입을 보자. 리플렉션의 타입은 발음되는 것과 정확히 같다. 변수의 속성은 무엇을 가지는지 어떻게 해당 타입과 상호작용하는지를 정의한다. 리플렉션에서 코드를 사용하여 이런 속성에 관하여 알아내기 위해 타입을 질의할 수 있다.

타입과 종류

reflect 패키지의 TypeOf 함수로 변수 타입의 리플렉션 표현을 얻을 수 있다.

```
vType := reflect.TypeOf(v)
```

reflect.TypeOf 함수는 TypeOf 함수로 전달된 변수의 타입을 나타내기 위해 타입 reflect.
Type의 값을 반환한다. reflect.Type 타입은 변수의 타입에 관한 정보와 함께 메서드를 정의
한다. 모든 메서드는 다루지 않고 몇 개만 보도록 하자.

Name 메서드는 당연히 타입의 이름을 반환한다. 예제로 살펴보자.

```
var x int
xt := reflect.TypeOf(x)
fmt.Println(xt.Name())      // int를 반환
f := Foo{}
ft := reflect.TypeOf(f)
fmt.Println(ft.Name())      // Foo를 반환
xpt := reflect.TypeOf(&x)
fmt.Println(xpt.Name())     // returns an empty string
```

타입이 int인 변수 x에서 시작해보자. reflect.TypeOf로 그것을 전달하고 reflect.Type
인스턴스로 반환 받는다. int와 같이 기본 타입을 위한 Name()은 타입의 이름을 반환하는데,
해당 경우는 int 타입을 위해 'int'를 반환한다. 구조체를 위해서는 구조체의 이름이 반환된다.
슬라이스나 포인터와 같은 타입들은 이름을 갖지 않는다. 이런 경우에 Name()은 비어 있는 문
자열을 반환한다.

reflect.Type의 Kind 메서드는 타입이 무엇으로(슬라이스, 맵, 포인터, 구조체, 인터페이스,
문자열, 배열, 함수, 정수 혹은 다른 기본 타입) 만들어진 것인지 알려주는 상수인 reflect.
Kind 타입의 값을 반환한다. 종류와 타입 간의 차이는 이해하기 어려울 수 있다. Foo라는 구조
체를 정의했다면, 종류는 reflect.Struct이고 타입은 'Foo'가 된다는 규칙을 기억하자.

종류는 매우 중요하다. 리플렉션을 사용할 때 주의해야할 한가지는 reflect 패키지에 있는 모
든 것은 무엇을 하는지 당신이 알고 있다고 가정한다. reflect.Type에 정의된 몇 몇의 메서
드와 reflect 패키지에 다른 타입은 특정 종류에만 의미가 있다. 예를 들어, reflect.Type
에 NumIn이라는 메서드가 있다. reflect.Type 인스턴스가 함수를 나타낸다면, 함수를 위해
입력 파라미터의 개수를 반환한다. reflect.Type 인스턴스가 함수가 아니라면, NumIn을 호
출하는 것은 프로그램에 패닉을 일으킬 것이다.

reflect.Type에 다른 중요한 메서드는 Elem이다. Go에 어떤 타입은 다른 타입을 참조하고 Elem은 해당 타입이 무엇인지 파악하는 방법이다. 예를 들어, 정수를 가리키는 포인터는 reflect.TypeOf를 사용하자.

```
var x int
xpt := reflect.TypeOf(&x)
fmt.Println(xpt.Name())        // 비어 있는 문자열 반환
fmt.Println(xpt.Kind())        // reflect.Ptr 반환
fmt.Println(xpt.Elem().Name()) // "int" 반환
fmt.Println(xpt.Elem().Kind()) // reflect.Int 반환
```

이것은 빈 이름과 함께 reflect.Type 및 reflect.Ptr 타입 종류 혹은 포인터를 준다. reflect.Type이 포인터를 나타내면, Elem은 포인터가 가리키는 타입을 위한 reflect.Type을 반환한다. 이 경우에 Name 메서드는 'int'를 반환하고 Kind는 reflect.Int를 반환한다. Elem 메서드는 또한 슬라이스, 맵, 채널 및 배열에도 동작한다.

구조체를 반영하는 reflect.Type에 메서드가 있다. 구조체에 항목 수를 얻기 위해 NumField 메서드를 사용하고 Field 메서드와 인덱스로 구조체의 항목을 얻을 수 있다. 그것은 항목에 이름, 순서, 타입 및 구조체 태그를 가지는 reflect.StructField에 기술된 각 항목의 구조를 반환한다. Go 플레이그라운드[1]에서 실행 가능한 예제로 빠르게 살펴보자.

```
type Foo struct {
    A int    `myTag:"value"`
    B string `myTag:"value2"`
}

var f Foo
ft := reflect.TypeOf(f)
for i := 0; i < ft.NumField(); i++ {
    curField := ft.Field(i)
```

---

[1] *https://oreil.ly/Ynv_4*

```
    fmt.Println(curField.Name, curField.Type.Name(),
        curField.Tag.Get("myTag"))
}
```

여기서 타입 Foo의 인스턴스를 생성하고 f를 위한 reflect.Type를 얻기 위해 reflect.TypeOf를 사용했다. 다음은 f의 각 항목의 인덱스를 얻어 for 루프를 설정하기 위해 NumField 메서드를 사용했다. 그리고 나서 구조체 항목을 나타내는 reflect.StructField를 얻기 위해 Field 메서드를 사용하여 항목에 대한 더 많은 정보를 얻기 위해 reflect.StructField의 항목을 사용할 수 있다. 해당 코드를 다음과 같은 결과를 출력한다.

```
A int value
B string value2
```

reflect.Type에 더 많은 메서드가 있지만, 모든 동일한 패턴을 따르므로 변수 타입을 기술하는 정보에 접근할 수 있다. 더 많은 정보를 위해 표준 라이브러리에 reflect.Type 문서[2]를 볼 수 있다.

값

변수의 타입을 검사하는 것뿐만 아니라, 변수의 값을 읽고, 값을 설정하거나 처음부터 새로운 값을 생성할 때도 리플렉션을 사용할 수 있다.

변수의 값을 나타내는 reflect.Value 인스턴스를 생성하기 위해 reflect.ValueOf 함수를 사용할 수 있다.

```
vValue := reflect.ValueOf(v)
```

Go에서 모든 변수는 타입을 가지기 때문에 reflect.Value는 reflect.Value의 reflect.Type을 반환하는 Type이라는 메서드를 가진다. reflect.Type에 있는 것처럼 Kind 메서드도 있다.

---

2 *https://oreil.ly/p4AZ6*

reflect.Type에 변수의 타입에 관한 정보를 찾기 위한 메서드를 가진 것처럼, reflect.Value도 변수의 값에 관한 정보를 찾기 위한 메서드를 가진다. 모든 메서드를 다루어 보진 않을 것이지만 변수의 값을 얻기 위한 reflect.Value의 사용 방법은 알아보자.

reflect.Value를 통해 값을 읽는 방법을 보는 것에서 시작해보자. Interface 메서드는 비어 있는 인터페이스로 변수의 값을 반환한다. 하지만 타입 정보는 없을 것이다. Interface에서 반환된 값을 변수에 넣었다면 맞는 타입을 받아왔는지 타입 단언을 통해 확인해야 한다.

```
s := []string{"a", "b", "c"}
sv := reflect.ValueOf(s)         // sv is of type reflect.Value
s2 := sv.Interface().([]string) // s2 is of type []string
```

모든 종류의 값을 포함하는 reflect.Value 인스턴스를 위해 Interface를 호출할 수 있지만 변수의 종류가 내장 타입이나 기본 타입 중 하나일 경우에 사용 가능한 특별한 경우의 메서드인 Bool, Complex, Int, Uint, Float, String이 있다. 또한 변수의 타입이 바이트 슬라이스일 때 동작하는 Bytes 메서드도 있다. reflect.Value의 타입과 일치하지 않는 메서드를 사용한다면, 코드는 패닉을 발생시킬 것이다.

리플렉션은 또한 변수의 값을 설정할 수 있지만 이는 3단계 과정이다.

먼저 변수를 가리키는 포인터를 reflect.ValueOf로 전달한다. 이것은 포인터를 나타내는 reflect.Value를 반환한다.

```
i := 10
iv := reflect.ValueOf(&i)
```

다음은 설정하려면 실제 값을 가져와야 한다. reflect.ValueOf로 전달했던 포인터가 가리키는 값을 얻기 위해 reflect.Value에 Elem 메서드를 사용한다. reflect.Type이 Elem이 포함하는 타입이 가리키는 타입을 반환하는 것처럼, reflect.Value의 Elem도 포인터가 가리키는 값이나 인터페이스에 저장된 값을 반환한다.

```
ivv := iv.Elem()
```

마지막으로, 값을 설정하기 위해 사용되는 실제 메서드를 얻는다. 기본 타입을 읽기 위한 특별 경우 메서드가 있는 것처럼 기본 타입을 설정하기 위한 SetBool, SetInt, SetFloat, SetString 및 SetUint 메서드가 있다. 예제에서는 ivv.SetInt(20)을 호출하여 i의 값을 변경한다. i를 출력해본다면, 20을 얻을 것이다.

```
ivv.SetInt(20)
fmt.Println(i) // prints 20
```

다른 모든 타입을 위해 reflect.Value 타입의 변수를 취하는 Set 메서드를 사용할 필요가 있다. 설정하려는 값은 해당 값을 변경하지 않고 단지 읽기만 할 것이기 때문에 포인터일 필요가 없다. 그리고 기본 타입을 읽기 위해 Interface()를 사용할 수 있고, 기본 타입에 쓰기 위해 Set을 사용할 수 있다.

입력 파라미터의 값을 변경하기 위해 reflect.ValueOf에 포인터를 전달할 필요가 있는 이유는 Go에서 다른 모든 함수와 같기 때문이다. 6.3절 '포인터는 변경 가능한 파라미터를 가리킨다'에서 언급했듯이 파라미터의 값을 수정하길 원한다는 것을 나타내는 포인터 타입의 파라미터를 사용한다. 값을 변경할 때, 포인터를 역참조하여 값을 설정할 수 있다. 다음 두 함수는 같은 처리를 한다.

```
func changeInt(i *int) {
    *i = 20
}

func changeIntReflect(i *int) {
    iv := reflect.ValueOf(i)
    iv.Elem().SetInt(20)
}
```

TIP reflect.ValueOf에 변수로 포인터를 넘기고 싶지 않다면, 리플렉션을 사용하여 변수의 값은 읽을 수 있다. 하지만 변수의 값을 변경할 수 있는 어떤 메서드의 사용을 시도한다면 메서드 호출은 패닉을 일으킬 것이다.

14.1.2 새로운 값 만들기

리플렉션을 가장 잘 사용하는 방법을 보기 전에 값을 생성하는 방법을 먼저 다루어 봐야한다. reflect.New 함수는 new 함수의 리플렉션 버전이다. 그것은 reflect.Type을 받고 지정된 타입의 reflect.Value를 가리키는 포인터인 reflect.Value를 반환한다. 포인터이기 때문에 수정이 가능하고 Interface 메서드를 사용하여 변수로 변경된 값을 할당할 수도 있다.

reflect.New가 스칼라 타입을 가리키는 포인터를 생성하는 것과 같이 make 키워드와 동일한 일을 하기 위해 다음과 같은 함수로 리플렉션을 사용할 수 있다.

```
func MakeChan(typ Type, buffer int) Value

func MakeMap(typ Type) Value

func MakeMapWithSize(typ Type, n int) Value

func MakeSlice(typ Type, len, cap int) Value
```

이 함수들은 각각 포함된 타입이 아닌 복합 타입을 나타내는 reflect.Type을 받는다.

reflect.Type을 구성할 때 값에서부터 시작해야 한다. 하지만 유용한 값이 없는 경우 reflect.Type을 나타내는 변수를 생성할 수 있는 방법이 있다.

```
var stringType = reflect.TypeOf((*string)(nil)).Elem()

var stringSliceType = reflect.TypeOf([]string(nil))
```

stringType 변수는 문자열을 나타내는 reflect.Type을 포함하고, stringSliceType 변수는 문자열 슬라이스를 나타내는 reflect.Type을 포함한다. 첫 번째 라인은 해석하는데 약간의 노력이 필요할 수 있다. 우리가 하려는 것은 포인터 타입의 reflect.Type을 만들기 위해 reflect.TypeOf를 사용한 뒤 해당 포인터의 reflect.Type에서 Elem을 호출하여 기본 타입을 가져와 nil을 문자열 포인터로 변환하는 것이다. Go의 연산자 우선순위 때문에 *string을 괄호 안에 넣었다. 괄호가 없었다면, 컴파일러는 nil을 문자열로 변환한다는 허용하지 않는 것을 진행하려 한다고 생각할 것이다.

stringSliceType을 위한 것은 nil은 슬라이스를 위한 유효한 값이기 때문에 조금 더 간단하다. 우리가 해야 하는 모든 것은 nil의 []string으로 타입 변환하고 그것을 reflect.Type으로 넘기는 것이다.

이제 이런 타입을 가지고 reflect.New와 reflect.MakeSlice 사용법을 알아 볼 것이다.

```go
ssv := reflect.MakeSlice(stringSliceType, 0, 10)

sv := reflect.New(stringType).Elem()
sv.SetString("hello")

ssv = reflect.Append(ssv, sv)
ss := ssv.Interface().([]string)
fmt.Println(ss) // prints [hello]
```

해당 코드는 Go 플레이그라운드[3]에서 직접 실행해 볼 수 있다.

14.1.3 인터페이스의 값이 nil인지 확인하기 위해 리플렉션 사용

7.9절 '인터페이스와 nil'에서 언급한 것처럼, 구체 타입의 nil 변수는 페이스 타입의 변수에 할당되면 인터페이스 타입의 변수는 nil이 아니다. 이는 인터페이스 변수와 연결된 타입이 있기 때문이다. 인터페이스와 연관된 값이 nil인지 확인하려고 한다면, IsValid와 IsNil 메서드를 사용하는 리플렉션으로 할 수 있다.

```go
func hasNoValue(i interface{}) bool {
    iv := reflect.ValueOf(i)
    if !iv.IsValid() {
        return true
    }
    switch iv.Kind() {
    case reflect.Ptr, reflect.Slice, reflect.Map, reflect.Func,
        reflect.Interface:
        return iv.IsNil()
    default:
        return false
```

---

3 *https://oreil.ly/ak2PG*

```
        }
    }
```

IsValid 메서드는 reflect.Value가 nil 인터페이스가 아닌 다른 어떤 것을 가지고 있다면 true를 반환한다. IsValid가 false라면 reflect.Value의 다른 메서드를 호출하는 것은 패닉을 일으킬 것이기 때문에 이걸 먼저 확인해 줄 필요가 있다. IsNil 메서드는 reflect. Value의 값이 nil이라면 true를 반환하지만 reflect.Kind가 nil이 될 수 있는 것이어야만 호출될 수 있다. 제로 값이 nil이 아닌 경우에 해당 메서드를 호출한다면, 패닉을 일으킬 것이다.

Go 플레이그라운드[4]에서 해당 함수의 사용을 볼 수 있다.

인터페이스가 nil 값이라는 것을 검출 가능하더라도 인터페이스와 연관된 값이 nil인 경우에도 올바르게 수행되도록 코드를 작성하도록 노력하자. 다른 옵션이 없는 상황에도 해당 코드를 따로 간직해 두자.

14.1.4 데이터 마샬링 작성을 위한 리플렉션 사용

앞서 언급했듯이 리플렉션은 표준 라이브러리가 마샬링 및 언마샬링을 구현하는데 사용된다. 데이터 마샬링을 직접 구성하여 수행하는 방법을 살펴보자. Go는 CSV 파일을 문자열 슬라이스의 슬라이스로 읽어 들이거나 문자열 슬라이스의 슬라이스를 CSV파일로 쓰기 위해 csv. NewReader와 csv.NewWriter 함수를 제공하지만 구조체 항목에 데이터를 맵핑하는 방법은 없다. 이제 없는 기능을 추가해볼 것이다.

> **NOTE_** 여기 있는 예제는 지원되는 타입의 수를 줄이기 위해 조금 잘라냈다. 완전한 코드는 Go 플레이그 라운드[5]에서 확인할 수 있다.

API를 정의하는 것부터 시작할 것이다. 다른 마샬링을 하는 도구와 같이 구조체 항목에 데이터를 맵핑하기 위한 항목의 이름을 지정하는 구조체 태그를 정의할 것이다.

---

4 *https://oreil.ly/D-HR9*

5 *https://oreil.ly/VDytK*

```go
type MyData struct {
    Name    string `csv:"name"`
    Age     int     `csv:"age"`
    HasPet bool    `csv:"has_pet"`
}
```

이 공용 API는 두 개의 함수로 구성되어 있다.

```go
// Unmarshal은 문자열 슬라이스의 슬라이스 내에 모든 데이터 열을
// 문자열 슬라이스의 슬라이스로 매핑한다.
// 첫 번째 열은 행의 이름을 가지는 헤더가 되는 것으로 가정한다.
func Unmarshal(data [][]string, v interface{}) error

// Marshal은 구조체 슬라이스내에 모든 구조체를 문자열 슬라이스의 슬라이스로 맵핑한다.
// 쓰여진 첫 번째 열은 행이름이 있는 헤더이다.
func Marshal(v interface{}) ([][]string, error)
```

Marshal 함수를 먼저 작성하고 그것을 사용하기 위한 헬퍼 함수를 살펴보자.

```go
func Marshal(v interface{}) ([][]string, error) {
    sliceVal := reflect.ValueOf(v)
    if sliceVal.Kind() != reflect.Slice {
        return nil, errors.New("must be a slice of structs")
    }
    structType := sliceVal.Type().Elem()
    if structType.Kind() != reflect.Struct {
        return nil, errors.New("must be a slice of structs")
    }
    var out [][]string
    header := marshalHeader(structType)
    out = append(out, header)
    for i := 0; i < sliceVal.Len(); i++ {
        row, err := marshalOne(sliceVal.Index(i))
        if err != nil {
            return nil, err
        }
        out = append(out, row)
    }
    return out, nil
}
```

어떤 타입의 구조체도 마샬링을 할 수 있어야 하기 때문에, 파라미터로 interface{} 타입을 사용할 필요가 있다. 이것은 슬라이스를 수정하지 않고 읽기만 할 것이기 때문에 구조체의 슬라이스를 가리키는 포인터가 아니다.

CSV의 첫 번째 열은 행 이름이 있는 헤더가 되기에 구조체의 타입에 항목에 있는 구조체 태그로부터 행 이름을 가져와야 한다. reflect.Value에서 슬라이스의 reflect.Type을 얻기 위해 Type 메서드를 사용한 다음 슬라이스의 요소의 reflect.Type을 얻기 위해 Elem 메서드를 호출한다. 그런 다음 이것을 marshalHeader로 전달하고 출력 결과에 해당 응답을 추가한다.

다음은 리플렉션을 사용하여 구조체 슬라이스의 각 요소를 순회하면서 각 요소의 reflect.Value를 marshalOne으로 전달하고 해당 결과를 출력에 추가한다. 순회가 종료되면 문자열 슬라이스의 슬라이스를 반환한다.

첫 번째 헬퍼 함수인 marshalHeader의 구현을 살펴보자.

```go
func marshalHeader(vt reflect.Type) []string {
    var row []string
    for i := 0; i < vt.NumField(); i++ {
        field := vt.Field(i)
        if curTag, ok := field.Tag.Lookup("csv"); ok {
            row = append(row, curTag)
        }
    }
    return row
}
```

해당 함수는 단순히 reflect.Type의 항목을 돌아가면서 각 항목의 csv 태그를 읽어 문자열 슬라이스에 추가하고 해당 슬라이스를 반환한다.

두 번째 헬퍼 함수인 marshalOne을 살펴보자.

```go
func marshalOne(vv reflect.Value) ([]string, error) {
    var row []string
    vt := vv.Type()
    for i := 0; i < vv.NumField(); i++ {
        fieldVal := vv.Field(i)
        if _, ok := vt.Field(i).Tag.Lookup("csv"); !ok {
            continue
```

```
    }
    switch fieldVal.Kind() {
    case reflect.Int:
        row = append(row, strconv.FormatInt(fieldVal.Int(), 10))
    case reflect.String:
        row = append(row, fieldVal.String())
    case reflect.Bool:
        row = append(row, strconv.FormatBool(fieldVal.Bool()))
    default:
        return nil, fmt.Errorf("cannot handle field of kind %v",
                            fieldVal.Kind())
    }
    }
    return row, nil
}
```

이것은 reflect.Value을 받아 문자열 슬라이스를 반환한다. 구조체 각 항목을 위해 문자열 슬라이스를 생성하고 reflect.Kind를 switch 문으로 문자열로 변환하는 방법을 결정한 다음 해당 문자열을 출력에 추가한다.

간단한 마샬링 도구는 이제 완료되었다. 이제 언마샬링을 하는 것을 보도록 하자.

```
func Unmarshal(data [][]string, v interface{}) error {
    sliceValPtr := reflect.ValueOf(v)
    if sliceValPtr.Kind() != reflect.Ptr {
        return errors.New("must be a pointer to a slice of structs")
    }
    sliceVal := sliceValPtr.Elem()
    if sliceVal.Kind() != reflect.Slice {
        return errors.New("must be a pointer to a slice of structs")
    }
    structType := sliceVal.Type().Elem()
    if structType.Kind() != reflect.Struct {
        return errors.New("must be a pointer to a slice of structs")
    }

    // assume the first row is a header
    header := data[0]
    namePos := make(map[string]int, len(header))
    for k, v := range header {
        namePos[v] = k
    }
```

```
    for _, row := range data[1:] {
        newVal := reflect.New(structType).Elem()
        err := unmarshalOne(row, namePos, newVal)
        if err != nil {
            return err
        }
        sliceVal.Set(reflect.Append(sliceVal, newVal))
    }
    return nil
}
```

여기서 데이터를 구조체의 어떤 종류의 슬라이스로 복사하기 때문에, `interface{}` 타입의 파라미터를 사용할 필요가 있다. 게다가 해당 파라미터에 저장되어 있는 값을 수정하기 대문에, **반드시** 구조체 슬라이스를 가리키는 포인터를 전달해야 한다. Unmarshal 함수는 구조체의 슬라이스 포인터를 `reflect.Value`로 변환하고 기본 슬라이스를 얻은 다음 기본 슬라이스의 구조체 타입을 얻는다.

앞서 언급했듯이 데이터의 첫 번째 열은 열의 이름을 가지는 헤더라고 가정한다. 맵을 구성하기 위해 해당 정보를 사용하여 알맞은 데이터 요소로 csv 구조체 태그 값으로 연결할 수 있다.

나머지 문자열 슬라이스 모두를 순회하면서 구조체의 `reflect.Type`을 사용하여 새로운 `reflect.Value`를 생성하고 현재 문자열 슬라이스에 데이터를 구조체로 복사하기 위해 unmarshalOne을 호출한 다음 해당 구조체를 슬라이스로 추가한다. 모든 열의 데이터를 순회하고 나서 슬라이스를 반환한다.

이제 남은 것은 unmarshalOne의 구현을 살펴보는 것이다.

```
func unmarshalOne(row []string, namePos map[string]int, vv reflect.Value) error {
    vt := vv.Type()
    for i := 0; i < vv.NumField(); i++ {
        typeField := vt.Field(i)
        pos, ok := namePos[typeField.Tag.Get("csv")]
        if !ok {
            continue
        }
        val := row[pos]
        field := vv.Field(i)
        switch field.Kind() {
        case reflect.Int:
```

```
        i, err := strconv.ParseInt(val, 10, 64)
        if err != nil {
            return err
        }
        field.SetInt(i)
    case reflect.String:
        field.SetString(val)
    case reflect.Bool:
        b, err := strconv.ParseBool(val)
        if err != nil {
            return err
        }
        field.SetBool(b)
    default:
        return fmt.Errorf("cannot handle field of kind %v",
                        field.Kind())
        }
    }
    return nil
}
```

해당 함수는 새롭게 생성된 `reflect.Value`에 각 항목을 순회하며 현재 항목의 `csv` 구조체 태그를 사용하여 이름을 찾고 `namePos` 맵을 사용하여 데이터 슬라이스 요소를 조회된 결과를 문자열에서 알맞은 값으로 변환 및 현재 항목에 값을 설정한다. 모든 항목이 채워진 후에 함수는 반환을 한다.

마샬링과 언마샬링을 하는 것을 작성했고, 이제 Go 표준 라이브러리의 기존 CSV 지원과 통합을 해보자.

```
data := `name,age,has_pet
Jon,"100",true
"Fred ""The Hammer"" Smith",42,false
Martha,37,"true"
`
r := csv.NewReader(strings.NewReader(data))
allData, err := r.ReadAll()
if err != nil {
    panic(err)
}
var entries []MyData
Unmarshal(allData, &entries)
```

```
fmt.Println(entries)

//엔트리를 출력으로 변환한다.
out, err := Marshal(entries)
if err != nil {
    panic(err)
}
sb := &strings.Builder{}
w := csv.NewWriter(sb)
w.WriteAll(out)
fmt.Println(sb)
```

14.1.5 반복된 작업 자동화를 위해 리플렉션을 이용한 함수 구축

Go에서 리플렉션으로 허용하는 다른 것은 함수를 만드는 것이다. 해당 기술을 이용하여 반복된 코드를 작성하지 않고 일반적인 기능으로 기존의 함수를 래핑할 수 있다. 예를 들어, 전달된 모든 함수에 소요 시간을 추가하기 위한 팩토리 함수가 있다.

```
func MakeTimedFunction(f interface{}) interface{} {
    ft := reflect.TypeOf(f)
    fv := reflect.ValueOf(f)
    wrapperF := reflect.MakeFunc(ft, func(in []reflect.Value) []reflect.Value {
        start := time.Now()
        out := fv.Call(in)
        end := time.Now()
        fmt.Println(end.Sub(start))
        return out
    })
    return wrapperF.Interface()
}
```

해당 함수는 타입이 interface{}인 모든 함수를 파라미터로 받는다. 시작 시간을 기록하고 리플렉션을 사용하여 원본 함수를 호출, 종료 시점을 기록, 경과 시간을 출력 및 원본 함수에서 계산된 값을 반환하는 클로저와 함께 함수를 표현하는 reflect.Type을 reflect.MakeFunc 함수로 전달한다. reflect.MakeFunc에서 반환된 값은 reflect.Value이고 클로저의 Interface 메서드를 호출하여 반환될 값을 얻을 수 있다. 사용하는 방법은 다음과 같다.

```go
func timeMe(a int) int {
    time.Sleep(time.Duration(a) * time.Second)
    result := a * 2
    return result
}

func main() {
    timed:= MakeTimedFunction(timeMe).(func(int) int)
    fmt.Println(timed(2))
}
```

해당 프로그램의 더 완전한 버전은 Go 플레이그라운드[6]에서 실행해 볼 수 있다.

함수를 생성하는 것은 영리하지만 해당 기능을 사용할 때는 유의해야 한다. 생성된 함수를 사용할 때 어떤 기능이 추가되었는지 명확하게 해야 한다. 그렇지 않으면, 프로그램의 데이터 흐름을 이해하는 것이 어렵게 만들 수 있다. 게다가, 14.1.8절 '가치가 있는 경우에만 리플렉션을 사용하자'에서 논의하겠지만 리플렉션을 사용하면 프로그램을 느려지므로 생성하는 코드가 네트워크 호출과 같은 느린 작업을 이미 수행하고 있지 않은 한 이를 사용하여 함수를 생성하고 호출하는 것은 성능에 심각한 영향을 미친다. 리플렉션은 프로그램 가장자리 안팎으로 데이터를 매핑하는데 사용할 때 가장 잘 동작한다.

생성된 함수를 위한 이런 규칙을 따르는 하나의 프로젝트로는 나의 SQL 매핑 라이브러리인 Proteus가 있다. 이것은 SQL 쿼리와 함수 항목 혹은 변수에서 함수를 생성하여 타입 안전한 데이터베이스 API를 만든다. Proteus에 관해 더 자세한 사항은 나의 GopherCon 2017 발표인 「Runtime Generated, Typesafe, and Declarative: Pick Any Three」[7]를 보면 되고 해당 소스 코드는 깃허브[8]에서 찾아볼 수 있다.

14.1.6 리플렉션으로 구조체를 구성할 수 있지만, 그렇게 사용하지 말자

리플렉션으로 만들 수 있는 한 가지가 더 있지만 조금 이상하다. reflect.StructOf 함수는 reflect.StructField의 슬라이스를 받고 새로운 구조체 타입을 나타내는 reflect.Type을

---

6 *https://oreil.ly/NDfp1*

7 *https://oreil.ly/ZUE47*

8 *https://oreil.ly/KtFyj*

반환한다. 이런 구조체는 interface{} 타입의 변수로만 할당될 수 있고 해당 항목은 리플렉션을 사용해야만 읽고 쓸 수 있다.

대부분의 경우, 이것은 학술적인 관심에만 해당하는 기능이다. reflect.StructOf 동작 방법의 시연을 보길 원한다면, Go 플레이그라운드[9]에 Memoizer 함수를 보도록 하자. 동적으로 생성된 구조체를 함수의 출력을 캐싱하는 맵의 키로 사용한다.

14.1.7 리플렉션은 메서드를 만들지 못한다

리플렉션으로 할 수 있는 모든 것을 보았지만, 거기엔 우리가 할 수 없는 것이 있다. 신규 함수 및 신규 구조체 타입을 생성하기 위해 리플렉션을 사용할 수 있지만, 타입에 메서드를 추가하기 위해 리플렉션을 이용할 방법은 없다. 즉, 리플렉션을 사용하여 인터페이스를 구현하는 새로운 타입을 생성할 수 없다는 의미이다.

14.1.8 가치가 있는 경우에만 리플렉션을 사용하자

Go의 경계 내에서 데이터를 변환할 때 리플렉션은 필수이지만, 다른 상황에서는 유의할 필요가 있다. 리플렉션은 무료가 아니다. 시연하기 위해, 리플렉션을 사용하여 Filter를 구현해보자. 이것은 많은 언어에서 값의 리스트를 받아 리스트의 각 요소를 검사하고 검사에 통과된 요소만 포함하여 리스트를 반환하는 일반적인 함수이다. Go는 모든 타입의 슬라이스에 동작하는 단일 타입 안전 함수를 작성할 순 없지만, 리플렉션을 사용하여 Filter 함수를 작성할 수 있다.

```
func Filter(slice interface{}, filter interface{}) interface{} {
    sv := reflect.ValueOf(slice)
    fv := reflect.ValueOf(filter)

    sliceLen := sv.Len()
    out := reflect.MakeSlice(sv.Type(), 0, sliceLen)
    for i := 0; i < sliceLen; i++ {
        curVal := sv.Index(i)
```

----

9 *https://oreil.ly/fXDk2*

```
        values := fv.Call([]reflect.Value{curVal})
        if values[0].Bool() {
            out = reflect.Append(out, curVal)
        }
    }
    return out.Interface()
}
```

다음과 같이 사용할 수 있다.

```
names := []string{"Andrew", "Bob", "Clara", "Hortense"}
longNames := Filter(names, func(s string) bool {
    return len(s) > 3
}).([]string)
fmt.Println(longNames)

ages := []int{20, 50, 13}
adults := Filter(ages, func(age int) bool {
    return age >= 18
}).([]int)
fmt.Println(adults)
```

해당 결과는 다음과 같이 출력된다.

```
[Andrew Clara Hortense]
[20 50]
```

리플렉션을 이용한 필터 함수는 이해하기가 어렵지 않지만 사용자 정의 함수보다 명백히 오래 걸린다. 사용자 정의 함수와 비교하여 문자열 및 정수의 1000개 요소를 가지는 슬라이스를 필터링할 때, Go 1.14에서 32GB RAM이 있는 i7-8700에서 얼마나 걸릴지 확인해보겠다.

```
BenchmarkFilterReflectString-12    4822    229099 ns/op    87361 B/op    2219 allocs/op
BenchmarkFilterString-12         158197      7795 ns/op    16384 B/op       1 allocs/op
BenchmarkFilterReflectInt-12       4962    232885 ns/op    72256 B/op    2503 allocs/op
BenchmarkFilterInt-12            348441      3440 ns/op     8192 B/op       1 allocs/op
```

샘플 코드는 깃허브[10]에 있고 직접 실행해 볼 수 있다.

리플렉션을 사용하는 것은 문자열 필터링을 위한 사용자 지정 함수보다는 약 30배 느리고 정수 필터링을 위한 것보다는 거의 70배정도 느리다. 이는 가비지 컬렉션의 추가 작업을 요구하는 상당량의 메모리 사용과 수천번의 할당을 수행한다. 필요에 따라 수용 가능한 절충안이 있을 수 있지만, 상당히 주저되는 부분이 있다.

더 심각한 단점은 컴파일러가 slice나 filter 파라미터를 위한 잘못된 타입 전달에 대해 걸러내지 못한다는 것이다. 수천 나노초의 CPU 시간은 신경 쓰지 않을 수 있지만, 누군가가 잘못된 타입의 함수나 슬라이스를 Filter로 전달한다면, 프로그램은 프로덕션에서 크래시를 일으킬 수 있다. 유지 보수 비용은 수용하기엔 너무 높을 수 있다. 다중 타입을 위한 같은 함수를 작성하는 것은 반복적일 수 있지만 코드의 몇 줄을 아끼는 것이 시간 비용에 비해 가치가 없을 것이다.

14.2 불안전한 unsafe

reflect 패키지가 타입과 값을 잘 다룰 수 있도록 하는 것과 같이 unsafe 패키지는 메모리를 잘 다루도록 해준다. unsafe 패키지는 매우 작고 매우 이상하다. 그것은 3개의 함수와 하나의 타입을 정의하며 그 중 어느 것도 다른 패키지에서 볼 수 있는 타입 및 함수처럼 동작하지는 않는다.

함수는 Sizeof(모든 타입의 변수를 받아 변수가 사용하는 메모리 바이트 수를 반환), Offsetof(구조체 항목을 받아 구조체의 시작에서 항목의 시작까지의 바이트 수를 반환), AlignOf(항목이나 변수를 받아 바이트 정렬에 필요한 바이트 수를 반환)이다. Go에서 다른 모든 내장 되지 않은 함수들과 다르게, 이 함수는 어떤 값이든 전달할 수 있으며 반환된 값은 상수이므로 상수 표현식에서 사용할 수 있다.

unsafe.Pointer 타입은 모든 타입의 포인터를 unsafe.Pointer로 변환하거나 unsafe.Pointer를 어떤 타입의 포인터로 변환하기 위해서 존재하는 특별한 타입이다. 포인터 외에도, unsafe.Pointer는 uintptr이라는 특별한 정수 타입으로 변환되거나 uintptr을 unsafe.

----

10 *https://oreil.ly/Mj3SR*

Pointer로 변환이 가능하다. 모든 다른 정수 타입과 같이 수학 연산이 가능하다. 이것은 타입 인스턴스를 들여다보고 개별 바이트를 추출할 수 있다는 것이다. 또한 C와 C++에서 포인터에서 할 수 있는 것처럼 포인터 산술연산도 가능하다. 이런 바이트 조작은 변수 값을 변경한다.

unsafe 코드에 두 가지 일반적인 패턴이 있다. 첫 번째는 일반적으로 변환이 불가능한 변수의 두 타입 간의 변환이다. 변환 중에 unsafe.Pointer가 있는 일련의 타입 변환을 사용하여 수행된다. 두 번째는 변수를 unsafe.Pointer로 변환하고 unsafe.Pointer를 uintptr로 변환한 다음 기본 바이트를 복사나 조작하여 변수의 바이트를 읽거나 수정하는 것이다. 이제 이것을 언제 사용할지 언제 사용하지 말아야 할지를 확인해보자.

14.2.1 외부 이진 데이터 변환을 위한 unsafe 사용

Go가 메모리 안정성에 초점을 두고 있다는 점을 감안할 때 왜 unsafe가 존재하는지 궁금할 것이다. 외부 세상과 Go 코드 간의 텍스트 데이터를 번역하기 위해 reflect를 사용했던 것과 같이 이진 데이터를 번역하기 위해 unsafe를 사용한다. unsafe 사용을 위한 2개의 주된 이유가 있다. 코스타Costa, 무자히드Mujahid, 압달카림Abdalkareem, 시햅Shihab은 2020년 논문인 「Breaking Type-Safety in Go: An Empirical Study on the Usaage of the unsafe Package」[11]에서 2,438개의 Go 오픈 소스 프로젝트를 조사하여 찾은 것이 있다.

- 연구된 Go 프로젝트의 24%는 해당 프로젝트 코드 기반에 적어도 한번은 unsafe를 사용한다.

- unsafe 사용의 다수는 운영체제와 C 코드와 통합으로 인해 발생했다(45.7%).

- 또한 개발자들은 Go 코드를 더 효율적으로 작성하기 위해 빈번히 unsafe를 사용했다(23.6%).

unsafe의 여러 용도는 시스템 상호 운영성을 위한 것이다. Go 표준 라이브러리는 운영체제에 데이터를 쓰거나 운영체제에서 데이터를 읽기 위해 unsafe를 사용한다. 표준 라이브러리에 syscall 패키지나 상위 레벨의 sys 패키지에서 예제를 볼 수 있다.[12] 운영체제와 통신하기 위해 unsafe 사용 방법을 더 배우려면 멧 레이헤Matt Layhe의 훌륭한 블로그 글을 참조하자.

---

11 Costa, Diego Elias Damasceno, Suhaib Mujahid, Rabe Abdalkareem, and Emad Shihab. "Breaking Type-Safety in Go: An Empirical Study on the Usaage of the unsafe Package." ArXiv abs/2006.09973 (2020). *https://oreil.ly/N_6JX*

12 *https://oreil.ly/ueHY3*

사람들이 unsafe를 사용하는 두 번째 이유는 특히 네트워크에서 데이터를 읽을 때의 성능 때문이다. 데이터를 Go 자료구조 안팎으로 매핑하려는 경우, unsafe.Pointer를 사용하면 매우 빠르게 처리할 수 있다. 인위적인 예제를 통해 살펴보도록 하자. 다음과 같은 구조체를 가진 와이어 프로토콜이 있다고 가정하자.

- **Value**: 4 바이트, 부호가 없는, 빅-엔디안big-endian 32 비트 정수
- **Label**: 10 바이트, 값을 위한 아스키ASCII 이름
- **Active**: 1 바이트, 항목의 활성화 여부에 대한 불리언
- **Padding**: 1 바이트, 모든 것을 16 바이트에 맞추길 원하기 때문

> **NOTE_** 네트워크를 통해 전송되는 데이터는 **네트워크 바이트 순서**network byte order라 불리는 빅-엔디안 포맷으로 보내진다. 요즘에 사용되는 대부분의 CPU는 리틀-엔디안little-endian(혹은 리틀-엔디안 모드에서 바이-엔디안bi-endian으로 수행)이라 네트워크에 데이터를 쓰거나 읽을 때 주의할 필요가 있다.

이것과 일치하는 자료 구조를 정의할 수 있다.

```
type Data struct {
    Value  uint32   // 4 bytes
    Label  [10]byte // 10 bytes
    Active bool     // 1 byte
    // Go padded this with 1 byte to make it align
}
```

네트워크에서 다음과 같은 바이트를 읽었다고 가정해보자.

```
[0 132 95 237 80 104 111 110 101 0 0 0 0 0 1 0]
```

해당 바이트를 길이 16인 배열로 읽어 들이고 이전에 설명한 대로 배열을 구조체로 변환한다.

> **NOTE_** 왜 슬라이스 대신에 배열을 사용했을까? 배열은 구조체와 같이 바이트가 직접 할당되는 값 타입이라는 것을 기억하자. 다음 섹션에서 unsafe와 함께 슬라이스 사용 방법을 살펴볼 것이다.

안전한 Go 코드로 다음과 같이 매핑할 수 있다.

```go
func DataFromBytes(b [16]byte) Data {
    d := Data{}
    d.Value = binary.BigEndian.Uint32(b[:4])
    copy(d.Label[:], b[4:14])
    d.Active = b[14] != 0
    return d
}
```

혹은 대신에 unsafe.Pointer를 사용할 수 있다.

```go
func DataFromBytesUnsafe(b [16]byte) Data {
    data := *(*Data)(unsafe.Pointer(&b))
    if isLE {
        data.Value = bits.ReverseBytes32(data.Value)
    }
    return data
}
```

첫 번째 라인은 조금 혼란스러울 수 있지만, 그것을 분해하여 무슨 일이 일어나는지 이해할 수 있다. 먼저, 파라미터의 바이트를 포인터로 취해서 unsafe.Pointer로 변환한다. 그런 다음 unsafe.Pointer를 (*Data)로 변환한다.[13] 그것을 가리키는 포인터가 아니라 구조체를 반환하기 위해 포인터를 역참조한다. 다음은 리틀-엔디안 플랫폼을 사용하는지 여부를 확인한다. 그렇다면, Value 항목에 있는 바이트를 뒤집는다. 마지막으로 해당 값을 반환한다.

어떻게 리틀-엔디안 플랫폼인지 확인할까? 우리가 사용한 코드는 다음과 같다.

```go
var isLE bool

func init() {
    var x uint16 = 0xFF00
    xb := *(*[2]byte)(unsafe.Pointer(&x))
    isLE = (xb[0] == 0x00)
}
```

---

13 Go의 연산자 우선순위 때문에 (*Data)를 괄호 안에 넣어야 한다.

9.3.8절 'init 함수: 가능하면 피하자'에서 논의한 바와 같이, 효율적으로 패키지 레벨에 불변의 값을 초기화 할 때를 제외하고 init 함수의 사용은 피해야한다. 프로세서의 엔디안은 프로그램이 수행되는 동안 변경되지 않기 때문에, 이것은 좋은 사용 사례이다.

리틀−엔디안 플랫폼에서 x를 나타내는 바이트는 [00 FF]로 저장된다. 빅−엔디안 플랫폼에서는 x는 메모리에 [FF 00]으로 저장된다. 해당 숫자를 바이트 배열로 변환하기 위해 unsafe.Pointer를 사용하고 첫 번째 바이트의 값에 따라 isLE의 값이 결정된다.

비슷하게, Data를 다시 네트워크로 쓰길 원한다면, 안전한 Go를 사용한다.

```go
func BytesFromData(d Data) [16]byte {
    out := [16]byte{}
    binary.BigEndian.PutUint32(out[:4], d.Value)
    copy(out[4:14], d.Label[:])
    if d.Active {
        out[14] = 1
    }
    return out
}
```

혹은 unsafe를 사용할 수 있다.

```go
func BytesFromDataUnsafe(d Data) [16]byte {
    if isLE {
        d.Value = bits.ReverseBytes32(d.Value)
    }
    b := *(*[16]byte)(unsafe.Pointer(&d))
    return b
}
```

인텔 i7−8700 컴퓨터(리틀−엔디안)에서 unsafe.Pointer를 사용한 것이 대략 2배 정도 빠른데, 이것이 가치가 있는 것일까?

```
BenchmarkBytesFromData-12          112741796   10.4 ns/op
BenchmarkBytesFromDataUnsafe-12    298846651    4.01 ns/op
BenchmarkDataFromBytes-12          100000000   10.3 ns/op
BenchmarkDataFromBytesUnsafe-12    235992582    5.95 ns/op
```

이런 종류의 변환이 많은 프로그램이 있다면, 이런 저 수준의 기술을 사용하는 것이 가치가 있다. 하지만 대다수의 프로그램의 위해 안전한 코드를 고수하자.

14.2.2 unsafe 문자열과 슬라이스

또한 슬라이스와 문자열과 상호작용을 위해 unsafe를 사용할 수 있다. 3.3절 '문자열과 룬 그리고 바이트'에서 암시했듯이, 문자열은 Go에서 일련의 바이트와 길이에 대한 포인터로 표현된다. reflect 패키지에는 해당 구조체를 가지는 reflect.StringHeader라는 타입이 있고, 이것을 사용하여 문자열의 기본 표현을 수정하거나 접근할 수 있다.

```
s := "hello"
sHdr := (*reflect.StringHeader)(unsafe.Pointer(&s))
fmt.Println(sHdr.Len) // 5를 출력
```

uintptr 타입인 sHdr의 Data 항목을 사용하여 '포인터 산술연산'으로 문자열의 바이트를 읽을 수 있다.

```
for i := 0; i < sHdr.Len; i++ {
    bp := *(*byte)(unsafe.Pointer(sHdr.Data + uintptr(i)))
    fmt.Print(string(bp))
}
fmt.Println()
runtime.KeepAlive(s)
```

reflect.StringHeader의 Data 항목은 uintptr 타입이고, 단일 문보다 더 오래 유효한 메모리를 참조하기 위해 uinptr에 의존할 수 없다. 가비지 컬렉터는 해당 참조가 유효하도록 유지하려면 어떻게 해야 할까? 함수의 마지막에 runtime.KeepAlive(s)의 호출을 추가하여 유지할 수 있다. 이것은 Go 런타임에게 KeepAlive 호출이 끝날 때까지 s를 가비지 수집을 하지 않도록 지시한다.

---

14 *https://oreil.ly/E4MEF*

해당 코드를 실행하길 원한다면, Go 플레이그라운드[15]에서 실행해보도록 하자.

unsafe를 통해 문자열에서 reflect.StringHeader를 얻은 것처럼 슬라이스로부터 reflect.SliceHeader를 얻을 수 있다. 그것은 Len, Cap, Data 3가지 항목을 가지고 각 슬라이스를 위한 길이, 수용력, 데이터 포인터를 나타낸다.

```
s := []int{10, 20, 30}
sHdr := (*reflect.SliceHeader)(unsafe.Pointer(&s))
fmt.Println(sHdr.Len) // 3을 출력
fmt.Println(sHdr.Cap) // 3을 출력
```

문자열을 위해 했던 것처럼, 정수 슬라이스의 포인터를 unsafe.Pointer로 변환하기 위해 타입 변환을 사용한다. 그리고 나서 unsafe.Pointer를 reflect.SliceHeader 포인터로 변환한다. 그런 다음 Len과 Cap 항목을 통해 슬라이스의 길이와 수용력을 알아낼 수 있다. 다음은 슬라이스를 순회할 수 있다.

```
intByteSize := unsafe.Sizeof(s[0])
fmt.Println(intByteSize)
for i := 0; i < sHdr.Len; i++ {
    intVal := *(*int)(unsafe.Pointer(sHdr.Data + intByteSize*uintptr(i)))
    fmt.Println(intVal)
}
runtime.KeepAlive(s)
```

int의 크기는 32나 64 비트일 수 있으므로 데이터 항목이 가리키는 메모리 블록에 각 값이 몇 바이트인지 알아내기 위해 unsafe.Sizeof를 사용해야 한다. 그런 다음 i를 uintptr로 변환하고 정수 크기에 곱해지며 Data 항목과 더해진 후에 uintptr에서 unsafe.Pointer로 변환된다. 그리고 나서 정수 포인터로 변환을 하게 되면 정수 값을 읽기 위해 역참조를 할 수 있다.

해당 코드는 Go 플레이그라운드[16]에서 실행해 볼 수 있다.

---

15 *https://oreil.ly/1DTR5*
16 *https://oreil.ly/u9qB9*

14.2.3 unsafe 도구

Go는 도구를 중요하게 생각하는 언어이며, `uintptr`및 `unsafe.Pointer`의 잘못된 사용을 찾는데 도움이 되는 컴파일러 플래그가 있다. 런타임에 추가적인 확인을 더하기 위해 `-gcflags=-d=checkptr` 플래그와 함께 코드를 실행하자. 레이스 검출기와 같이 모든 unsafe 문제를 찾는 것을 보장하지는 않고 프로그램을 느리게도 할 수 있다. 하지만 코드를 검증하는 데 중요한 연습이 될 수 있다.

unsafe에 관해 더 많이 배우고 싶다면, 패키지 문서[17]를 읽어보자.

> **WARNING_** unsafe 패키지는 강력하면서 저 수준low-level이다. 당신이 무엇을 하고 있는지 그리고 당신이 그것을 제공하여 성능 향상이 필요하지 않는 한 unsafe를 사용하지 말자.

14.3 성능이 아닌 통합을 위한 Cgo

리플렉션과 unsafe와 같이, cgo는 Go 프로그램과 외부 세상 간의 경계에서 가장 유용하다. 리플렉션은 외부 텍스트 데이터와 통합하는데 도움이 되고, unsafe는 운영체제와 네트워크 데이터와 가장 사용되고, cgo는 C 라이브러리와 통합을 위해 가장 좋다.

거의 50년동안 사용되었음에도 C는 여전이 프로그래밍 언어의 **링구아 프랑카**lingua franca이다. 모든 주요 운영체제는 주로 C 혹은 C++로 작성되었다는 것은 C로 작성된 라이브러리를 번들로 제공한다는 의미이다. 또한 거의 모든 프로그래밍 언어들이 C 라이브러리와 통합하는 방법을 제공한다는 의미이기도 하다. Go는 FFIforeign function interface로 C cgo를 호출한다.

이미 여러 번 봤듯이, Go는 명시적인 스펙을 선호하는 언어이다. Go 개발자는 때때로 다른 언어의 자동 동작을 '마법'이라고 비웃는다. 하지만 cgo를 사용하는 것은 마법사 멀린Merlin과 함께 시간을 보내는 것과 같은 느낌이 든다. 다음 마법과 같은 글루glue 코드를 살펴보자. Go 플레이그라운드에서는 cgo 코드를 실행할 수 없으니 깃허브[18]에서 해당 샘플 코드를 보도록 하자. 어떤 수학 연산을 하는 C 코드를 호출하는 매우 간단한 프로그램에서 시작해보자.

---

17 *https://oreil.ly/xmihF*
18 *https://oreil.ly/ct9xd*

```
package main

import "fmt"

/*
    #include <stdio.h>
    #include <math.h>
    #include "mylib.h"

    int add(int a, int b) {
        int sum = a + b;
        printf("a: %d, b: %d, sum %d\n", a, b, sum);
        return sum;
    }
*/
import "C"

func main() {
    sum := C.add(3, 2)
    fmt.Println(sum)
    fmt.Println(C.sqrt(100))
    fmt.Println(C.multiply(10, 20))
}
```

main.go와 같은 디렉터리에 있는 mylib.h 헤더와 함께 mylib.c를 보도록 하자.

```
int multiply(int a, int b);
```

```
#include "mylib.h"

int multiply(int a, int b) {
    return a * b;
}
```

당신의 컴퓨터에 C 컴파일러가 설치되어 있다고 가정하고 프로그램을 컴파일하기 위해 해야 할 일은 표준 Go 도구를 사용하는 것뿐이다.

```
$ go run main.go
a: 3, b: 2, sum 5
5
10
200
```

여기서 무슨 일이 발생했는가? C라는 이름의 표준 라이브러리는 실제 패키지가 아니다. 대신에 C는 자동으로 생성된 패키지로 식별자는 대부분 즉시 진행하는 주석에 포함된 C 코드에서 가져온다. 예를 들어, add라는 C 함수를 선언했고 cgo는 C.add로 Go 프로그램에서 사용 가능하게 만든다. 또한 main에서 C.sqrt(math.h에서 가져옴)나 C.multiply(mylib.h에서 가져옴)의 호출을 봤듯이 헤더 파일을 통해 라이브러리에서 주석 블록으로 가져온 함수나 전역 변수의 호출도 가능하다.

주석 블록(혹은 주석 블록에서 임포트된 것)에 나타난 식별자 이름뿐만 아니라, C 의사-패키지pseudo-package는 내장 C 타입을 나타내는 C.int와 C.char과 같은 타입과 Go 문자열을 C 문자열로 변환하기 위한 C.CString과 같은 함수를 정의한다.

더 많은 기능을 통해 C 함수에서 Go 함수를 호출할 수 있다. Go 함수는 함수 전에 //export 주석을 넣어서 C 코드로 노출 시킬 수 있다.

```
//export doubler
func doubler(i int) int {
    return i * 2
}
```

이렇게 하면 import "C" 문 전에 주석에 직접 C 코드를 선언할 필요가 없다. 함수를 정의하지 않고 선언만 해주면 된다.

```
/*
    extern int add(int a, int b);
*/
import "C"
```

그리고 나서 Go 코드가 있는 같은 디렉터리의 .c 파일에 C 코드를 넣고 "_cgo_export.h" 파일을 인클루드include하자.

```
#include "_cgo_export.h"

int add(int a, int b) {
    int doubleA = doubler(a);
    int sum = doubleA + b;
    return sum;
}
```

지금까지 이것은 꽤 간단해 보였지만 cgo를 사용할 때 한가지 걸림돌이 있다. Go는 가비지 컬렉터가 있는 언어이지만 C는 그렇지 않다. 이것은 C와 중요한 Go 코드를 통합하는 것을 어렵게 만든다. 포인터를 C 코드로 전달할 수 있지만, 포인터를 포함한 어떤 것은 전달할 수 없다. 이것은 문자열, 슬라이스 그리고 포인터와 함께 구현된 함수와 같은 것들이 포인터로 구현되므로 C 함수에 전달된 구조체에 포함될 수 없기 때문에 아주 제한적이다. 그것뿐만이 아니다. C 함수는 함수에서 반환된 후 지속되는 Go 포인터의 복사본을 저장할 수 없다. 이런 규칙을 깨뜨린다면, 프로그램은 컴파일되고 실행될 것이지만 크래시가 나거나 가비지 수집된 포인터로 가리킨 메모리의 접근으로 런타임에 알맞지 않은 행동을 할 수 있다.

다른 제한들도 있다. 예를 들어, 가변 C 함수(printf와 같은)를 호출하기 위해 cgo를 사용할 수 없다. C의 공용체union 타입은 바이트 배열로 변환될 수 없다. 그리고 C 함수 포인터도 실행할 수 없다(하지만 그것을 Go 변수에 할당하고 C 함수로 다시 넘길 수는 있다).

이런 규칙은 cgo 사용을 중요하게 만든다. 파이썬이나 루비에 대한 지식을 갖고 있다면, cgo를 사용하는 것은 성능적인 이유를 위해 가치가 있다고 생각할 것이다. 그런 개발자들은 프로그램의 성능에 중요한 부분을 C로 작성한다. NumPy의 속도는 파이썬 코드로 래핑된 C 라이브러리에 기인한다.

대부분의 경우, Go 코드는 파이썬이나 루비보다 몇 배 더 빠르기 때문에 저수준 언어로 알고리즘을 재작성 하는 요구를 상당히 줄여준다. 추가적인 성능 향상이 필요한 상황을 cgo가 구해줄 것이라는 생각을 할 수도 있지만 불행이도 cgo를 사용하여 코드를 더 빠르게 만드는 것은 매우 어렵다. 처리와 메모리 모델의 불일치성 때문에 Go에서 C 함수를 호출하는 것은 C 함수에서 다른 C 함수를 호출하는 것보다 대략 29배 정도 느리다. 2018년 CapitalGo에서 필리포 발소르다Filippo Valsorda는 「Why cgo is slow」를 발표를 했다. 안타깝게도 발표는 기록되지 못했지만 슬라이드[19]는 볼 수 있다. cgo가 느린 이유와 앞으로 눈에 띄게 빨라지지 않을 이류를 설명한다.

cgo가 빠르지 않기 때문에, 그리고 중요한 프로그램을 위해 사용하기 어렵기 때문에, cgo의 유일한 사용은 반드시 사용해야 하는 C 라이브러리가 있고 적절한 Go 대체제가 없는 경우이다. cgo를 직접 작성하는 것보다, 래퍼를 제공하는 서드-파티 모듈이 이미 있다면 보도록 하자. 예를 들어, Go 응용 프로그램에서 SQLite를 임베드하고 싶다면, 깃허브[20]를 보도록 하자. ImageMagick을 위해서는 해당 저장소[21]를 확인하자.

내부 C 라이브러리나 래퍼가 없는 서드-파티 라이브러리를 사용해야 하는 필요를 발견한다면, Go 문서에서 통합하기 위한 작성법에서 추가적인 세부 사항[22]을 보도록 하자. cgo를 사용할 때 접할 수 있는 성능 및 설계 절충 사항과 같은 정보는 토비아스 그리거Tobias Grieger의 「The Cost and Complexity of Cgo」라는 블로그 게시물[23]을 보도록 하자.

14.4 마무리

해당 챕터에서 리플렉션, unsafe 및 cgo를 다루었다. 이런 기능은 Go를 지루하게 만드는 타입-안전하고 메모리 안전한 언어에서 규칙을 깰 수 있도록 하기 때문에 Go에서 가장 흥미로운 부분일 것이다. 더 중요하게는 규칙을 깨기 원하는 이유와 대부분은 이렇게 하는 것을 피해야하는 이유를 배웠다.

다음 장에서는 앞으로 추가될 기능인 제네릭에 대해 살펴볼 것이다.

---

19 *https://oreil.ly/MLRFY*
20 *https://oreil.ly/IEskN*
21 *https://oreil.ly/l58-1*
22 *https://oreil.ly/9JvNI*
23 *https://oreil.ly/Oj9Tw*

CHAPTER 15

Go의 제네릭

기능에 대한 우선 순위가 낮음에도 불구하고 Go는 정적이고 변하지 않는 언어가 아니다. 새로운 기능은 많은 논의와 실험 후에 느리게 채택된다. Go 1.0의 초기 배포 이래로, 관용적인 Go를 정의하는 패턴이 크게 변경되었다. 첫 번째는 Go 1.7에서 컨텍스트를 채택한 것이다. 다음으로는 Go 1.11에서 모듈의 채용이 있었고 Go 1.13에서는 오류 래핑이 있다.

다음 큰 변화는 곧 올 것이다. Go 팀은 구어체로 제네릭이라 불리는 타입 파라미터를 위해 설계 초안을 발표했다. 이는 Go 1.18에 포함되기를 기대한다. 아직 막바지 변경 사항이 있을 수 있지만 이 장에서는 책이 출판되기 전에 가용한 가장 최신 정보가 포함되어 있다. 해당 장에서는 사람들이 제네릭을 원하는 이유, 제네릭의 Go 구현으로 할 수 있는 것, 제네릭으로 할 수 없는 것, 관용적 패턴을 변경하는 방법을 알아보자.

15.1 반복 코드를 줄이고 타입 안전 증가

Go는 변수의 타입과 파라미터는 컴파일 시점에 확인된다는 것을 의미하는 정적 타입 언어이다. 내장 타입(맵, 슬라이스, 채널)과 함수(len, cap 혹은 make 같은)는 다른 타입의 값을 허용하고 반환할 수 있지만 사용자 지정 Go 타입과 함수는 그렇게 할 수 없다. 자바나 C++ 혹은 다양한 제네릭이 있는 다른 언어에 익숙하다면, Go 타입 시스템의 단순함에 아마도 몇 가지 불만이 생겼을 것이다.

코드가 수행될 때까지 타입을 평가할 수 없는 동적 타입 언어에 익숙하다면, 제네릭에 대한 소란이 무엇인지 이해할 수 없고 그것이 무엇인지 조금은 명확하지 않을 수 있다. 그것을 '타입 파라미터'라고 생각하면 도움이 될 수 있다. 함수를 호출할 때 값이 지정된 파라미터를 받도록 함수를 작성하는데 익숙하다. 비슷하게, 구조체가 인스턴스화 될 때 항목을 위한 값이 지정되는 구조체를 생성한다. 제네릭은 지정된 타입의 파라미터나 항목이 사용될 때 지정이 되는 함수나 구조체를 작성할 때 유용하다.

타입에 대한 제네릭의 경우는 이해하기가 쉽다. 7.2.2절 'nil 인스턴스를 위한 메서드 작성'에서 정수를 위한 이진 트리를 보았다. 문자열이나 float64를 위한 이진 트리를 갖고 싶고 타입 안전하길 바란다면 각 타입을 위한 사용자 지정 트리를 작성해야 했다. 그것은 장황하고 오류가 발생하기 쉽다. < 부호로 비교가 가능한 모든 타입을 처리할 수 있는 단일 자료구조를 작성한다면 좋을 텐데, Go는 아직 그런 것을 허용하지 않는다.

값을 순서대로 하기 위한 방법을 지정하는 인터페이스로 동작하는 트리를 만들 수 있다.

```
type Orderable interface {
    // Order는 반환한다:
    // 제공된 값보다 Orderable이 작을 때, 값 < 0
    // 제공된 값보다 Orderable이 클 때, 값 > 0
    // 그리고 두 값이 같을 때 0
    Order(interface{}) int
}
```

이제 Orderable을 가지고 Order 메서드를 가지는 모든 타입을 트리에 삽입할 수 있다.

```
type Tree struct {
    val        Orderable
    left, right *Tree
}

func (t *Tree) Insert(val Orderable) *Tree {
    if t == nil {
        return &Tree{val: val}
    }

    switch comp := val.Order(t.val); {
    case comp < 0:
        t.left = t.left.Insert(val)
```

```
        case comp > 0:
            t.right = t.right.Insert(val)
        }
        return t
    }
```

OderableInt 타입으로 정수 값을 삽입할 수 있다.

```
type OrderableInt int

func (oi OrderableInt) Order(val interface{}) int {
    return int(oi - val.(OrderableInt))
}

func main() {
    var it *Tree
    it = it.Insert(OrderableInt(5))
    it = it.Insert(OrderableInt(3))
    // etc...
}
```

Orderable 인터페이스는 값을 정렬하기 위해 허용하지만 컴파일러는 자료 구조에 삽입된 값이 모두 동일한지 확인할 수 없다. 또한 OrderableString 타입을 다음과 같이 정의할 수 있다.

```
type OrderableString string

func (os OrderableString) Order(val interface{}) int {
    return strings.Compare(string(os), val.(string))
}
```

다음의 코드와 함께 컴파일 된다.

```
var it *Tree
it = it.Insert(OrderableInt(5))
it = it.Insert(OrderableString("nope"))
```

Order 함수는 전달된 값을 나타내기 위해 interface{}를 사용한다. 이것은 Go의 주요 장점 중 하나임. 컴파일 시점에 타입 안전 확인을 효과적으로 피해 지나간다. 이미 OrderableInt를 포함한 Tree에 OrderableString을 삽입하려고 시도하는 코드를 컴파일 한다면, 컴파일러는 해당 코드를 수용할 것이다. 하지만 수행 중에 패닉이 발생한다.

```
panic: interface conversion: interface {} is main.OrderableInt, not string
```

제네릭이 없는 자료 구조는 불편하지만 실질적인 제한은 함수를 작성하는데 있다. 다른 숫자 타입을 처리하기 위해 여러 함수를 작성하는 것보다, Go는 거의 다른 모든 숫자 타입을 나타내기에 충분히 큰 범위를 가지는 float64 파라미터를 사용하여 math.Max, math.Min 및 math.Mod와 같은 함수를 구현한다($2^{53}-1$보다 크거나 $-2^{53}-1$보다 작은 값을 가진 int, int64 또는 uint는 예외이다). 또한 인터페이스로 지정된 변수의 새로운 인스턴스는 생성할 수 없으며 인터페이스 타입이 동일한 두 파라미터도 동일한 구체 타입으로 지정할 수 없다. Go는 모든 타입의 슬라이스를 처리할 방법을 제공하지 않는다. 그래서 []string 혹은 []int 를 []interface{}의 변수에 할당할 수 없다. 이는 리플렉션에 의존하고 컴파일 시점 타입 안전과 함께 일부 성능을 포기하지 않는 한 슬라이스에서 작동하는 함수가 각 슬라이스의 타입에 대해 반복해야 함을 의미한다(이것이 sort.Slice가 동작하는 방법이다).

2017년에 이런 문제의 일부를 회피하기 위해 클로저를 사용하여 탐구하는 「Closures Are the Generics for Go」[1]라는 블로그 게시물을 썼다. 하지만 클로저 접근은 여러 가지 단점이 있다. 가독성이 많이 떨어지고 값이 힙으로 강제로 빠져나가게 되며 많은 일반적인 상황에서 동작하지 않는다.

그 결과는 map, reduce, filter와 같은 많은 일반적인 알고리즘이 다른 타입을 위해 재구현이 되어야 했다. 단순한 알고리즘은 복사하는 것이 충분히 쉽지만, 많은 (대부분이 아니지만) 소프트웨어 엔지니어는 컴파일러가 자동으로 그것을 해주기에 충분히 똑똑하지 않기 때문에 코드를 복제하는 데 어려움을 겪고 있다.

----

1 *https://oreil.ly/2pKYt*

15.2 Go의 제네릭

Go를 처음 발표한 이래로 제네릭을 추가해달라는 요청이 지속적으로 있었다. Go 개발을 리딩하고 있는 러스 콕스^{Russ Cox}는 2009년에 초기에 제네릭이 포함되지 않은 이유를 블로그[2]에 게시했다. Go는 빠른 컴파일러, 가독성이 좋은 코드, 좋은 실행 시간을 강조하는데 그들이 인지하고 있던 제네릭 구현은 해당 세가지를 포함하는 것이 어렵게 했다. 10년동안 그 문제를 연구한 후, Go팀은 타입 파라미터-초안 설계[3]에 윤곽이 그려진 작업가능한 접근이 있다고 생각했다.

간단한 스택을 살펴보자. 제네릭 동작 방식을 볼 수 있을 것이다. 제네릭을 사용하지 않고 모든 타입을 위한 스택을 구현한다면 다음과 같이 해야 한다.

```go
type Stack struct {
    vals []interface{}
}

func (s *Stack) Push(val interface{}) {
    s.vals = append(s.vals, val)
}

func (s *Stack) Pop() (interface{}, bool) {
    if len(s.vals) == 0 {
        return nil, false
    }
    top := s.vals[len(s.vals)-1]
    s.vals = s.vals[:len(s.vals)-1]
    return top, true
}
```

이것을 다음과 같이 사용할 수 있다.

```go
func main() {
    var s Stack
    s.Push(10)
    s.Push(20)
```

---

2 *https://oreil.ly/U4huA*

3 *https://oreil.ly/POhSg*

```
        s.Push(30)
        v, ok := s.Pop()
        fmt.Println(v, ok)
    }
```

해당 프로그램이 동작하면 30 true를 출력하지만 다른 타입의 값도 해당 스택에 넣을 수 있고
Pop에서 반환된 값을 출력하는 것 외에 더 많은 것을 하고 싶다면, 타입 단언을 사용하여 삽입
했던 타입으로 변환할 필요가 있을 것이다. 이제 Go 제네릭을 사용하여 해당 스택을 타입 안
전하게 만드는 방법을 보도록 하자.

```
type Stack[T any] struct {
    vals []T
}

func (s *Stack[T]) Push(val T) {
    s.vals = append(s.vals, val)
}

func (s *Stack[T]) Pop() (T, bool) {
    if len(s.vals) == 0 {
        var zero T
        return zero, false
    }
    top := s.vals[len(s.vals)-1]
    s.vals = s.vals[:len(s.vals)-1]
    return top, true
}
```

알아 둬야 할 몇 가지가 있다. 먼저 타입 선언 뒤에 [T any]가 있다. 타입 파라미터는 대괄호
내에 위치한다. 그것은 변수 파라미터와 같이 작성되며 타입 이름을 쓰고 타입의 경계를 쓴다.
타입 파라미터를 위해 어떤 이름이든 선택할 수 있지만, 그것을 위한 대문자를 사용하는 것이
일반적이다. Go는 어떤 타입이 사용될 수 있는지 지정하기 위해 인터페이스를 사용한다. 모든
타입이 사용 가능하다면, 이는 interface{}와 정확히 동일하지만 타입 제약에서만 유효한 새
로운 영역 블록 식별자인 any로 지정된다. Stack 선언의 내부에는 []interface{} 대신에 타
입 []T의 vals를 선언한다.

다음은 메서드 선언을 보도록 하자. vars선언에서 interface{}를 T로 교체한 것처럼, 동일하

게 할 수 있다. 또한 리시버 영역에 Stack 대신에 Stack[T]로 타입을 참조할 수 있다.

마지막으로 제네릭은 제로 값을 처리하는 것이 조금 흥미롭다. Pop에서 int와 같이 값 타입을 위한 유효한 값이 아니기 때문에 nil을 반환할 수 없다. 제네릭을 위한 제로 값을 얻는 가장 쉬운 방법은 var는 항상 다른 값이 할당되지 않는다면 제로 값을 변수에 초기화하기 때문에 var로 변수를 선언하고 그것을 반환하면 된다.

제네릭 타입을 사용하는 것은 제네릭이 아닌 타입을 사용하는 것과 매우 비슷하다.

```go
func main() {
    var s Stack[int]
    s.Push(10)
    s.Push(20)
    s.Push(30)
    v, ok := s.Pop()
    fmt.Println(v, ok)
}
```

단 하나의 차이점은 변수를 선언할 때, Stack으로 사용할 타입을 포함하는 것이다. 해당 경우에서는 int를 사용했다. 이제 v는 interface{}가 아니라 int 타입이기 때문에 타입 단언없이 사용이 가능하다. 게다가 문자열을 스택에 넣으려고 시도한다면, 컴파일러는 이를 알게 될 것이다. 다음과 같은 라인을 추가해보자.

```go
s.Push("nope")
```

컴파일 진행하면 오류가 발생한다.

```
cannot convert "nope" (untyped string constant) to int
```

제네릭은 공식적으로 아직 배포되지 않았기 때문에, Go 플레이그라운드에서는 지원하지 않는다. 하지만 제네릭 스택을 테스트해볼 수 있는 임시의 'Go2Go' 플레이그라운드[4]가 있다.

스택 프로그램에 특정 값이 있는지 여부를 알려주는 다른 함수를 추가해보자.

---

4 *https://oreil.ly/MikKu*

```
func (s Stack[T]) Contains(val T) bool {
    for _, v := range s.vals {
        if v == val {
            return true
        }
    }
    return false
}
```

안타깝게도, 이것은 컴파일 되지 않고 오류를 출력한다.

```
cannot compare v == val (operator == not defined for T)
```

interface{}가 어떤 것을 알려주지 않는 것처럼, any도 마찬가지이다. 우리는 any 타입의 값만 저장하고 얻을 수 있다. ==를 사용하기 위해, 다른 타입이 필요하다. 거의 모든 Go 타입은 ==, !=로 비교 할 수 있기 때문에, comparable이라 불리는 새로운 내장 인터페이스가 유니버스 블록에 정의된다. comparable를 사용하여 Stack의 정의를 변경하면 다음과 같다.

```
type Stack[T comparable] struct {
    vals []T
}
```

이제 새로운 메서드를 사용하자.

```
func main() {
    var s Stack[int]
    s.Push(10)
    s.Push(20)
    s.Push(30)
    fmt.Println(s.Contains(10))
    fmt.Println(s.Contains(5))
}
```

이것은 다음과 같이 출력한다.

```
true
false
```

업데이트된 스택[5]을 실행해 볼 수 있다.

이제 다시 이진 트리로 돌아가서 제네릭으로 만드는 방법을 보도록 하자. Orderable을 구현하는 타입으로 제한하고 컴파일 시점에 타입 안전을 강제하길 원한다. 이것은 타입 파라미터를 추가하여 진행할 수 있다. 먼저, Orderable 인터페이스를 수정해보자.

```
type Orderable[T any] interface {
    Order(T) int
}
```

해당 선언은 Orderable 인터페이스가 모든 타입이 될 수 있는 T라는 단일 타입 파라미터를 정의한다고 알려준다. 해당 인터페이스를 구현하는 타입을 위해 Order 메서드를 위한 입력 파라미터는 반드시 타입 T여야한다. 그런 다음 OrderableInt를 위한 Order 메서드를 새로운 제네릭 인터페이스와 비교 가능하게 변경할 수 있다.

```
func (oi OrderableInt) Order(val OrderableInt) int {
    return int(oi - val)
}
```

interface{} 타입의 입력 파라미터를 가지고 타입 단언이 요구되었던 이전 메서드 정의보다 더 단순하다. OrderableString도 비슷하게 변경해보자.

```
func (os OrderableString) Order(val OrderableString) int {
    return strings.Compare(string(os), string(val))
}
```

그리고 이제 제네릭 Orderable 인터페이스를 참조하는 Tree 정의를 업데이트해보자.

---

5 *https://go2goplay.golang.org/p/Ep2_6Zftl5r*

```
type Tree[T Orderable[T]] struct {
    val       T
    left, right *Tree[T]
}
```

이 정의는 조금 복잡해 보일 수 있지만, Tree 구조체는 Orderable을 구현하는 타입만 포함할 수 있다고 알려주는 것이다. Tree 메서드 정의도 업데이트 해보자. Insert는 이제 다음과 같다.

```
func (t *Tree[T]) Insert(val T) *Tree[T]
```

그리고 Contains는 다음과 같이 정의된다.

```
func (t *Tree[T]) Contains(val T) bool
```

또한 Insert의 본문에 작은 변경을 해야 한다. 새로운 Tree를 인스턴스화할 때, 이제 다음과 같이 사용해야 한다.

```
return &Tree[T]{val: val}
```

타입 파라미터를 통해 제네릭 트리를 선언한다.

```
var it *Tree[OrderableInt]
```

타입이 지정되지 않은 상수를 명시적인 타입 변환없이 할당할 수 있지만, int 변수를 할당하는 것은 타입 변환이 필요하다(Go는 타입을 자동으로 변환하지 않기 때문).

```
a := 10
it = it.Insert(OrderableInt(a))
```

또한, OrderableString을 Insert로 전달하면, 다음과 같은 컴파일 오류가 발생한다는 것을 알아두자.

```
cannot use OrderableString("nope") (constant "nope" of type OrderableString)
  as OrderableInt value in argument
```

해당 제네릭 트리는 Go2Go 플레이그라운드[6]에서 볼 수 있다.

15.3 타입 목록을 사용하여 연산자 지정

Orderable을 충족하는 연관된 타입이 있을 때, 내장 타입으로 Tree를 사용할 수 있지만 래퍼가 요구되지 않는 내장 타입으로 Tree를 만들면 더 좋을 것이다. 이렇게 하기 위해, < 연산자를 사용할 수 있게 지정하는 방법이 필요하다. Go 제네릭은 인터페이스에 지정된 타입을 단순히 나열하는 타입 목록으로 이것을 지원한다.

```
type BuiltInOrdered interface {
    type string, int, int8, int16, int32, int64, float32, float64,
        uint, uint8, uint16, uint32, uint64, uintptr
}
```

타입 제한이 타입 목록을 포함하는 인터페이스로 지정이 될 때, 모든 나열된 타입은 일치할 수 있게 된다. 하지만 허용된 연산자는 나열된 모든 타입이 적용되어야 한다. 이 경우에는 ==, !=, >, <, >=, <=, + 연산자가 있다. Tree의 또 다른 버전과 함께 동작하는 방법을 알아보자. 먼저 Orderable을 BuiltInOrdered로 교체한다.

```
type Tree[T BuiltInOrdered] struct
```

다음은 Insert와 Contains의 switch 문을 IntTree에서 본 방식대로 다시 변경한다.

```
switch {
case val < t.val:
case val > t.val:
}
```

----

6 *https://oreil.ly/_Z5vP*

이제 내장 int 타입과 해당 Tree를 사용할 수 있게 된다(혹은 BuiltInOrdered에 나열된 모든 다른 타입).

```go
func main() {
    var it *Tree[int]
    it = it.Insert(5)
    a := 10
    it = it.Insert(a)
    // etc...
}
```

Go2Go 플레이그라운드에서 해당 제네릭 트리 변형을 볼 수 있다.

15.4 제네릭 함수는 알고리즘을 추상화한다

우리는 제네릭 함수를 작성할 수도 있다. 제네릭 없이 모든 타입에 동작하는 map, reduce, filter 구현을 작성하는 것은 어렵다는 것을 앞서 언급했다. 제네릭은 그것을 쉽게 만든다. 다음은 타입 파라미터 초안 설계의 구현이다.

```go
// Map은 매핑 함수를 사용해서 []T1를 []T2로 바꾼다.
// 해당 함수는 두 개의 타입 파라미터를 가진다. T1, T2
// 이것은 모든 타입의 슬라이스와 동작한다.
func Map[T1, T2 any](s []T1, f func(T1) T2) []T2 {
    r := make([]T2, len(s))
    for i, v := range s {
        r[i] = f(v)
    }
    return r
}

// Reduce는 감소 함수를 사용하여 단일 값으로 []T1을 줄인다.
func Reduce[T1, T2 any](s []T1, initializer T2, f func(T2, T1) T2) T2 {
    r := initializer
    for _, v := range s {
        r = f(r, v)
    }
    return r
```

```
    }

    // Filter는 필터 함수를 사용하여 슬라이스에서 값을 필터링 한다.
    // f가 true를 반환한 s의 요소들만으로 구성된 새로운 슬라이스를
    // 반환한다.
    func Filter[T any](s []T, f func(T) bool) []T {
        var r []T
        for _, v := range s {
            if f(v) {
                r = append(r, v)
            }
        }
        return r
    }
```

함수들은 타입 파라미터를 함수의 이름 뒤, 변수 파라미터 앞에 놓는다. Map과 Reduce는 두 개의 타입 파라미터를 가지며, 둘 다 any 타입인 반면에 Filter는 하나만 가진다. 해당 코드를 실행하려면 다음과 같이 작성한다.

```
    words := []string{"One", "Potato", "Two", "Potato"}
    filtered := Filter(words, func(s string) bool {
        return s != "Potato"
    })
    fmt.Println(filtered)
    lengths := Map(filtered, func(s string) int {
        return len(s)
    })
    fmt.Println(lengths)
    sum := Reduce(lengths, 0, func(acc int, val int) int {
        return acc + val
    })
    fmt.Println(sum)
```

해당 출력 결과는 다음과 같다.

```
[One Two]
[3 3]
6
```

해당 코드를 직접 실행[7]해 볼 수 있다.

Go가 := 연산자를 사용할 때 타입 유추를 지원하는 것처럼, 제네릭 함수에 대한 호출을 단순화하기 위해 타입 유추를 지원한다. 어떤 경우에는 타입 유추는 가능하지 않다(예를 들어, 타입 파라미터가 반환값으로만 사용될 때). 그런 것이 발생하면, 모든 타입 인자는 반드시 지정되어야 한다.

```go
type Integer interface {
    type int, int8, int16, int32, int64, uint, uint8, uint16, uint32, uint64
}

func Convert[T1, T2 Integer](in T1) T2 {
    return T2(in)
}

func main() {
    var a int = 10
    b := Convert[int, int64](a)
    fmt.Println(b)
}
```

15.5 타입 목록은 상수와 구현을 제한한다

타입 목록은 또한 제네릭 타입의 변수에 할당될 수 있는 상수를 지정한다. BuiltInOrdered에 나열된 모든 타입에 할당될 수 있는 상수는 없기에 제네릭 타입의 변수에 상수를 할당할 수 없다. Integer 인터페이스를 사용한다면 다음 코드는 1000을 8 비트 integer에 할당할 수 없기 때문에 컴파일 되지 않을 것이다.

```go
// 유효하지 않음!
func PlusOneThousand[T Integer](in T) T {
    return in + 1_000
}
```

---

7 *https://oreil.ly/xauU3*

하지만 다음 코드를 유효하다.

```
// 유효함
func PlusOneHundred[T Integer](in T) T {
    return in + 100
}
```

내장 타입 외에도 타입 목록은 슬라이스, 맵, 배열, 채널, 구조체를 위한 타입 리터럴도 포함할 수 있다. 약간은 인위적이지만 이 기능을 사용하여 맵이나 슬라이스에서 값을 복사할 수 있는 단일 함수를 작성할 수 있다.

```
type Rangeable[E comparable, T any] interface {
    type []T, map[E]T
}

func CopyVals[E comparable, T any, R Rangeable[E, T]](vals R) []T {
    var out []T
    for _, v := range vals {
        out = append(out, v)
    }
    return out
}
```

해당 예제는 타입 파라미터로 사용하는 인터페이스에서 타입 파라미터를 사용하기 때문에 약간 정신이 없다. []string과 map[string]float64로 CopyVals 함수를 사용하는 방법이 있다.

```
func main() {
    x := []string{"a", "b", "c"}
    var out []string = CopyVals[interface{}, string, []string](x)
    fmt.Println(out)

    y := map[string]float64{"a": 1.2, "b": 3.1, "c": 10}
    var out2 []float64 = CopyVals[string, float64, map[string]float64](y)
    fmt.Println(out2)
}
```

안타깝게도 타입 유추의 현재 구현은 타입 파라미터를 유축하지 못하므로 그것들을 제공해야 한다. 해당 코드는 다음과 같이 출력한다.

```
[a b c]
[1.2 3.1 10]
```

이 코드를 직접 실행[8]해 볼 수 있다.

사용자 지정 타입을 지정해도 해당 타입의 메서드에 접근할 수 있는 것은 아니다. 접근하고자 하는 사용자 지정 타입의 모든 메서드는 인터페이스에 반드시 정의되어야 하지만 타입 목록에 정의된 모든 타입은 해당 메서드를 구현하지 않는다면 인터페이스와 일치하지 않을 것이다. 이것을 명확하게 해주는 코드가 있다. 일단 몇 가지 타입을 정의하자.

```
type MyInt int
func (mi MyInt) String() string {
    return strconv.Itoa(int(mi))
}

type AlsoMyInt int
func (ami AlsoMyInt) String() string {
    return "42"
}

type MyFloat float64
func (mf MyFloat) String() string {
    return strconv.FormatFloat(float64(mf), 'E', -1, 64)
}
```

타입 T의 값을 받아 곱한 뒤에 결과를 String 메서드를 호출하여 반환하는 함수가 있다. 타입 경계로 몇 가지 다른 인터페이스를 시도해 볼 것이므로 이제 ???에 넣을 것이다(이것은 유효한 Go 문법이 아니다.)

---

8 *https://oreil.ly/K9SWe*

```
func DoubleString[T ???](val T) string {
    x := val * 2
    return x.String()
}
```

첫 번째 타입 경계의 시도는 다음과 같다.

```
type IntOrFloat interface {
    type int, float64
}
```

타입 경계로 IntOrFloat를 사용한다면, 코드는 컴파일에서 실패한다.

```
x.String undefined (interface IntOrFloat has no method String)
```

다른 타입으로 MyInt와 MyFloat를 사용하는 것을 작성해보자.

```
type MyTypes interface {
    type MyInt, MyFloat
}
```

타입 목록 내에 타입의 메서드는 무시되기 때문에, 같은 컴파일 오류가 난다.

```
x.String undefined (interface MyTypes has no method String)
```

이제 우리의 타입 경계에 메서드를 포함해보도록 하자.

```
type StringableIntOrFloat interface {
    type int, float64
    String() string
}
```

StringableIntOrFloat를 사용한다면 해당 함수는 컴파일 된다. int와 float64는 String(혹은 다른 모든 메서드)을 구현하지 않기 때문에, 이런 타입의 변수를 DoubleString 으로 전달할 수 없다. 그렇게 하면 컴파일 오류가 난다.

```
int does not satisfy StringableIntOrFloat (missing method String)
float64 does not satisfy StringableIntOrFloat (missing method String)
```

하지만 `MyInt`, `MyFloat`, 혹은 `AlsoMyInt`로 넘길 수 있다.

마지막 하나의 타입 경계를 시도해보자.

```
type StringableMyType interface {
    type MyInt, MyFloat
    String() string
}
```

`StringableMyType`을 사용한다면, 해당 함수 또한 컴파일 된다. 이 경우에는 단지 `MyInt`나 `MyFloat` 타입의 변수만 전달할 수 있다. `AlsoMyInt` 타입의 변수를 전달하면 컴파일 오류가 발생한다.

```
AlsoMyInt does not satisfy StringableMyType (AlsoMyInt or int not found in
    MyInt, MyFloat)
```

타입 목록에 대해 마지막으로 알아 두어야 할 것은 타입 목록이 있는 인터페이스는 타입 파라미터를 위해서만 사용할 수 있다.

15.6 소외된 것

Go는 작고 집중된 언어로 남아있고 Go의 제네릭 구현에는 다른 언어의 제네릭 구현에서 볼 수 있는 많은 기능이 포함되지 않았다. Go 제네릭의 초기 구현에서 포함되지 않을 몇 가지 기능을 소개한다.

이진 트리 예제를 다시 본다면, 제네릭이 두 가지 타입-안전 구현을 남겼다는 것을 알 수 있다. 이는 `BuiltInOrdered` 인터페이스와 `Orderable` 인터페이스를 충족하는 사용자 지정 타입을 위한 두 번째 구현을 통해 `<`, `>`로 비교 가능한 내장 타입과 동작하는 것이다. 이는 타입 별로 트리 구현을 하나씩 가지는 것보다 좋지만 여전히 이상적이지 못하다. 파이썬, 루비, C++과 같은 많은 언어들은 사용자 지정 타입에 연산자를 위한 구현을 지정할 수 있는 연산자 오버로딩 operator overloading을 포함한다. Go는 해당 기능을 추가하지 않을 것이다. 이것은 사용자 지정 컨 테이너 타입을 range로 순회하거나 [ ]를 사용하여 인덱싱 할 수 없다는 것을 의미한다.

연산자 오버로딩을 생략하는데 충분한 이유가 있다. 우선 Go에서는 놀랍게도 많은 수의 연산 자가 있다. Go는 또한 함수나 메서드 오버로딩도 가지고 있지 않아 다른 타입을 위한 다른 연 산자 기능을 지정하기 위한 방법도 필요하다. 게다가 연산자 오버로딩은 개발자가 심볼에 대한 영리한 의미를 발명함에 따라 코드를 이해하기 어려운 코드로 이어질 수 있다(C++에서는 << 는 어떤 타입에서는 '왼쪽으로 비트 이동'이고 다른 타입에서는 '오른쪽의 값을 왼쪽으로 쓰기' 의 의미이다). Go가 피하고자 하는 가독성 문제 같은 것이 있다.

초기 제네릭 구현에서 빠진 다른 유용한 기능은 메서드에 추가적 타입 파라미터다. `Map`, `Reduce`, `Filter` 함수를 다시 돌아보면, 다음과 같이 메서드를 유용하게 만들 수 있다는 생각 을 했을 것이다.

```go
type functionalSlice[T any] []T

// 동작하지 않는다.
func (fs functionalSlice[T]) Map[E any](f func(T) E) functionalSlice[E] {
    out := make(functionalSlice[E], len(fs))
    for i, v := range fs {
        out[i] = f(v)
    }
    return out
}

// 동작하지 않는다.
func (fs functionalSlice[T]) Reduce[E any](start E, f func(E, T) E) E {
    out := start
    for _, v := range fs {
        out = f(out, v)
    }
    return out
}
```

해당 코드를 다음과 같이 사용할 수 있다.

```
var numStrings = functionalSlice[string]{"1", "2", "3"}
sum := numStrings.Map(func(s string) int {
    v, _ := strconv.Atoi(s)
    return v
}).Reduce(0, func(acc int, cur int) int {
    return acc + cur
})
```

함수형 프로그래밍 팬에게 이것이 동작하지 않는다는 것은 안타까운 일이다. 체인 메서드를 함께 호출하는 것보다 중첩 함수 호출이나 한 번에 하나의 함수를 실행하고 중간 값을 변수에 할당하는 가독성이 높은 접근이 필요하다. 설계 초안에서는 파라미터화 된 메서드를 제외하는 이유에 대해 자세히 설명하고 있지만 인터페이스를 충족하는 타입과 상호작용하는 방법이 불명확하다.

또한 가변 타입 파라미터도 없다. 14.1.5절 '반복된 작업 자동화를 위해 리플렉션을 이용한 함수 구축'에서 모든 이미 존재하는 함수에 실행 시간을 측정하기 위해 리플렉션을 사용하여 래퍼 함수를 작성했다. 제네릭으로 이를 수행할 방법이 없으므로 여전히 리플렉션을 통해 처리되어야 한다. 타입 파라미터를 사용할 때마다, 필요한 각 타입의 이름을 명시적으로 제공해야 하므로 여러 타입의 파라미터와 함께 함수를 나타낼 수가 없다.

Go 제네릭의 남겨진 다른 기능은 더 난해하다. 그것은 다음을 포함한다.

- **전문화**
  함수나 메서드는 제네릭 버전 외에 하나 이상의 타입 별 버전으로 오버로드 될 수 있다. Go는 오버로딩을 가지고 있지 않기 때문에, 해당 기능은 고려 중이지 않다.

- **커링**currying
  일부 타입 파라미터만 지정하는 제네릭 타입에 기반한 타입을 선언할 수 있도록 한다.

- **메타 프로그래밍**
  런타임에 수행할 코드를 컴파일 시점에 생성하도록 수행하는 코드를 지정하도록 한다.

15.7 관용적 Go와 제네릭

제네릭을 추가하면 Go를 관용적으로 사용하는 방법을 위한 조언 중 일부를 변경해야 한다. 모든 숫자 타입을 나타내기 위한 float64의 사용은 없어집니다. 더 이상 자료 구조나 함수 파라미터에 모든 가능한 값을 나타내기 위해 interface{}를 사용할 필요가 없다. 단일 함수로 다른 슬라이스 타입을 처리할 수 있다. 하지만 모든 코드를 즉시 타입 파라미터를 사용하도록 전환할 필요를 느낄 필요가 없다. 새로운 디자인 패턴이 발명되고 개선되더라도 이전 코드를 계속 동작할 것이다.

제네릭의 프로덕션 구현이 없기 때문에, 성능에 어떤 영향을 끼칠지 말하기는 힘들다. 컴파일 시간과 런타임 모두에 약간의 영향이 있을 수 있다. 언제나 목표는 요구를 충족하기 위해 충분히 빠르고 유지 가능한 프로그램을 작성하는 것이다. 13.4절 '벤치마크'에서 논의한 벤치마킹과 프로파일 도구를 사용하여 측정하고 개선하도록 하자.

15.8 이후 해제될 것들

제네릭의 첫 버전은 Go 1.18로 계획되었다. 새로운 구문과 유니버스 블록에 대한 any 및 comparable 추가 외에도 제네릭을 지원하기 위해 표준 라이브러리의 변경 사항이 있을 것으로 예상된다. 이것은 일반적인 경우(Orderable과 같은)를 나타내기 위한 새로운 인터페이스, 새로운 타입 및 새로운 함수를 포함한다.

다른 변경 사항도 잇따를 수 있다. 이제 any는 모든 것과 일치할 수 있는 타입 파라미터를 나타내기 위해 예약되었고 interface{}를 우한 일반적인 대체제로 사용될 수 있도록 확장될 수도 있다. 이것은 코드의 의미를 변경하거나 새로운 표현력을 부여하지는 않지만 코드의 **모습**을 변경한다. 가독성은 매우 중요하기 때문에, 이런 종류의 변경은 조심스럽게 고려될 필요가 있다.

제네릭은 다른 미래 기능을 위한 기반이 될 것이다. 하나의 가능성은 결합 타입^{sum type}이다. 타입 목록이 타입 파라미터를 대체할 수 있는 타입을 지정하는데 사용하는 것처럼 변수 파라미터에서 인터페이스를 위해 사용될 수도 있다. 오늘날 Go는 JSON의 일반적인 상황, 즉 단일 값이나 값의 목록이 될 수 있는 항목에 문제가 있다. 제네릭을 사용하더라도 이를 처리할 수 있는 유일한 방법은 interface{} 타입의 항목을 사용하는 것이다. 결합 타입을 추가하면 항목이 문자열, 문자열 슬라이스가 될 수 있고 그 외에는 아무것도 될 수 없도록 지정하는 인터페이스를 만들 수 있다. 타입 전환은 모든 가능성들을 완전히 열거하여 타입 안전을 향상시킨다. 제한된 타입 집합을 지정하는 이 기능을 통해 많은 최신 언어(러스트나 스위프트)에서 결합 타입을 사용하여 열거형을 나타낼 수 있다. Go의 현재 열거형 기능의 약점을 감안할 때, 이것은 매력적인 해결책일 수 있지만 이런 아이디어를 평가하고 탐색하는데 시간이 걸릴 것이다.

15.9 마무리

해당 장에서, 제네릭에 대해 살펴보고 문제를 해결하기 위해 Go를 사용하는 방법을 변경하는 경우를 살펴보았다. 구현은 아직 배포되지 않았으므로 추가적인 변화의 가능성은 여전히 있지만, 그런 변경은 최소화할 것이다.

Go를 통한 여정과 이를 관용적으로 사용하는 방법에 대한 학습을 완료했다. 여느 졸업식과 마찬가지로 이제 몇 마디의 말로 마무리할 시간이다. 서문에서 언급한 내용을 다시 살펴보자. '제대로 작성된 Go는 지루하다. 잘 작성된 Go 프로그램은 간단하고 때로는 반복적인 경향이 있다.' 왜 이것이 더 나은 소프트웨어 엔지니어링을 이끌 수 있는지 이제 알았으면 하는 바람이다. 관용적 Go는 시간이 흐르고 팀이 바뀌더라도 소프트웨어를 유지하기 쉽게 만드는 도구, 관행 및 패턴의 집합이다. 그렇다고 다른 언어의 문화가 유지 관리 가능성을 중요하게 여기지 않는다는 것은 아니다. 다만 최우선 순위가 아닐 수도 있다는 것이다. 대신에, 성능, 새로운 기능 혹은 간결한 구문을 강조한다. 이러한 절충점을 위한 위치가 있지만 장기적으로 지속되는 소프트웨어 개발에 대한 Go의 목표가 승리할 것이라고 생각한다.

다음 50년 컴퓨팅을 위한 소프트웨어를 만드는데 최선을 다하길 바란다.

INDEX

INDEX